U0734699

物流与供应链管理系列

Category Management in Purchasing

A Strategic Approach to Maximize Business Profitability,4th Edition

采购品类管理

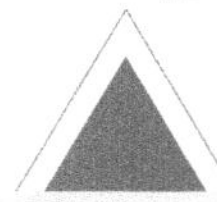

使企业盈利最大化的战略方法及实施流程

（第4版）

[英] 乔纳森·奥布赖恩（Jonathan O' Brien） 著
蒋先锋 庄 莉 译
郑 越 审校

電子工業出版社
Publishing House of Electronics Industry
北京·BEIJING

版权贸易合同登记号　图字：01-2022-2069

图书在版编目（CIP）数据

采购品类管理：使企业盈利最大化的战略方法及实施流程：第 4 版 /（英）乔纳森•奥布赖恩（Jonathan O'Brien）著；蒋先锋，庄莉译. —北京：电子工业出版社，2023.1

书名原文：Category Management in Purchasing: A Strategic Approach to Maximize Business Profitability, 4th Edition

ISBN 978-7-121-44643-6

Ⅰ. ①采… Ⅱ. ①乔… ②蒋… ③庄… Ⅲ. ①企业管理—采购管理 Ⅳ. ①F274

中国版本图书馆 CIP 数据核字（2022）第 231628 号

责任编辑：杨洪军
印　　刷：北京七彩京通数码快印有限公司
装　　订：北京七彩京通数码快印有限公司
出版发行：电子工业出版社
　　　　　北京市海淀区万寿路 173 信箱　　邮编 100036
开　　本：720×1000　1/16　印张：22.5　字数：540 千字
版　　次：2017 年 8 月第 1 版（原著第 3 版）
　　　　　2023 年 1 月第 2 版（原著第 4 版）
印　　次：2024 年 12 月第 5 次印刷
定　　价：98.00 元

凡所购买电子工业出版社图书有缺损问题，请向购买书店调换。若书店售缺，请与本社发行部联系，联系及邮购电话：（010）88254888，88258888。

质量投诉请发邮件至 zlts@phei.com.cn，盗版侵权举报请发邮件至 dbqq@phei.com.cn。

本书咨询联系方式：（010）88254199，sjb@phei.com.cn。

译者序

在阅读完乔纳森·奥布赖恩（Jonathan O'Brien）的《采购品类管理》后，我感觉这本书非常有价值。它介绍了国际上近十几年来针对战略性采购和采购品类管理方面的先行实践、相关理论及流程工具包，弥补了国内采购品类管理和供应商管理领域的空白。因此和北京凌越峰科技的几位采购品类管理专家一起决定，把这本书翻译出来，希望给从事采购品类管理和供应商管理工作的同行们提供一定的帮助。

蒋先锋博士和庄莉女士一起翻译了本书，国内资深的采购与供应链管理专家陆莹女士从专业角度对整本书提出了很多建议。边学民、李毅、张琳、王一、彭涛、王平平、智慧、柳明仪、李乔、蒋建峰、任路胜、张晓玲等朋友对本书的翻译出版提供了各方面的帮助和支持，在此，我代表翻译组向他们表示由衷的感谢！

郑越 品类管理专家。在北京凌越峰科技、宝洁中国、中美施贵宝、罗兰贝格、TNS和太平洋邓禄普从事基于购物者洞察的品类管理和供应链方面的工作。

蒋先锋 博士、过程控制专家。在北京凌越峰科技、宝洁中国、诺华制药、纳贝斯克和太平洋邓禄普从事供应链和过程控制方面的工作。

庄莉 供应链专家。曾经在诺基亚中国投资有限公司和北京艾科泰电子有限公司从事供应链方面的工作。

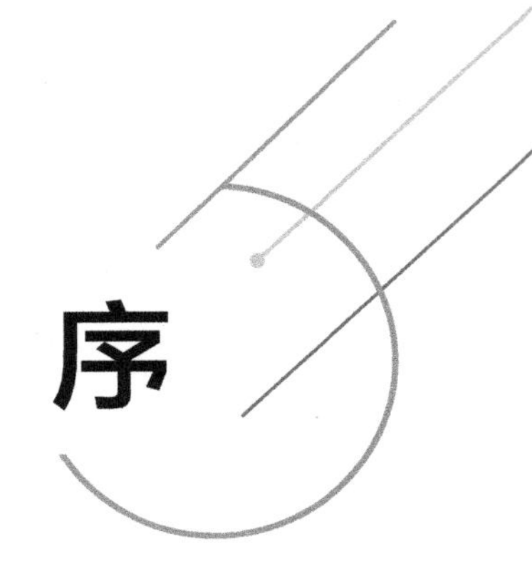

序

采购品类管理如果有效实施的话，可以通过优化利用供应链的各种价值，为组织带来很多的效益。采购品类管理还为组织的采购工作提供了一个清晰的工作架构。品类管理的工作方式是，从全公司的视角对待各项支出， 这不仅使关键利益相关各方能够接受采购战略，还有助于采购战略的实施，从而为组织带来各种效益。

作者为读者全面了解采购品类管理的原则和应用提供了一本好的教材。

肯·詹姆斯

英国皇家采购与供应学会（CIPS）前 CEO

前言

在研究和撰写本书时，我惊讶地发现与采购品类管理相关的文章比较罕见。我发现了大量的关于营销和销售、关于“如何抓住你的顾客”的文章。相对地，关于战略性采购，旨在帮助采购群体应对挑战的优秀书籍却不多，即使有也多是20～30年前写的。这些书籍的再版和重印时，也有一些泛泛的更新，但完全不能反映当今的采购环境。本书的目标就是填补这个空缺。

为了避免混淆，本书通篇将采用“采购”和“品类管理”两个词汇，因为这两个词汇也是被普遍使用和接受的。本书讨论的课题似乎没有一个全球都采用的词汇，如“购买”（buying）、“采购”（purchasing）、“采买”（procurement）、“寻源”（sourcing）、“供应链管理”（supply chain management）、“战略性采购”（strategic purchasing）、“战略性采买”（strategic procurement），或“战略性寻源”（strategic sourcing）。

很多组织不使用“采购”一词，因为它们觉得这个词汇不够“高大上”。很多组织也不使用“采买”这个词语，因为初级员工或者非办公室人员不了解这个词语。还有人认为采买指的是操作运营，而采购则包含了更多的战略性行为，但是有人的看法正好相反。为了避免这种混乱，有些人倾向使用“寻源”一词。人们对某一事物的称谓或者标签，实际上取决于各自的国家、地区、个人和组织的历史和文化背景，以及各地出版物的习惯用词。

品类管理也是如此。有的组织想将采购品类管理与营销品类管理区分开来，有的想将品类管理这一方法特殊化，所以有各式各样的叫法。常用的叫法有“战略性寻源流程”（strategic sourcing process）、“采购改进流程”（purchasing improvement process）、“顶点公司战略性寻源流程”，或者“寻源群管理”（sourcing group management）等。

作　者

关于作者

乔纳森·奥布赖恩是国际采购咨询和培训提供商 Positive Purchasing Ltd.（PPL）的 CEO，拥有近 30 年的采购工作经验。他曾在世界各地工作，通过培训、教育、与从业人员和高管层合作推动品类管理、供应商关系管理、谈判技巧和其他战略性采购方法的应用，从而帮助全球性组织提升采购能力。

乔纳森是一名电气工程师，但最后从事了采购工作。他作为工程师的职业生涯很快就进入了供应商质量保证领域。经过数百次的供应商审计，其中包括对业务实践和流程的详细检查，这使乔纳森对组织如何运作有了一个充分的了解，从而开始了他帮助其他公司进行改善的工作。然后他转到一个大型通用事业公司担任高级采购人员，他将注意力转移到采购的商务方面，他的职业生涯的最高点是一家航空公司的全球品类采购总裁。后来，乔纳森转任企业内部顾问，并帮助企业领导了一系列重大的组织变革项目。他随后进入主流咨询行业，一开始在一家大型全球采购咨询公司，后来开始了自己的事业。这为乔纳森提供了和世界上一些著名的大型公司合作以提高它们的采购能力的机会，他也获得了丰富的经验。

乔纳森拥有普利茅斯商学院 MBA 学位、营销专业的学位证书以及电气方面的英国国家高等合格证书，是英国皇家采购与供应学会的成员、NLP 实战大师以及质量管理体系的前注册首席评估师。

乔纳森和 PPL 公司的同事们开发并建立了 5i 品类管理流程、供应商关系管理管弦乐队，包括 5A 战略协作关系流程，以及红纸（Red Sheet）谈判工具，这个工具已经成为许多个人和公司的谈判工具。

乔纳森是一位屡获殊荣的作家，这是他的第 12 本书，在世界各地以各种语言文字出版发行。他也是一个多才多艺的播音员，和家人住在英国的普利茅斯。

你可以通过电子邮件联系乔纳森：joanthan@jonathanobrien.co.uk。

目录

导　读

如何使用本书

这是一本关于“采购品类管理”—— 一种通过结构化采购及所有业务部门的参与从而使企业、公司、组织的价值、利益和利润最大化的策略方法的书。

这是一本实践类图书，适合那些想应用并落实采购品类管理的人。这类人意识到如果能切实地实施采购品类管理，该方法就有可能带来引人注目的价值和利益。本书关注的重点是价值，关注如何通过有计划的框架干预采购，确保供应链利益的最大化。本书会改变商品采购的游戏规则，从根本上改变工作方式，从而获得突破性进展。

与那些简单地剖析一下采购的理论和方法，然后将实践环节和应用部分留给读者自己操作的理论性和学术性的著作不同，本书是作者对多年从事采购品类管理工作、协助全球化零售企业应用采购品类管理，获得真实且巨大效益的实战经验的总结，代表了迄今为止对采购品类管理的最佳实践的观点。本书不仅提供了必要的工作用模板和工具，也清楚地阐述了如何使用这些模板和工具。本书还在附录 A 中提供了一系列新模板，以便帮助采购品类管理从业者进行品类管理实战。

本书的目的之一是为想在企业内实施采购品类管理，或者想了解采购品类管理的管理人员和利益相关人员提供这方面的见解和参考，对于想要了解品类管理日常使用的实践人员同样具有参考价值。

阅读本书，你将发现采购品类管理不仅是一个工作流程，也是一种管理理念或管理哲学，具有为企业管理带来巨大利益的无限潜力。采购品类管理与创造竞争优势、产品差异化一样，都是构建利益相关方价值、建立品牌价值的主要推动者。

作者本人应用采购品类管理并帮助各个公司实施采购品类管理已经有 8 年了。实施采购品类管理对有些部门来说就是“如何去买”的课题，但对很多人来说，才刚刚开始接受、理解、需要。许多公司声称它们已经开始实施采购品类管理，但真正实施的却寥寥无几。如果只是为了招标或采购合同签约的目的而将采购的商品按照品类进行分类并重复几遍，这并不能称作“采购品类管理”，只是换个名目而已，其效益也仅限于小小的数量提升。真正的采购品类管理将颠覆采购的游戏规则，但要达到这个目标，需要高质量的实施，而且要求整个组织都完全接受采购品类管理理念，在这个理念下同呼吸、共命运。

通过本书，作者将解释什么是采购品类管理，并详细阐述采购品类管理流程每一步所包含的意义，对每个核心工具提供深度解读。作者在书中为采购品类管理从业者汇总了一批模板和工具。在使用这些模板和工具之前，我们必须探索采购品类管理的核心原则、一个高质量的采购品类管理实施所需的推动力，以及一个企业接受并贯彻这个理念所需的准备工作。

战略性采购三部曲

本书是作者出版的第一本书的第 4 版。在第一本书出版以后，作者又就采购原理的关键性战略写了两本延伸类书籍。这三本书是作为一个系列来写的，分别用来巩固、完善和整合采购品类管理的框架和方法、供应商关系管理（Supplier Relationship Management，SRM）及谈判计划。在本书中，读者会发现许多工具与《供应商关系管理》(*Supplier Relationship Management*）和《专业人员的谈判技巧》(*Negotiation for Purchasing Professionals*）两本书中提供的略有不同。这三本书中的方法实际上是现代的、最佳的实战战略的核心所在，行之有效，在实际工作中必须相互协调一致。因此，建议将本书与它的姊妹篇《供应商关系管理》和《专业人员的谈判技巧》一起使用。如果本书介绍的某个工具，也出现在另两本书中，这并不是重复，而是将该工具的应用提升到了一个新的高度。推荐将三本书一起使用，以具备一套完整的采购方法。

15 个引导性问题

本书涉及采购品类管理的方方面面，以合乎逻辑的方式组织编排，旨在为以下 15 个引导性问题提供答案和实践步骤。如果读者很有自信地回答这些提问，那就非常了不起。然而，对大多数公司来说，这些都是横亘在愿景和现实之间的棘手问题。这些提问将帮助这些公司打开通向有效落实采购品类管理的途径。本书不仅提供了这些问题的答案，也有助于帮助公司采取实际行动，取得进步，从高质量实施采购品类管理中获得巨大价值。

采购品类管理的引导性问题：

1. 采购干预如何对公司的业务起到战略性的作用？
2. 什么是采购品类管理？它如何增加效益？
3. 哪些品类需要进行采购管理？
4. 如何甄别各采购品类的潜在机会，并对其进行优先排序，配备相关资源？
5. 成功地实施采购品类管理有哪些要求？
6. 如何在推行采购品类管理方法时引导企业全面介入？
7. 对于一个既定的品类，如何确定组织要购买什么？
8. 就某个品类来说，目前的状况是什么？

9. 如何确定针对某一采购品类的最优化、最理想的突破及未来的采购战略？
10. 如何保证将来的采购战略制定是基于对所有市场和外部驱动因素的全面理解？
11. 如何有效实施新的采购战略，以实现其效益？
12. 如果改进得以实施，那该如何持续改进呢？
13. 如何管理那些在业务上对公司的生意非常重要的供应商？
14. 公司本身要如何架构和组织才能有效地实施采购品类管理？
15. 采购品类管理的方法在未来仍然还有一席之地吗？

第 1 章
采购品类管理介绍

本章主要介绍采购品类管理是什么，为什么它与全球各行业领先的公司高度相关，以及它能给公司带来怎样的价值。本章阐述了不同经济和市场环境下，采购品类管理的价值是如何体现的，以及它如何积极地回应不同的商业需求和商业动机。

本章回答了如下引导性问题（导读中的 15 个引导性问题）:

1. 采购干预如何对公司的业务起到战略性的作用?
2. 什么是采购品类管理？它如何增加效益?

采购品类管理解读

采购品类管理是一种企业对其向第三方采购的产品与服务进行战略管理的方法。它是一种基于流程的管理方法，结合了业务改善流程和变革管理等许多方面。该方法不仅限于采购部门，通常也要求业务的各利益相关方、各职能部门和每个个体的积极参与，以确保其成功实施。因此，企业必须及时投入并给出承诺以便采购品类管理顺利实施；不过，可以预期的是，这项投入的回报会非常巨大。

采购品类管理的定义：

> 采购品类管理是一种采购管理的实战，将企业购买产品与服务的支出费用按照不同的功能，对应不同的供应市场，划分为不同的采购大类。分类后，企业中的跨职能部门对不同的品类进行采购费用支出分析，并对各品类的产品与服务的使用、供应市场和供应商进行管理，以明确和实施为组织提供重大价值的采购战略。

这种广泛而结构性的评估流程是对以前管理方式的积极挑战，它寻找并实施采购中的突破性机会，以便为企业创造巨大的价值。这种价值的体现可能是采购价格的大幅度降低，也可能是产品生命周期的总成本降低，或者是在看涨的市场环境中，避免采购价格的上涨，降低供应链风险，提高供应链的效率和有效性，增强供应链的合作与创新，有助于提升企业的品牌资产等各个方面。

采购品类划分

基本上，采购品类可分为两种：

- 直接采购品类。直接使用在最终产品上，或者用于最终产品生产制造的原材料、元器件和服务。
- 间接采购品类。与最终产品不相关，或者从总体上与企业运营相关的产品或服务。

企业在实施采购品类管理时常根据直接采购品类和间接采购品类的不同安排项目组和跨部门团队工作，以便发现各品类间的联系和机会。例如，一个负责车辆使用的间接采购品类的团队也是承担保障这一间接采购品类的理想团队或相关团队（车队的保险费用与车辆的选择和规格息息相关）。

一个典型的但不全面的直接和间接采购品类范例如表 1.1 所示。

表 1.1　直接和间接采购品类范例

直接采购品类	间接采购品类
包装	通用工程
铸件	法律服务

续表

直接采购品类	间接采购品类
塑料模具	人力资源服务
大宗化学品原料	企业用车服务
纤维原料	设备管理
番茄	咨询服务
聚乙烯袋	合同服务（外包劳务）
瓶子	保险
纱线	市场营销、设计与广告代理服务
与维护、修理及生产营运相关的备品备件	物流
紧固件	信息技术服务
鸡胸肉	通信（固定电话、移动电话、视频、网络）
机械加工品	资产设备及项目采购
髋关节和膝关节	土木工程
钢丝绳	复印机及打印机
金属板材	废品回收
印刷电路板	差旅
过滤器	办公场地及维护
组件	文具
社会保障	印刷品
马达	食堂及餐饮服务
软饮料	安全保障
控制与自动化系统	清洁服务
轮胎	公司场所除虫服务
油漆电缆	软件
橡胶	生产设备维护
机场起降时段	员工医疗保健
伤口护理	办公场所装修服务
电子元件	
罐子	
糖	
注射器	

不同的行业，如何划分直接和间接采购品类在企业与企业之间各有不同。例如，“印刷品”这个品类在多数企业中一般隶属间接采购品类，多为企业市场部所使用的营销印刷品，与企业的最终产品制造没有关系。然而，对于印刷出版业企业来说，印刷品就是直接采购品类。

这一切是如何开始的

采购品类管理在采购领域中初次出现是在20世纪80年代后期。它没有一个单独的采购品类管理先驱者，而是由少数开拓性企业在战略性采购前沿领域中逐渐发展起来的创新方法。采购品类管理的产生也是一种回应，应对因全球化而逐渐发展壮大的供应商势力，应对越来越聪明、总能发现新途径开拓市场、保持市场占有率的供应商。它的产生也是对一种逐渐增长的认知的回应：如果采购能够在战略上承担更好的角色，企业将获得更大的优势。这些早期的先行企业利用从采购、经济、质量管理和企业变革理论中借鉴的工具和技术，开始发展建立起采购品类管理的战略方法。这些年来，通过众多的实践验证，采购品类管理从业者和顾问逐渐完善了采购品类管理战略方法。如今，你可以看到采购品类管理呈现出多种形式，每一种在结构和内容上都稍有不同，但其基本原则始终是一致的。

如果你在网络上搜索“采购品类管理”，可能会因看到的结果而感到困惑。搜索到的结果更像与市场营销或零售相关的主题。如果你与专业的市场营销人员或零售商交谈，他们可能会对“采购品类管理”一词非常了解，但与本书中所描述的“采购品类管理”方法大相径庭（下一章我们将就此进行讨论）。

“品类①管理”一词原本出现在20世纪80年代早期的市场营销学领域，市场营销人员对其定义为：一种根据消费者对产品使用情况对产品进行分组管理的品牌管理方法。这与从采购的视角看采购品类管理是不同的，而且很显然，在企业业务中品牌管理的角色不是由采购这一角色承担的。尽管这两种品类管理的方法论在很多方面是不一致的，但两者仍然有某些类似之处。事实上，它们有许多相同的想法和工具，但是应用于不同的角度——市场营销品类管理侧重于以客户为基础，而采购品类管理侧重于以供应端为基础。

市场营销学的品类管理

大型零售商已经知道，如果他们能够更有效地管理所有不同产品和产品品类，就可以提高销售利润。该观点是将零售店看作品类的混合而非产品的集合，基于消费者对产品的使用情况和使用行为变化的未来预测，每个产品都是独特的。例如，市场营销学的品类管理关注“早餐谷物”品类的管理，而非“凯勒格玉米片或桂格燕麦粥”层面的产品管理。这种管理关注“早餐谷物”品类的目标客户是

---

① 品类是指消费者认为相关且可相互替代的一组特殊商品或服务。依据 FBI Best Practices Definition 的定义，品类管理是“分销商和供应商合作，将品类视为策略性事业单位来经营的过程，通过创造商品中消费者价值来创造更佳的经营绩效”。品类管理是把所经营的商品分为不同的类别，并把每一类商品作为企业经营战略的基本活动单位进行管理的一系列相关活动。它通过注重向消费者提供超值的产品或服务来提高企业营运效果。——译者注

哪些，这一品类在商店中的陈列位置以及如何最好地展示和推销该品类，以求最大化销售利润。同时，消费者会享受清晰的品牌选择，通常，一个厂家会被某个品类选中成为“首选推荐”（primacy of presence），以尽可能地减小无效的品牌间竞争。这当然要付出代价，制造商要提供大幅打折、提供市场营销活动优惠甚至帮助零售商进行品类管理。最终的目的就是为零售商增加该品类的销售利润。

采购品类管理

在本书中，“产品品类”的核心原则是相同的——除了这里，我们对第三方支出进行细分，而不是最终产品，细分类的标准不是“消费者如何使用产品”，而是产品或服务的功能及其所属的细分市场。书中涉及的采购最佳实践中的元素都是市场营销学方法的反转。确实，本书中所包含的许多战略分析工具都来自市场营销学工具，但都进行了“反转”处理，以便从采购的角度进行理解和使用。

上文我已经解释了，市场营销品类管理和采购品类管理是独立的概念。事实上，在许多组织中，供应商管理仍然不同于客户管理。但是，如果组织能够想出如何将两者结合起来，以创建一种端到端的品类管理方法，那么就会具有巨大的潜力。我将在本章和下一章来探讨这一内容。

今日采购品类管理的重要性

卡拉杰克（1983）曾表明：“没有一家公司能允许采购部门在认识和适应全球环境与经济变化上落后于其他部门。”他指出采购技巧是在一个相对稳定的时代得到发展和确立的，但随着全球经济变化步伐的加快，采购也必须改变。这已经是 30 多年前的观点，而在此之后，我们已经看到世界、企业、国际贸易以及我们的生活都发生了重大改变。在 2008 年我们还体验了 1930 年大萧条以后最大的一次经济衰退。这以后，对采购职能的角色和期望也发生了变化并且会持续变化。

在我从事采购事业的时候，采购的功能，在整个企业看来是“买东西”。买什么、从哪家供应商购买，往往已经由市场营销部门、生产部门、研发部门事先与供应商咨询后决定了。采购也就是“做交易”的最后一步，协商运费和退货等事宜。如果价格再降一点，就再好不过了。相比之下，今天的领先企业将采购定位为一项战略职能，通常在董事会层面有一个代表负责人，有明确的职责领域，即拥有和管理与供应端的商业关系。明智的企业不会允许技术部门单独做采购决定，而更鼓励一种协同工作的氛围，以识别和实施最有效的采购方法。

如今，采购职能代表着为企业及利益相关各方增加前所未有的巨大价值的机会，采购品类管理是实现这些机会的重要推动力之一。为了了解这些机会是什么以及它们是怎么产生的，我们有必要看一下这 30 多年来的技术、市场和我们的生活是如何变化的，以及这些变化是如何需要企业实施更现代化、更具战略性的采购方法的。

世界越来越小

如今采购职能已经可以进入更大的市场，世界是开放的，全球市场早已为商业开放。曾经的度假目的地或不发达的国家现在已经是“新兴市场”或者可靠参与者，能够重复生产高质量产品。然而供应商正在发生改变。

全球市场和我们未来的供应端不断被重新定义，并将与我们今天所知道的非常不同。财富和权力所在地区的地理变化，以及技术的使用，特别是数据的使用，一起改变着组织结构和运作方式，我们了解这些后才能开始了解未来的供应商。

从中期来看，美国目前仍将领先于中国。预计在未来几年，美国和中国总共将占全球经济增长的一半（Desjardins，2017）。特朗普和英国脱欧标志着对全球化的反弹，全球化开始重新定义全球贸易。可以说，这种反弹是对西方国家一般民众所认为的全球化的明显影响的回应。世界各地大规模破坏性资本流动使一些人难以置信的富有，但也在 2008 年导致了 20 世纪 30 年代大萧条以来最大的衰退（Elliott，2016）。美国的新贸易政策将贸易转移回了美国（Elliott，2016），英国和欧洲其他国家也重新定义了彼此以及世界其他地区的贸易，在一定程度上加强了短期内远离全球化的运动。从长远来看，全球化很可能重新成为焦点。

短期内，美国将继续增长，欧洲、日本和加拿大也将继续增长，但在中期内，其他国家的激增很可能会重新点燃西方对低成本国家采购的热爱。印度有望实现快速增长（世界经济论坛，2018），并有可能成为中期增长最快的经济体（Babones，2018）。然而，从中长期来看，其他国家也将可能成为未来的生产者和提供者，如韩国、俄罗斯（它很可能是明天的全球粮食生产国）和非洲。非洲的人口预计在 2030 年将占世界人口的五分之一（联合国，2015），到 2050 年将占到四分之一（联合国，2017），加纳、埃塞俄比亚和科特迪瓦将成为发展最迅速的非洲领土（非洲新闻，2018），拥有劳动力，他们只需要良好的基础设施，就能为未来世界提供服务。仔细看，你可以看到对基础设施的投资正在顺利进行中，不是通过非洲，而是通过今天的强国，来自中国的投资接近 1000 亿美元，并超过了所有其他国家（独立报，2018 年 5 月 15 日）。

在未来的 30 年里，公司的存在、结构和运营方式将截然不同，我们将看到规模更大的两极分化。一方面，我们正在见证“人才和卓越网络”的曙光——传统公司模式是一个实体，员工在一个或者多个地点。取而代之的是，技术和组织思维的变化意味着未来的公司和供应商可能更像连接的敏捷全球网络，该网络由个人和团体组成，协同生产产品或提供服务的关键节点，所有这些都作为一个整体在一起工作。这种新的运营方式意味着公司能够将网络的每个组件或贡献者放在最佳的物理位置，以确保他们发挥最大的价值和潜力——从最能满足他们需求的低成本国家进行制造业采购，从最高效的供应商那里采购服务，这些供应商很可能是帮助我们创新的小公司，或者是在班加罗尔的卧室里工作的数据专家。我们未来供应链的某些部分将不那么重要，而且更容易理解和管理。你可能会认为，与在世界各地运输商品和原材料相关的成本将抵消低成本国家可以提供的竞争优势，但事实并非如此。未来的全球人才网络将为采购提供令人难以置信的机会，并将以新的方式来管理我们如何互动、交易、降低风险并维持关系。

另一方面，我们正在见证新的超大型公司的又一个曙光，其中许多公司将成为重要的供应商。这些公司积累了令人难以置信的财富、规模并通过清晰的定位来取得更多的权力。2018 年，苹果成为第一家估值达万亿美元的上市公司（卫报，2018 年 8 月 2 日），紧随其后的是 Alphabet、微软、Facebook、阿里巴巴。虽然人们很容易理解这些公司是如何通过品牌、创造消费者和商业依赖来获得他们的权力和地位的，但未来的巨头将通过控制进出市场的渠道，并利用数据获得巨大的优势来确保他们的权力。

未来几年，我们将看到虚拟市场（也称协作网络、B2B 市场解决方案或商业交换）的增长——基于亚马逊模式的解决方案。如今，全球约有三分之一的采购职能部门正在实施协作网络或 B2B 市场解决方案（德勤会计师事务所，2018）。亚马逊做得很漂亮，它展示了一个基于创建简单的市场渠道的单一平台，结合一些聪明的算法，来消除消费者货比三家的需要，在最广泛的市场上提供评级，以帮助消费者做出一个好的选择。虚拟市场将改变组织的购买方式，当这种购买方式整合到组织系统中时，它们则提供了自动日常采购的潜力，比如该组织采购通用的、无区别的、一般不复杂的商品和服务。如今，采购团队通常会大量参与到在上述采购领域管理更多的战略性支出和供应商关系。未来，采购的作用将变得更加具有战略性，并将为在虚拟市场进行的日常支出设定条件和供应商关系。事实上，品类管理的工作方式和部署方式也将改变，所以当阅读本书时，我将强调为应对未来的改变，现在如何做好准备。短期的虚拟市场很可能是一个规模适中的组织扩张，专注于特定的部门。在未来的 30 年里，它们将被少数超大型公司所取代，我们别无选择，但是可以用新的采购方法来进行管理。

↘ 不断变化和变化的不确定性

在一个不确定的未来，我们可以确定会有变化和很多变化。不确定性、波动性、气候变化、人口迁移将继续，资源正变得稀缺（Hieber，2002），而且这些还将持续。今天，这些变化已经被很好地理解了：它们存在于组织意识之中，并且良好的采购方法占据重要的地位。品类管理只是众多变化中的一个事件，最终会恢复到一个稳定的状态。在半个多世纪前，德裔美国心理学家库尔特·勒温在他的作品中，将变化描述为一种解冻过程，从当前状态到改变，然后“重新冻结”到新状态（Lewin，1958）。今天，这个理论仍然成立，且很容易发现自己在等待重新冻结。过去的 30 年告诉我们，现在经历一个持续的全球变化的速度比以往任何时候都快（Brynjolfsson 和 McAfee，2014），这一点被大量的文章和统计数据得以强化。无论未来如何，有一件事将保持不变，即我们周围的事情将不断变化，所以如果我们发现自己处于一个稳定的状态，就可能会被抛弃。

数字赋能

从前，我们会谈论互联网、电子邮件和电子商务是如何在全球范围内彻底改变商业的。这都是旧新闻了。今天，我们很难不触及人工智能、机器人、大数据、物联网、机器学习、区块链等。所有这些都为组织、采购和供应链带来了巨大的飞跃潜力。早期的先驱者正在向一个新的数字世界迈出第一步，但对我们大多数人来说，这些新技术将如何成为我们日常职业生活的一部分仍然不太明朗。不乏最新的数字平台供应商告诉我们，如果我们不登上新的数字之船，走向一个新的更光明的未来，我们将被抛弃。然而，如今，采购领域的大部分可用内容实际上都是针对组织如何采购和运营的单一组成部分的特定解决方案。当然，这些内容将不断发展。未来的领先组织将是那些知道如何设计并将新的数字解决方案嵌入组织日常运作中以带来竞争优势的组织。未来需要融合当今的新兴技术，最重要的是数据——访问大量来自多个来源并经过处理、连接和分析的数据，以高度创造性的方式创造独特的新见解，推动量身定制的采购干预——所有这些都是实时的。

人人有责的“可持续发展”

30 年前，企业社会责任（CSR）、社会责任、企业责任或可持续性在商业讨论中不会被提及。然而，今天，各种形式的社会责任出现在各个种类、各个层次的商业论坛中，也是决策中越发重要的因素。就在不久以前，任何人谈论“可持续发展”和社会责任都很少能激起管理层的兴趣。但是现在情况发生了改变，确保业务行为的可持续性和社会责任不再只被一小群活动家所关注。

全球采购为采购带来了新的挑战。种植园或服装厂里真正发生的事情是很难通过供应合同掌控的。确定直接供应商时，很多合同上没有写明的、供应链上发生的步骤不能再被忽略。当今很多消费者都希望企业履行社会责任（Penn Schoen Berland, 2010），甚至影响他们的购买决策，尽管良好的意愿与行动之间还有很大差距（Pelsmacker et al, 2005）。不过这个差距一定会变小的。越来越多的消费者希望他们购买商品的制造企业是规范的。或许，可持续的、公平的、负责任的、具有道德感的商业已经不再是吸引高端定价的特殊差异，而是每个企业都要做到的。也许，挑拣咖啡豆的工人是否受到公平待遇，如同商店里的消费体验一样，都成了产品的一部分。如果人们不抱有这样的期望，就不会有那么多记者试图在大企业的供应链上发现声誉问题，企业也不会担心没注意到的问题被揭发。客户和消费者似乎更关心家喻户晓的品牌是如何运营的，而且如果事情发展不好，也准备好了很多问题和建议。

↘ 我们对品牌、折扣和独特性的热爱

过去 30 多年我们的生活发生了巨大的改变。如今在很多国家，人们的日常生活建立在全球市场的产品和服务上，人们根据自己的喜爱选择购买商品。还有一个很简单的事实，即作为消费者我们都喜欢折扣。今天我们更了解自己想要的品牌和规格，我们希望在最好的地方以最好的价格买到商品。基于这个现象，沃尔玛建立了它的整个商业帝国，并不断通过规模经济发掘新的、高效率的供应链以设法降低价格。实际上，沃尔玛被认为改变了全球经济气候和压低了美国通货膨胀，即通过“多一件打折”的活动反复吸引消费者。2008 年，当美国经济开始衰退的时候，沃尔玛的盈利反而增加了。这就是因为手头拮据的消费者纷纷从其他商店转向沃尔玛以节省开支。

现在，网络购物已成主流，使得固定成本低的新卖家以较低的价格销售同样的产品，与著名的大卖家竞争。除非这个产品的制造商为维持价格、减少竞争限制了销售渠道。比较一下真正的名牌香水价格，世界各地的零售商其实差不了多少。这与市场动态或一瓶香水的制造成本关系不大（这只占销售价格的很小部分），而是针对人们购买某个特定商品精心制定的定价策略，也就是所谓的品牌的价值。

尽管我们喜欢便宜的东西，但依然愿意为我们认为特殊的商品支付更多，如那些独特的、与众不同的或者能展示我们消费能力的高档品牌。穿着合适的运动鞋或者驾驶某一品牌的轿车会给我们带来无形的好处，它们使我们归入适当的群体或者展示了成功的外在形象，这些能让人感觉良好。不过，事情并没有结束。消费者的需求正在改变，一些新生事物被证明比品牌更重要。现在，利用模块产品或新兴技术（如 3D 打印），为每位顾客创造个性化和独特产品的市场机会正在展现。

对于那些同质化的商品，“更好、更快、更便宜”依然存在，尽管我们希望“便宜”，但不是必需的。随着消费者越来越富裕，比以往有了更丰富的选择，似乎知道从哪里找到最好的价格，但依然愿意为品牌和独特的东西买单。或许“更好、更快、为你独有”看起来更符合消费者的胃口。这种影响是巨大的，现在他们塑

造了全球商业的形态，企业竞争和成功的挑战更加困难但也是生存的关键。

正因为如此，采购表现出了有史以来最大的机遇。如果意识到这一点，就可以为企业带来巨大的价值。采购的第一个机遇是在这个竞争加剧的格局中帮助企业有效竞争。如果“更便宜”是应对方案的必需部分，那么采购必须找到减少产品生产成本或者服务成本的方法，包括降低原材料成本、降低生产（或提供服务）和销售渠道的成本。

如果企业要在差异化方面取得竞争优势，不论是品牌还是独特性，那么采购的第二个机遇就显示出来。它可以通过将供应链的可能性与消费者的需求和愿望（甚至包括消费者自己没有意识到的需求和愿望）相结合，帮助企业创造差异，带来竞争优势，巩固品牌价值。

供应链代表了潜在的“创新金矿”，这里的专业公司了解它们各自的市场并致力于“下一个好主意”。如果将供应商正在进行的研发工作与你认为的消费者的需求、可能的愿望相联系，那么你就开启了提升品牌的潜力。开启潜力的秘诀首先在于了解你的供应商在做什么（不仅是显而易见的部分），其次要与这些供应商有良好关系，这样他们就会将创新先带给你而非竞争对手，或者共同创造一些意义重大的工作。现在采购的机遇实在是棒极了。如果让采购部门一直面对供应商，采购部门就只具有购买的功能。如果将采购工作建立在“起点到终点”价值链上，与面向消费者的部门合作，你就会把供应链的可能性与终端消费者的需求和愿望连接在一起了。就在这里，购买的机会非常大。保持采购职能面向供应商，我们将有从直接供应商购买东西的职能。在整个端到端价值链的采购工作，以及与面向客户的职能部门合作中，我们开始将整个供应链的可能性与最终客户的需求和愿望联系起来。在这里，我们开始探索品类管理如何帮助做到这一点，这一切都是关于价值的。

案例研究 供应链如何将蜂巢放到宜家桌子里

宜家“拉克”咖啡桌是有史以来最成功的产品，每年有超过 1 000 万张的全球销量。它厚实的方桌腿、50mm 厚的贴面桌面设计立即获得成功，但它成功的因素是它的价格。宜家提供的价格点适合任何预算，它的外观又如此牢固，因此被认为非常物超所值。这背后的秘密仅仅是因为宜家连接了顾客的需求、愿望和供应链的可能性。然而，这些可能性并不来自任何宜家桌子的制造商。实际上，用传统的贴面纤维板或刨花板技术，制造一个桌面厚度为 50mm 桌子的生产与运输费用不可能达到宜家的价格期望值。然而，革新来自一个门的供应商，同样的技术，其创造性地用一个薄的木质蜂巢状内容物夹在两层薄板之间做出一个厚底儿，结果就产生了难以置信的结实、厚重而且轻便的桌面，并可以高效地大批量制造、运输，从而生成了一个宜家顾客深爱的产品。

一切都是关于价值的

上述所有机会都意味着采购部门有潜力成为任何企业的主要价值生产者。采购品类管理是其中的关键，在进行商业采购干预时，如果能在可见的和有效的层面上被很好地执行，采购品类管理就有潜力达到神奇的效果。此外，采购品类管理可以直接响应企业的驱动者和部门内部运作以及主流宏观经济或任何特定市场条件。也许在有些企业中，实现低价买进商品和服务就是一切。如果“更好、更快、更便宜、为你独有”是企业的目标，那么事实已经证明，采购品类管理可以达成这一目标。有些企业和一些采购专业人士还有一种心态，即供应商努力的唯一焦点应该是降低价格。这是个令人钦佩的追求，但是企业通过高水平的采购干预措施可以获得更多。然而事实上，很多企业试图达到的目的与采购团队的日常活动之间存在脱节，这个脱节由于（对采购）可以实现的巨大潜力的忽视而进一步扩大。

优秀的现代战略性采购由采购品类管理支持，需要企业转移侧重点，追求多个价值源，有更远大的目标，既有利于企业也有利于终端客户，并且与企业更广泛的目标协调一致。对有些企业来说，最大的价值提升也许不在于降低价格，而在于保证供应链革新，加强终端客户价值主张，提高品牌价值。价值与企业所在的行业相关，不同的行业通常拥有不同的优先级。例如，曾经在石油和天然气行业，尽管减少第三方成本十分重要，但是更快地建立一个新管道或保证供应安全更加重要，因为石油流动带来的美元超出了人们的想象。然而，随着石油价格走低，关注重点就转移到了降低成本上。

确保企业的价值需求

任何时候，一个企业最需要的价值都会根据周围正在发生的事情而改变。在世纪之交，发达经济体迅速增长，诸多领域的公司使用采购品类管理的最初重点在于降低购买商品和服务的成本。到 2008 年，随着世界经济开始衰退，通货膨胀加剧，石油和食品价格上涨，采购品类管理的重点转移到减轻价格上涨和维持供应保障上，因为许多公司的生存已经受到威胁。到 2012 年，随着世界试图摆脱衰退，采购品类管理也被用于确保与关键供应商的可持续关系，使用定价结构以防原材料成本的波动。2015 年，通过一系列基于供应的不同类型价值，企业觉察到采购品类管理可作为新业务增长推动者的助力。似乎突然地，供应链创新的重要性被意识到了，公司也开始重振跨部门团队来帮助实现这一目标。至此，采购品类管理正式被公共领域所采用。2018 年，品类管理已经成为一个快速变化的数字化世界中一个更大故事的一部分，并使采购能够做出更具战略性的贡献。它正成为组织可以开始自动化和简化日常支出的手段，同时重新将采购工作更多地集中在真正的战略性支出领域和可以增加最大价值的最重要的供应商关系上。

采购品类管理可以创造显著的价值增长，不仅可以降低价格也可以降低成本和风险，增加创新和品牌价值，赢得更高的效率和更强的竞争地位。它为账本底线[①]或 EBITDA（未计利息、税项、折旧及摊销前盈利）做出了明显的贡献，同时也为股东权益做出了坚实的贡献。消息灵通的股东越来越想了解他们所投资的公司以及证券交易所上市的公司的内部采购方法，采购越来越被视为提升、保护或恢复股价的能力。采购品类管理并不局限于商业部门。在非营利和公共部门也有很多优势，采购品类管理能显著改善绩效，以及在可分配的预算下产生更大的回报；在卫生健康领域，它可以帮助组织获得更好的医疗结果、更多更好的社会保障和公共服务，为纳税人的支付提供更多的服务，并且处理那些由于供应商获得了优势地位而积累多年的不良采购事宜。尽管供应链具有巨大的潜力，很多企业（包括一些声称正在实施采购品类管理的企业）也没有能够完全实现这些潜在价值。原因何在？我们就需要探讨一下企业是如何运营的。

价值及虚拟砖墙

采购品类管理是一个“基于价值”的方法，可以帮助实现关键目标。然而，释放价值并不是采购部门按一个神奇的按钮那般简单。事实上，如果采购品类管理的实施仅限于采购部门，它将无法成功。相反，采购品类管理必须有整个企业的支持和活跃的跨部门合作。原因很简单，如果想提高企业的整体价值，你必须查看所有增加价值的地方。波特（1985）描述了“价值链”的概念：产品通过一个企业的业务单元，每个业务部门以直接或间接方式增加价值而创建了最终的产品（或服务）。这个内部价值链以企业输入和输出为界。然而，如果将我们的视野扩大，向后可追溯到供应链的起源，向前可直至终端客户。向其他供应商提供产品或服务的种植者、原材料供应商、服务提供商，都通过加工、建筑、混合、包装、协调、航运等形式，为企业购买的产品或服务的产生，添加了一些价值。然后在企业内，所有部门以某种方式为创建最终产品（或服务）进一步增加了价值，从而为终端客户提供了某种价值，甚至超越了终端客户想要的价值。波特（1985）称这个端点到端点的视野为“价值体系”，这个概念很好地建立在经济理论上。

端点到端点的价值概念似乎是显而易见的，问题是在许多企业中，我们忽

① 净收入，财务损益表的最后一行。——译者注

略了这个价值流并且没有认识到它的重要性。就好像有一个障碍（一个虚拟砖墙）立在供应商和终端客户之间（见图 1.1）。市场营销部门关照终端客户，采购部门关照供应商，这之间是一个生产或服务的过程。而且企业分级结构将这两个部门牢牢地分开，错失了任何可以提高客户体验的、来自供应链的新的可能性。而采购品类管理本质上克服了这一问题，并鼓励企业内跨部门之间的合作，让人们共同努力取得重要成果。通过将客户想要的或者可能想要的与供应端能够提供的相连接，企业获得的可能的潜力不能小觑，但实现这种潜力需要内部协作。如果与一个重要供应商分享他们正在工作的唯一地方是只有采购人员参加的回顾会议，涉及的细节也只围绕着会议纪要，那么将会失去机遇，更糟糕的是，将机遇给了你的竞争对手。

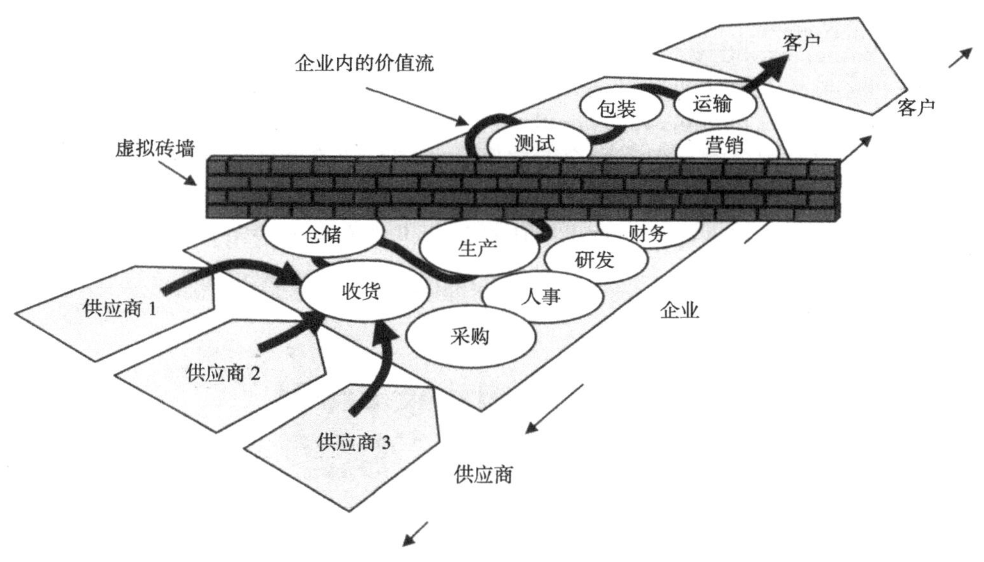

图 1.1　价值流与虚拟砖墙

案例研究　端点到端点的价值如何帮助创建“美体小铺”

美体小铺（Bodyshop）于 1976 年在英国成立，在接下来的时间里，Anita Roddick 投入了她的热情和精力来创建这个品牌，支持全球近 2 000 家门店，为 7 700 万名客户服务。Roddick 的任务是建立一个基于社会追求和环境变化的企业，提供严格符合商业伦理、环境和社会框架的产品。多年来，该品牌被日益增长的客户需求和欲望进一步塑造，创造了一个巨大的全球商业。

美体小铺成功的关键因素之一是，终端客户的需求方式以及与供应链的可能性连接的市场机会。只有通过仔细调整，将采购战略与品牌主张的价值协调一致，才能保证终端客户购买的商品是“负责任”的商品，符合品牌的价值。美体小铺的战略供应商致力于帮助其建立品牌并享受长期关系，但必须经过严格的筛选程序，以确保他们遵循了相关商业伦理、公平贸易和绿色环保原则。此外，供应商必须展示他们的供应链也遵守这些原则，并且积极参与发展社区的各项行动。

利润最大化的价值

采购品类管理可以为一个企业产生多种形式的价值，但最能吸引董事会注意力的是它可以将企业盈利能力最大化。

在许多企业中，外部采购或第三方支出占据了成本的最大部分。图 1.2 显示了企业销售收入流向的典型分布，第三方支出差不多达到一半。虽然这个图是许多制造企业的典型分类，但不同企业之间、不同行业之间各有不同。例如，在汽车业，供应商支付占营业额的比例非常高，而专业服务业则以人的成本为共同支出中心，如咨询公司，通常会有一个比较低的供应商相关费用。

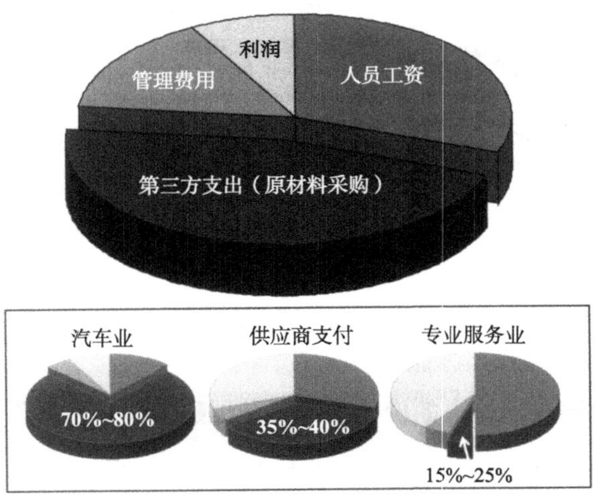

图 1.2　销售收入流向

简单来看，一个企业要想追求利润最大化可以从两个方面入手（见图 1.3）：通过扩大份额来增加“蛋糕的大小”或通过减少其他部分尺寸来降低成本。

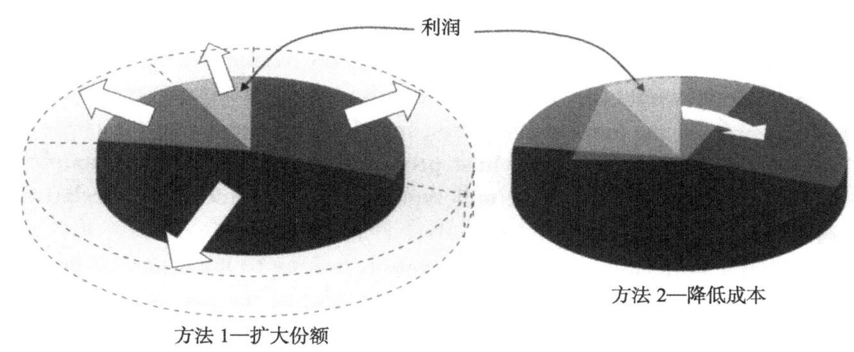

图 1.3 利润最大化的方式

图 1.2 中的每个部分这些年来多少都得到过企业的关注。销售直接关注的就是利润，市场部门承担着增加销售额（提升利润）的任务，因此他们想尽办法扩大市场份额，寻找新的市场或新的产品。

企业也一直专注于通过降低成本提高利润。人力成本在这几十年可能也得到了最大的关注。我们中的许多人都熟悉机构重组和裁员或者将大部分领域的业务外包给“低成本劳动力”的地区。日常管理费用也被各领域的多种提高效率的解决方案所涉及，包括业务流程再造、精益生产或六西格玛，信息技术使用的不断增加，自动化程度的提高，搬迁、裁员和在家办公。由于第三方支出通常是最大的支出部分，因此该部分也为企业提供了最大的机会，然而在一些领域和一些企业，它仍然是最不被关注的。

无论如何，专注于降低成本的战略计划可以显著提高利润，提高利润的潜力不仅来自价格的降低，也来自所有干预措施的综合效应，这不仅增加了价值，也减少了第三方支出的总成本。它还需要一个新的战略性视野来发现“改变游戏规则”、带来显著利润改善的机会。此外，通过降低成本增加企业利润往往比通过增加销售更容易。假设一个生产卫生洁具的制造企业的销售收入为 100 万欧元，其中 45 万欧元花在买入原材料、商品和服务上。企业利润占营业额的 10%（100 000 欧元）。如果它可以在买入商品和服务上降低 3%的成本（13 500 欧元），那么利润将增加到 113 500 欧元。这和整体销售增长 13.5%的效果是同样的（营业额增加到 113.5 万欧元，利润 10%，即 113 500 欧元）。对大多数企业来说，确保利润增加 13.5%的销售努力和投入是非常巨大的。因此，如果企业可以从买入商品和服务的成本中节省一英镑、一欧元或一美元，节省的钱就可以直接作为利润增长，计入账本。这是一种简单化的观点，在某些情况下，各种财税方面的因素可能会改变这一点。然而，节省第三方支出的原则有益于财务报表是稳健的。

采购品类管理因此可通过降低买入商品与服务的成本，也可通过保障供应链创新，从而增加销量、增加利润，确保企业获得重要的附加价值。

三 确定品类

采购品类管理需要将第三方支出按照品类细分，以便跨部门团队分别研究、确定和实施适合该品类的最优采购战略（见图 1.4）。为了确定品类，第三方支出需要面向不同市场领域进行划分。这并不像看起来那么简单，需要考虑许多因素，其中有五个最重要的因素，下面将依次探讨：

1．确定费用支出。

2．将资源分配给可以控制管理的费用支出。

3．将资源分配给有机会价值的品类。

4．确定市场边界以便品类面向市场。

5．最恰当的工作等级。

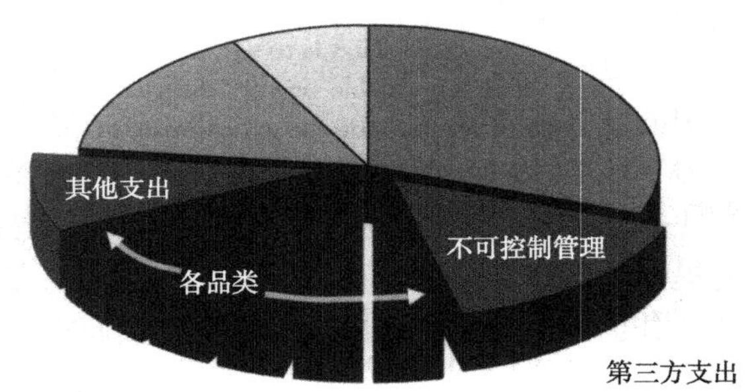

图 1.4　第三方支出的品类细分

确定费用支出

确定品类之前必须对第三方支出进行充分分析和细化。然而企业往往没有详细了解它的费用支出情况。随着企业的发展和成长，合并、收购、多个地理位置和不同的决策过程意味着企业最终会有多个 IT 系统，而各国系统各不相同，互相之间没有或很少有交流与整合。拥有一个完全集成的信息系统，可以一键提供理想信息的企业少之又少。此外，即使存在费用支出分析数据，细分数据也有可能不合适。例如，与按照供应商所供应货物分类的数据相比，按照供应商分类的数据就会增加确定品类的难度，因为需要从原始记录中分析由于丢失、不完整或错编的数据。

如果没有有效的数据，就需要采用另一种方法。市场上有很多提供费用支出分析的服务商。有些服务商提供可以在企业 IT 系统中安装的高级分析系统。这些智能软件可以和多个内部系统交互，定期提取、处理和分析企业财务和采购交易数据，在需要时提供良好的数据。有些服务商则通过引进团队来分析历史交易。有些服务商将两者结合。最常用的是通过排序、净化和优化数据提高数据准确性，为费用支出数据分析提供良好的见解。

在费用支出分析中也可以使用一种“自己动手”的方法，而且随着时间、努力和精力的投入，还可以获得一些有意义的收获。该方法包括以下步骤的部分或全部：

- 数据提取。使用 IT 系统数据专家将来自多个系统的数据进行提取、处理和组合，获得关于费用支出和费用支出细分的概况。
- 审核采购订单。逐个回顾一段时间内的历史采购订单，记录和分类每项支出，最后得到支出分析的简要情况。
- 询问供应商。向关键供应商索要过去 12 个月或 18 个月的支出，要求按照品类分类提供。
- 联络企业各部门的利益相关方或预算持有人，了解他们的关键支出领域。
- 分析成品和发运的数量，获得原材料和投入数量，从而计算支出数据。
- 从经验出发观察。

将资源分配给可以控制管理的费用支出

并非所有支出都是可以被控制管理的。也就是说，有一部分支出是不可能或很难被影响和改变的，即不想花费是不可能的。无法控制管理的支出可能包括：

- 税收。
- 政府机构的费用。
- 租金（尽管它有时是可控制管理的）。
- 法规规定的或者政府设定的执照费用。

在识别无法控制管理的支出时，关键要明白为什么有些领域的支出会被认为是无法控制管理的，不然就会轻易地错过可能的机会。有了正确的方法和动机，政府可能做出税收减让、租金降低等。然而，确实有些领域的支出是不可控制管理的。这些领域应该在早期就被识别并排除，但在排除之前，要对其“无法控制管理”的理由慎重推敲。

将资源分配给有机会价值的品类

在划分品类时，帕累托原则通常适用：80%的支出用于 20%的供应商，20%的支出用于 80%的供应商。这 80%的支出应该是对第三方支出进行采购品类分类的主要部分。要接受这样的认知：将所有第三方支出都分类管理是不现实的，总会有一小部分支出是不值得付出努力的。第 3 章给出了一个方法来帮助识别这些。

确定市场边界以便品类面向市场

为了最大化采购品类管理的潜力，支出的品类细分工作必须反映面向市场的本质，即必须反映个体市场是如何组织的，市场的边界在哪里。因此我们寻找制定的各个品类的定义，不仅要根据各类费用支出和企业方式，也要根据采购的市场边界。我们对每个品类的市场边界的看法，对采购品类管理带来的神奇机会是至关重要的。也就是说，我们第一次展示了采购品类管理带来的改变游戏规则的重大机会；狭隘思维将稀释后续的潜在效益——市场边界越宽，我们的选择就越多，机会就越大。

市场边界有多种形式而且所有市场都有一个或多个边界。这些边界是自然形成的或者人为造成的。例如，世界各地都存在出租车公司，但它不是一个全球性市场，而是一个个自然小市场的集合，每个市场都受到实用性、运营执照，以及对长途出租车服务有限需求的限制。决定市场边界的因素包括：

- 形式。市场的类型和性质，如物理空间、是否在线等。
- 大小。市场有多大，通常以销售总量、就业人数或市场支出来衡量。例如，美国快餐市场的规模估计为每年 1 200 亿美元。
- 规模。市场的地理范围。
- 位置。市场的位置及其边界。
- 参与者类型。例如，参与者是个人还是公司？
- 商品或服务类型。它们是什么、有什么功能或者满足什么需求？
- 通用选择。被采购商品和服务的通用性或专用性质。
- 限制条件。任何限制市场或自由贸易的因素，如政府制裁及降低可用质量或减少可用数量的规定等。

在很多情况下，这些因素都会带来边界。如果去买玻璃瓶，我们只会寻找玻璃瓶供应商，但是塑料的呢？或一个完全不同的包装解决方案呢？（稍后讨论）现货市场往往受可用空间和位置限制。例如，一个传统的村庄广场市场，其大小只能根据可以容纳的摊位数量的空间来决定。如果从有政府补贴的市场购买，这些补贴自然会阻止竞争。地理范围的大小取决于经济实用性和区域需求的差异。例如，在“车队（公司用车）”这一品类中，全球市场（公司用汽车和货车）已经出现，如丰田和福特等公司就是全球品牌，因此“单一标识”的采购战略貌似是可行的。但款式、法规和基础设施方面的区域差异会带来壁垒。一个大的汽车品牌或许在全球范围内存在，但通常没有可以服务全球客户的方式，而是非常区域化的，不同的疆域有不同的产品和服务支持网络。一个表面上看起来的全球市场事实上是一些较小的自然市场的集合，因此采购品类的分类需要按边界名称划分，如“美国区公司用车”“欧洲区公司用车”等。

在确定品类需要面对的市场时，关键是要运用创新的思维模式、开放区域边界和发现最广泛的潜在市场，这可能涉及更换我们的传统采购方式。现代的货运意味着新兴国家也可以提供我们所需要的。现代 IT 意味着市场的物理位置不再十分相关，一个在印度的专家可以像坐在隔壁的办公室似的与我们一起工作。确定正确的市场划分是采购品类管理的一部分，该过程以后会有良好的市场数据支持，但也是现在必须做的事情，以便确定工作的品类。因此我们要基于目前可用的信息做出初步的采购品类分类，但也要意识到这些品类的范围和定义以后也有可能改变。

影响市场边界的因素不仅是市场的性质，还有我们的选择，以及供应商最大化保障他们的市场地位而做的工作。显而易见，减少我们采购的选择符合供应商的利益，这样我们就会（或者我们会认为）没有多少选择的余地，从而通过减少市场的表面规模而增加他们的实力。提供品牌化产品，或者具有独特附加价值的差异化产品，或者特殊的打包产品，都是为了达到这个效果。如果因此做出了选择，我们就受到了限制，限制了我们可以从其他潜在供应市场采购的机会。例如，我们只是要买“苹果 iPad”而不是“平板电脑”，就意味着我们的潜在市场选择就被限制在一个专有产品上。图 1.5 显示了市场边界对市场机会的影响。

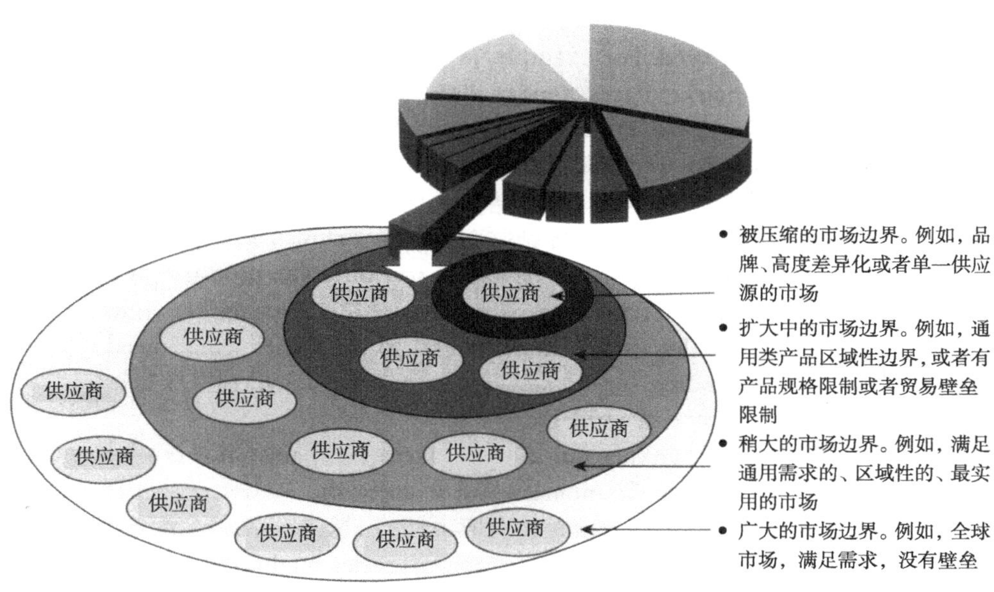

图 1.5　市场边界对市场机会的影响

最恰当的工作等级

品类细分还有一个终极维度，那就是要想成功，我们所从事的品类既要大到足以找到各种机会，又要小到我们能够胜任。这个课题值得详述，只有正确地处理好这个课题，才可以极大地影响各种可能的潜在效益，但是在我们本能选择的工作方式与市场组织方式之间可能存在冲突。例如，想象一下一个全球性大企业在差旅上的巨额支出（表 1.2 显示了支出的详细组成）。“差旅”这一品类会经常出现在企业认定的细分采购品类列表中。

表 1.2　差旅支出明细　　单位：百万美元

消费项目	去年总体消费	预计明年总体消费
飞机旅行	42	45
酒店	17	21
旅行代理	4.1	4.3
租用轿车	4.1	4.2
火车	2.8	2.7
出租车	1.9	2.1

在一个高层次的角度上，这个采购品类是合适的，但实际上这种“差旅”市场是不存在的。商务旅行代理机构会迅速暗示它们已经组成了一个提供各种形式的旅行市场；但事实是这些机构并不是市场本身，而是将一个客户和多个市场相连接的机构。真正的供应市场则是指“空中旅行”“酒店”“汽车租赁”等市场。“旅行代理”这样的市场，其作用就是将一个需求与不同市场提供的各种旅行选择相匹配，进而为旅行者提供预订和支持的服务。如果没有意识到这一点，就可能导致制定“差旅”品类的采购战略时，将其打包为一个整体，与单独的旅行代理机构达成外包采购协议。这种安排一开始似乎是个很好的方法，但支付的价格取决于旅行代理与不同的航空公司和连锁酒店磋商后达成的交易结果。很多交易结果要受到合作伙伴关系和通常隐蔽的回扣安排的影响。鉴于差旅的每个组成要素的消费如此巨大，因此针对每个要素单独处理，无疑具有更大的机会。航空公司针对高消费客户，为特定的“城市间往返”路线（如不同办公地点之间）提供更大的折扣，从而使这些航线的飞机运载量最大化。同样，全球或地区连锁酒店很少提供用于所有酒店的优惠折扣，但会同意某些地点的酒店为它们的重要客户提供优惠，这些地点就在办公地点附近。

这个例子里的最佳品类细分就是将对应市场的“差旅”的每个组成元素作为一个采购品类，而“差旅”作为一个概括性采购总类。一个采购品类经理也许会从事“差旅”这一总类的采购品类管理工作，但会负责其中的 5~6 个子品类的项目。有个总体的视角是很重要的，这有助于采购品类经理识别不同品类之间的关联事项和问题并采取行动。

采购品类经理甚至在更远的地方需要考虑更多的关联事项或更多的机会。例如，本企业在“营销活动”这一服务采购品类上有较高的费用支出，其中包括举办有许多客户或潜在客户参加的大型活动。活动会产生大量的差旅需求，这也意味着将“差旅”各品类的范围扩大到了额外的“营销活动”的营销费用，这极有可能造成部门间的紧张。营销工作和营销活动供应商被审核，市场营销部门可能会觉得受到威胁。此外，几乎可以肯定的是，营销活动供应商会有一个反弹，他们会争辩说如果他们可以自行处理，与旅行代理商定他们自己的安排（通常有隐藏的回扣），结果反而更好。

制定费用支出的品类细分是一种锻炼，通常只需在一个企业即将实施采购品类管理初始做一次即可。确定正确的品类列表可以使整个企业的费用支出针对每个市场进行管理，这样就可以实现每个品类的潜在收益最大化。这个品类细分的过程有可能导致与其他部门之间的紧张关系，因为它们觉得它们应该负责这些领域的支出和相关的采购决策。因此这里必须有强大的执行领导力，否则，采购品类细分可能由于顾忌其他部门而无法制定出最优细分列表。

定义品类细分

总结来说，品类细分就是确认品类对应的供应市场的采购品类、供应市场的最广泛边界，并找出企业在这个市场的所有费用支出。我们也就市场的边界范围做出了明确的选择。无论是控制市场的大小和机会，还是有意从小规模市场甚至从单一供应商处采购，背后都有充分的业务理由。在这些情况下，采购品类管理能够帮我们澄清这个选择，不过使用供应商关系管理方法也许更合适。这一点将在第 8 章涉及，并在我的《供应商关系管理》一书中充分展开。

这里有一个判断采购的品类细分是否成功的测试性问题：

我们是不是确信某个领域的所有费用支出折射出了一个特定的、可确认的、具有最大或适宜边界的市场，以便我们可以从中获得最大潜在机会？

一旦认清品类细分，就应该根据各品类的市场边界来确定，并因此定义每个品类的范围，如欧洲区公司用车、全球电信服务、瓶子（欧洲区）、印刷线路板集成件（全球）等。

可能获得的效益

我不断问自己两个问题：采购品类管理能带来什么效益？如果我们实行了采购品类管理，如何能保证投资后的回报？这些都是合理的问题，一个首席采购官或首席财务官深思熟虑后决定实施采购品类管理的方法，期望得到的是什么？人们似乎都以为这个问题有标准答案，是一个神奇的数字，是一个经过实践检验的数字，可以支持我们的商业计划立案。其实不然，这些问题的标准答案都是“视情况而定”。

就像其他业务革新方法一样，采购品类管理不是轻易就可以买来、获得或安装的事物。以这样的心态去实行采购品类管理必定会失败。由于采购品类管理可能带来巨大的效益并改变游戏规则，因此只有以企业的方法实施才能实现。采购品类管理既是一个管理流程，也是一个管理理念。流程驱动事件的发生，理念使企业接受采购品类管理方法，并组织、调整企业本身以适应采购品类管理框架下的战略性采购的介入措施，可能还有其他的战略性采购方法。这个理念，不仅采购部门要有，而且整个企业都要重视，并被采购以外的其他部门全面接受。

可能获得的效益类型及规模

如果效益可以“改变游戏”，那么这个效益是几个数量级呢？采购品类管理可以带来许多类型的效益。四处搜寻，你会发现各种各样的说法。单是硬性地降低成本就是可观的。我曾经是采购品类管理团队的成员，见证过节省了10%、20%、30%甚至40%的费用支出的采购品类管理项目。在一个针对原有的单一供应商的项目里，结果是得到了98%的费用节省，而同时也有别的项目在为2%甚至1%的效益苦苦奋战。平均而言，根据我的经验，我认为潜在的品类管理节省幅度在10%~20%之间。来自这个领域的咨询公司提供了广泛的说法，通常节省幅度在10%~30%之间，10%~15%是被引用最多的范围。2018年，我开始了一个全球品类管理调查的项目，超过85名CPO，包括全球范围内一些公司的采购主管或高级采购人员，从事品管理工作，参与了调查，其中许多人是我亲自采访的。该调查（积极采购，2018）探讨了品类管理是如何通过组织自身来实现的，以及推动其成功或阻碍进步的因素有哪些。许多受访者分享了他们的组织平均费用节省的细节，其中节省幅度10%~14%是最典型的，很少有人表明节省幅度远远高于这个水平。因此，品类管理提供了不同程度的财务回报。影响这一点的因素有以下几个：

1. 采购成熟度。企业采购的发展水平，以及更有计划、有体系地实施对供应端的干预措施，从而对企业业务做出战略性贡献。Hackett咨询公司（2011）认为投资回报的不同取决于企业的效率和有效性——这些因素被他们定义为世界级采购水平的最基本特征。他们认为一个达到世界级采购水平的企业在成本节省方面可以获得几乎12倍的回报，而没有达到世界级采购水平的企业平均获得3.45倍的回报。

2. 实施的质量。采购品类管理的有效性，体现在人员能力、流程、生产率、可利用的资源以及项目治理上。采购品类管理的实施“质量”与投资回报有直接关系。KPMG（毕马威会计师事务所）（2012）也认同这种观点，认为成本节省与采购品类管理成熟程度、战略性采购方式和供应商关系管理有直接的联系。我曾与几个公司合作，它们都很自豪地告诉我，它们已经实施了采购品类管理，然而当揭开“采购品类管理标签”时，就明显地发现它们只是在采购品类管理的框架下进行招标和合同签署。它们也许有一个好的采购品类管理流程，但执行的只是表面工作，或者忽略了关键步骤。这种实施方式只能获得些许的效益提升。在这些案例中，高级管理团队要么是在自欺欺人地认为他们在实行采购品类管理，要么是他们并没有真正理解如何实施采购品类管理。一般而言，如果采购品类管理团队没有发现和实现根本性改变的效益，意味着他们没有有效地实施采购品类管理。

3．企业的准备程度。整个企业对来自采购的变革的协调程度、参与程度和接受程度，以及为实施新的采购战略，推动企业变革的能力。

4．品类机会。每个品类可能具有潜力的程度，虽然这可能随行业或部门的不同而不同，驱动的因素（许多我们可以影响）可能是市场困难度，我们所购买商品的增值程度，价格的灵活性，我们已经确定了最佳的面向市场的品类范围和定义水平，以及品类成熟或不成熟情况。

记住以上几点，就有可能自信地预测任何采购品类管理项目的结果，也有可能找到那个神奇的数字。之后我会论述一个较有效的结果分析方法。

可能获得的非财务效益

硬性的、潜在的节约金额总是能吸引执行管理层的注意力，其实采购品类管理可以带来一系列硬性和软性的效益。全球经济衰退后，其他效益变得更加重要。如今，供应市场已经发生改变而且动荡不止，保障供应已经成为一个更重要的议题。在一些情况下，促进供应保障更被人重视，提高效率和效用、降低供应链风险和降低成本已成为次要因素。随着采购品类管理和供应商关系管理之间关联程度的加强，企业也认识到需要这两种方法的共同应用才能获得组织寻求的效益。

在战略层面，采购品类管理能协助企业创造竞争优势并发现各种差异，从而直接提升品牌效益和利益相关方价值。一个关键的贡献要素就是创新，创新不单来自市场营销部门或者研发部门，也可以来自供应端。供应端是一个蕴含着未来多种可能性的宝库，我们要做的就是找到方法，发掘出未来的效益。采购品类管理不仅提供发掘的方法，而且能够推翻文章前面提到的“虚拟砖墙”，将终端客户的需求和愿望与供应链提供的各种可能性联系起来。

采购品类管理还带来了软性效益，它们既是效益也是效益的助推力。采购品类管理需要进行一些费用支出分析，从而反过来促使费用支出更加透明。采购品类管理需要跨部门的合作。这种员工聚集在一起，为同一个目标工作的工作方式一旦建立起来，就会产生巨大成果。另外，采购品类管理要求同时建立起工作的共同语言以及知识分享的共同工作模式。最后，采购品类管理是一个战略性的方法，需要被正确应用和部署。采购品类管理要是能良好地实施，将为企业带来更多的战略性采购成果。表 1.3 从硬性和软性两方面总结了采购品类管理可能带来的效益。

表 1.3　采购品类管理可能带来的硬性和软性效益

效益类型	通常可能获得的结果	实现这些效益的先决条件
硬性效益		
降低成本	采购商品和服务的价格会降低 10%~20%	• 企业必须组织起来有效地实施采购品类管理 • 较低的品类成熟度 • 市场困难度低 • 有能力推动企业变革 • 采购品类是通用型品类，差异化小 • 品类有各种“增加值”因素
提升价值和有效性	• 提升效率 • 减少浪费 • 增加额外的价值（更加降低成本） • 获得可持续的成果	• 跨部门合作 • 甄别和追求机会的方法（如精益生产和六西格玛等） • 供应商的积极介入
创新	• 利用来自供应端的创新为客户提供更具价值的产品选择 • 改进流程 • 合作产生的协调一致	• 充分的理由，让供应商分享创新或者共同开发创新（双方受益） • 共享的目标、需求和理解 • 和关键供应商合作，联合工作
降低供应链风险	• 更大供应保障程度 • 降低了品牌名声受损的风险（如由供应链上游的不良行为导致的） • 通过增加供应商和供应链的理解，降低了损失风险（如知识产权的损失）	• 风险评估 • 了解市场和供应商
竞争优势、差异化和向客户提供更好的选择	• 向客户提供更具价值的产品选择 • 提高利润率 • 差异化的产品或者交货机制	• 跨部门合作，连接“采购”和“满足客户需求” • 让供应商出力的充分理由（双方受益） • 和关键供应商合作，联合工作
软性效益		
全面管理所有支出	• 费用支出透明度提高（尤其是公共部门） • 支出明细更加准确 • 资源优先排序能力 • 对市场了解增加后，签署更有利的框架协议（公共部门）	• 对费用支出的充分分析 • 正确的品类细分

续表

效益类型	通常可能获得的结果	实现这些效益的先决条件
跨部门协作	• 结果的充分讨论（通过分享和互动） • 对共同目标协调一致 • 尽全力达成目标	• 在组织内全面实施采购品类管理，要求参与 • 管理层认可采购品类管理 • 在企业内积极推广采购品类管理
共同的语言和工作方式	• 高速出成果 • 企业能力的提升	• 统一的流程、可利用的工具包以及使用统一的模板 • 统一的学习和能力发展计划 • 管理层对统一的语言和流程的严格要求
知识分享	• 企业能力的提升 • 企业内的学习	• 有分享关键知识（各品类的采购战略、市场洞察、成功因素等）的方式和方法 • 积极地利用各种时间分享学习心得
战略性采购	• 采购是商业成功的一个关键因素 • 供应链成为推行客户价值主张的关键部分	• 认同采购部门是战略性部门 • 高管层必须有采购代表

我们有很多方法直接影响及决定如何实现这些来自供应端的潜在效益，这是非常重要的，也可以采取措施保障和维护这些效益。采购品类管理为应用这些方法提供了一个实施框架，但同时要求一个高质量的采购品类管理实施。本书的其余部分将阐述如何做到高质量的采购品类管理实施。

↘ 肯定有人已经想到这一点

既然采购品类管理可以带来如此巨大的效益，那么，为什么直到现在它才开始被许多全球性企业认为是必要的？答案是这样的，在许多企业，由于管理层没有看到其中的机会，所以其潜在的效益一直是隐藏的。另外，一个普遍的观点认为供应端几乎不再有什么机会。如果有的话，肯定“有人”已经发现了。造成这种观点的主要原因有两个：其一，这其实正是你的供应商期望你这么想的，而且他们做得很成功。其二，要想开发采购品类管理下的隐藏效益，你必须在整个企业内做根本性改变。

供应商的销售人员往往是具有竞争力和动力的个人，他们的生活或者至少他们期望得到的分红，取决于他们是否说服你和你的企业，购买和继续购买，并且购买更多。供应商往往有更好的资源、更多的资金，而且接受比他们对接的采购人员更多的培训，这些使供应商有明显的优势。

如果供应商一直在欺骗我们，为什么没有人注意到？也就是说，为什么供应链的潜在效益是隐蔽的？供应商为了持续享有优势，必须保证采购人员相信他们拥有所有的权力，即使事实并非如此；因此供应商努力维持这种假象，谨慎地提供折扣，做出“这是我们能做的最佳交易”的样子。供应商也用一些聪明的策略维持他们对买家的优势地位。对供货商而言，这是一场战争，而且他们的目标是赢得胜利。在供应商看来，信息就是力量，通过培养与买方其他部门的关系收集信息，分化、征服和弱化采购，如向买方技术团队询问“可用预算”等。

买卖双方的关系是完全有可能达到平等或平衡的，这方面有很多很好的例子。同样，买方也可能拥有优势，而且对一些供应商更有影响力。然而，除非买方有强力的采购干预措施来反击供应商方面的策略，否则买方拥有优势的情况是不会发生的。采购品类管理如果被良好地执行，则提供了一个强大的解决方案，将为买卖关系的力量平衡带来逆转。但是，只有企业充分接受采购品类管理，释放所需的资源，建立跨部门团队进行采购品类管理流程，执行突破性的采购战略，才能实现买卖双方力量的平衡。

小　结

1. 采购品类管理是重点管理企业从第三方供应商处购买产品和服务的大部分支出的一种战略方法。
2. 它将企业购买的产品和服务的主要支出领域，按照相应的供应市场，划分成不同群组、品类。
3. 供应端蕴藏着巨大的机会，随着我们所处世界的变化，这些机会的性质，它们对企业的重要性也发生了变化。经过实践检验，采购品类管理是可以实现这些机会的方法。
4. 采购品类管理具有改变游戏规则的潜力，可以带来包括降低采购价格、提高效用、降低风险的价值，还能通过利用供应端的创新，建立我们给客户的价值主张，或者通过合作创造新的产品差异或竞争优势。
5. 发掘这些潜在的效益，高质量的采购品类管理实施是必要的。
6. 成功同样取决于正确的品类细分。项目初始，根据费用支出是否可控制管理，对我们要着手工作的品类进行优先排序，并按品类面对的最大的实际市场边界确定每个品类。

第 2 章

采购品类管理原则

本章我们将研究采购品类管理原则（含三个基石和四个支柱）。

本章回答了如下引导性问题：

2. 什么是采购品类管理？它如何增加效益？

5. 成功地实施采购品类管理有哪些要求？

三 采购品类管理的三个基石

采购品类管理是建立在三个坚实的基石上的（见图 2.1），是释放品类管理流程力量、极大提升组织价值的先决条件。这三个基石：

- 战略性采购。
- 管理市场。
- 推动变革。

图 2.1　采购品类管理的三个基石

基石 1：战略性采购

在商业世界中有许多关于什么是“战略”的讨论，并且“战略”或“战略性”这些术语经常被错误地使用。约翰逊和斯科尔斯（1993）对于企业战略做出如下定义：“企业战略是企业长期的发展方向和范围。在理想的状况下，这个方向和范围使企业的资源运用适应环境的变化，尤其是市场、顾客或客户的变化，以符合利益相关方的期望。”

因此，战略比项目、计划或未来方向的定义更重要，后者都是战略的重要组成部件。

采购战略可以分为两部分：一部分是采购部门的战略，这个要符合企业战略；另一部分是不同支出领域的采购战略。下面的采购战略的定义反映了约翰逊和斯科尔斯的观点：

- 采购部门的战略。设定了采购部门的长期发展方向和范围。它必须与企业的整体目标协调一致并符合利益相关方的需求和期望。理想情况下，使采购部门的资源和能力要与企业目标、企业环境、外部市场以及最先进的采购方法相匹配。

- 采购战略。设定了单个支出领域的中期行动方向和范围，决定了企业购买什么以及如何购买。理想情况下，供应商选择战略是根据目前的、潜在的和未来的市场，满足企业及其终端客户当前的和未来的需求和愿望。供应商选择战略还应符合企业的总体战略和目标。如果企业的政策和品牌主张中公开宣称“没有童工制造我们的产品”，那么供应商选择战略必须与其保持一致并有到位的筛选措施。

每个支出领域的采购战略通过品类管理而成形、定义并实现，尽管不是那么直接呈现的。

时间旅行直升机

想象你爬进一架时间旅行直升机，并且飞到整个企业的上空鸟瞰其所有行为，包括企业的采购市场和终端客户所在的销售市场。有了这样一个优势，你就能够轻易地做出如何管理支出的明智决定。你会审视你的供应商及其行为，以及产品的替代品供应市场和更多的选择；你也会看到其他供应商，他们位于你以前可能未曾注意到的市场。你会看到购买的商品或服务是如何在企业内流通的，各个部门是如何使用和加工它们的。你也会看到终端客户是如何使用你的企业提供的产品和服务的，以及这些产品和服务是如何交付给客户的。这听起来很熟悉，因为从这架直升机上你会看到前面提到过的整个价值链，从起点到终点。不同之处在于，从这个独特的视角，效率低下的地方和各种机会是如此明显，相应的改进触手可及。同样明显的是，将终端客户的需求和愿望与供应市场中看到的创新或能力相联系的机会。

因为这架直升机可以进行时间旅行，展示了未来趋势，所以你就有了一个非常强大的工具来看见你的客户想要的新鲜事物以及你的供应市场的未来改变。有此洞察，你就可以确定最佳的采购战略，确定如何随时间流逝调整战略，以及实施这个战略的最佳方法。

在现实中没有可供我们使用的时间旅行直升机，这种可以跨越时间的俯瞰目前看起来只是一个疯狂的想法，但它不是。品类管理的目的正是尽我们所能去构建一个相似的视角。这种战略洞察力不是靠时间旅行直升机，而是通过跨部门的协同工作，通过研究和分析市场、供应商和企业，以及与营销部门的共同工作去充分了解终端客户当前和未来的需求而建立起来的。因此战略性采购是品类管理的一个关键基石，与之相随的是围绕整个品类管理流程的各种工具和方法。

将采购提升到战略高度

很多企业的采购部门及其采购人员都认为采购的作用就是买东西。有这种传统观念的企业就不会在战略高度对待采购。同理，只有应用工具的采购流程或对着供应商大声喊叫，也不会使采购上升到战略高度。只有采购行为的改变，以及企业中所有人对采购观念的改变，即将采购作为企业增加价值的一个重要推动力，认同有采购介入的必要性，才能将采购提升到战略高度。将采购提升到战略高度还表现在采购在企业架构中的定位，在高管层中是否有支持者。此外，如果我们认为自己是买东西的，我们的作为将被限制在这个思维定式里。如果我们认为是我们“通过采购方式为企业业务做出战略性贡献”的，我们将以不同的方式开始思考和行动。

采购、客户满意和企业战略

任何形式的战略性采购方法，当被整个企业接受并视为企业理念的一部分时，都是成功的。采购品类管理要想有显著作用，必须是企业将其采购与满足其终端客户的方式和企业的总体战略联系起来的一个不可或缺的组成部分（见图 2.2）。这种联系的作用打破了第 1 章所描述的“虚拟砖墙”。

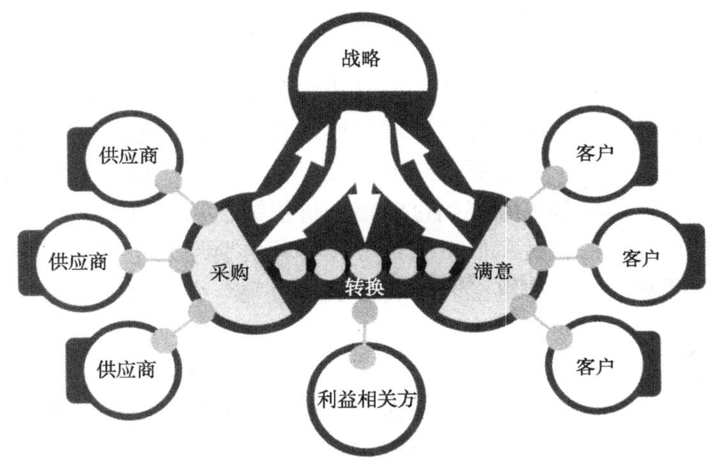

图 2.2　3S 模型

从传统观点来看，采购的主要功能是管理那些向其购买商品的外部供应商，是外部供应商的主要接口。

企业需要采购原料、商品、服务或者雇用劳动力，很难想象一个企业不需要这些。因此采购部门（任何专门从事供应链管理的部门）的重要角色之一就是代表企业对外采购。而企业的另一端，重要的对外角色则是满足客户需求和愿望，这个角色通常由销售或营销团队担任。和客户接洽的人员只是实现企业战略目标过程中的一部分。处于这两个端点的角色之间的则是不同的职能部门通过各种流程将采购的原料转换成满足客户需求的产品，使他们购买和持续购买。理想情况下，这种转换在某种程度上使产品的价值增加，如波特在“价值链”概念中所述（波特，1985）。

如同从采购到满足客户需求这个内部价值链的增值可以使企业获利，类似的价值链也存在供应链的每个供应商中，可以上溯到供应链最初的种植者、原材料供应商或服务提供商。每个实体在供应链中以提高、结合、加工、建筑、混合、包装、协调、运输等方式来增加产品价值，创造客户将购买的产品或服务。

多数采购部门会设定一些目标，提高采购的有效性。这种做法很好，最后会有益于终端客户，但这些目标通常聚焦于内部。反之，如果企业的大部分采购目标是推动整个企业更好地满足终端客户，那么这种思考角度的变化将使我们以全新的眼光看待供应端的价值，创造满足客户需求和愿望的价值。

满足终端客户的价值被称为价值主张（兰宁，1980），这是终端客户购买的原因，即一个需求或愿望想要在某种程度上得到满足。这是一个交付价值的承诺，客户同时坚信他们会得到或体验到这个价值。供应商的价值主张决定了供应商的行为、其提供的产品以及如何使客户体验其产品价值。企业如果想使客户满意，就必须清楚能引起客户共鸣的价值主张并以此推动需求。企业必须接近客户，深入理解客户关注的价值（尤其是客户没有意识到的需求或者不能清楚表达的价值），开发出差异化的产品，这比任何营销方案都有效。这需要企业的以满足客户需求为目的，设定正确价值主张的企业战略，并依据这个战略构建企业的组织结构，从而提供竞争优势。另外，企业要发现未开发的价值和创新。如果企业知道的话，就会发现这些未开发的价值和创新就在供应端里。

供应端价值与终端客户端价值的关联使我们对供应端的看法发生了改变，同时也改变了我们和供应商互动的方式。如果我们认为供应商的角色只是履行订单并不代表任何风险或机遇，那他们的角色仅仅是战术性的角色，其作用也仅限于满足客户现有需求，采购只是被动回应行为，除此无它。这就是存在多年的、传统的采购模式。然而现在，随着客户对企业的期望增加，企业对供应端的期望也增加了，再加上不断增长的供应稀缺和供应保障问题，供应端的管理不再是战术性的管理。

供应端是未来价值和新价值的发源地的想法已经不新鲜了。很多企业实际上已经从有意愿的供应商处获取新的想法、概念和创新，并行之多年。这种做法往往是在个人层面进行的，而不是以一个企业有组织的方式操作的。例如，某些企业研发、新产品开发或营销部门人员，承担了创造、开发新产品需要联系供应商、建立供应商关系的任务，而供应商则可以提供一些新东西。这种做法很好，但也会产生一些问题，即供应商会通过与设计师的关系得到业务交往中的优势，发展与设计师的关系正是供应商的利益所在。如果他们的产品、服务或技术在设计或概念阶段就被使用，特别是能进入产品规格中，几乎就可以保障未来的收入了。对这样的技术讨论，采购人员很少参与。而当采购人员参加业务讨论时，已经没有多少空间让采购人员影响商务条款了。这需要一个将品类和供应端可能产生的价值与满足客户的价值主张相连接的方法，即将采购、客户满意和企业战略相融合的方法。

战略是我们前进的方向（约翰逊和斯科尔斯，1993）。只有将企业总体战略转换为每个业务部门的分战略并执行，企业总体战略才是有效的。大多数企业的传统做法是将战略转换成不同的行动，如面对供应商的部门（如采购部门）的行动，面向客户的部门（如销售和营销部门）的行为。这个战略分解——根据多数教科书所言以及多数企业所行——是有指导性的，是自企业最高层颁布而下的。“自上而下”的战略管理方式意味着采购部门没有必要和营销部门相联系，因为两者皆从上层接受指令。各部门实际上可以单独存在，部门之间是你递我接般的联系。跨部门合作是有利的，但也只有在整个企业鼓励这种做法，并且自上而下承诺这么做时才有效。另外，成功还取决于制定完全正确的战略，排除所有导致失败的因素和利用所有有利的因素。

战略是如何连接采购和客户满意的呢？约翰逊和斯科尔斯（1993）认为战略必须将资源与变化的环境相匹配。供应端是企业资源不可分割的一部分。对任何企业来说，有效的企业战略必须考虑如何利用供应端的能量支持企业实现其目标。有效的企业战略必须对外部环境有所回应，外部环境包括了客户端和供应端。因此战略沟通是双向的：将终端客户当前和未来的需求和潜在愿望通知到供应端，同时又将供应端的可能性反馈到客户端。这是支撑并创建品类管理、供应商关系管理和其他战略性采购方式的基础理念。

案例研究　转变：从战术支持到战略助力

本案例中的公司（姑且称为 WD 仪器公司）是一家生产用于信息技术和电信行业的高度复杂的电子测试设备公司。WD 仪器公司意识到为了在全球市场保持竞争力，需要削减成本和更好地利用全球费用支出的潜力。WD 仪器公司将工作重点放在采购上，先审视公司费用支出的大头，也是风险最大的部分——印刷电路板。

10 年前，WD 仪器公司是基于不同产品组织架构运作的。研发部门不同产品的开发团队要全面承担关键元器件的产品规格和供应商选择的职责，还要维持与合作供应商的关系。采购部门则被认为是一个支持性职能部门，其角色就是确保各环节的有效实施。产品开发团队不需要与其他部门合作。印刷电路板是关键元器件，大多要使用高度复杂的多层技术生产，因此产品开发团队会与他们选择的供应商密切合作，从印刷电路板的设计到印刷电路板的制作工艺，优化每个环节。WD 仪器公司总共有 15 个不同的印刷电路板供应商，都在一个国家，其中一半左右与一个或几个产品开发团队保持密切关系。

采购部门负责将合同和商务事项都制定在一个协议中，根据每周计划，及时发放印刷电路板的采购订单。采购部门曾采取过措施，想阻止电路板的价格上涨；也做过市场价格基准比较，指出 WD 仪器公司的采购价格过高；还提出过各种减少印刷电路板支出的建议，包括整合支出和开发来自新兴市场的供应商。但这些建议产品开发团队很少接受，他们不愿意改变现有的安排。

基于以上情况，WD 仪器公司将采购部门定位为战略部门，并配备了高管层代表。采购部门现在有了和总体业务目标一致的明确目标，在董事会上参与讨论各种重要的采购方案。公司的组织架构调整为矩阵式结构，采购部门可以与人事部门、营销部门、产品开发团队一起工作。事务性的采购工作由一个单独的团队负责，而采购的核心团队更多地专注于战略性采购项目，和产品开发团队以及关键供应商更加紧密地合作。

现在，人们欢迎采购部门的介入（尽管一开始并不是这样的），整个企业的关系良好。这个以线路板驱动的项目的直接效果就是采购部门带头启动了一系列跨部门团队针对一些关键支出领域或者有风险的领域的工作，为这些项目带来了一系列绩效变革。

电路板项目是采购部门带领的第一个跨部门项目，参与的还有来自生产、计划和产品/研发部门的代表。项目团队研究了线路板这些年的支出、采购及其在所有产品线的使用情况，以及业务的未来发展方向对未来线路板需求的影响。项目初期，人们是抵制任何形式的变化的，但坚持下来，团队找到一些有趣的发现。不出所料，高度复杂的印刷线路板最昂贵，但只占线路板总用量的 20%（相当于整体费用支出的 55%）。其余的 80%是相对简单的线路板，不存在供应短缺。对这部分产品，海外供应商可以提供的价格更有吸引力。因此这部分线路板的供应调整为由两个供应商提供，采购成本从而降低 32%。对其余专业产品供应商的淘汰并不是直截了当的，团队的工作重点就是甄选出两个首选供应商（其中一个是供应简单线路板的供应商）。这两个供应商开始供应新产品，以及一些需求高的专业线路板。

这个项目的成果是，巨大的成本降低，以及与新的、首选供应商的关系改变，WD 仪器公司成为供应商的一个“优先客户”，将设计、计划方面的合作关系带到一个新高度，在供应商关系管理和绩效改进方面也促进了管理方法的发展。这个项目标志着采购部门从一个经营业务的支持者到一个战略推动者的深入改变。

战略性采购的障碍

战略性采购实行时有许多障碍：

- 上下沟通渠道。各部门在横向沟通，以及一起合作采购项目时需要巨大能量和高管层的明确鼓励和支持。
- 垂直激励。除上下沟通渠道外，如果企业激励和奖励的方式是以各个部门绩效为基础，人们就没有理由去支持侧重价值水平流动的、跨多个部门的采购项目了。战略性采购需要一种新型的“组织产出成果”，并根据这个成果激励参与人员。
- 预测未来。如果我们能够看到未来就好了。有效地规划未来可能听起来直截了当并且符合逻辑，然而有很多实际的挑战阻碍其实现。了解业务的当前需求量已经是个挑战，预测未来似乎更不可能。需求量的浮动和技术的变化通常是难以预测的。
- 拔河比赛般的内部冲突。在一个企业中，围绕采购自然会有冲突，不同的部门想从同一采购中得到不同的东西：财务想要最低价格，销售想要最佳质量，运营想要最佳性能。
- 认知。如果采购被人们看作买东西的一个部门，它将很难为企业的业务带来真正的挑战和洞察。我参加过这样的会议，设计部门的人面对采购部门的挑战，怒气冲冲地说：“采购的工作就是下订单，买什么东西和从哪一家供应商购买是由我们决定的。”
- 缺乏创造力。创造力与战略性采购密切相关。一些最佳的采购战略就源于某个人的提问：“我们为什么要这样购买？”
- 促使其发生。制定开创性的采购战略固然是绝妙的，但是如果它不能变成现实的话，就一文不值。推动企业变革是一个艰巨的挑战。

这些障碍不是不能打破的，采购品类管理可以以结构化的工作方式打破这些障碍，但是成功还需要企业充分接受和应用采购品类管理方法。

↘ 基石 2：管理市场

采购品类管理的第二个基石让我们的关注焦点转移到企业外部。这里我们关心的是市场，即企业如何管理、市场改变市场。如果了解市场，就能够决定如何最好地管理市场以及进行何种互动。

了解当前的市场状况

在第 1 章中，我们探讨了确保我们的品类是面向市场的重要性，以及确保它是面向尽可能广泛的市场的重要性。管理市场从这里开始，为了管理它，我们必须理解它：业务如何与市场相关，市场的力量结构是什么样的，市场上发生了什么以及未来可能发生什么。

这也是了解我们需要改变什么才能在市场上获得更多的力量。

作为采购品类管理从业者，我们很容易相信我们理解市场，也许我们与特定供应商的关系也会加强对市场的理解，但实际上我们对市场的理解可能是相当肤浅的。在制定采购战略时，对市场的深刻理解往往被忽视，特别是如果现有供应商为我们提供了一笔很好的交易来维持业务。了解市场往往是个复杂的过程，涉及将许多碎片化信息拼凑在一起，花费很多时间去跟随线索，但可能走进死胡同，或者面对谎言和错误信息。然而，当我们真正了解市场，并进行了严格的数据收集和分析，以达到这种理解时，我们更有可能改变我们在市场中的力量和地位，以获得更大价值的机会。

确定最佳的市场来源

管理市场的第二个维度是我们如何确定最佳市场的来源。首先，我们需要确定品类的范围（如我们在第 1 章中所探讨的），以确保我们了解市场的边界，并能够定义我们的品类范围，以便我们与尽可能广泛的市场对峙，从而最大化潜在的利益。其次，我们需要关注我们如何决定和描述我们正在购买的东西，这关系到我们必须聚焦什么市场，这可能与我们最初考虑的不同。例如，很多供应商可以提供工作场所的设施管理服务，但是如果这项服务是与其他服务（如专业维修、保安和清洁服务）一起打包采购的，市场上能提供完整服务包的潜在供应商的数量就会减少，从而削减了你作为买方可以使用的竞争杠杆。相反，考虑到我们所试图满足的需求，我们可以考虑多个其他市场。这就打开了杠杆。

优化我们在市场上的力量

管理市场也是决定我们必须做些什么，以优化我们在市场中的地位，或者为我们提供最大潜力的市场。显然，如果对市场有深刻的了解，我们就可以决定如何更好地管理它，以及需要什么样的干预来确保最大的价值和结果。这既不是自动的，也不一定是直接的，我们可能并不拥有我们可能认为的力量。当在一个大型企业（也许是跨国企业）内工作，负责数百万美元支出的时候，你就会有一种错觉，你以为自己有左右市场的力量。此外，供应商不同的行为也会加深你的错觉，自认为处于掌控的地位。实际情况并非如此。如果对市场及市场动态没有充分的了解，就很难实现真正的力量平衡，也不可能知道如何改善这种状况。

管理市场的障碍

管理市场看似简单直接，但实际情况是很多企业由于不能克服管理市场的一两个障碍而错失良机或失去竞争优势。而企业通过采购品类管理对市场进行准确了解并以此为基础，克服各种障碍，建立最佳的采购战略，并从而对市场进行有效管理。

- 知识就是力量。供应市场在快速变化。有些市场比其他市场更快。新进入市场的企业、替代的产品、发展的技术、消费的趋势、全球性事件都会推动市场的变化。如果不能保持对当前和未来的供应端市场的理解，管理市场的能力就会降低。
- 设定市场边界。企业经常看不到它们目前采购的供应市场以外的市场。降低价格或成本的行动方案往往拘泥于当前的供应市场。创造性的思考，也许会发现其他市场也可以满足同样的需求，只是方式不同。甚至对有的市场，给予少许鼓励，就可以调整，以满足你的愿望，从而改变市场的动态。
- 力量基础。一个供应商或一个供应市场的力量平衡取决于很多因素：市场困难度（如更换一个供应商是否困难）、市场供应商的数量和竞争的激烈程度。通行的观点认为，市场力量的平衡取决于供应商，而且似乎很难改变。然而企业通过细致的分析和了解发现，其实这种情况是可以改变的，只需考虑付出的代价即可。

基石 3：推动变革

良好的战略性采购更多的是关于变革管理的。如果你为提升企业的价值，针对一个领域的费用支出制定了相应的采购战略，可是这个战略不能有效实施，它就是毫无价值的。采购不能独自完成采购战略的有效实施，它需要企业其他部门的支持、合作和积极参与。

产品开发团队相信他们独自就可以设置产品规范；人力资源部门肯定他们是控制临时工的最佳人选；市场营销部门相信他们应该独自负责设计公司的选用。这也就不奇怪这些部门不想花费时间讨论业务需求，不想改变工作方式了。可以预见的是，不管有多少不同意见，被这些部门偏爱的供应商依然会拿到业务订单。

战略性采购和日常运营采购的一个关键区别是推动变革的能力。这意味着启动和领导项目，跨部门合作，以及以斗牛士般的精力、毅力去执行和管理项目。因此战略性采购团队除具有一般采购人员应有的能力外，还要有额外的新技能。采购品类管理从业者要带领和引导团队，要进行内部沟通，让整个企业了解并支持项目。

采购品类管理从业者还要正确地认识变革动态软性的一面。作为人类的一员，不论愿意与否，抗拒改变是我们的自然反应。失败的项目在企业内随处可见。好的创意没能实现就是因为没有克服抵制变革的阻力。在我曾经工作过的很多企业里，可以找到失败的案例。现实情况是，让人们远离他们所知道的和感到舒适的东西需要巨大的努力和精力。列文（1958）认为只有变革的目标是不够的，变革的主体和个人的意愿也必须改变。他把这描述为，为经历变革的人们创造出一种“需要改变的感觉”。

推动组织变革似乎是人力资源部门而不是采购部门的职责。这个观点在企业结构重组时是适用的，然而企业会经历不同类型的、由不同部门带领的变革。这些变革会这样或那样地影响个人。一个侧重战略性采购的部门，采购战略的改变可能会改变人们的工作方式、人们的角色、人们与供应商交互的方式、货物或服务的使用方式，甚至影响到个人的工作，或者否定个人的重要性。有效地领导和推动组织变革的能力是必要的，所以采购品类管理从业者需要注重变革管理中人性的一面。

现实中任何组织的变革都伴随着痛苦。因此人类自然趋向抵制变革。没有办法避免痛苦，但可以通过努力、参与和沟通让痛苦最小化。在这个经历困难的过程中，人们对于改变会有自然的反应，以及情感的强烈波动，采购品类管理从业者对此要有清楚的认识。

案例研究　人类对变革的反应

一家大型公用事业公司发起了一个项目，旨在合理化货车技术人员上门服务以解决客户问题的方式。上门拜访的工作方式已经多年不变。对于某些员工来说，这是他们毕业离开学校后 20 年或 30 年间的唯一工作。然而，业务压力意味着需要做出改变。员工管理预约工作或直接与客户联系不再可行。低生产率和糟糕的客户服务使业务受损。在某些情况下，一个员工一天只处理两个客户求援电话。

一个改善客户服务的项目启动了。这意味着电话中心将处理来电和预约服务、分配工作、考核工作质量以及调查客户满意度。这个变革的自然结果是减少员工人数，因为新的工作团队的工作效率将会提高，每个人平均每天承担八个工作任务，而不是两个。

负责变革的团队和这些经历变化的男女业务人员直接接触，和他们沟通即将发生的变化以及变革的原因。员工们受邀参与和帮助设计这些改变。变革项目团队怀着极大的同情心去工作以降低变革带来的冲击，并利用提前退休和裁员补贴等方案减轻变革带来的伤害。变革项目团队也目睹了变革给这些人带来的所有情感影响。初期人们的反应是非理性的，有愤怒的情绪爆发（主要是针对项目团队，因为他们是带来变化的人），也有冷漠和压力相关的问题，还有普遍的不幸福感。成熟的男人们在研讨会上会崩溃流泪，回家后无缘无故与妻子或同居伙伴吵架的故事也随处可闻。

随着项目的进展和变革项目团队的推动，精简后新的工作团队开始采用新的工作方式。很快令人鼓舞的业绩成果赋予了这个团队一个新的意义。新团队开始变得对自己的角色充满热情，可以预见的是，许多“老问题”最终会得到解决，新点子不断出现，希望无处不在。艰难的改变最终成功。

变革的障碍

抵制变革并不是影响变革推进的唯一障碍，还有其他障碍。

- 抵制变革。这是导致企业中项目失败的最大原因，要么是通过员工有意识的、有计划的、有组织的行为表现出来，要么是在员工潜意识里不情愿和反抗情绪的爆发。抵制并不总是这么明显，它有很多表现形式。如果你曾经参与过一个变革的实行，你也许就会听人们说“事情没有那么糟糕，不用处理”，或者“听说以前尝试过，但失败了”。这些通常是抵制变革的迹象，表面上是提供帮助，实际上是在试图转移注意力。例如，“让我来帮你，不要浪费你的时间来处理这个问题了，真正的问题是在这个部门里。”“我真想帮助你，而且希望能成功，但是我太忙了，你可以下周再过来吗？”
- 缺乏参与。这是抵制的初期形式。如果人们没有介入或者感到他们没有机会参与变革。他们自然就会讨厌被要求做出改变。研究表明，参与会减少变革的阻力。在一个企业里，让每个人都参与每个变革设计是不可能的，但是通过咨询、观点请教、信息沟通，以及受变革影响的业务部门派出代表等缓和的方式来参与变革是可行的。
- 缺乏高级管理层的支持。如果看不到高级管理层对项目的支持，人们就会看轻这个项目，参与变革的人员也将没有令人信服的理由让项目团队以外的人员参与该项目。原因很简单，没有人告诉他们需要参与。
- 不觉得需要。如果人们不相信变革的必要性，就不会觉得一定要支持变革。变革越艰难，这一点就越明显。例如，实施一个差旅品类的新的采购战略，可能要取消一个执行了多年的差旅津贴政策。如果员工认为新的政策对企业的未来生存至关重要，那他们会以最小的阻力、尽可能地遵守新的政策。
- 资源不足。变革不会自行发生，需要企业投入大量的精力。与实现战略所需的艰苦工作相比，确定战略或将要做什么以如何完成相对容易。变革项目必须有充足的资源，员工必须有时间去推动组织的变革。

采购品类管理的四个支柱

采购品类管理的三个基石提供了一个绝佳视角，让我们看到了实行采购品类管理时会遇到的各种挑战，同时定义了该方法所依据的思维方式。采购品类管理的四个支柱是建立在这三个坚实的基石上的。这些支柱既源于实践，也基于我们发现的促使采购品类管理成功的必要元素。

四个支柱是突破性思维、以客户为中心、跨部门团队合作，以及依托事实和数据（见图 2.3）。

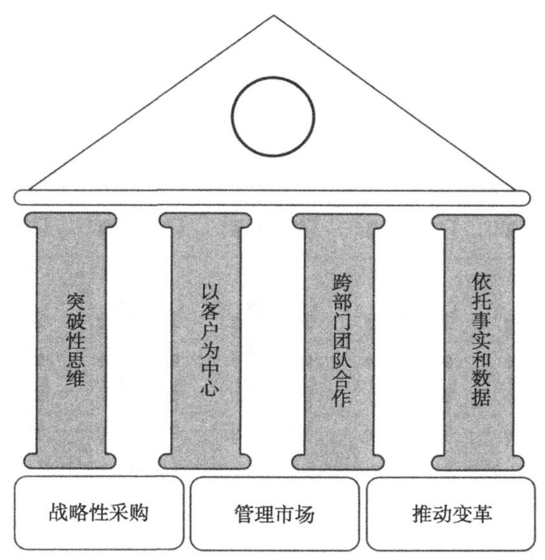

图 2.3 采购品类管理的四个支柱

支柱 1：突破性思维

没有一个组织可以将采购管理得优秀无比，不再需要改进。采购品类管理是一种以激进的方式改变采购或者给采购带来剧烈改进的方法。不管是使用竞争压低价格，还是改变内部流程，抑或是利用供应商改变产品的价值，甚至只是消减需求，与传统的渐进式改进方法（如特别谈判）相比，采购品类管理能够为企业带来更好的价值。

与当前状况相比，所谓突破，就是在绩效上取得变革式的提高。对采购来说，持续改进通常代表着为保持价格竞争力，与某个供应商进行的一系列战术性谈判。除此以外，“什么也不做”。顾名思义，关键是要注意供应商会利用这种情况占上风，绩效会随着时间的流逝而下降，竞争对手和同行也会超过你。

突破巨大改变代表着游戏的根本性变化在短时间内从当前的状态转移到新状态的情况，尽管一些突破可能要持续很多年。

鉴于准备变革和进行变革需要投入大量资源，因此在变革前我们要审视一下绩效。

案例研究 突破“瓶颈”

某个生产软饮料的著名品牌公司着手将采购品类管理应用于最大的消费领域，包括用于特定品牌产品使用的品类——玻璃瓶，想降低瓶子的成本。这种瓶子是独一无二的，专为该产品制作。玻璃瓶的形状和图案是品牌本身的延伸。

采购团队本着适当关注内部客户意见的原则，建立了一个包括来自市场营销和生产部门代表的跨部门团队。项目初期的工作重点是了解玻璃瓶市场以及一个全新的采购战略实现更大采购杠杆的各种可能方式。然而玻璃成本的上升，以及日益稀少的玻璃瓶的供应商，初期的研究结果表明玻璃瓶价格可能不会有显著下降。采购品类经理带领团队就把注意力放在了塑料瓶上——公司以前忽略的一个供应市场。研究和评估表明可以用塑料制作合适的瓶子，而其潜在的成本节约金额是巨大的，不能忽视这样的机会。这似乎是一个巨大的突破机会。

以塑料瓶替代玻璃瓶的建议提给了跨部门团队，团队成员和各自的职能部门进行了沟通。市场营销部门不同意更改，认为玻璃瓶和玻璃瓶设计是品牌的基本属性，有助于维持品牌的认知度并且树立品牌的高质量产品形象。生产部门也不同意。它们对塑料瓶进行了实验，认为塑料瓶不能使用，因为空塑料瓶在生产传输带上不能稳定地直立，经常翻倒，导致生产线停线和重新启动。

尽管有这些直接的拒绝意见，采购品类经理仍支持这个建议。围绕这个供应机会，采购团队收集了更多事实和数据，并利用这些数据开发了一个转用塑料瓶的商业案例，可以降低数百万欧元的成本。跨部门团队成员的拒绝意见并不是轻易做出的。事实上，这个提议已经在整个业务范围内被深度讨论过。在一次高级管理层的会议上，有人站起来说：“如果改用塑料瓶的好处如此巨大，我们为什么要选择拒绝？”因此项目团队的工作重点转为扩大评估范围，全面评估使用塑料瓶的效果，推荐未来的采购战略。

市场营销部和终端客户产品评估小组的共同调查显示，从中长期看，更改为塑料瓶不会减损客户对品牌或产品的认知度。此外，潜在的供应商还透露，玻璃瓶独特的形状和特征在塑料瓶上可以复制，因此产品在超市货架上看起来是一样的。生产部门进行了一些试验后，结论是进行一些调整后，塑料瓶可以在生产线上使用。随着一次招标、供应商筛选的过程以及一系列谈判，与一个塑料瓶新供应商签署了供应塑料瓶的合同，替换以前的玻璃瓶。生产转向使用塑料瓶。

对于这个改变，内部阻力很少。塑料瓶包装产品出现在超市货架上，和以前玻璃瓶产品有着同样的可辨识形状。消费者注意到了这个变化，但似乎并不在意，因此销售没有受到损害。事实上，随着时间的推移，销售反而增加了。因为改变为塑料瓶后，带来了新的机遇：可以引进新的大容量的塑料瓶从而销售更多的产品。这个项目使企业每年节约数百万欧元。总之，该项目是成功的。

突破性改进不会自己发生，突破点往往隐藏在盲点之处，比如"我们一直是这样做"的地方。突破需要追捕的决心和挑战的意志。发现突破点需要一个开放的头脑和对品类所有知识的浸渍。发现了突破点后，克服变革阻力的战斗仍将最有可能发生并挡在实现突破的道路上。

支柱 2：以客户为中心

一个优秀的酒吧招待会记住客户的名字，他知道什么时候续杯，什么时候和客户聊天，以及什么时候让客户独处。以客户为中心意味着了解谁是你的客户，并与他们保持联系，回应他们的需求和愿望。在采购品类管理中，以客户为中心就是采购人员在整个采购过程中时刻保持以客户为中心的能力。

这个支柱是关于采购人员如何与内部客户互动的，同样是关于采购人员如何为外部客户的满意做出贡献的。品类管理中的"以客户为中心"要求与所有客户有一定程度的联系，不论是以直接方式，还是与其他部门一起，了解客户的需求、愿望、问题和关注点，并在采购战略中回应这些议题。

与内部客户的联系

假设采购部门要协商一个更优惠的价格，但结果意味着更换供应商或者改变产品规格。如果是采购部门单独行事，事先没有咨询过内部客户，这极可能引起他们的抵制。变革的阻力将统治一切，客户会找到各种理由来证明这个改变是无效的。如果内部客户从一开始就积极参与这个变化过程，是变革的拥有者，那么为保证变革成果而不得不做出的任何妥协或困难的决定将被所有人同意和接受。

如果采购品类管理的对象是"临时工"，根据"以客户为中心"的原则，采购人员就要提出问题："谁使用临时工？谁是参与人员？谁管理临时工？谁承担使用临时工的费用？"了解业务需求是战略性采购的基础，内部客户要将他们的需求表达出来。更低的临时工时薪是不错的，可是如果不符合人力资源部门的制度，或者需要从业者做更多工作的话，那么节省的金钱会很快流失。

需要注意的是，采购品类管理方法不可能满足每个内部客户的每个愿望。不同的客户会有不同的需求，这些需求经常相互冲突；还有的客户难以表达他们的需求。制定完美采购解决方案的魔杖是不存在的。我们的目标是了解内部客户的需求，让他们参与到采购流程中，提出恰当的挑战或者做出应有的妥协，平衡各种需求以确保采购战略方案可行。

与外部客户的联系

对外部客户来说，采购部门直接接触终端客户是不寻常的，也是不适合的。的确，与终端客户接口的市场营销部门和销售部门很可能会对这种做法有所顾虑。采购品类管理中提出的“以外部客户为中心”的观点指的是采购人员要联系这些与外部客户接口的部门，通常是销售部门和市场营销部门的人员一起去了解外部客户的需求和愿望，建立采购战略。

通常，组织将针对客户的需要和需求、现在我们做得如何、他们未来对什么感兴趣来管理资源。听见客户的心声在决定组织战略时显得越来越重要，以前不涉及采购职能，但会涉及关注客户的职能，如销售、市场营销或运营。因此，以外部客户为中心的品类管理意味着我们现在必须参与进来。

之前，当我们探讨过 3S 模型，我们考虑了采购和面向客户的未来战略的重要性，也考虑了端到端的价值流。与内部客户进行接触，以了解客户是第一步，但仅凭这一点是不够的。相反，我们必须帮助塑造和告知客户可能想要什么。正如我们所见，如果你找到一个将终端客户的愿望和渴望与供应链潜能联系起来的途径，这种极其强大的联系力量就会为企业带来巨大贡献。

正如柯扎尔·里茨所言，“客户永远不会错。他们可能会固执、消息不灵通、粗鲁、刻意刁难或被误导，但他们从不会错”。

支柱 3：跨部门团队合作

采购品类管理的大部分工作以整个业务的团队合作为中心。原因很简单：如果采购品类管理只是采购部门实行的项目，它一定会失败。如果一个人试图从采购部门推动变革，而整个组织可能对此兴趣寥寥，那么变革将很难实现。

因此跨部门团队要由来自组织的各相关部门的代表组成，团队领导者可能是采购部门经理。根据一些组织的经验，采购品类管理要想成功实行，要避免使用或暗示采购部门经理是“领导”之类的词语，因为这可能会产生负面影响，尤其当采购部门还被看作一个战术性支持部门、尚未被证实其战略作用的时候。而现实的情况是，采购部门经理必须领导品类管理团队，因为采购部门是承担这个工作的最佳部门，如果参与项目的个人有相应的技能。反过来，词语、称呼的改动可以化解潜在的问题，“协调员”或“引导者”这样的称呼不会引起情绪化反应。

在前面提到的“突破瓶颈”的例子中，能够取得重大突破的原因是项目团队是由来自内部各主要部门代表组成的，这些内部主要部门对包装瓶的支出都有很大影响。生产部门负责用原材料生产并保证生产过程的顺利。市场营销部门负责产品的外观设计以及产品在终端客户中的形象。只有和这两个关键部门合作，才有可能实现突破，尽管项目初期会遭遇阻力。

一般来说，跨部门团队在项目开始时对项目目的没有多少兴趣。团队成员会争执、犯错和搅局。但随着团队的磨合，他们会开始了解项目的力量，谁和谁一起工作，谁去发掘所需的数据，谁有最好的突破性思维，最重要的是，谁支持项目并推动项目的实施。他们会将各种想法带回各自部门和其他部门。经过数周或数月时间抱怨采购品类管理是浪费时间后，他们会成为变革的推广者。采购部门经理必须了解团队形成和发展的人性化一面并且要参与进去。

项目团队的大小是很重要的。团队太小，不能全面代表组织中的相关部门，同时可能没有足够的资源完成整体工作流程。团队太大，缺乏整体性，项目进展会受影响，也不方便决策制定。理想的采购品类管理跨部门团队的规模是 3~8 人。如果项目范围太大，或者涉及的品类巨大，或者覆盖多个地理区域，有很多人员参与，那么项目团队的结构应该是设立一个领导团队，其下设有分团队，每个分团队负责具体的规定工作。

同样重要的是，代表各部门的团队成员要精挑细选。当然，日常工作压力和有限的企业资源是个挑战。参与采购品类管理项目要求其成员在项目时间段内对项目有一定程度的承诺。采购品类管理项目的成功取决于企业能否为项目提供合适的资源。理想的跨部门团队成员：

- 对采购品类内的商品或服务以及它们在企业中使用的方式有足够的了解。
- 可以保证足够的工作时间支持采购品类管理项目。
- 有他们的经理或高级团队的全力支持。
- 能够担任其部门大使，在采购品类管理团队和企业范围内积极沟通。
- 当他们认为有向前发展的突破机会时，能够坚定地挑战他们所代表的部门。

例如，一个负责“印刷包装”采购品类的跨部门团队成员可能包含来自研发、运输、生产和市场营销部门的代表。团队负责人可能是采购部门经理，或者一名外部引导师。

团队成员对其参加的采购品类管理项目的承诺是很重要的。一个大型的、全球性或区域性的、持续时间长达 12 个月的采购品类管理项目的团队成员每周至少要有半天的时间投入项目工作中。这可能通常包括：

- 参加项目早期阶段的工作坊，每个工作坊的时间可能是一天。
- 参与或支持内部、市场和供应商数据和信息的收集。
- 执行速赢方案（Quick Win）。
- 参与内部沟通，与利益相关方进行联络。

- 征求所在部门的意见，找出关于项目品类当前和未来的需求和愿望。
- 执行每次项目会议分配的项目任务。

这种程度的项目工作承诺，要求实施采购品类管理的组织必须确保正确的跨部门级别的资源，毫无疑问，这意味着团队成员要牺牲其他行动。跨部门团队成员做出这类工作承诺还需要高管积极明确的支持和认可。每个个体还要有参与的必要性和愿望。据我的经验，人们通常会以他们太忙或者没有能力参加项目为借口，除非人们想做或者可以获得某种好处，如财务上的、职业发展上的或新机遇等，他们才会有时间从事这项工作。

如果这一切听起来仍然不可能，那么考虑一下自己的观点。如果组织认为这是一个由采购部门牵头的品类管理项目，是组织进行的许多项目之一，那么项目所需的资源就不太可能得到保障。如果组织将采购品类管理视为组织的一个重要行动方案，可以给整个组织增加巨大价值，那么项目所需的支持和资源就会获得。全面接受、推广采购品类管理并将其视为“组织购买模式”的企业大多会成功。认真对待采购品类管理的企业会将品类管理的目标整合到个人目标中，或者采购部门以及非采购部门人员的目标中，涉及各个层次的人员，甚至将采购品类管理的成功与否与个人的奖励相联系。

高级管理层简单地认为采购品类管理是一个好主意是不够的。相反，品类管理需要在企业范围内大力推广。高管团队必须理解采购品类管理流程的力量并且切实认可品类管理的价值，将品类管理列为企业最优先的事项并依此分配资源。

整个企业对采购品类管理的概念要有一个基本的理解并认识到参与的必要性，因此需要在企业内部有效地推广采购品类管理理念。

推广时要持续不断地通报采购品类管理所带来的进步和成功的故事，以保持项目实行的动力，同时在企业内部创造一个人人都希望成功的氛围。

跨部门的采购品类管理团队需要培训和发展。采购品类管理这个概念，刚开始看上去很复杂、难以理解，但随着真正地从事这个工作，通过收集、分析数据洞悉情况，推动艰难改变等，你便会赞赏这个流程的力量。新的跨部门团队成员参与之前并不了解采购品类管理，只是被经理指派去“参加”这个项目。也就不奇怪他们想了解为什么要做这个工作，而不是回去处理许多重要的事项。对跨部门团队成员进行采购品类管理的培训是非常重要的。关于采购品类管理流程的高阶介绍，可以随着工作的进程，结合特定工具或技术对团队成员提供短期培训就足够了。

不能低估品类采购经理（领导团队的个人）所应具备的能力。这个人通常来自采购部门，而且明显可以成为一个有能力的品类采购管理从业者。这个人应该接受过大量培训并经历过一些初级的教练指导。这个人还要有领导团队的技能，尽管他曾经的工作角色使他具有一些软技能，但据我的经验，大多数采购人员显然不具备这个工作所需要的合适技能，因为在实施品类管理之前，许多企业的采购人员并不需要这么丰富的技能。

在采购品类管理的核心技能之外，还需要的附加技能包括：

- 激励技能和对团队动力的理解。
- 作为会议的领导者或参与者，引导会议的技能。
- 控制会议议程技能（如元规划法、牛皮纸计划方法、头脑风暴法等引导技巧）。
- 倾听技能。
- 会议管理技能。
- 教练技能。
- 项目管理技能。
- 行动计划和优先排序技能。
- 演讲技能。

每个人可以通过培训学习一些技能，也可以学习全套技能后进行实战练习。精通这些技能的唯一方法就是反复实践，不断实践，更多实践。除了培训，持续的教练指导是必不可少的。这样，品类采购经理才可以在一些机制支持下，实践采购品类管理。

跨部门团队领导工作的一部分是理解团队的动态。例如，新的团队，一群人如果以前没有一起工作过，是不会立即成为优秀团队的。只有通过长时间的努力，并且经历一些痛苦才能成为优秀团队。塔克曼·布鲁斯（1965）描述了团队发展所经历的四个阶段。他认为团队的成长会自然而然地依次经历这四个阶段的变化：形成、风暴、规范化和执行。这个不错的模型描述了一个团队必须体验的各种经历，才能到达进行伟大事业的阶段。这个过程没有捷径，但是努力工作、良好的沟通以及大量的团队和个人的支持可以帮助团队成长。

团队成员在项目的整个生命周期不可能保持不变。有人会离开，冲突的业务需求可能需要更换团队成员，也会有人因为不能为项目工作或不适合项目而被替换。除去这些情况，在项目半程对项目成员做个全面评价是恰当的。项目初期，项目团队侧重于收集信息，分析数据，了解市场，寻找机会和确定最合适的采购战略。这时项目需要的是能在这些领域中做出最好贡献的团队成员。项目后期，侧重点是战略的执行，在企业中推动变革，建立新的供应安排，考量供应商的表现。这时工作进入一个稳定状态，战略已经实行，与供应商的关系也进入持续改进阶段。在这个阶段，项目需要不同的贡献者，最佳的人员是擅长计划和落实战略的人，是擅长做出改变的人。这类人将最终拥有和管理新的供应商关系。

支柱 4：依托事实和数据

多数人的决策不是完全理性的。在组织中，决策的方式有多种形式。例如，一个委员会需要投票，决策由 CEO 来决定，还是通过投掷硬币来决定。在某些情况下，决策可能完全取决于一个人对未来的直觉。很多跨国公司成功的原因是某个人有勇气迈出大胆的步伐，基于预感做出高风险的决策。

在大型组织中，通常没有基于直觉做出具有创业决策的机会。对股东的职责、诉讼风险和董事的受托责任意味着，如果不能确认要做的事情是正确的，做出决策的高管将不愿采取行动。这个确认通常来自和有前例的同行磋商，借鉴他们的经验行事，或者基于事实和数据的评估。

依据良好的事实和数据是减少决策风险最有力的方法。著名的领导者很少快速做出决策，而是等到决策的最后一刻。等待使他们积累了最新的事实和数据，确保做出正确的决策。同样，在采购品类管理中，事实和数据有助于减少决策风险。在签字同意采用提议的采购战略、使用以前没用过的供应资源或者改变产品规格时，高管和利益相关方一定想知道出现问题的风险，以及减轻这些风险的措施或者应急计划。如果生产总监同意使用一个新的供货来源来降低成本，但如果发生供货中断，导致生产线停产，那么最先受到指责的会是生产总监而不是采购部门。在“突破瓶颈”的案例中，生产部门只有在进行彻底测试、证明新的塑料瓶在生产线上是可行的之后才同意将玻璃瓶更换为塑料瓶。

然而，事情不仅仅如此，事实和数据也为变革提供了令人信服的证据。如果组织内高管反对变革，表面上的理由也许是会有什么损失、和供应商的历史关系发生变化或者就是不愿意改变，那么事实和数据就可以为支持变革提供一个无可争辩的基础。在“突破瓶颈”的案例中，事实和数据说明潜在的成本节约巨大得不能忽略。

事实和数据对企业和采购品类管理如此重要，还有另一个原因，这就是收集事实和数据的实际过程本身。当咨询人员介入业务部门时，他们通常是不受欢迎的，因为对具体情况知之甚少。他们的第一项工作就是收集大量的数据。收集数据的行为有助于咨询人员赢得人们的支持并了解利益相关方的观点。对不同数据元素的综合，增强了分析和理解的力量。基于有说服力的数据呈现出的新观点，比基于预感或直觉的观点更有说服力。事实上，当咨询人员花时间与组织内部人员交谈并使他们参与数据收集的过程时，就意味着他们觉得自己介入了这件事，从而减少未来变革的阻力。

依托事实和数据在品类管理的三个方面发挥着至关重要的作用：

- 减少决策风险。
- 为变革提供令人信服的业务证据。

- 为业务部门和重要的相关部门提供参与介入的理由。

公共部门的采购品类管理

有些人对我说采购品类管理不适合公共部门的采购。这种观点通常认为“公共部门的情况不一样”，并引用法规或者目标不一致来支持这个观点。然而也有人认为采购品类管理可以在公共部门实行，并且指出一些带来重大效益的项目。那些认为采购品类管理不适用于公共部门的观点是不正确的，随着公共部门接受采购品类管理并将其作为提高成本效率的一个重要推动力，认可这个观点的人逐渐减少。

本章所述的采购品类管理及其原则不仅适用于商业组织，也适用于公共部门。然而，在公共部门，采购品类管理方法的确需要微调，否则将无法实施。

在公共部门，组织的战略需求是不同的。首先，目标不同。公共部门的主导性需求是能够展现纳税人的钱的价值、支出的透明度，或者是居民、患者、乘客等服务方面的改善成果。其次，采购要在法规框架里进行，合同的授予有更严格的准则，能够透明展示与供应商的所有交往，减少腐败，公平对待供应商。有时，政府立法要求对来自某些小团体的供应商给予优惠政策。在美国，一个名为“供应商多样化”的项目规定公共部门的支出中，固定百分比的支出必须来自少数民族供应商。欧盟也有类似的项目，目标是将一定数量的业务给予中小型企业或少数民族经营的企业。在英国，2012 年的《社会价值法案》规定，公共部门要为社会企业（为社会目标努力的非营利组织）提供更多的投标机会参加公共服务。这些公共服务会改善当地的社会、经济和环境的福祉。

《欧盟采购法案》

世界各地的法规各不相同，每一个都是独特的，因此建议做扩展阅读。在欧洲，立法规定了公共机构采购的要求。《欧盟采购法案》制定了与采购相关的指令和法规，是欧盟法律的四大支柱之一。法案包括权力自主（在国家层面处理需求和问题的原则，通常作为整体的一部分而非从属机构）、公开透明、平等对待、均衡（确保满足不同但相关的需求）。同时，该法案也寻求公共部门的操作简化、性价比、可持续发展、创新、效率、中小型企业的机会，在增长的同时也维系欧盟单一市场以及遵守世界贸易组织的规定。

《欧盟采购法案》监管治理任何政府或公共部门符合门槛要求金额以上的支出。因此，采购机会必须在《欧盟官方报纸》上刊登广告。可能的供应商可以登记他们感兴趣的业务，随后有可能受邀参加一系列固定流程中的某一种形式的竞争性投标。

为公共部门调整采购品类管理

不同法律规定的责任塑造了公共领域采购的存在和运营（模式），也使其为遵循这些原则采用了特殊的（购买）流程和方式。如果采用采购品类管理是为了在符合规定的情况下获得有利结果，那么需要进行微调整。简单地将采购品类管理“安装”应用到一个现有的竞争投标和签订合约的方式上，结果往往不尽如人意，这只是在采购品类管理框架下的投标和签订合约。与之相反，需要严格实施采购品类管理以建立突破性的采购战略，并以此影响和决定投标和合同签订的各项活动。本质上这意味着在一个采购品类管理项目中，要花更多时间，更早地确定我们要买什么，对于我们的要求要有清晰的定义，并事先决定我们如何签订合同。这样当进入市场时，我们可以清楚地说出我们的要求，从而为所有感兴趣的供应商提供公平的机会。此外，与供应商的联系和沟通的方式也要不同。在商业领域的采购品类管理中，与供应商在任何阶段都要取得联系，咨询信息或建议是常规做法，因为这些信息或建议可能有助于我们在正式进入一个（供应）市场前，制定采购战略。但关于这一点，公共领域仍有规定，它必须遵循一套严格的流程以确保这类竞争性沟通对于所有人都是公平透明的。

事实上，在公共部门实施采购品类管理，有几个关键方面是不同的。

- 需求定义。在商业领域，我们对于在市场上采购的商品的要求可能是已成形的、规定好的，而且在与内部客户和供应商沟通后这些要求是精准的。为定义需求，可以随时联系供应商。但是在公共领域，这种联系供应商的方法是受到限制的。相反，我们要么研究我们的需求，在进入供应市场前，对于我们要购买的产品有绝对清楚和正确的认识，要么严格地遵守“竞争性沟通”流程。任何与供应商的沟通都要公平并向所有人公开，不偏袒任何一个供应商，包括供应商的能力和供应可能性的讨论。与某一供应商联系后，必须和其他供应商做出相同的联系，就好像每个人都在各自的泳道内前进，但在讨论和联系上要同等对待。
- 充满竞争的竞价过程。在商业领域，可以找到许多通过竞标来挑选供应商的方法，而公共部门的竞标都要按照法案规定的严苛步骤进行。
- 谈判。对许多商业公司，艰难的谈判过程是常见的。在一个竞标流程后额外增加一个谈判过程，直至获得最佳结果，这也许“还”是一个公平的游戏。供应商甚至会被挑拨得相互争斗。没有什么可以避免谈判走向极端。谈判的适宜程度取决于公司的政策和文化、个人的信仰和道德品质，以及与合作方的未来关系。许多商业领域的谈判方法将违反公共部门采购法案，并与平等对待、公开透明和均衡等原则相冲突。但是在 2014 年，《欧盟采购法案》的变化随着谈判程序的引入取得了一些进展。

- 推动改进以及管理供应商关系。在商业领域，我们会选择某种方式管理供应商。如果供应商有战略意义，我们也许会不断改善与供应商的关系甚至建立一种合作关系。这种改善以及关系可能随着时间的推移而发展。在公共领域，事情却没有这么简单。因此，推动持续改进和与未来的供应商建立关系的概念与法律条款不符合。相反，事情要在维持一定距离和公平的情况下发展。因此如果我们想推动改善或与供应商发展合作关系，则必须从一开始就定义其性质及其工作和衡量方式，以便所有供应商都有竞标的机会。而供应商竞标如果像一般的商业公司那样，这种关系就无法建立，也会与法案所定义的不同。

上述部分内容也许有些沉重。反对者的论点是，公共领域的法案限制了最佳采购方法的使用，并且导致了非最佳的结果，因为很难在供应商中间制造出激烈竞争的氛围。然而，《欧盟采购法案》的支持者则反驳说，法案提供了远大于个体需求的课题，在最优采购方法和广阔的社会、国家的进步之间寻求平衡。换言之，这是更高境界的一部分。

实际上，在高效的采购方法和符合公共采购法案规定之间找到平衡是可能的。而这要求更高层次的能力，确保遵循法律。这同时意味着一个公共采购部门的领导者要多多思考最有效的途径以利用法案为他们服务，避免采购人员简单地按照稳妥的方式工作。例如，使用现成的招标或竞标模式，然后签约合同的方法是很容易的，而使用全面的合规性的签署合同方式则可以将机会最大化。

零售领域的采购品类管理

如我们所见，品类管理源于世界零售业，作为一种战略管理的方法，目的是增加销售量和使利润最大化。品类管理也可以减少不利于零售商的品牌之间的竞争。而零售商的货架上陈列了品牌的全线产品，向消费者清晰地呈现产品或者引导消费者购买某特定品牌可以使利润最大化。使用这种面向消费者的营销品类管理的零售商，如何在采购上应用品类管理呢？为获得优异利润和竞争胜出，零售商需要高度有效的采购。那些表现优秀的零售商整合了这两种形式的品类管理，带动了整个业务的发展。这听起来很熟悉，就是零售业最早确定在企业战略的驱动下，将采购和满足客户需求相联系。这里我们借鉴些许。

零售业中采购品类管理的核心是一个异常强大的理念：以终端客户为中心。这不是简单地了解终端客户的需求和愿望，而是积极地沟通、定义和确定采购品类的积极战略，目的是销售和利润最大化，内容包括：

- 购物者的购买场景管理（如货架上的位置、促销、分级折扣和销售地点）。
- 商品陈列管理，为客户提供最佳选择，以实现利润最大化。

- 如何使品类利润最大化。

零售业的品类管理在把消费者放在中心的同时，提供了一个建构其他要素的方法。对许多企业来说，市场营销的品类管理和采购品类管理是两个不同的方法，在零售业中它们是紧密相连的。在实践中这意味着当决定采购战略时，一些额外的因素和注意事项需要关注，包括：

- 面向消费者的市场格局、市场细分、趋势和竞争对手。
- 消费者/购物者当前的和预期的需求和偏好。
- 采购战略中考虑利润最大化的各种选择，如价格策略、商品陈列管理、客户行为、促销方式。
- 选择某一个供应商合作伙伴作为某个品类的第一供应商，帮助面向消费者的整个品类销售和利润的最大化，以换取最佳货架位置。
- 物流和供应链优化的方法。
- 谈判、供应商选择、合同计划和持续的供应商管理和绩效考核。考核是否符合“以终端客户为中心”的战略。

数字品类管理

在我与大量来自世界各地公司的 CPO 沟通后，我想起了一个问题：“你认为品类管理正在走向尽头吗？你认为什么会取代它？”

我发现回答这个问题很有挑战性。对我来说，它就像问：“你认为重力已经过去了吗？未来是漂浮的吗？”然而，它确实让我停下来思考了一下品类管理在未来的存在方式，以及我们现在的看法。品类管理作为一种方法，它是建立在健全的经济、人力变革管理和业务改进原则之上的。就像重力，本身并没有改变，但是我们回应和提供的方式会发生改变。理解这一点很重要。

我们正在见证一个新的数字时代，它远远超出了我们今天所知道的。随着企业发现如何利用智能系统、机器人技术和机器学习来获取和连接大数据，未来的可能性是无限的。在接下来的 30 年里，采购的性质和作用将发生巨大的变化，品类管理的过程、原则和方法将在此时发挥关键作用，尽管它的运作可能看起来不会像今天一样。到目前为止，品类管理已经成为一种从业者熟练掌握的哲学和方法，以提供我们前面描述的巨大优势。现今，从业者需要熟练地应用一系列工具，并采取一系列预先确定的步骤来确定和实施一个新的、理想的、突破性的采购战略。事实上，本书是围绕着如何做到这一点而写的，会有较多数字化工具的支持，以及对信息和数据的获取日益增长，从业者能够更有效地应用品类管理。

本书所介绍的方法是那些从业者在工作中应用的，并且证明在中期品类管理中是有效的。这并不意味着我们将不需要品类管理，而是意味着明天的从业者将需要知道和理解如何配置未来的系统而不只是实施。因此，品类管理的基础知识在未来将更加重要，并且更可能被将来从事采购工作的数据和系统专家关注。如果 30 年后本书仍在出版，第 12 版可能会概述支持企业采购系统算法的科学和经济原则，以及如何确保它们提供最佳的结果。

小　结

1. 采购品类管理的基石是建立在采用采购战略（而不是战术）的方法，了解和管理市场以及推动组织变革的能力上的。
2. 采购品类管理有四大支柱，根植于工作的实践。这些支柱是突破性思维、以客户为中心（内部和外部）、跨部门团队合作、依托事实和数据。
3. 采购品类管理既适合商业和公共部门，并可以给商业和公共部门带来显著的效益。然而，公共部门的法律规定以及不同的目标意味着采购品类管理的实行需要以不同的方法进行，以确保符合相关的采购法规。
4. 零售业采购品类管理的操作与其他领域的采购品类管理不同，因为前者开启了一个真正的端点到端点的品类管理方法的机遇，以终端客户的需求和偏好，以及利润最大化为主塑造、决定采购战略。
5. 我们正在见证一种新的数字化品类管理，在这里，定义当下方法的过程、步骤和活动将成为连接未来数字平台中不可或缺的一部分。

第 3 章
打好成功的基础

本章将探讨在组织内实施采购品类管理项目之前需要先做什么，包括识别机会及确定优先处理的品类。我们还将探讨与采购品类管理流程相关的时间维度，尤其是流程中的各个阶段。

本章回答了如下引导性问题：

2. 什么是采购品类管理？它如何增加效益？

3. 哪些品类需要进行采购管理？

4. 如何甄别各采购品类的潜在机会，并对其进行优先排序，配备相关资源？

5. 成功地实施采购品类管理有哪些要求？

开始之前

为采购品类管理创造良好的条件

有效的采购品类管理要求我们在开启采购品类管理流程之前做大量的准备工作。我曾看到过一个个有采购品类管理经验的人，充满热情，加入了一个对采购品类管理概念并不清楚的公司，单独尝试在某个支出领域使用采购品类管理的方法。结果不尽如人意，因为组织并没有接受这个概念，因此跨部门团队或者不愿意，或者不允许在该项目上花费时间，没有人理解或者相信潜在的效益。

所以，每个采购品类管理项目必须是正确建立起来的、一个大的采购品类管理项目的一部分，得到了企业的通力支持，并且下述事项已经到位：

- 对组织所采购的商品化服务进行完整的品类细分，并清楚地反映这些支出品类所面对的供应市场的特征。
- 对所有采购品类进行机遇分析，对于那些值得花费精力的品类进行早期、宏观层次的识别。
- 根据机遇分析报告，制订一个优先品类管理计划，并结合可使用的资源，制定一个各品类工作顺序时间表。
- 监管机制的形式，包括报告、沟通和效益追踪。
- 高层领导自上而下的同意、接受及支持，可支配的跨职能的资源且适时介入。

品类细分和机会分析

品类机会分析是认清那些影响供应市场的采购品类。这点之所以重要，是因为它决定了将宝贵的资源分配到正确的采购品类上以达到所要求的业务成果，不管是节约成本还是实现其他价值。它可以很早就显示采购品类管理的效益。

一个或多个采购品类管理项目实施前要进行采购品类的机会分析，以决定哪个采购品类或子品类具有最大的潜能或者能够轻松地获取效益。对于有经验的团队，在组织内实施采购品类管理及分派人员之前，进行品类机会分析是一项固定的工作。组织根据品类机会分析的结果制定一个项目的系列规划，决定近期内每个品类项目配置的资源及各采购品类管理项目的实行顺序。这不是精确的科学，而是一个宏观层面的行动规划，目的是指导组织的前进方向，将工作重点放在可能对组织影响最大的采购品类上。之后，对于单个的采购品类项目，可以在这个品类层面再次进行机会分析，确认机会。

利用工作坊的形式进行采购品类的机会分析，往往分析效果最佳。如果有出色的引导，就更好了。下面遵循采购品类管理的五步流程，完成机会分析。项目实施前的品类细分和机会分析如图 3.1 所示。

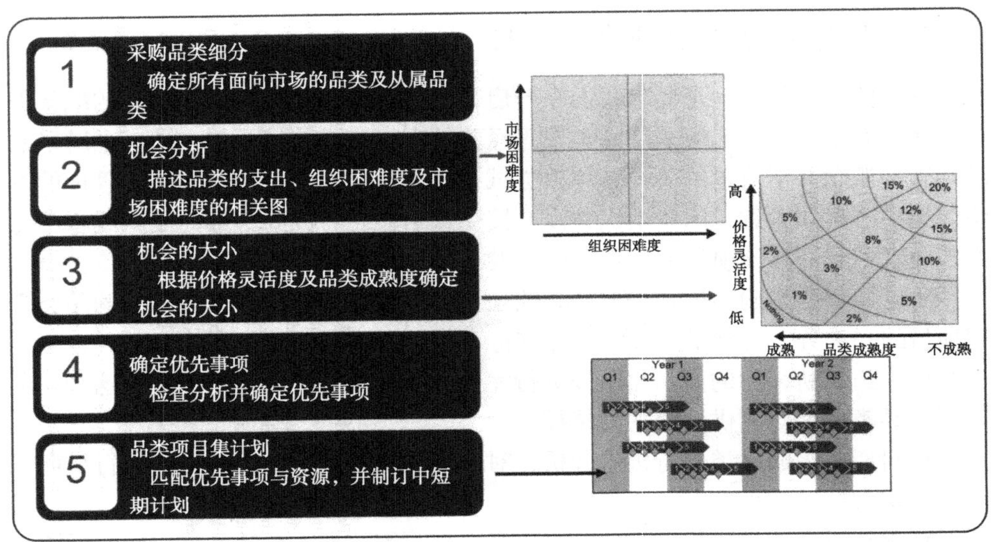

图 3.1　项目实施前的品类细分和机会分析流程

步骤一：采购品类细分

在第 2 章，我们探讨了如何确定采购品类，最后根据各个品类所对应的市场性质绘制出一个品类地图，这就是机会分析的起点。记住，我们是针对每个面向市场的采购品类实施采购品类管理的。然而，对一个采购品类管理经理来说，在一个范围广泛、广义品类的管理项目中工作会更有意义。例如，广义品类是“大宗化工原料”，包括不同的面向市场的品类，有些品类有相同的供应商，有些品类则没有。因此，我们可以在这个广义品类层面上，协同其他的广义品类，进行总体的机会分析并从包含所有单独面向市场的品类的角度进行观察，以达到辨别哪个采购品类管理项目是组织最先考虑的目标。接着，当各个采购品类管理项目按序实施时，每个采购品类经理都要重复机会分析的步骤，但这次分析的重点是广义品类下的每个单独品类，并知道哪些事项要优先处理，其余事项以什么样的顺序处理。

步骤二：机会分析

一旦完成采购品类细分，就可以利用高层次的机会分析来确定哪些品类值得做进一步的分析研究。机会分析的最简单的模式就是对一个给定的采购品类，将其潜在效益与执行难易度和为实现采购品类管理的付出进行比较（见图 3.2）。这种模式可以快速对各采购品类做出模糊的分类，确定优先事项。

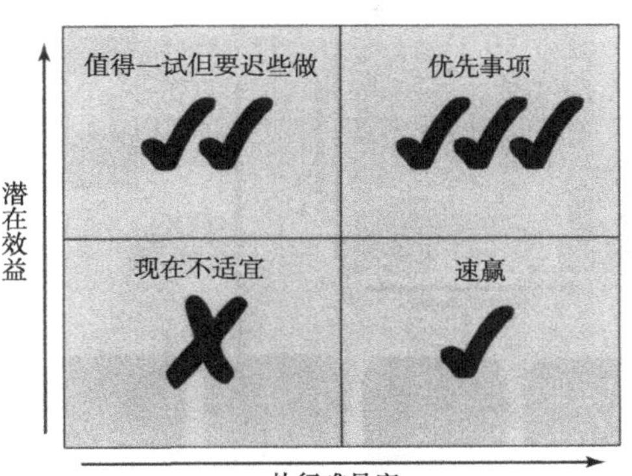

图 3.2　机会分析矩阵

这里的潜在效益可能是以价格和成本降低的形式表现的节约。然而，同时也要考虑效率提高、风险降低及供应链中的其他附加值等潜在效益。将开支和价格方面的效益和其他附加价值中的效益分开考虑，可以更有效地应用这个工具。进行机会分析时，了解可能获得的效益类型是十分重要的，而且这些效益要与组织的总体目标相一致。

执行难易度包含两个维度：

1. 组织内实施变革是否容易。如果变革可以快速推广，内部的利益相关方和用户没有抵制或者很少抵制变革，这就是一个简单的变革。事实上，影响很多人的复杂变革会遭遇组织层面的困难，不会轻易发生，或者至少要付出巨大的努力才能发生。

2. 市场是否简单容易。这通常被称为市场困难度，是指在市场寻找某种货源的难易程度。最佳测试方法是考虑更换供应商的难易度。以购买基本文具或办公用品为例，如果某个供应商表现不佳，那么可以容易地更换它。因为市场上有很多潜在的替代供应商，它们的商品和服务水平不相上下。但如果购买的是政府认证的核废料运输服务，你就难以找到很多提供该服务的供应商。这就是市场困难度。

考虑完这两个维度后，就在机会分析矩阵中绘制各采购品类位置，然后确定下一步。如果一个品类属于“现在不适宜”这一象限，那么初期就在这个品类上花费精力是不合逻辑的（有些品类可能值得尝试，但要推迟到组织获得其他效益，且适应了采购品类管理之后再开展工作）。

图 3.3 是以服装品类为例所做的完整的机会分析。这张图清晰直观地显示出我们应该努力的领域：纺织品、纺线、衣架及包装。另外，这些项目之后的可以实施的是值得一试但要迟些做的项目以及速赢项目。还有一些是现在不适宜实施的项目。

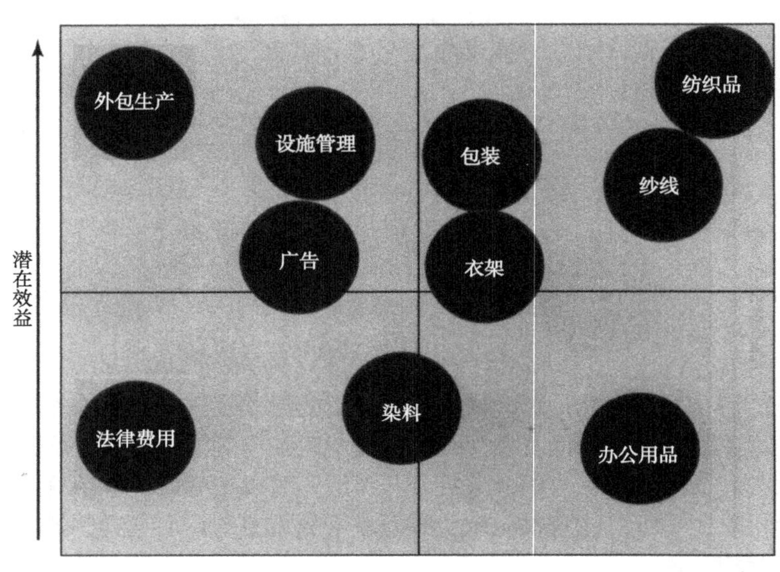

图 3.3　服装品类的机会分析

这种机会分析方法的弊端是，我们不可能从一张图中了解到是什么原因造成了一个采购品类的“难易度”。如果知道造成一些品类处于矩阵最左边的原因，我们就可以考虑是否影响这些原因。如果市场困难度高，而我们有显著的影响力，也许就能改变这个状况，但市场困难度通常是给定的。如果困难度源于组织，那么我们能通过正确的变革项目及管理层的支持来解决这个问题。机会分析图还有一个问题，虽然我们会考虑在该图上绘制给定品类可能节约的潜在成本，但该图不能显示每个品类的支出，不能使我们轻易地解释评估背后的逻辑。

这里可以使用一种更直观、体现变化发展的机会分析图，以获得更多洞察，同时给出一个更有说服力的形象化解释，如图 3.4 所示。这里我们把执行难易度的因素拆分开来，绘制成组织困难度和市场困难度，然后将品类绘制在矩阵中，每个品类用尺寸不同的气泡表示。每个气泡的大小相应代表在那个领域的支出。注意，我们还没有对效益的规模定量，因为这是步骤三的一部分。

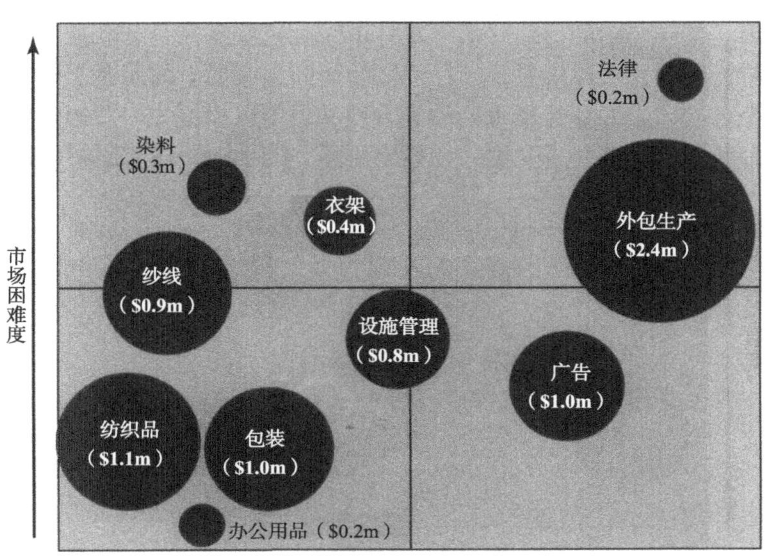

注：m 代表百万。

图 3.4　描绘市场困难度和组织困难度与支出金额的机会分析

步骤三：机会的大小

步骤三主要是量化潜在的品类机会的规模和发现机会的本质。这是一个重要步骤，因为大多数机构多多少少都期待能辨识和量化自己在一个重要的采购品类管理项目上投入的时间和投资收益。

量化机会的规模，我们首先考虑的是通过价格可能节约多少成本。这个神奇的数字是多少？采购品类管理的成本节约百分比是多少？显而易见，视情况而定。正如我们在第 1 章所了解到的，它取决于采购品类管理在一个机构中实施的质量。如果某个机构能够成功接受优秀采购品类管理中的各个部分，那么对于一个单独的采购品类，因价格降低而可能获得的效益规模取决于两种因素：

- **价格灵活度**：保证可以降价的范围。如果该品类产品含有许多附加值元素，或者市场竞争不太激烈（也就是高利润），或者处于几乎完全的自由市场，那么就会存在价格灵活度。
- **品类成熟度**：该采购品类被开发和管理的程度和时间。开发得越多，潜在机会就越少。这里我们需要考虑对市场的理解程度、现有流程和供应链情况，以及运用了多少采购思维。

同时考虑这两种因素，就可以对既定品类的潜在节约效益进行评估。图 3.5 显示了不同的节约比例。这个模型能够让我们通过思考价格灵活度和品类成熟度来发现潜在降低成本的机会。这里友情提醒，确定潜在收益的规模不是一门精准的科学，而是基于经验的评估。这里我并不能就这些潜在节余效益的百分比提出参考的见解，因为这些并不是基于任何实验研究出来的，而是基于数年的实践以及在这两个可变因素的存在下采购品类管理项目的可能潜力。我将这个模型改进并且使用了数年，它看起来就像一个相当可靠并能预知一切可能的预言家。

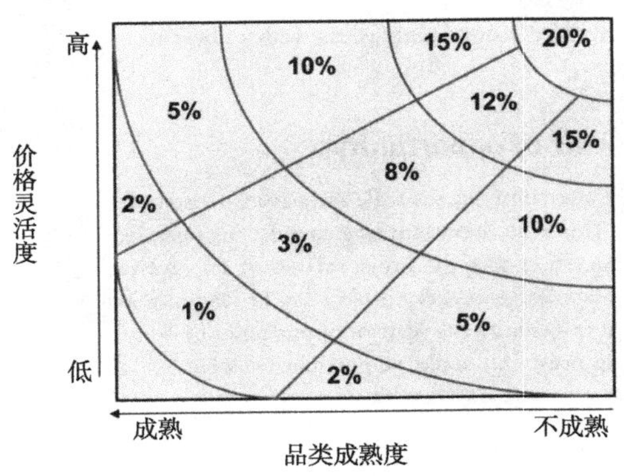

图 3.5　价格灵活度和品类成熟度条件下识别潜在节约效益规模

分析机会规模的另一个维度，是发现效益不仅与价格有关，还与机会的价值有关。它包括任意附加价值，如风险的降低、效率、效用的增加、进入市场速度的增加，以及接触到该品类的创新。尽管成本控制和降低成本是多数企业的驱动力，在很多情况下，其他形式的价值比这两个更重要或者至少同等重要，因此要识别这些有价值的机会。如果它们能以某种方式定量，那自然是极好的。但将定量数据和预测的价格降低机会进行汇总给出一个确定的收益数据，几乎是不可能的。因此机会分析应该是除降低成本效益之外的那些可能的价值的发现和展示。

步骤四：确定优先事项

在步骤四中，我们把机会分析和效益规模分析合并。通过增加一个显示每种品类可能的“降低成本”部分，把潜在降低成本显示在机会分析图中（见图 3.6）。这种视觉化的表达方式就成为一种能够确定优先事项的有效方法，并为探讨选择哪个采购品类开展工作提供了基础。我们可以通过图 3.7 来总结机会分析的任何一个部分，包括价值机会并记录关于优先顺序讨论的结果。这个过程非常有效率并且能够让我们清楚地知道应该从何处入手和前进的道路。当我将这个过程运用于从事采购品类管理的团队中（通常是一个半天的工作坊）时，它改变了团队的思维方式，让整个团队从完全不知从何处着手的现状提升到能清楚地知道下一步要做什么。

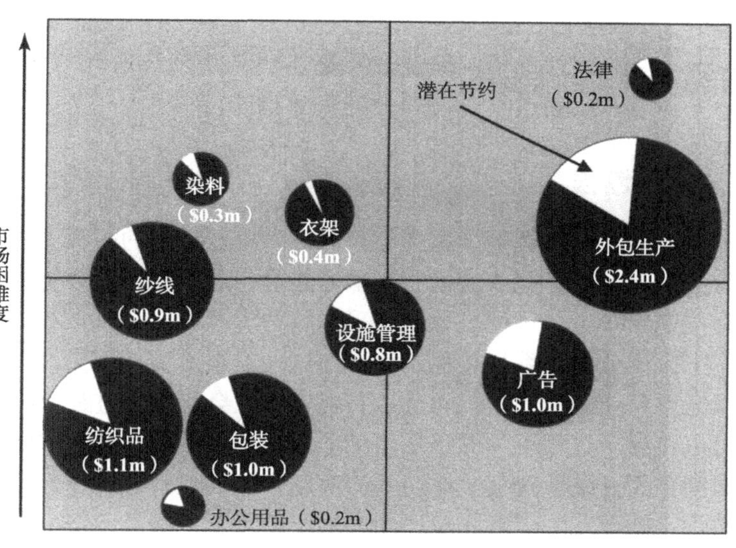

注：m 代表百万。

图 3.6　每种品类的机会规模

品　类	支出（万美元）	组织困难度	市场困难度	价格灵活度	品类成熟度	节约（%）	预计节约（万美元）	价值机会	优先顺序
纺织品	110	低	低	中等	低	10	11	改进供应链，减少企业社会责任风险	第三
办公用品	20	低	低	高	低	20	4	简化订购程序	
包装	100	中下	低	低	低	5	5	包装标准化	
纱线	90	低	中等	中等	中等	8	7.2	降低企业社会责任风险	第五
设施管理	80	中等	中等	高	中等	10	8	改善服务质量，全面提高效益	第四
衣架	40	中等	中高	低	高	1	4	无	
染料	30	中下	中高	中等	中等	8	2.4	减少环境方面的企业社会责任风险	
广告	100	中上	低	高	低	20	20	减少投标过程的需求	第二
外包生产	240	高	中高	高	低	20	48	减少风险，保证创新	第一
法律	20	高	高	中等	低	10	20	向标准框架合同靠拢	

图 3.7　机会分析总结矩阵

步骤五：品类项目集计划

最后，一旦确定了要优先实施的采购品类，并配置了可支配的资源，就可以制订一个采购品类管理项目集计划并且将各采购品类按实施的先后顺序排列，以及把这个计划与整个流程中的每个里程碑，如阶段回顾和采购品类管理工作坊联系起来。这是任何希望有效管理采购品类管理项目集的组织都要做的计划。

采购品类管理流程的五个阶段

一个循环的过程

采购品类管理是一个在整体序列中完成许多单独活动的过程。有些活动的某些步骤是有先后顺序的，完成前面的步骤才能进行后面的步骤，有些活动可以同时进行，有些则贯穿整个过程。总之，采购品类管理有一个起点和一个暗藏的终点，从根本上来说就是一系列过程。认识到这一点很重要，因为对于大多数改进措施，你永远不可能做得完美，而且总有更多的机会获得供应链上的附加值。

因此可以将这个过程视为循环往复的。当达到成熟并实现改进时，就会有一个合适的时间重新开始该过程。原因是当实施采购品类管理时，你周围的一切都在改变。然而，随着这个过程在单一品类上不断重复，品类成熟度在不断提升，整个过程中的方法也会有所变化。例如，与供应商的关系变得更加重要，更需要密切合作，工作重心可能会从采购品类管理转移到供应商关系管理。采购品类管理中使用的方法因此会沿用，但是为了得到不同的结果，会使用不同的方法。

采购品类管理流程有五个独立的阶段，我就称它们为 5I。它们分别是启动（Initiation）、市场洞悉（Insight）、创新（Innovation）、实施（Implementation）、改进提高（Improvement）（见图 3.8）。

图 3.8　采购品类管理流程的五个阶段

应用采购品类管理的组织及采购顾问已经发展出许多采购品类管理方法的变体，每个都有各自的名称和不同数量的阶段。有些有三步，有些有四步，有些甚至有七步和八步，每种都声称自己才是正确的方法。事实上，如果遵循采购品类管理流程，无所谓几个阶段，也无所谓每个阶段的名称。重要的成功因素如下：

- 组织内执行一套统一的流程。
- 每个人都应该理解这个流程并且积极拥护它。
- 流程的表达语言需要与组织相关。
- 流程应该完全遵循并反映采购品类管理、变革管理和业务改进方法的根本精神。

这五个阶段是成熟的、经过验证的，已经被世界各地的大公司采用并成为主流管理方法。

在五个阶段中不断前进

在我们详细探究每个阶段的应用工具和方法之前，有必要解释组织是如何在五个阶段中不断前进的。我们已经了解到跨部门团队工作是采购品类管理的四个支柱之一。跨部门团队是由公司不同业务部门的代表组成的，他们身负各自部门的任务，有高层的支持，一起致力于采购品类项目。然而有效的跨部门工作不仅仅是简单地让一个团队聚在一起，而是通过一个有计划、有组织的方式让团队结合在一起。实现这个最有效、最可靠的方法就是在整个流程的各个节点上设置工作坊。这些工作坊是跨部门团队所有活动的焦点，每个工作坊有各自的目标，要求团队通过特定的方式和步骤来工作（见表 3.1），并且明确团队成员在下一个工作坊前应完成的任务（见图 3.9）。

表 3.1　跨部门工作坊的内容和结构

工作坊	涉及的几个典型方面
工作坊 1 项目启动	• 由管理层支持者启动项目，并发布激励性信息 • 确定采购品类范围和边界 • 团队间对于采购品类当前问题及机遇达成共识 • 团队形成，可能使用团队建设的活动 • 团队决定他们该如何合作 • 确定关键的利益相关方，哪些人应该参与，哪些人可以提供支持，并就联络利益相关方的行动方法达成一致 • 制订一个面向所有业务部门的项目沟通计划 • 做一些早期的分析和观察 • 对项目品类的业务需求做早期观察 • 确定价值的潜在来源（价值杠杆综述） • 为确保早期收益，确认任何速赢机会并就行动达成一致 • 制订项目计划，包括后续的工作坊及工作坊之间的活动 • 制订收集数据的行动计划，为第二个工作坊做准备
工作坊 2 情况分析	• 评估并且分享供应商、供应市场及组织的数据 • 使用不同的方法和技术对数据进行战略性分析 • 从分析中提升洞察力 • 确定任何新的价值来源（价值杠杆综述） • 评估并更新业务要求、沟通计划及利益相关方参与 • 评估取得速赢的进展 • 就新的收集数据的行动达成一致

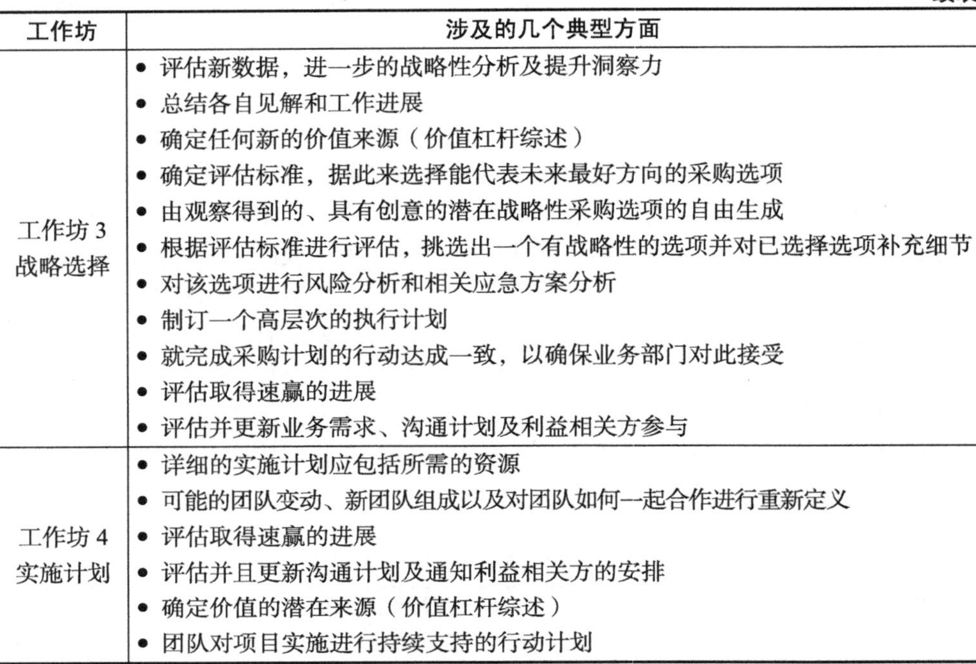

续表

工作坊	涉及的几个典型方面
工作坊 3 战略选择	• 评估新数据，进一步的战略性分析及提升洞察力 • 总结各自见解和工作进展 • 确定任何新的价值来源（价值杠杆综述） • 确定评估标准，据此来选择能代表未来最好方向的采购选项 • 由观察得到的、具有创意的潜在战略性采购选项的自由生成 • 根据评估标准进行评估，挑选出一个有战略性的选项并对已选择选项补充细节 • 对该选项进行风险分析和相关应急方案分析 • 制订一个高层次的执行计划 • 就完成采购计划的行动达成一致，以确保业务部门对此接受 • 评估取得速赢的进展 • 评估并更新业务需求、沟通计划及利益相关方参与
工作坊 4 实施计划	• 详细的实施计划应包括所需的资源 • 可能的团队变动、新团队组成以及对团队如何一起合作进行重新定义 • 评估取得速赢的进展 • 评估并且更新沟通计划及通知利益相关方的安排 • 确定价值的潜在来源（价值杠杆综述） • 团队对项目实施进行持续支持的行动计划

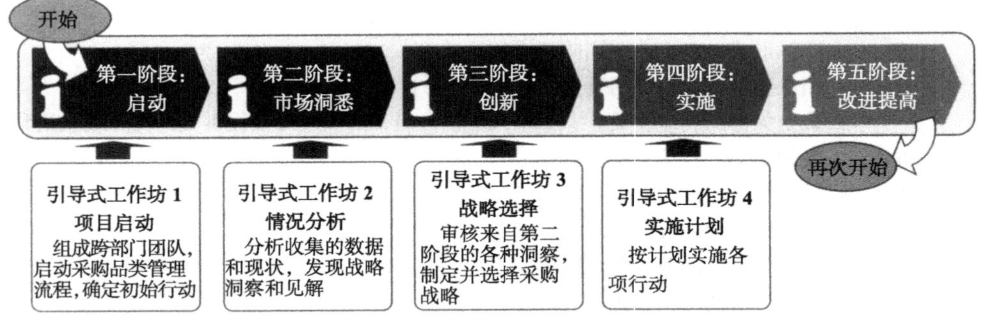

图 3.9　包含工作坊的采购品类管理流程

在整个流程中至少要安排四个工作坊，每个关键节点一个。成功的工作坊应该：

- 持续一天，如果需要，时间可以更长。
- 提前组织好，并且尽可能强制参加，使参与度最大化。
- 有人全面引导，促进会议讨论。理想状态下，这个人不是品类项目的领导者，而是技巧熟练的内部或外部的引导人员。
- 有条理清楚的会议议程、行动计划和会议成果记录。

跨部门团队成员在两个工作坊之间应指派不同的行动任务（如数据的收集、利益相关方的联络等）。要高度关注任务的进度和成果，配合强有力的项目管理及任务跟进以确保各任务的执行。

跨部门工作坊的成果产出为最终采购战略文件（称为采购计划）的成形提供了关键内容，因为该文件在流程启动时就开始建立了。

鼓励团队把这个项目放在首要地位是成功的保障因素之一。带领团队成员的采购品类经理因此要求具备团队领导的技巧和能力，要组织活动建设团队和培养团队合作，使团队成员大量参与团队的采购品类管理流程的工作。这意味着团队要投入采购品类管理的关键工具和流程步骤的工作中，而不是让采购品类经理拿出事先准备好的结论让团队其他人签字认可。采购品类管理项目通常是由那些在组织里通过工作逐步升职并且担任过高级采购职位的人来领导的，这些人关注的重点是战略性的商务议题，在领导团队上缺乏经验。从这里来看，早期的领导力培训和教练指导是必要的。

↘ 阶段回顾

对采购品类管理的进展进行定期回顾是相当重要的，这是为了保证团队是按照既定的速度前进并保持了充分的严谨及挑战性。在流程中，需要在四个节点上进行阶段回顾（见图 3.10）。

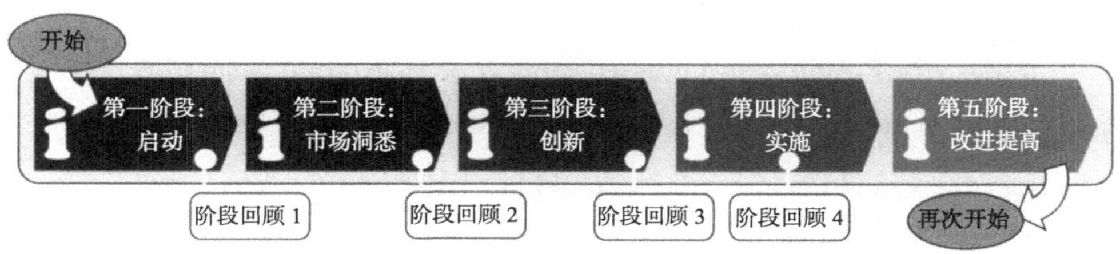

图 3.10　采购品类管理流程的阶段回顾

阶段回顾通常被看作一道道把关的“大门”，这个大门前的工作需要被验证，通过后才可以前行。它通常是治理方法的一部分，我们在后面会细述这种方法。

↘ 实现效益

组织中项目的开展以一种隆重的方式拉开帷幕，并被寄予厚望。然而，随着形势的变化，其他项目也开始实施，需要优先考虑的事项接踵而至，对宝贵资源的竞争变得更加激烈。在这样的环境中，花费很多时间才能交付成果的项目会有丢失资源甚至被取消的风险。因此，让项目在组织和高管层面中维持高度存在感是极有必要的。

由于采购品类管理需要花费数月的时间才能给出一个实质性结果，所以有必要取得一些速赢效益，以维持项目持续发展的动力并证明项目在时间和努力上的投入是有潜在回报的。采购品类管理的典型效益框架显示在图 3.11 中。有了早期的效益，随着项目不断成熟完备，就能够实现更多的效益。这些效益有多种形式，并且有多种方法可以进行价值的提升，如降低价格或成本、增加效率、减少风险、提前完成项目、提升品牌价值等。

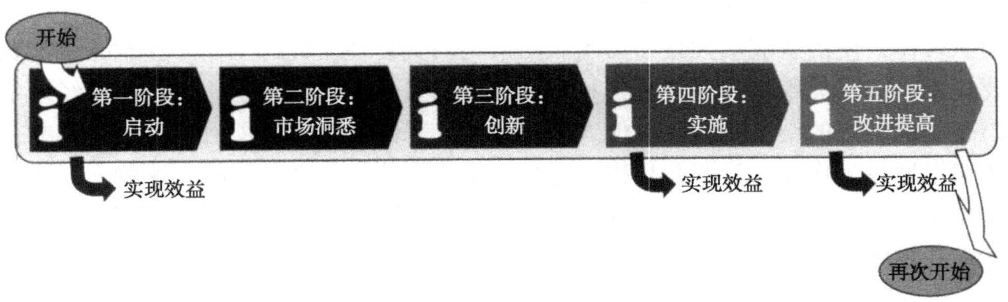

图 3.11　采购品类管理流程的效益实现

必须清楚地理解采购品类管理的效益概况，并在推动早期速赢与更本质性的长期效益之间取得平衡。许多采购品类管理项目失败的原因仅仅是高级管理层向采购品类管理团队要求过多的短期速赢效益，使团队丧失了寻求更大效益的能力。同样重要的是，考量效益并对此达成一致，理想的办法就是与财务部门就考量的方式达成一致。我们将在第 9 章探讨这个问题。

↘ 全流程

至此，结合讨论过的每一步，我们可以展示全流程了。采购品类管理全流程如图 3.12 所示。

第一眼看到这张图可能感到非常复杂。但是这张图包含着每个阶段的高层次内容和相关细节。围绕这些细节的语言用词、专业术语及各种工具和方法可能在每个组织有所不同。随着采购品类管理不断发展，这个流程图可以为实践工作者起到定位点的作用。这个图的塑料贴膜版本可以钉在办公桌和部门公告板上，有助于人们将某种短暂兴趣转移到组织采购的方式上。有此全流程，每个一线经理可以抓住每个机会去检查单个采购品类项目的进程并用“项目语言”进行沟通，这个方法最终会印在采购品类管理从业者的脑海里。

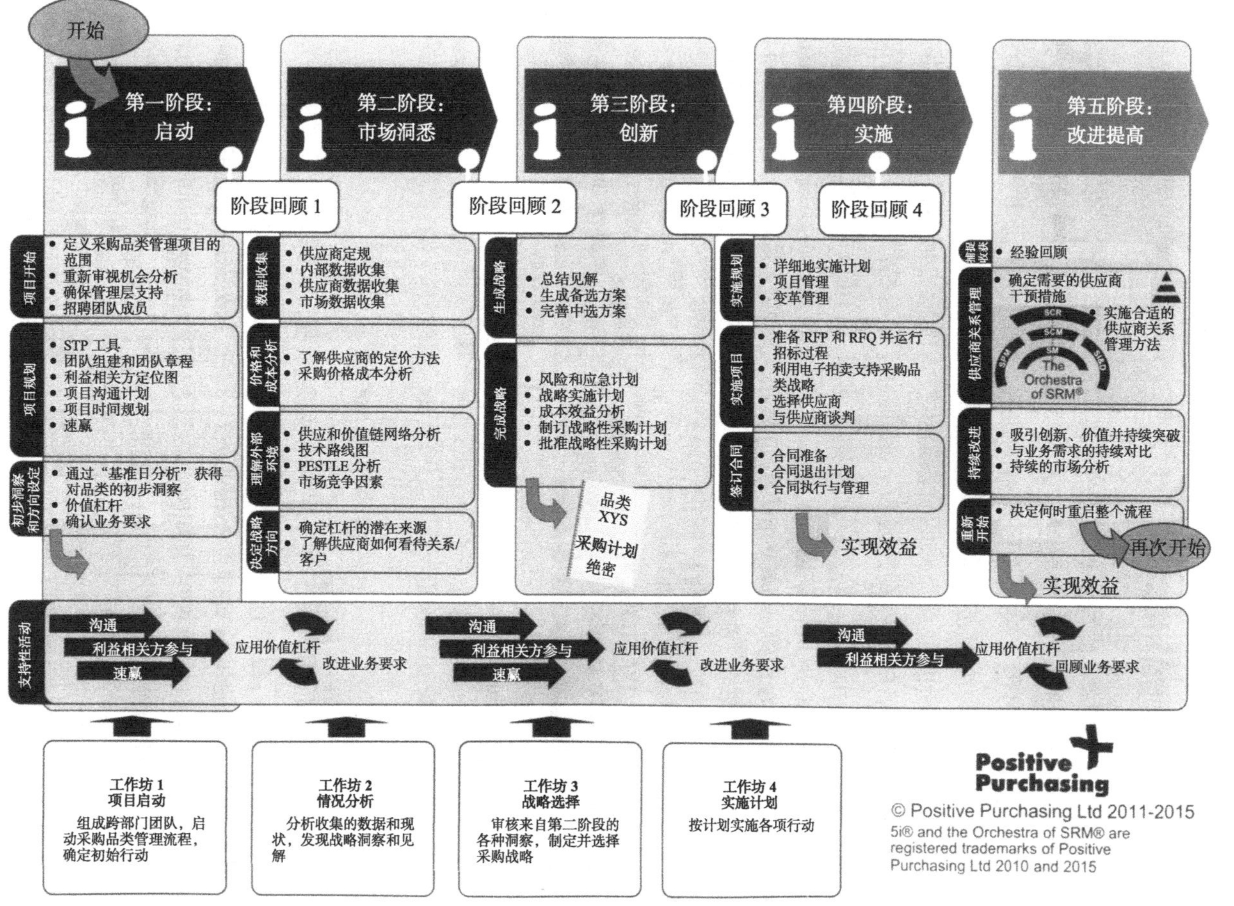

图 3.12　采购品类管理全流程

采购品类管理流程的实施

流程实施所需时间

采购品类管理流程要耗费多长时间？这取决于许多因素，包括采购品类、品类复杂度、市场复杂度、组织中要参与的人员数量、采购品类的技术性改变及多久能实现改变。它同时也取决于项目实施的快慢，组织在项目中投入了多少资源，可以经受多快的变化，尤其涉及企业多个工作地点的时候。

这是一种持续不断的关系。初始阶段需要投入的精力最多，但完成时间是最快的；而贯彻实施之后的过程则是漫长、艰难的，要有持续稳定的精力才能确保采购品类管理的实施并扎根于公司理念中。图 3.13 为采购品类管理项目的两个极端例子，提供了典型的项目持续时间。前三个阶段归于一起，直到确定推荐的采购战略为止。这是因为到第三阶段结束的过程很大程度上取决于团队的研究、分析、调查以及制定未来的战略。过了这一点，项目在实施期间将展现新的面貌，一旦达到实施的成熟度，这个流程将再一次被重复。

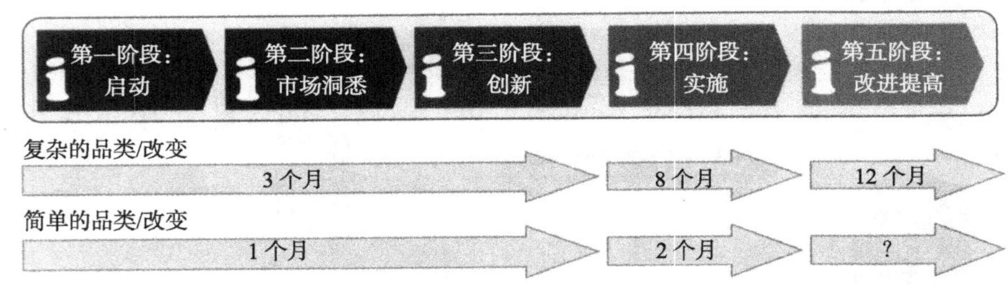

图 3.13　项目持续时间

项目实施的持续时间取决于变革的规模及复杂程度，采购品类管理新方法的推广速度也能影响它。想想你经历过或见证过的一些大规模变革，这些变革涉及的很多人、很多地点的供给安排也不得不发生改变。改变是很难在一夜之间就发生的，其中充满风险，以及许多未知的、可能危害商业活动的问题。有效地贯彻实施过程需要详细的计划及强力的项目管理。

实施之后，采购品类管理将进入一个“稳定期”。鉴于采购品类管理处于改进提高阶段，在这里我们应该管理并且监督已经实现的安排。最后一个阶段将一直持续，直到适合或有必要去重复采购品类管理项目的流程。然而，这次会比前几个阶段少花点功夫。

知道取舍

我问过我的一个曾经是专业推销员的朋友，一个好的推销员与一个优秀的推销员之间的区别是什么。他的回答很简单，它们之间的区别是，在推销过程中是否知道什么不用说。这在采购品类管理中同样适用——更好知道取舍。尝试图 3.12 中的每一个方法和步骤是一项艰巨的任务，尽管一些采购品类管理项目需要这么做，但其余的不需要。对于一个涉及复杂变革、市场困难度高、对组织有很多影响而且需要多个利益相关方参与的采购品类管理项目，一个完整的流程极有必要。但对于一个简单、仅有一两个非常支持的利益相关方、变革相对容易的采购品类管理项目，则可以考虑采取捷径，即只需知道应该省略哪些步骤和方法，以及什么时候可以省略，这取决于经验。然而在本书中，我将尝试着明确这些必要的方法，如果要使采购品类管理顺利进行，就应该一直使用这些方法。

许多实施采购品类管理的组织注意到了这一点，尝试提前确定适用于单个采购品类管理项目的流程。一些公司引入了采购品类管理流程的多个实施途径，或者两三个采购品类管理流程的变体，每个方法都有不同的强制性的方式或步骤才能奏效。这些方法如下：

- 全流程实施。实际上，所有方法和步骤都是强制的，但有些是可选的，这取决于采购品类。适用于复杂的、多个利益相关方的采购品类管理项目。
- 快速实施流程。大约一半的方法和步骤都是强制的，其余的都是可选的——适用于小型、利益相关方支持的简单品类。
- 直接就做。简单流程，适用于非常简单的品类，几乎没有利益相关方，在过程突破中几乎不受限制。只使用少量的一些方法和步骤。

全流程实践

在接下来的五章，我们将逐步探讨整个采购品类管理流程，依次对每个阶段进行扩展研究，这将作为任何实施采购品类管理从业者的指南或路线图。附录 A 提供的工具和模板对此进行了补充。采购品类管理的每个阶段都包含一系列单独的步骤，每个步骤都归属以下三种类型之一：

- 工具：为了获得洞察力或结果而运用的东西。
- 活动：为了获得特定结果或进展而采取的方法或步骤。
- 有推动作用：使其他事情发生或者为接下来的活动打下基础所必需的技巧或步骤。

我们先前了解的每个必要步骤完成的程度取决于流程的实施方式是否恰当。对于低难度/易变革的项目，一个有经验的采购品类管理从业者可能会做出一个非正式的决定而略去与项目无关的某些非强制性措施。对于其他项目，所有的步骤可能与之相关。然而采购品类管理中的许多步骤对于每个项目仍旧是必需或强制的，因为没有它们，结果就会不尽如人意。在后面五章，我将解释并且标注每个步骤的类型，并说明它是必需的还是可选的。

小 结

1. 为了能够成功地实施采购品类管理，在采购品类管理正式开始前需要准备好或执行很多事情：确定采购品类；完成宏观机会分析，以确定各品类实施的优先事项；制订采购品类管理项目集计划，同时配置可支配资源及相应的项目集治理方案的实施。
2. 采购品类管理流程为实施采购品类管理提供了一个有力的框架。这是一个包含启动、市场洞悉、创新、实施及改进提高五个阶段的流程。
3. 采购品类管理是一个循环过程，我们永远不会完成它，但随着一个采购品类项目的成熟，根据市场、供应商、科技或者我们自身需求的改变，在适当的时候需要重启流程。
4. 我们使用不同的工具和步骤，完成采购品类管理的五个阶段。但并非所有的工具和步骤都是必需的，我们根据经验应该知道我们需要什么以及省去什么。
5. 采购品类管理需要跨部门的工作方式。它为我们推荐了关键阶段的四个工作坊，这些工作坊涉及了所有参与项目的人。
6. 整个流程中对进展的阶段回顾是相当有必要的，为了确保流程的严谨性和挑战性，理想状况下要确立广泛的治理制度。采购品类管理流程中有四个阶段回顾。
7. 在采购品类管理的不同阶段都有效益达成。主要效益来自成功实施后的第四个阶段。更长远的效益来自第五阶段的持续改进。然而，在第一阶段确保从速赢中获得早期效益以证明项目的早期成功也很重要。

第 4 章

第一阶段：启动

本章探讨在项目第一阶段即启动阶段的工具、技巧和流程的各步骤。我们研究如何建立采购品类管理项目，以及如何形成（项目）团队。我们观察一些早期的分析，以获得一些对采购品类的初步洞察和验证（有关的）机遇。我们探讨如何联系所有业务部门确保它们接纳采购品类管理并且理解对采购品类的业务需求。最后，我们研究如何规划采购品类管理项目。

本章回答了如下引导性问题：

4. 如何甄别各采购品类的潜在机会，并对其进行优先排序，配备相关资源？

6. 如何在推行采购品类管理方法时引导企业全面介入？

7. 对于一个既定的品类，如何确定组织要购买什么？

8. 就某个品类来说，目前的状况是什么？

启动工具包

启动阶段是启动采购品类管理流程，并进行早期的项目规划。在流程制定初始需要确定很多事情，最重要的是组建跨部门团队，统一思想，商定共同目标。

在启动阶段，我们第一次探索将要考量的采购品类。我们将定义品类的范围和边界，并设定一些我们希望达到的利益目标。因此启动阶段要实现如下一些关键目标：

- 组建跨部门团队，并对其进行调整和激励，以开展采购品类项目。
- 对机会进行验证，并对采购品类中正在发生的事情进行早期洞察和了解。
- 确定如何让利益相关方参与进来，以及如何将项目进展和成果传达给他们和整个公司。
- 形成对业务要求的准确描述。
- 确定潜在的价值来源。
- 提供早期效益。
- 规划项目。

为了使启动阶段取得成功，一系列早期项目活动或步骤是必需的，如图 4.1 所示。

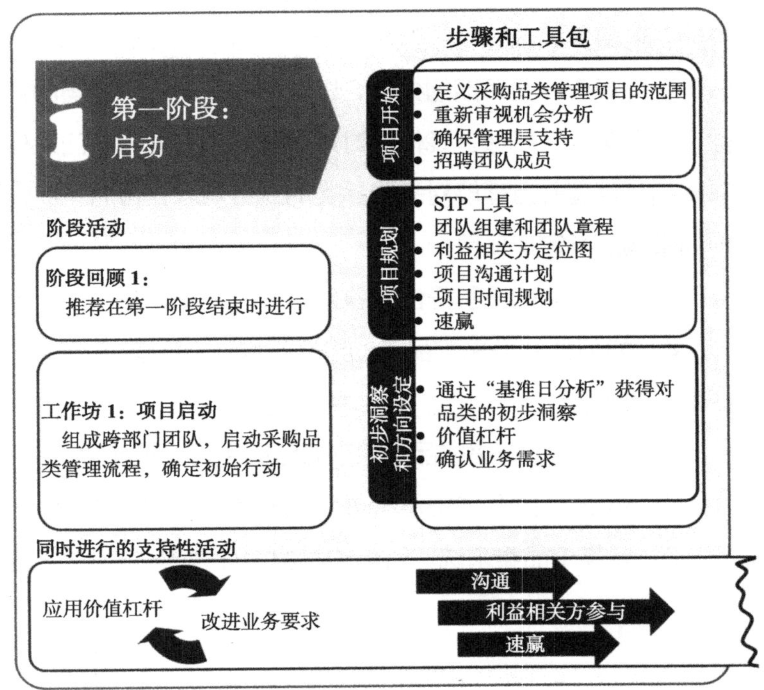

图 4.1　第一阶段：启动

项目开始

项目通常以指定采购品类的采购经理或采购人员开始。一开始，这可能会让人感到胆怯，其实没有这个必要。流程中的第一步关注的是该采购品类是什么，以及谁将去完善它。

定义采购品类管理项目的范围

这一步有推动作用，是必需的

在项目开始之前，明确它是关于什么的很重要。如果采购品类管理项目的边界不明晰，那么跨部门团队必须采取行动明确品类的范围并且对其有一个早期的定义。这应该是项目启动研讨会首要解决的问题之一。

在多项目环境中，项目范围最好由负责全公司采购品类管理项目的高级领导小组在项目开始前决定。有可能要和业务部门进行更广泛的咨询。也有可能一旦项目开始，随着项目团队的讨论，项目范围需要细化，甚至被重新定义，这就是把项目范围定义列在流程活动首位的原因。

界定范围需要仔细考虑，如果在早期阶段不排除突破性机会，就必须谨慎行事。狭隘的思想将限制整个项目的发展，所以要确保项目范围是正确的并且被准确地定义。以下是要考虑的：

- 我们如何定义该采购品类？
- 这个品类的功能是什么？是否应该以此为依据界定范围？
- 地理边界限是什么？定义地理边界必须反映该品类的市场是如何组织的，但多品类项目可以在不同的地区开展工作，并且进行总体协调。
- 有没有界定范围的时间框架影响？例如，一家旅行公司可能围绕每年大量印刷下一季的所有度假手册来组织业务。对该品类提供的采购策略可能是在确定的季节或时间段。
- 有没有设定的组织边界？也许是预先存在的安排阻碍了改变当前的合同安排。例如："电力工程为除两个德国工厂外的所有欧洲工厂提供电力服务。"然而，注意除非你有很好的理由，否则不要排除一个地区，因为你可能排除了一个突破性机会。

这里所需的结果就是一个简洁的项目范围的定义。通过引导，跨部门团队扩展他们对项目范围的理解，然后发展和完善这一点以达成共识。如果达成一致的定义被证明是困难的，那么团队应该确定是什么阻碍了这一致性。找出例外通常是一个很好的克服困难的方法。这里有一些采购品类范围描述样本：

- 印刷包装：为所有美国工厂。
- 旅行社：为除澳大利亚以外的所有地区提供全球旅行服务。
- 大宗化学品：为英国的所有地区批量供应（载荷超过 1 吨）的次氯酸钠、亚硫酸氢钠、三氯化铁、硝酸铵钙。

有可能随着项目的进展，有必要重新调整合同条款。如果是这样的话，那么之前开展的工作也需要重新审查甚至可能返工。

↘ 重新审视机会分析

这一步是工具，是可选的

在上一章我们探讨过机会分析的流程，通常在宏观层面来定义采购品类管理总项目和确定优先的品类项目。这应该是相当详细的，使用支出数据、市场知识和与利益相关方协商进行的多样化机会分析。最初的机会分析通常可能是利用外部支持进行的，因为对许多采购品类有广泛了解的供应商将能够使用这些知识来衡量每个市场的潜在效益规模。然而初始的宏观层面的机会分析只有在信息和可利用的时间同样可靠的情况下才可行，所以缺乏确定性。

在这里，我们正在研究一个确定优先类的采购品类管理项目。为了验证机会，我们选择在已开展的采购品类管理项目中再次应用这个工具。虽然看似重复的活动，却帮助我们确认该品类是否真的具有（效益）潜力以及确认需要采取什么样的措施确保实现这个效益。它也给我们提供了进行更彻底分析的机会。

我们使用在第 3 章讲述过的相同的流程和机会分析工具，不是分析各个品类，而通常是在下一个层面，即在指定的主品类或者泛品类下的子品类层面进行分析。这不仅验证了整体的机会，而且有助于我们选择优先进行的子品类。从每个子品类的支出和市场困难度、组织困难度开始（见图 3.4，在附录 A 中提供了一个模板），根据其价格弹性和子品类的成熟度来确定潜在效益（见图 3.5），然后更新机会分析的潜在效益。图 4.2 给出了一个例子，一个完整的营销采购品类的机会分析，展示了每个营销采购子品类和潜在机会。

最后审查输出结论和确定优先行动或确定下一步。机会分析总结矩阵在这里会有所帮助（见图 3.7 中的例子和附录 A 中所提供的模板）。这里也许需要进行讨论，以便确定该项目如何向前发展。在这个例子中，解决市场营销代理商的问题会带来最大的好处，但这可能是最难实现的，所以这可能意味着项目将需要很长时间才能保证效益，并且可能会拖延。相反，对平面媒体、促销用品或活动这些采购品类管理的效益较少，但项目易于实施。

机会分析不是一次性活动，而是随着采购品类管理流程的进展，我们应该重新审视的事情，在收集见解的过程中完善并更新我们对潜在效益的评估。这有助于让我们相信项目依旧是值得一做的，或者如果发现这个机会是不值得付出努力的，我们就可能会减少我们的损失或者放弃该项目。机会分析工具为我们的内部沟通提供内容和对话基础，使我们能够自信地描述项目会实现的效益。

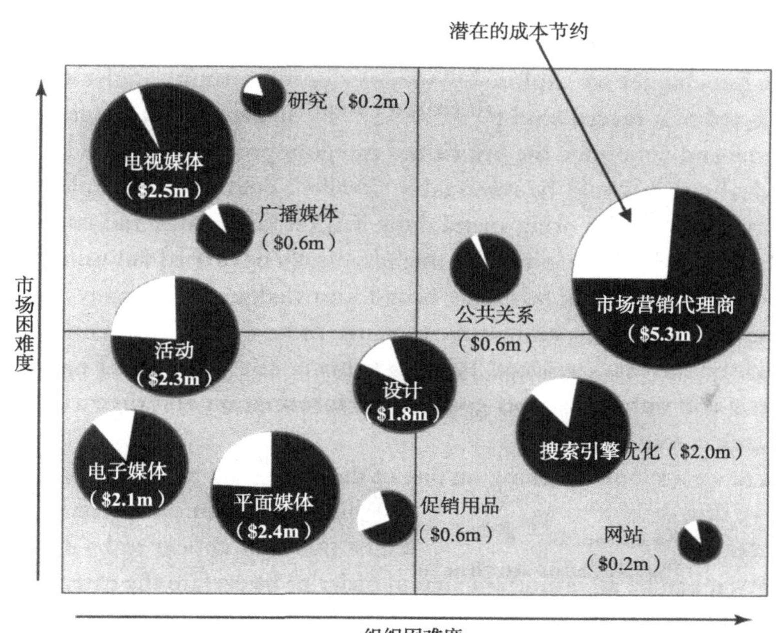

图 4.2　一个完整的机会分析案例，包含营销采购品类的所有子品类的潜在成本节约

确保管理层支持

这一步有推动作用，是可选的

强烈建议获得管理层的支持，这对确保项目的成功至关重要。

从高管中任命项目支持者并不简单。在理想状况下，组织已经准备好要管理层成员来担任项目支持者的角色，以支持整个采购品类管理项目。这种筹备通常会在组织内的采购品类管理大项目得到董事会级别的角色支持后才会出现。否则即使管理层支持者的需求没有改变，但找到一个管理层支持者并获得所需的承诺的过程需要很长时间。

项目支持者的选择是很重要的。虽然就个人角色而言，其在项目中的时间较短，但在流程的关键点上是非常重要的。他们必须足够资深且有足够的威信，以便获得组织的支持并且说服同事。如果对此不能确定，那么就想一想，如果这个人说“我相信我可以在这方面依靠你的支持”时，你是如何回应的，是无视，还是服从？另外，支持者本人也愿意参与这个项目。

在引入项目支持者时，不应一味地认为他们是资深的，他们知道该做什么。事实上，他们之前可能没有被要求做这样的事情，几乎肯定不知道对他们的要求是什么。采购品类管理项目经理应该召开一次会议，正式邀请项目支持者的参与。根据组织处理此类事情的惯例，可以通过直接或间接的会议方式去邀请。本次会议议程应包括：

- 一个非常简洁的关于采购品类管理和采购品类管理流程跨部门性质的介绍（如果该潜在支持者已经十分了解采购品类管理，则可以省略这部分）。
- 机会的性质和预期规模。
- 采购品类管理项目管理层支持者的作用和所需的承诺。
- 成为支持者的要求。
- 未来行动规划。

管理层支持者需要鼓励跨部门团队参与项目，说服同级人员（同级别的同事）加入团队；他们还需要激励组织接受来自采购品类管理团队的变化，否则，团队成员可能会在中途退出项目。如果没有权威人士出面，在准备实施变革时明确地指出“这是前进的道路，我需要你们的帮助使这一切成为事实”，那么很少有人强迫他人改变他们所做的。一些非常简单的采购品类管理项目，可以在没有管理层支持者的情况下实施，但在一般情况下，如果采购品类管理项目想要获得成功，获得管理层的支持是一个基本要求。

在项目执行中，管理层支持者有一个明确的定位。它应该被写入团队章程（我们稍后在本章中介绍）中，通常包括：

- 作为项目的名义领导者。
- 确保跨部门团队成员和其他资源的初始和后续供应。
- 支持和激励团队，通常通过参加 30 分钟的启动会议。
- 给跨部门团队的成员和他们的直线经理发邮件感谢他们的参与并表示希望他们继续支持等。
- 在管理层面进行项目及其进展的沟通。
- 确保任何可能影响项目的高层次业务需求或问题被传达给团队。
- 签署采购战略（最好在与关键利益相关方协商后进行）。
- 通过项目代表使项目进程平稳运行，并确保必要的支持和资源，使战略和计划转化为行动。
- 清除所有障碍。

在项目中，管理层支持者所需的承诺是最小的。然而，采购品类管理项目负责人必须确保尽管管理层支持者面对所有管理层人员所面临的压力，也要坚持做他们的工作。项目负责人要经常与管理层支持者召开短期会议，报告项目进展，并协商在执行层面所需的、适当的具体行动。

采购品类项目负责人（可能是组织内的中层管理人员）直接与高层管理人员合作的想法可能并不常见，因为这不同于传统的等级工作方式。这种工作方式已经被证明是行之有效的。有了正确的方法，确保高层的支持是不难的。从根本上讲，人们喜欢与一个成功的故事有联系，如果管理者有机会把自己的名字与即将带来丰厚利益的事情挂钩，他们将非常渴望被看作一个积极的贡献者。

↘ 招聘团队成员

这一步有推动作用，是可选的

当跨部门团队由来自各业务部门的合适的人员组成，并且根据工作流程确定和实施一个新的采购战略时，采购品类管理项目才是最成功的。跨部门团队工作是采购品类管理的一个支柱，因此建立正确的跨部门团队对项目的成功是非常重要的。

跨部门团队使得这一采购部门启动的项目转为公司启动的项目，需要各部门资源和坚定的承诺。这可能是实施采购品类管理最早的挑战之一，特别是当组织中的其他部门还没有同意或者准备分配人员加入这样一个团队时。我经常遇到有些组织不能或不愿意配置团队资源进行采购品类管理项目。如果是这样的状况，工作只能在有限的范围内展开。当不可能建立跨部门团队时，如果有利益相关方的深度参与，一个由采购部门启动的采购品类管理项目有时可行，并产生足够的跨部门工作，但这是一种妥协，并压缩了突破性成果的范围，因为那些业务部门没有积极参与并推动变革。基本的跨部门合作可能足够应对一个简单的、低复杂度的、没有多少利益相关方的采购品类管理项目，但任何比这个大的采购品类管理项目必须通过团队来实现。记住，只有把采购品类管理作为一种组织范围的理念，它才是成功的。

一个 5 ~ 7 人的团队，也许偶尔增加一些额外的成员，这样大小的团队是最理想的。大于这个数字，团队会很难取得进展；少于这个数字，可能会缺乏组织的投入深度。

成功招聘团队成员需要确保：

- 合适的人选。
- 正确的项目承诺。
- 适当时间投入。
- 管理层的支持。

首先，让我们看看合适的人。图 4.3 显示了一个采购品类管理项目的典型的团队成员组成，包括团队领导带领的核心团队和管理层的支持者、其他业务利益相关方，甚至可能有外部的引导师，以帮助团队最大限度地发挥效能。

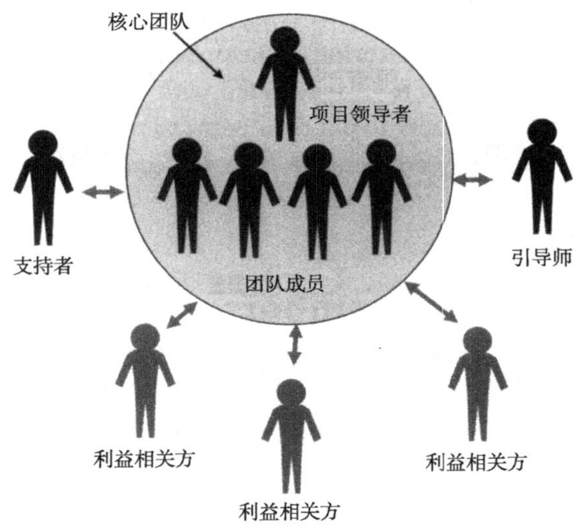

图 4.3 典型采购品类管理团队组成

核心团队的构成应该反映该采购品类需求。贯穿各业务部门的人员招募应以他们对该采购品类的知识、可能受到变革影响的兴趣领域、技能组合、应对变化的能力和其对业务的态度为依据。如果采购品类是“印刷包装”，那么最佳的团队可能包括营销、生产、运输和研发，以采购带头。一个关于“临时工”的采购品类可能包括来自不同业务部门的人力资源代表，以及临时工的常用用户。关于“伤口护理”品类可能包括医生、其他医务人员和采购人员。而“广告设计公司”品类可能只是市场和采购的组合等。

构建一个百分百代表各业务部门的团队几乎是不可能的。因此必须认识到，即使一个具有广泛代表性的团队，也必须解决一些差距。这要团队成员与没有代表的业务部门去沟通，收集他们的建议、意见和贡献。例如，如果临时工品类的范围涵盖了六个业务部门的要求，而团队中有两个人来自其中两个业务部门的人力资源团队，则他们必须承担起与其余四个部门的联络工作。如果不这样做，则不能保证没有代表的业务部门会接受项目结果。

团队成员的承诺、时间的投入和管理层的支持是至关重要的。如果代表们参与了项目但之后经常不能参加会议或不能完成工作任务，那么他们的参与是毫无价值的。在一开始，潜在的团队成员必须清楚地了解他们应做出承诺的水平并且同意他们会履行承诺。获得这一承诺不仅是一种与个人的约定，也需要他们的直线经理和负责他们业务领域的高层管理者的支持和认可。这是管理层支持者的第一个任务。

团队成员角色需要合理的时间投入。参与采购品类管理项目不是全职工作，但通常会有一系列工作需要全天参与。项目团队成员在整个项目过程中需要关注的活动包括：

- 参与四个阶段的跨部门工作坊。
- 完成每一个工作坊给出的任务。
- 沟通行为及与利益相关方的联络。
- 收集数据和信息。
- 追求速赢的机会。

最后一点：项目过程中有可能或有必要替换团队成员。最明显的潜在变化点是在第四阶段（实施）开始时，将一些团队成员替换为擅长实施战略的人员。同样，如果一个团队成员根本不作为，并且阻碍了这个项目，那么应该有某种干预措施来处理这个问题。如果干预措施最终失败，那么这个团队成员需要被替换。

项目规划

STP 工具

这一步是工具，是必需的

STP［现状（Situation）、目标（Target）、建议（Proposal）］是一个奇妙的工具，是所有采购品类管理项目必不可少的。这是我们第一次使用它，它可以在每个阶段使用。STP 作为一个通用的解决问题的工具，让一个团队就一个问题和如何解决这个问题取得一致意见。我甚至知道有人在冰箱上贴了一张空白纸和他的孩子们应用 STP，帮助他们分析如何处理在学校遇到的困难。

STP 是通过头脑风暴完成的三个步骤的名称的首字母。在小组活动中使用时可以发挥它的最大力量，通过头脑风暴，将讨论结果都记录在白板纸上，整个小组通过讨论统一了思路。

在开始之前，重要的是先定义你想要解决的问题或难题，或者如果没有特别的问题，就定义 STP 的范围。这是个重要步骤，因为它对人们的思维范围进行圈定以便让人们做出准确的思考。这个工具的一个变形，称作 pSTP［p 是精确（precise）的首字母］。一旦对问题范围的理解取得一致，便可开展 STP 各步骤。

“现状”的意思很直接。运用头脑风暴列出你所知道的关于现状的一切，如支出、谁的支出、当前问题、历史因素、质量问题、我们所得到的价值、技术的发展方向等。在这一步，详细的研究是没有必要的，但这张列表应该是所有团队成员知识的汇集。这个列表通常很长，所以建议对头脑风暴的结果进行筛选、提炼、简化。

“目标”是最吸引人的。以“我饿了”为例，自然的反应是建议“去吃食物”。这不是一个目标，而是一个建议。这是使用该工具的常见错误。多数情况下，当定义一个问题或一个现状时，我们自然而然地就跳转到解决方案。而紧接着的下一个问题“我们要去哪里”，目标要么被忽略，要么就下意识地做了。因此，对于“我饿了”这个例子，一个合适的目标应是“感到满足”，随后的建议是“去吃东西”。为确保目标定义明确而且直接回应现状，就要深思熟虑。在这里适合使用 SMART 规则［具体的（Specific）、可测量的（Measurable）、可操作的（Actionable）、现实的（Realistic）和有时限的（Time bounded）］设定目标。

“建议”就是列出我们为达到目标要做的所有事项。如果我们正着手实施一个采购品类管理项目，那么很明显下一步就是完成整个流程。因此没有必要列出流程的所有步骤，一个简单的类似“遵循采购品类管理流程”的陈述语句就足够了。不过，可能会列出一些具体的、额外的或替代性的建议，包括这些建议紧接着的步骤，或者带有实施者和要求完成日期的具体行动。图 4.4 显示了一个典型的 STP。附录 A 中还提供了一个模板。

STP——印刷包装材料
问题定义：从许多不同的供应商处购买印刷包装材料
现状： • 采购人员之间没有协调 • 忽略了整合采购的成本节约 • 从一个以上的供应商处购买类似的甚至相同的产品 • 质量问题普遍存在而且难以追溯 • 购买本地的、偏好的供应商的商品 • 规格、术语和性能差异很大
目标： • 在 24 个月内使印刷包装材料百分百来自 1~2 家供应商 • 使用标准化的产品规格、采购合同条款等 • 供应商的绩效监测和持续改进
建议： • 找出所有印刷包装材料的需求 • 计算所有购买费用 • 制定标准、政策、规格、程序等并实施 • 找到能够满足所有要求的一或两家供应商进行新的合同谈判 • 开发绩效评估和改进流程

图 4.4　印刷包装材料的 STP

STP 存在各种变形。你可以有一个 STPP——有额外的计划（Planning），你也可以有一个 STPBV——有效益（Benefit）和价值（Value），你甚至可以有一个 STPPBV——有额外的计划、效益、价值。在谈判中我们使用 STEP，用事项计划

（Event Plan）和事项后（Post Event）引导流程，用 EP 代替原来的“P”。在供应商管理领域，我们使用一个 STPDR 流程管理供应商改进（见第 8 章）。

使用 STP 变形是个人选择的问题，但要保持它的简单。无论选择哪种 STP 变形，最好都确保只用一种，而且业务上的其他人也使用相同的变形。附录 A 提供了 STP 模板。

团队组建和团队章程

这一步是工具，是可选的

第一个跨部门的工作坊可能是项目团队在采购品类管理项目中的第一次聚会。招募的团队成员来自不同业务部门，他们可能对他们的要求有一定程度的了解，但也可能不完全理解他们在团队中的作用。团队章程（有时也称项目章程）与其说是一个工具，不如说是一个输出成果。这是一个关键的记录，总结了一系列关于团队将如何一起工作和团队功能的讨论结果。强烈建议制定一个团队章程作为团队工作的基础。

团队章程旨在回答项目早期阶段一系列相关的问题：

- 团队的结构和组成是什么？
- 谁是项目或团队领导？
- 项目或团队领导的作用是什么？
- 谁是项目的管理层支持者？他们的作用是什么？
- 团队成员的作用是什么？
- 这个项目的目的是什么，涵盖范围是什么？
- 我们想要达到什么目的？我们的目标是什么？有什么限制？
- 是否有某个特定的个人担任特殊的角色，如沟通、项目管理等？

许多问题的答案可能是团队在这个关键的第一次工作坊时才知道的，并且整个团队对此会有一个合理的理解。然而团队章程还有很多目的：

- 使整个团队就项目和各自的角色获得一致了解。
- 作为和项目管理层支持者讨论对他们的期望的基础。
- 是确保团队成员对各自的职权范围达成一致理解的基础。
- 为总结该项目、项目目标、项目人员和项目目的提供一个明确的文件。
- 获得团队对项目的承诺。

最后一点很重要。如果每个人已参与了制定项目章程，而且这个章程定义了每个团队成员的承诺，那么之后这些人就很难离开这个项目，因为已经做出了承诺。

团队章程只能由团队成员共同制定。要避免发生下面的情况，即项目领导抵达会场，拿出事先准备的章程进行讨论或者让与会者签字接受。章程的各部分应该由集体讨论而出，讨论时可以借助活动挂图或屏幕投影。

图 4.5 提供了一个较完整的团队章程（缺少“所需资源”）的例子，并在附录 A 中提供了一个模板。

<table>
<tr><th colspan="2">团队章程——印刷包装材料采购品类管理团队</th></tr>
<tr><td>采购品类管理名称及范围：
印刷包装材料除德国外，全世界所有产品使用的印刷包装材料</td><td rowspan="2">团队成员职责
• 研究和收集所需数据
• 参与制定业务案例、采购计划和采购战略
• 与各利益相关方沟通以了解业务需求
• 参加会议并作为团队的一部分协助实施采购计划
• 在组织中推广采购品类管理项目</td></tr>
<tr><td>采购品类管理团队目标
制定并实施战略性采购品类管理变革，满足业务需求，包括降低成本</td></tr>
<tr><td>团队成员
核心：采购、生产、分销
其他：销售、商务、新产品研发</td><td rowspan="2">团队领导职责
• 促进协调团队发展和活动
• 和项目支持者、业务部门磋商项目范围、目标和要求
• 管理项目及报告
• 保持适当的记录
• 领导制定和实施战略和采购计划
项目支持者职责
• 与团队达成明确目标，如果业务部门对项目的预期有所变更，要按沟通计划及时通知
• 提供指导
• 消除前进的障碍
• 确保项目资源到位
• 更广泛的高级管理层的沟通，如在董事会层面</td></tr>
<tr><td>目标及限制
在 24 周内起草战略草案
• 在两年内实施战略
• 提供降低成本和与公司目标一致的价值改进（目前支出 740 万欧元，战略阶段再商定）
• 项目负责人 75%的工作时间在项目上
• 小组成员 25%的工作时间在项目上
• 非薪酬预算：120 000 欧元
• 在需求和供应基础上协商其他资源</td></tr>
</table>

图 4.5　团队章程

每部分都可以相对简单地完成：

- 采购品类管理名称及范围。作为第一阶段第一步的一部分，这些应该已经被探讨过了。与团队成员讨论并达成一致，在这里插入范围的定义。
- 采购品类管理团队目标。这个项目的目的和目标是什么？以前完成的 STP 将有助于告知这些。
- 团队成员。在这里应该列出团队成员。如果有核心团队成员和临时或兼职团队成员，则加以区别。
- 所需资源。项目投入时间承诺和其他支持该项目的资源。
- 目标及限制。在此，目标可以从 STP 获知，但完成这部分也给团队成员提供机会去探索和注意会阻碍达成目标的限制。
- 团队成员职责。正确制定团队成员责任是很重要的，关于团队成员需要做什么来支持该项目要进行一次公开和充分的讨论。讨论能使一些团队成员第一次充分理解对他们的要求。例如，一个团队成员可能已经意识到他们需要参加团队会议，但可能不了解对他们还有一个期许，就是他们回到各自部门后要沟通项目进展、联络同事、收集反馈意见和数据，等等。这种公开的讨论将确保团队成员对他们在这个项目中的角色没有任何疑问或混淆。因此没有任何理由不做贡献。

- 团队领导职责。团队领导可能会对这个角色的作用有一个好的理解。然而让其他团队成员就这个角色进行讨论可以使团队更加清楚团队领导的作用。这将加强团队领导的权威性。
- 项目支持者职责。这部分需要和项目支持者进行讨论并达成一致，如前所述。

利益相关方定位图

这一步是工具，是至关重要的

利益相关方是指对这个项目感兴趣的人或者能帮忙实现这个项目目标的人。这个人或许会因变革而受损或受益，或许对相关领域负有一定的责任或义务。如果不了解也不联系这些利益相关方，那么我们可能失去那些可能支持我们的人的支持，那些不支持的人也可能会妨碍我们的进展。在任何组织，对于任何项目而言都会存在广泛但程度不一的支持和反对。利益相关方定位图是很重要的一步，也是了解谁是利益相关方和他们支持这个项目的程度（或反对的程度），以及应该采取何种具体的行动去赢得和增加他们支持结构性流程图。

首先要找出利益相关方，并且列出清单。这个步骤应该从个人开始，但是从群体开始也是合适的，如一个部门，或某个业务的具体领域。针对这个项目或品类思考并提出如下问题后可以识别出利益相关方："在业务中谁对这个领域具体负责？谁是问责方？向谁咨询？谁应该被告知？"我们称为RACI模型（见图4.6），这是初步的利益相关方图。

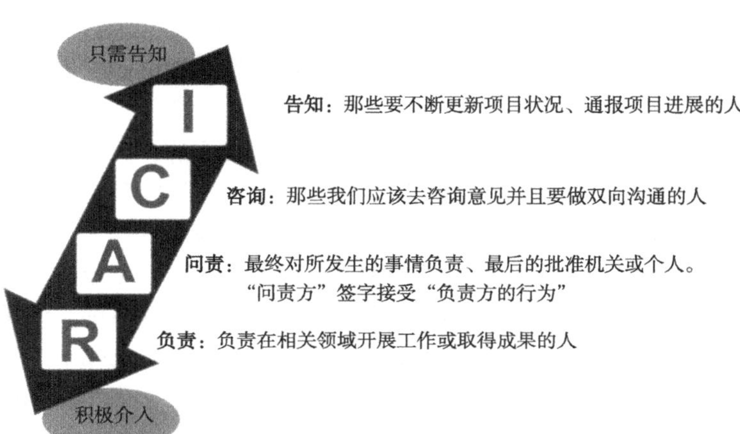

图4.6 RACI模型

一旦有了利益相关方的名单，我们就可以确定一系列具体行动并与他们每个人进行交流，这取决于他们对采购品类管理项目的支持程度或其他方式的等级。如果我们用一个连线圈定一个从“反对项目”的人到“完全支持项目”的人，那么我们的利益相关方可以在此范围内确定。

- 妨碍它发生的人（AIH）。如前所述，抵抗变革是导致项目失败的最大原因。如果不关注这一点并采取措施减少阻力，我们就会让自己失败。为了避免这一点，我们必须先了解阻力的来源。阻力可以以多种形式出现，例如，“让我来帮你，你建议的几年前尝试过，但失败了；不要浪费你的时间”或“如果没有问题，就不需要处理”。利益相关方抗拒的原因有很多：如果发生变革，他们就可能被淘汰，他们也许不想做更多的工作，或者项目会威胁到他们对业务某一领域的控制。这些利益相关方显然将成为 AIH。对应的行动应以转变他们并赢得他们的支持为主，例如，联系他们，利用事实和数据，让他们参与，获得管理层的支持，争取他们等。
- 让它发生的人（LIH）。这些人既不反对也不支持这个项目。他们既不获得也不失去，没有任何理由帮助项目，同样，他们也没有理由阻碍项目。要防止 LIH 成为 AIH，相应的行动就是让 LIH 转移到一个更好的位置以支持项目。
- 帮助它发生的人（HIH）。这些通常是支持这个项目的利益相关方，他们相信这个项目，觉得采购品类管理是一件好事。他们通常是项目的倡导者。相应的行动是维持他们 HIH 的位置并最大化利用他们的支持，让他们帮助做分级沟通等。
- 促使它发生的人（MIH）。这些利益相关方，不仅支持，而且通过提供资源、消除障碍，或通常的正面沟通推动项目。这些利益相关方应该被爱护和珍惜，应该和他们建立亲密的关系以维护他们 MIH 的位置。

有许多其他利益相关方的定位模型，但它们都执行类似的功能，即识别利益相关方，然后采取有针对性的行动，要么最大限度地发挥他们的支持和参与，要么将他们转移到更有利的位置。使用积极的方法是必要的，无论什么方法。一些定位方法使用“支持者”“阻碍者”“抵抗者”等名称标注各类利益相关方。这样的名称相当情绪化，特别是如果被标注的那个人知道的话。

要谨慎选择可以访问完整的利益相关方定位图的人员。定位图信息的一个不经意地透露，如果让利益相关方知道他们被贴上的标签，就可能导致项目的一个灾难性挫折。利益相关方定位图是非常敏感的文件，特别是使用了情绪化词语或标签。因此采购品类管理团队在制定利益相关方定位图时，应考虑保密要求并做出适当的安排。

图 4.7 给出了一个包装材料采购品类利益相关方定位图示例。附录 A 还提供

了一个模板。请注意，该图有一个日期，以反映其动态性质，并指出它的发表日期。该图显示了六个利益相关方，在实践中名单可能会更长。这是一个简单的定位图例子，如果需要，还可以加入 RACI 定义。

包装品类的利益相关方定位图（7 月 12 日更新）										
名字及角色	AIH	LIH	HIH	MIH	R	A	C	I	点评	对应的行动
约翰·派瑞松；产品经理			×			×			目前是积极的，对成功非常重要	邀请参加项目组
山姆·摩敦；技术顾问		×					×		可以促进或延缓工作	定期访谈和会议
比利·威廉姆；财务经理			×						支持和控制预算	每周详细汇报，包括项目财务
舍丽那·史密斯；物流经理	×								拒绝改变，项目带来的干扰将使她的工作短期内更加困难	如果可能的话改变她，利用项目支持者反复强调长期利益和现有支持
皮特·艾瑞儿；支持者				×			×		变革的背后推手，但要求快速看到结果	每周正面汇报，用以清除障碍
瑞莎·牛顿；门店运营人员		×						×	有限的支持者，认为没必要且会有大量的工作	访谈和定期交流

图 4.7　利益相关方定位图示例

完成的利益相关方定位图揭示了很多情况。从中通常会看到从 AIH 到 MIH 的广泛分布。如果定位图里没有 MIH 或 AIH，这个图就值得质疑：项目团队是现实的吗？同样，如果列表是偏向某一方的，就要质疑它。记住，每个项目的成功都需要一些 MIH！

➘ 项目沟通计划

这一步是工具，是可选的

采购品类管理项目的沟通有点像改变你的饮食习惯使你更健康，你不想去做，而且有时觉得没有必要做，但做了会让你感觉更好。在一个采购品类管理项目中，沟通主要是内部的，但也可能是外部的，主要有五个目的：

1．确保广大业务部门对项目的接受、支持和参与。

2．帮助组织内部或外部的人员适应即将发生变化的情况。

3．帮助管理变革，确保每个人都知道对他们的期许，特别是需要人们做不同的事情来实施改变时。

4．尽可能保持项目的高姿态，从而保持对项目的支持和动力。

5．分享成功的案例，有助于加强采购品类管理项目系列的运行。

有效的采购品类管理项目沟通，将确保一个健康的项目，并将延长其生命，毕竟，具有高度的可见性和交付成果的项目很少被取消。

沟通计划是流程中的一个重要步骤，是通过一个结构化的和有计划的方法在多个领域沟通特定的和一般的信息。内容可能包括关于该采购品类管理项目的信息、项目进展、效益及下一步事项；也可能侧重于与个人的沟通。根据采购品类和目标群体或个人的特定需求，实际信息会在整个过程中有所不同。因此，在项目开始制订沟通计划时就要确定沟通何种信息、和谁沟通以及何时沟通。沟通计划也是一个动态的活动，应该在第一阶段和整个流程持续进行。随着项目进展，沟通计划应定期及时回顾更新。

沟通计划由一个人负责有助于沟通活动的正确执行。任命一名小组成员担任沟通经理的角色是确保行动实施的最有效方法。应考虑个人的选择，选择有经验或有内部沟通才能的人担任这个角色。

沟通计划有两种类型：

- 窄范围沟通。这些都是特定的沟通，针对利益相关方定位图提供的特定的消息沟通，并可能是与关键利益相关方在一对一基础上的沟通。窄范围沟通用来减少和消除单个利益相关方的阻力，赢得支持和正面的贡献。窄范围沟通渠道包括面对面、电话、电子邮件和非正式沟通。
- 大范围沟通。这些都是一般性沟通，针对群体甚至整个业务的一个广泛的信息沟通。当潜在变化的规模、复杂度和深度会影响许多人或者群体时，大范围沟通是必需的。大范围沟通的目的是最大限度地减少未来人们对变革的抗拒，并邀请人们的参与。例如，新闻通讯、内部路演、公告牌、内网／外网、会议、群发的电子邮件、视频、音频、团队会议、短信。

在一个企业中，人们对时间和注意力的要求越来越高，吸引人们关注你的采购品类管理项目不是一件容易的事情。窄范围沟通时，面对的困难可能是如何在人们的日程中安排沟通时间。大范围沟通时，有效的传播则更像艺术。这需要一些创造性的沟通，最好由这一领域有经验的专家操作，创造性的沟通可以在一个项目中创造奇迹。人们不会阅读公司通信里冗长的文章，特别是在文章深处的关键信息。群发的电子邮件只被读过第一行，除非收件人认为该电子邮件包含的其余内容是对个人重要的或相关的。因此如果一条消息要被人们重视，映入头脑，创造性的沟通必不可少。

我们可以向专业的沟通人员学习如何发布一个信息，激发人们的兴趣。这与我们所学的撰写业务文稿完全不同，例如，业务报告也许会就现状、推进要采取的行动等提供一些介绍、背景、总结。这种沟通结构作为一个商业计划是可行的，但在有效沟通方面是失败的。相反，如果我们向专家学习，学习他们是如何捕捉我们关注的，那么我们的项目沟通将更成功。

报纸通过头条来吸引我们，然后是一个副标题，然后是一些关键信息。如果仍然感兴趣，我们就可以阅读细节。广告不解释事物，传达一个想法或愿望。我见过的一些最成功的采购品类管理项目尝试模仿专业沟通者的做法，以确保人们接受和支持该项目。在公司通信出版物中发布简洁的电子邮件或文章，带有引人注目的标题行，如“包装项目团队预测 6 个月内将节省 100 万美元”或者“下个月所有人都有新手机”这种让人至少想多阅读几行的标题。公司还可以给关键利益相关方一些简单的、低成本的噱头（如有项目品牌的杯子或鼠标垫），从而有效地帮助公司维持项目的知名度。这些事情可能与组织中项目的传统运行方式不一致，但非常棒，就是要与众不同，推动一个采购品类管理项目的特殊沟通。

案例研究　更换手机运营商

一家全球公司启动了采购品类管理项目来确定关于手机服务的一个新的采购战略，涉及英国分部的数千名用户，他们分布的地理范围非常广泛。这个项目沟通计划涉及两个关键阶段：

- 利用公司刊物和内部网络对这一项目的一般性认知进行沟通。
- 与公司手机用户的直接沟通，获得他们的观点，然后推出新的安排。

最初，员工通过电子邮件就服务、国际漫游需求、是否需要单独的私人电话账单等进行问卷调查。接着是一系列短信，提醒调查对象提交他们的问卷和倒计时的提交日期。在项目后期，采购品类管理项目团队确定了一个新的采购战略，该战略总体会带来更大的商业利益，新的功能包括大幅节省国际漫游费用以及带有独立计费的个人选择项目（作为让员工支持项目的一个卖点）。

新战略包括更换一个新的运营商。个人手机号码被保留，并转移到新的运营商，但这必须与手机的更换相吻合。更换安排提前 30 天就以电子邮件形式通知到每个人，让他们安排各自的更换。一系列的短信提醒只发给了那些没有回应的人。到 30 天结束时只有少数用户没有更换。他们很容易被跟踪到，而且整个过程已经完成。

改变是成功的，几乎没有阻力，每个用户都清楚他们需要做什么。

制订沟通计划时，应考虑文化差异，特别是采购品类管理项目范围跨越地域边界时。不同的国家有不同的沟通方式。例如，在美国和英国，大多数员工一般都习惯通过电子邮件进行业务沟通，但在爱尔兰、意大利、西班牙和其他许多国家，沟通的唯一方式是与人交谈；如果做不到这一点，你就不会得到认可和所需的支持。所以有必要了解有效沟通以及联络个人和团体的方式。

沟通计划需要一个简单的框架，如图 4.8 所示（附录 A 提供了一个模板）。这个图与利益相关方定位图很像，它通常识别在个人和群体两个层面的沟通计划，应该明确个人或群体应沟通的消息、沟通渠道和时机。最重要的是，必须指定沟通计划的负责人（或者一个总体负责人）。

包装品类的沟通计划（7 月 17 日更新）					
利益相关人或群体	点　评	关键信息/沟通的内容	沟通渠道	沟通频率/沟通的重要性	沟通负责人
约翰·派瑞松：产品经理	目前是积极的，对成功非常重要	项目计划和进展	面对面会议、邮件	每周	采购品类管理项目经理
山姆·摩敦：技术顾问	可以促进或延缓工作	计划变更的总结、效益、项目进展更新	面对面会议	每月	萨姆·维
比利·威廉姆：财务经理	支持和控制预算	效益和投资回报	面对面会议或电话会议	每月最多一次	麦克·康多扎
舍丽那·史密斯：物流经理	拒绝改变，项目带来的干扰将使她的工作短期内更加困难	变更的理由，项目支持者的支持	只有面对面会议	每两周一次，10 月以后减少	所有人
皮特·艾瑞儿：支持者	变革的背后推手，但要求看到快速结果	项目各计划的汇总，项目进程更新概要，可能获得的效益	简短邮件、快速会议或通过电话	每月至少两次	采购品类管理项目经理
瑞莎·牛顿：门店运营人员	有限的支持者，认为没必要且会有大量的工作	变更的理由，项目支持者的支持和长期效益	面对面会议后随之书面文件	项目早期 2~3 次	罗宾·弗里茨、萨姆·维
业务部门	要有一般的认知，将对变革的抵制降到最低	一般层次的认知介绍和进程更新	公司通信中的文章	每月 3 次	采购品类管理项目经理
采购群体	合作机遇，支持非常重要	一般层次的认知介绍和进程更新	月度报告，采购年度论坛演讲	每月和每半年	采购品类管理项目经理

图 4.8　沟通计划

最后，记住沟通计划是一个动态文档。因此应该定期检查和更新，以反映项目不断变化的性质。它应该包含一个日期或版本注释。

项目时间规划

这一步是工具，是可选的

当采购品类管理项目开始成形，项目团队对这个项目是什么，以及它的目标和范围会有更清晰的认识。现在是制订一个带领我们走向第四阶段（实施）计划的时候了。

项目时间规划是对项目走势绘制一个简单视图，使整个团队和利益相关方能够完全理解以后会发生什么，他们的角色是什么，从而为与多数业务部门沟通提供基础。这个计划应该简单，但很有效。最重要的是，它应该是一个动态文档，定期审核、更新、调整和发布，反映项目不断变化的需求。

项目计划如果要有效，就应该简单。复杂的计划，包括由微软项目等软件工具生成的详细活动，不太可能被接收者内化。为了使品类项目团队理解和接受这个计划，该计划最好在第一次工作坊上，作为工作坊的一项活动由团队共同开发制订。然而，项目负责人也可以提出一个计划方案以供讨论。

在这个阶段所需的就是一个简单计划，可以使用甘特图格式，也可以是一个行动计划表，列出所有活动需要完成的日期，或者几个计划格式的组合。

图 4.9 展示了一个典型的品类项目计划示例（附录 A 提供了一个模板）。这是使用 Microsoft PowerPoint 创建的一个包含项目所有任务和关键活动的简单全图。它显示了关键里程碑和工作坊等各事项以及它们约定的日期。

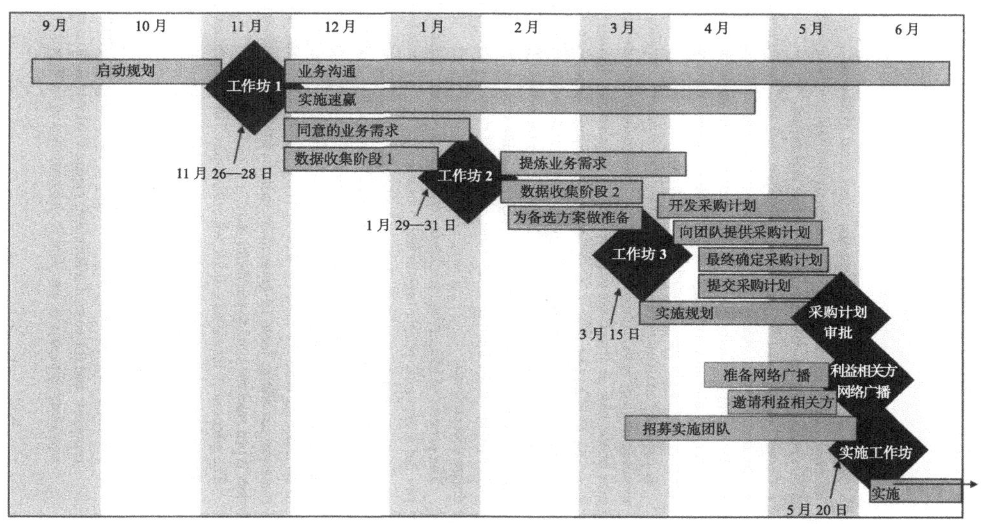

图 4.9 项目计划的例子

速赢

这一步是工具，是可选的

速赢（Quick Wins），顾名思义，是可以迅速而容易地实现某种形式的效益。如果这样的效益可以在早期几乎没有困难就获得的话，就要集中精力实现它们。

早些时候我们探讨过机会分析工具和使用这个工具识别一些速赢的潜在机会。在这个阶段，我们再次考虑速赢的机会，但是这次我们超越采购品类或子品类优先事项，关注本品类内可能带来即时利益的具体行动。

采购品类管理项目可能花费数月才确定新的采购战略，再花费数月完成新的安排。这意味着业务部门要为承诺的未来收益投入时间和资源。早期机会分析、项目支持者和利益相关方的参与以及持续的沟通活动，有助于业务关键决策者牢牢记住该项目。而以速赢形式交付一些早期收益有助于支撑项目的成功。

识别速赢机会的过程并不困难。当一群拥有某种知识或参与某个特定业务领域的人聚集在一起时，他们无疑都有如何改善业务的想法。这些想法通常意味着一定数量的效益，这些想法已经在人们心中有一段时间了，但一直没有欲望、机会、时间、平台或倾向去实施。直到现在！任何业务的现实是，在人们眼前通常至少有 10 个伟大的想法，只要他们花时间去看它们。

辨识速赢的过程很简单，由跨职能品类团队遵循以下步骤即可。

1．头脑风暴。使用头脑风暴法寻找速赢并列出所有想法。

2．优先事项。根据它们代表的潜在效益和实现的难易度排列优先级。图 4.10 展示了速赢分析矩阵（附录 A 还提供了一个模板），它用类似机会分析的方法同时考量潜在的效益和实施的难易度。这个矩阵可以用来识别每个想法是否可行或不可行。

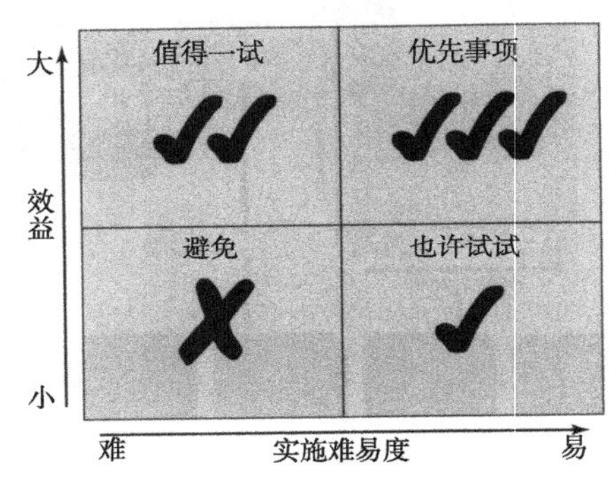

图 4.10　速赢分析矩阵

3．量化。如有可能，定量效益最好以现金形式展现。效益可以是节约，流程改善或产品效率的改善，支出的减少或消除，基本上是任何增加价值的效益。

4．行动计划。最后，制订一个行动计划，明确列入优先实施的速赢方案的所有者和时间表。有些速赢方案也许值得实施但团队资源不足无法实施。在这种情况下，可以开发一个小型的业务案例以获得额外资源，也可以使用项目支持者的帮助，如果物有所值的话。这个行动计划不是一次性事件，而应被管理、定期审查和更新。项目负责人应定期检查进展和对行动实施人施以一定的压力确保没有失误。

5．报告。随着效益的实现，应按照组织内的任何效益追踪安排对其进行记录和汇报。

初步洞察和方向设定

本部分主要是利用三个关键工具来理解采购品类当前正在发生的变化、我们怎样可以确保获利及从何处获利，初步定义了我们需要和想要的供货来源。这三个工具帮助我们设定了我们在后续的采购品类管理过程中的行动范围。

通过“基准日分析”获得对品类的初步洞察

这一步是工具，是必需的

采购品类管理过程有一个经过一系列活动充分证明的稳健的逻辑。然而，以纯粹的形式展示的，对在过程中收集的数据进行的分析并不是一夜间发生的，直到后来花费了大量的努力与资源才有结果。因此，需要尽早了解品类中正在发生的事情、阻碍自由采购的任何因素，以及哪些活动可以用来克服这些阻碍或获得效益。尽早了解我们的权力地位可以确认这个项目是否值得努力，或者在某些情景中可以考虑重新审视一个方法。

STP（现状、目标、建议）工具对获得早期洞察力有所帮助，因为它收集了一些既考虑当前情景又符合未来的想法，但是 STP 工具不能全面考虑那些阻碍自由采购的因素。我们寻求答案的关键问题是：“我们能否轻易更换供应商？如果不能，为什么不呢？”这个“为什么不”的洞察力能开辟实现突破的潜在途径。

例如，一个用于检查军事应用中使用的机械部件的品类。在这个品类中，许多部件是根据 15 年前在原始设计过程中制定的图纸制造的。在一些案例中，制造商和他们的部件件号都记录在图纸上。这些图纸的变更需要对包含部件的整个产品的品质重新审核。这个做法既昂贵又不现实。挑战的问题不是发现一个更便宜的机制部件的供应源，而是关于克服供应限制，由这些部件的设计历史造成的限制。这个早期分析旨在发现这样的限制并使采购品类管理项目团队明确应关注的方向和领域。

在此可以使用一个简单工具，就是基准日分析（见图 4.11），分析采购品类或支出领域（甚至单个产品）市场中供应该品类或项目的供应商数量和客户数量。任何限制潜在供应商数量的组织约束首先都应该通过使用该工具查看整个市场被忽略，但应注意任何约束因素，如当前合同。此外，不同的地域市场可能会对正发生的事情产生不同的见解。

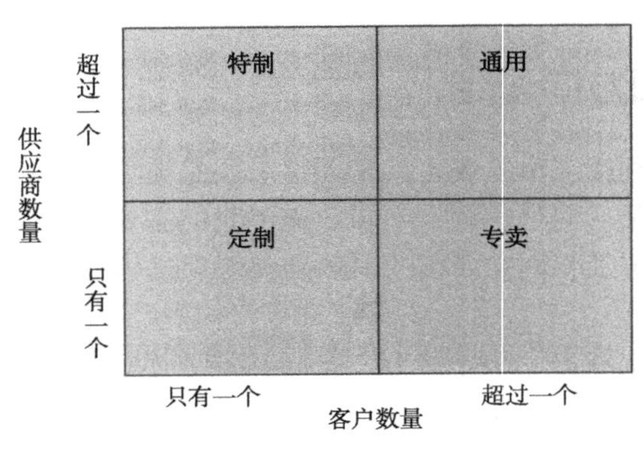

图 4.11 基准日分析

要清楚地理解基准日分析中横轴、纵轴的含义。它们不是渐变类型，可能只有一个供应商或者一个客户，或者多个供应商、多个客户，但没有中间地带。

我们根据市场中供应商和客户的数量将相关采购品类、支出领域或产品置于基准日分析图的每个象限中。基准日分析在小组讨论中的使用效果最好，该工具可以激发对不同结果或定位的讨论，取决于人们如何看待该采购品类和它的界限，或者如何看待该产品和如何寻求其供应源。这样的讨论非常好，而且这些不同看法会揭示正在发生事情的见解。例如，从国内市场的角度来看，如果只有一个供应商，这个品类可能被定位为“专卖”，而从全球市场的角度来看，可能被定位为“通用”。

出现在每个象限中的各品类的例子都有助于观察这个工具的效用（见图 4.12）。让我们依次分析每个象限。

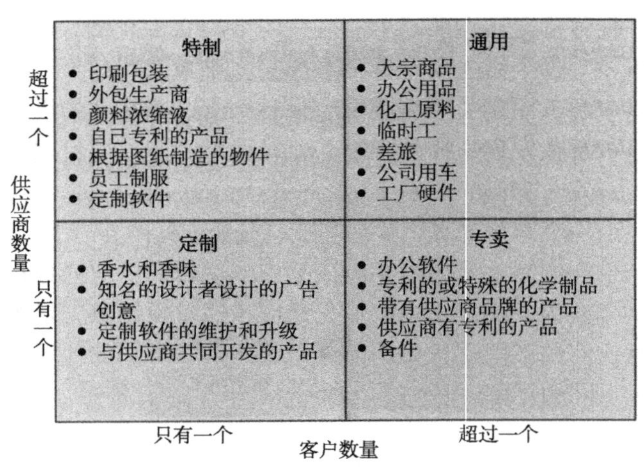

图 4.12 举例说明基准日分析

- 通用类（多个供应商、多个客户）：在这个象限中，客户有最大的选择机会和更换供应商的能力，因此客户有主动权。供应商的想法是打败竞争对手，因此在此例中以最好的价格在市场中经营是直截了当的。

- 特制类（多个供应商、一个客户）：产品和服务对于组织来说是独一无二的，任何根据企业拥有的规格或图纸制造，或者贴牌生产的产品都适合这里。供应商的重点是推销自己的工艺与能力（见图 4.13）。这里有不止一个供应商，买方有主动权，因此，理论上通过更换供应商获得最佳价值是完全可能的。然而要注意，这里的供应商更换不像通用类那么直截了当，围绕过渡期或围绕新供应商熟悉特定的要求和制造/服务的流程会有其他问题。

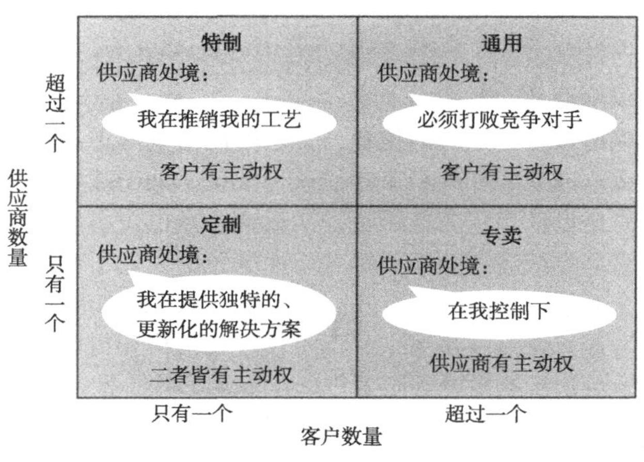

图 4.13　基准日分析：各象限权力的平衡

- 定制类（一个供应商、一个客户）：正如名称所示，这一象限的特点是一个公司定制的产品只由一个供应商提供。双方中的一方要么有独特的工艺流程，要么有专利的元器件，而产品只能卖给另一方或为另一方生产。在定制类象限，买卖双方似乎有某种非常紧密的关系，而供应商也可能积累了有关制造/服务方面的专有知识。例如，某大型香水公司使用的香料，为了防止抄袭，由专门开发这些配料的香料公司生产香料配方。这些配方都有专利保护并有复杂的化学成分，使之不能轻易被复制。全球品牌公司可能希望获得某种特定香水的专有权，以使自己的产品独一无二，这就意味着只有一个客户和一个供应商。在这样的安排下，双方也许就有种很强的、长期的、良好的关系，这是一种典型的定制化的结果。因此买卖双方之间通常是共享权利的，尽管情况并非总是如此。
- 专卖类（一个供应商、多个客户）：这就是供应商想变成的样子，因为这给了供应商主动权和一定程度上的控制权。他们非常机智并设法找出让你仅买他们的产品的方式。例如，让一个设计团队在图纸或规格书中特别提到一个产品或产品系列号码将确保“专卖”的地位；或者将一个通用类产品的某些方面做得稍有不同，从而使客户相信这个产品更好。又如，超市货架中充满了“专卖”的产品，巨额的广告费使我们信服它们的附加价值；一个日常家用化学制品有了添加剂后，企业许诺这个产品是改善了的，对环境更友好，不伤手或者其他，这使得这个产品由“通用”变为“专卖”。购买专有品牌有同样的效果。

因此，供应商将使用一系列策略进行打包销售，其中包括：

- 品牌；
- 差异化；
- 附加值；
- 授权特定供应商的产品。

一旦确定在基准日分析矩阵的位置，下一阶段就是考虑为什么是这个位置及隐藏的含义是什么，或者要如何行事才能获得效益。处于通用类位置表明，前进的方式也许要聚焦在借助市场力量维持控制权并防止供应商借助“增加价值”重新定位，从而将该品类或者产品移到矩阵下面的象限。处于特制类位置表明，需要看看如何改善全面价值，也许是通过价值工程、提高成本透明度、有效收益等。处于定制类位置，最好聚焦在价值上，而不仅仅是价格和成本，本着加强双方关系的目标，一起为新产品的发展共同工作。处于专卖类位置，关键的问题是：“我们是如何到了这个位置的？”“我们需要做什么移到通用类？”这也许涉及挑战产品规格或者寻找通用类替代品。如果不可能改变位置，则关注重点是什么情况可能获利。例如，通过与供应商的其他产品或商品汇总购买获得影响力。最后，整个分析的解释应该汇总成段，记录讨论的结果和工具使用的情况。

最后一个提示是关于“打包”的。供应商喜欢把一些东西集中打包，将一些通用类品类或产品打包变为一个独特的、仅一家供应商能够提供的产品，将其转变为专卖类产品。例如，有一家设施管理公司是通过提供清洁服务开始和客户建立关系的（见图 4.14）。随着关系的进一步发展，在“我们提供帮助”的形象下，该供应商逐渐管理其他采购支出领域，包括经营员工餐馆、照看建筑物内四处分布的综合复印机、建筑物维护和负责前台接待。一个接一个地，这些领域都外包给该供应商，每个外包决定似乎都符合逻辑，因为各处都有要处理的低效率，而这个供应商显而易见能力不凡。然而，随着时间的流逝，外包合同的花费不断上升，服务质量却不断下降，因此发起了面向市场的行动。整套服务中的单个服务的供应商有很多，但没有一个供应商可以提供整套服务，这样增加了更换供应商的难度。

因为长期积累的专有技能，供应商想方设法到达这样一个位置，使整套服务不能轻易拆分。如果将服务拆分，服务将被严重干扰。这种类型的打包通常转变为专卖类而不是定制类，因为供应商成功地发展出了一个特殊的多种服务供应产品，也可以提供给其他客户。

因此要警惕打包产品，通常对打包产品表示怀疑的群体就是公司董事会。通过与关键供应商建立关系，董事会也许已经批准并签署了一系列采购决定，这些决定已经扩展了供应商的供应范围。基准日分析应该用于识别所检查的采购品类或产品的组成部分，以了解是否有产品打包。如果有，重点就要放在如何拆包获得影响力上。

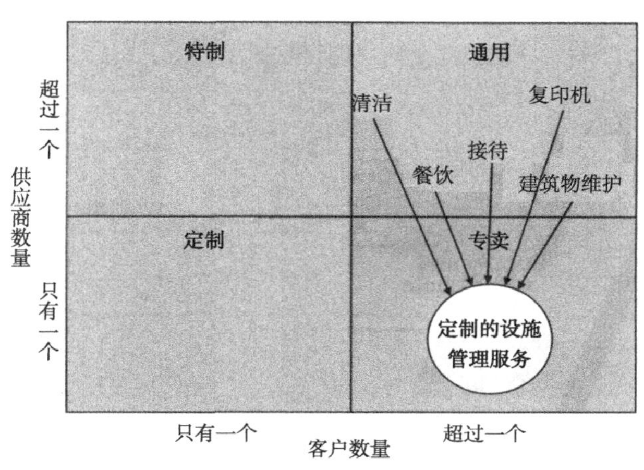

图 4.14　基准日分析：打包

价值杠杆

这一步是工具，是必需的

我们现在来看采购品类管理流程中两个关键工具中的第一个“价值杠杆”。“价值杠杆”是一个所有有价值潜力来源的清单，可以用作提示，也可以用来检查什么机会值得研究与把握。“价值杠杆”不是一次性活动，而是贯穿采购品类管理流程的活动。最初，项目团队也许知道应该实现什么价值并且知道价值可能来自哪里；然而随着团队收集数据获得新的洞察力，新的增值可能出现，定期审视价值杠杆为确认这些提供了基础。

价值杠杆模型（见图 4.15），有六个标题，深入展开见表 4.1。

- 品类杠杆。
- 供应和价值链杠杆。
- 供应市场杠杆。
- 供应商关系杠杆。
- 供应商激励杠杆。
- 需求管理杠杆。

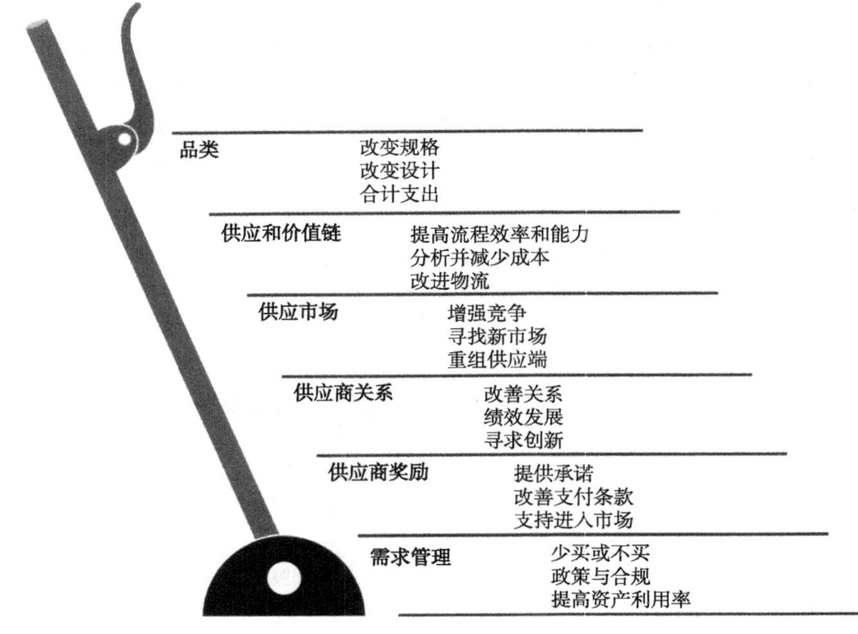

图 4.15　价值杠杆模型

表 4.1　价值杠杆详解

价值杠杆	驱动价值的干预	
品类	改变规格	• 改变、整合或标准化规格 • 通用化 • 增加一些特殊或者功能驱动增长
	改变设计	• 审核是否“按目的适度设计”和“按价值设计” • 创新驱动增长
	合计支出和需求	• 合计整个业务的支出 • 与合作伙伴联合购买 • 整合购买量
供应和价值链	提高流程效率和能力	• 了解端点到端点的供应和价值链（包括内部流程）并确定发展领域 • 提高效率 • 提高能力（流程、人员技能） • 应用精益生产或者六西格玛方法 • 减少或消除浪费 • 去掉不必要的步骤 • 提高交易的有效度（电子目录、电子账单、整合发票等）

续表

价值杠杆	驱动价值的干预	
供应和价值链	分析并减少成本	• 了解责任范围内的所有成本 • 了解成本在供应与价值链中哪些层面被引进 • 确认并追求改进目标，处理特定领域的成本
	改进物流	• 优化包装（尺码、规格、物料号、数量、承重、可重复利用等） • 减少包装与运输过程中空载 • 优化物流（拖车、集装箱装箱率、回程等）
供应市场	增强竞争	• 更换供应商 • 组织一个投标或有竞争性的市场活动 • 用电子拍卖和竞争性投标
	寻找新市场	• 突破现有市场，放眼全球市场 • 去低成本国家寻找供应商 • 看看可以提供类似功能的新市场或其他市场
	重组供应端	• 自制与购买的选择 / 自产与外购的选择 • 使供应基础合理化 • 创新的供应商 • 向下整合（开始做你的供应商本来做的事情）
供应商关系	改善关系	• 改变或发展这段关系 • 形成一个能让这种关系起效的结构 • 更好地管理与供应商的沟通 • 共同工作和协作以推动共同改进 • 分享共同的目标和价值观、目的
	绩效发展	• 供应商绩效评估 • 推进供应商改进计划 • 设立改进目的和目标 • 支持发展供应商能力 • 引进绩效奖罚制度
	寻求创新	• 和供应商共同检查有潜力的创新和增值的机会 • 协调统一创新点 • 提供创新激励，寻求排他创新 • 寻求增长的新能力
供应商激励	提供承诺	• 就购买数量、花费或合同期限给予可能或确定的合同承诺 • 对未来的购买数量的许诺 • 引进与商品相关的定价机制（当采购品类与原材料价格波动密切相关时）

续表

价值杠杆	驱动价值的干预	
供应商激励	改善支付条款	• 提供改善的支付条款 • 提供阶段性支付 • 即时结算折扣
	支持进入市场	• 通过组织帮助供应商改进进入市场通道
需求管理	不买或少买	• 减少需求或者减少购买 • 消除需求
	政策与合规	• 引进新政策来管理需求 • 改变现有的政策 • 统一或协调多个政策 • 审查或者管理政策的遵守情况
	提高资产利用率	• 改善/优化资产管理 • 优化资产处置 • 考虑租赁而不是购买 • 理解并最大化投资回报

我们使用杠杆这个术语是因为使用杠杆是一个可以带来结果的积极行动。如果正确使用杠杆，就可以利用很小的力来获得一个显著结果。因此价值杠杆代表了一系列可能采取的积极行动或者我们可以做的事情，以实现增值的结果。记住，确保价值不仅仅是降低价格或成本，还包括提高效率、通过创新减少风险或强化品牌。

有效使用价值杠杆模型的一系列步骤如下：

1．考虑采购品类，依次审视清单上各个潜在价值杠杆，并提出问题："如果我这么做（使用了这种价值杠杆），将带来何种价值？价值几何？"

2．审视所有潜在机会并优先使用最具潜力的机会（这里可以使用机会分析矩阵）。

3．利用数据收集和研究活动来核实优先的（潜在）机会。

4．更新业务需求。

5．制定行动去把握价值机会。

20 世纪 70 年代，在一瓶洗发水的使用说明结尾处添加的一个词改变了整个行业，一夜之间该企业几乎获得两倍的利润并代表了一个突破。在采购品类管理中，采用价值杠杆的方式后，这个词也将有助于发现突破，它就是"重复"。"重复"恰是你在整个过程中采用价值杠杆时应该做的，这个模型应该被用作一个清单和提示来不间断地寻求新的价值来源并考虑如何找到它。

价值杠杆不仅要考虑能够向我们揭示价值的措施，也要考虑向供应商揭示价值的措施，因为对供应商有价值的对我们也有价值。多数客户趋于选择将风险推给供应商，供应商则趋于保护自身的位置。然而，这里方法的改变可能带来更长远的价值。如果产品对原材料价格波动很敏感，我们又要求一个固定价格或特定折扣水平，则供应商承担所有风险，结果是供应商会在他们的报价范围内保护自己。如果我们意识到这个风险并愿意分担这个风险，如当商品价格波动超出双方认可的范围时，有一个价格审定机制，那么这种做法对供应商意味着极大的价值，足以促使供应商做出更大的价格让步。同样，供应商注重未来业务的确定性，因此他们会制订计划。获得突破性的效益是可能的，只要考虑供应商注重的是什么，更重要的是实现组织所做的承诺。

案例研究　一个健康保健组织利用价值杠杆使某一采购品类价格降低 60%

医用治疗型弹力袜被广泛应用于健康保健专业，以防止深静脉血栓形成（DVT），这在医学上是普遍可避免的死亡症状。这些弹力袜被穿在小腿上（或者手臂上），紧绷在四肢上，从而施加挤压，因此能减少液体的积聚，减少肿胀，改善血液循环，阻止危险的血凝块的形成。它们可以作为手术后的预防性治疗措施，危险病人在住院和康复阶段也都穿着它们。

医用治疗型弹力袜被世界各地的健康保健机构使用。在英国，医用治疗型弹力袜要么由 NHS 的单独的健康保健信托机构（负责一个或更多医院）置办，要么由代表 NHS 的采购组织购置。

某信托机构的一个采购品类管理项目团队认真考察了医用治疗型弹力袜，并且确认这是一个重大的潜在机会。这个信托机构已经发现了这个重要的潜在机会，通过与其他六个信托机构来合并采购支出并且发展了一个联合采购方式，用于一系列品类采购，包括 DVT 弹力袜。这个由相关信托机构的采购人员和关键利益相关方组成的品类团队启动了采购品类管理项目流程。团队一开始就使用 STP 工具以统一意见。STP 工具揭示了一些有趣的事实：

- 总支出是 872 000 英镑，其中约 60%付给了一个主要供应商，30%付给了第二、三个小供应商，剩余的给了少数几个供应商。
- 在三个主要供应商中，两个是原生产商，一个是外包生产商。
- 多数信托机构对这个或那个供应商有强烈的品牌忠实度。
- 分析显示，同一产品在不同信托之间的价格差异很大，在某些情况下，价格是先前某信托机构磋商的最低平均价格的两倍。
- 支出分布在 184 个单品上，而且团队发现，这些供应商向不同信托机构提供同一产品时使用了不同的产品代码，以掩盖不同的价格。分析显示，14 个单品约占了 90%的花费（777 000 英镑），3 个单品约占了 50%。
- 团队知道制造弹力袜的原材料（以石油为基础的原材料、棉线、蚕丝）

并且知道目前高分子聚合物价格下降了大约10%，棉价格下降了20%，这个事实表明，所有的信托机构都为这些商品超额支付。

- 所有供应商的所有产品符合英国或国际标准的要求，医疗机构没有对产品的强烈偏好，因此产品质量被视为可比较的。

最初，基于这些发现，这个项目团队与供应市场磋商要求提供修改的价格提案，价格提案要反映新的合并后的花费，并反映原材料成本的价格波动和变化。答复表明，节约22%是可以实现的。然而对于这个品类而言似乎并不像正常的突破水平，因此团队通过价值杠杆来思考如何确保获得更大的效益，方式如下：

- 合计支出。项目团队合并了七家医院信托机构的花费。
- 改变规格。产品和最小存货单位的标准化和合理化。
- 分析并减少成本。仅向生产制造商（而不是外包生产商）购买。
- 增强竞争。项目团队让现有的供应商间互相竞争确保未来的业务，最低价格的供应商可以获得信托机构联营体90%的业务。
- 提供承诺。在市场份额之外，团队还提供了一个为期12个月的合同，并且承诺一个分担风险的机制，即如果原材料价格波动超出了双方协定的范畴，可以进行价格重审。
- 政策与合规。团队制定了一个信托机构层面的协定，90%的产品只能来自认可的供应商，这个规定不能泄露给之前的供应商。

最后，这些不同的价值杠杆的应用使得项目团队能够实现58.9%的节约，在价格上就是514 000英镑的节约。成功的一部分明显归功于合并、原材料波动机制和制造的竞争的紧张气氛（也许是最初的22%）。项目团队意识到大获全胜是因为团队考虑了供应商重视什么以及确保长远利益需要做什么。

在这之前，信托机构仅仅是在一个框架协议下各自采购所需，供应商和他们分别联系，对未来没有任何信心。供应商对长期合作的期望与他们的产品被专业机构认可的期望是一样强烈的。这里突破的关键就是项目团队发现了供应商重视什么，而且参与的七个信托机构能够组织起来给予承诺并实现他们的承诺。可以说，节约的37%都归于这个因素。

确认业务需求

这一步是工具，是必需的

业务需求是采购品类管理流程中两个关键工具中的第二个。确认需求这一步是必需的，并会影响许多其他活动。业务需求的定义就业务对品类的供应基础的需求和想要形成了一个结构化的描述。

想象你自己和一个供应商一起谈论工作。这个供应商说："告诉我你需要从我们这里得到什么，我们该怎么做。"你也许以这样的形式回复，描述你所需的产品及其规格、下单时间以及如何交付，并且你也许有一个自己满意的目标价格。你以这样简单的形式描述了确认业务需求的过程。然而它是关于对这个问题有一个预先确定的答案，而不是让供应商提出他们能销售什么。然而业务需求不可能只来自采购部门，而是对整个企业"需求"和"想要"什么的综合。因此，确认业务需求不得不联络各部门并在不同或冲突的各自需求中找到出路，形成一个统一协调的需求清单。

对业务部门而言，业务需求必须是正确的才有效。这看上去显而易见，但是公司常常由于历史原因或者供应商所说的需求、技术或营销职能的偏好或者其他原因，最后购买了某一等级、性质或类型的货物或服务。因此，开发业务需求时，重要的是挑战固有方式。区分业务"需求"及"想要"也是相当重要的，因此突破性机会也许来自转向业务需要什么，而不是"想要什么"。达到这种境界的过程也许涉及了部门间的冲突，但这不应该阻碍采购品类管理项目团队运用必要的严格性来达到最佳业务需求。

确认业务需求的模型是 RAQSCI 模型（法规、供应保障、质量、服务、成本/商务、创新，见图 4.16）。这些是确认我们标的品类业务需求的不同主题。业务需求有一定的顺序和层次。因为这个原因，这个模型以阶梯形被展示出来。既然是阶梯，你必须踏上第一个台阶后，才能踏上第二个台阶、第三个直到第四个台阶。要以同样方法梳理业务需求。如果供应保障需求不能被满足，货物不出现，就没有意义考虑关系管理或交付符合要求的报告这类服务需求。这种层次的安排是很关键的，因为它将我们的注意力按照事情的优先顺序进行了排列，而且有助于消除利益相关各方以及供应商的顾虑。我经常听到这样的说法："你的采购人员只关心成本！"而我回答道："事实上并不是这样的，成本在我们关注清单中排第五，第一是法规需求，接着分别是供应保障、质量、服务，接下来才考虑成本。如果这些进展顺利的话，我们将看其创新。"RAQSCI 模型帮助我们以反映组织所有业务要求的方式构建并定义业务需求。

RAQSCI 模型有多个变形。你会看到 AQSCI 或 AQSCIR，或者 QCLDM（质量、成本、物流、发展与管理）以及其他类似的模型，每个都有不同的标签。

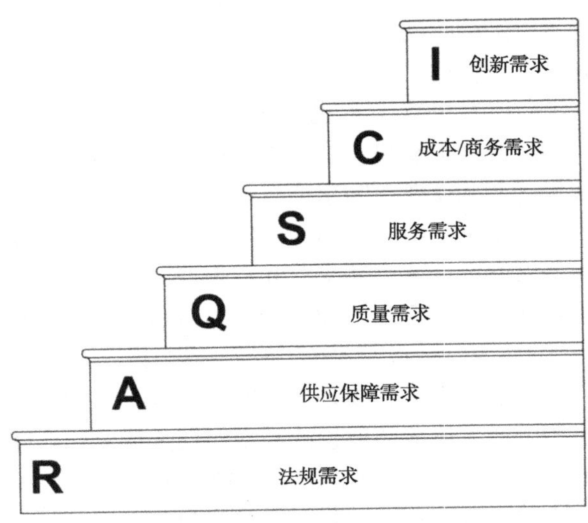

图 4.16 业务需求 RAQSCI 模型

值得投入大量精力来研究业务需求。定义业务需求并不是一次性的行为。事实上，就像价值杠杆，审视业务需求也是一个贯穿整个流程的行为。这是因为在有新信息、谈判、有价值的机会、突破及一般进展后，重新审视和更新业务需求是必要而且适宜的。甚至在某个品类已经达到成熟，新的采购战略已落实后，业务需求也应作为一个参考点，在组织或市场状况发生变化后定期被审视。这有助于决定关于该品类我们应该何时再次启动采购品类管理流程。

业务需求对于整个流程至关重要，后续的许多活动取决于这些需求开发的精确程度，包括：

- 第三阶段中用来评估战略性采购所选择的评判标准的开发与制定。
- 第四阶段中 RFP 或 RFQ 和运行电子拍卖的开发基础。
- 第四阶段中供应商选择标准的开发与制定。
- 第四阶段中磋商谈判计划的基础。
- 第四阶段和第五阶段中绩效衡量标准的开发基础。
- 第五阶段中供应商和品类持续管理。
- 第五阶段中启动采购品类重审的基础。

如果我们考虑这六个业务需求应包含的内容，阶梯形概念就更加合理。表 4.2 探索了每个业务需求所涉及的范围，并定义了特定业务需求可能被开发的典型领域。

表 4.2　业务需求解释

需　求	相关内容	范　围
法规	行为符合法律和条例的规定	遵从相关的或现有的法律和条例的规定的义务与责任
供应保障	影响货物或服务按时、及时供应的因素	• 供应商财务状况是否稳定 • 保险项目 • 风险 • 生产能力 • 交付 • 问题和意外的管理 • 企业社会责任，包括环境意识（可从公司政策获知）
质量	该因素与货物及服务目的的一致性和适用性，以及供应商确保可重复性的能力相关	• 设计 • 实现目标的连贯性、重复性及符合性 • 说明符合产品规格 • 可靠性 • 衡量标准 • 品质管理系统或供应商合格鉴定（如 ISO 9001）
服务	该因素与货物或服务的提供方式及任何支持活动相关	• 订单预订的时间与灵活度 • 库存存储、安置、分配等 • 工艺流程及工序 • 反馈时间 • 客户关系管理 • 交流沟通 • 信息 • 支持（如帮助中心、热线电话） • 培训及教育
成本/商务	该因素与成本、价格、商务条款、条件和合规的安排相关	• 获得成本目标（如目标成本、可借鉴的最低的市场成本等） • 实施成本 • 持续改进（未来成本、成本降低、避免支出） • 合同条款 • 支付方式 • 商业现金
创新	持续改进客户体验的各个方面，目的是降低成本，增加价值或创造竞争优势	• 能力和关注领域 • 供应链 • 市场驱动力 • 内部情况 • 新兴技术的运用 • 最先通知供应商的新观点 • 分享与合作的安排

业务需求是将组织的任务、愿景、目标、目的、战略与供应基础联系起来的工具。我们也许会意识到并理解公司的目标，但当我们着手与供应商联合开展相关工作和采购活动时，我们很容易认为公司的目标是某个其他人的工作。这个想法很正常，但它限制了我们的观念。当我和采购团队工作时，我有时会问的问题就是："是谁的工作在供应链中把公司的政策与目标转变为特殊的行动？"有时团队有一个可靠的答案，但更多时候，人们用深思熟虑的表情看着对方。现实是，在大多数组织中需要采购部门承担这个职责，而有些时候涉及的人员对此还很惊讶。还记得第 2 章图 2.2 的 3S 模型阐述的高效组织结构应有的高度概括的原则吗？采购部门关注我们如何购买，销售和市场部门关注我们如何使客户满意，在组织中存在从采购这点到销售和市场那点的价值流动，伴随着公司战略信息指导这两点，这两点同时又有信息反馈给公司战略。业务需求是连接采购、客户满意和公司战略的关键助力之一（见图 4.17）。它提供了框架和方法，使我们可以将当前及未来的客户需求和渴望转化为定义，以确定我们应从供应链中获得什么。同样，在这里，公司的政策和目的转换成具体实际的需求并让供应商交付实现。例如，组织制定了这样一个政策，要求所有重要供应商必须遵循专门的健康与安全政策或者必须遵循公司的企业社会责任，这样的要求必须陈述在业务需求书上，和内部利益相关方提出的其他要求一起呈现。

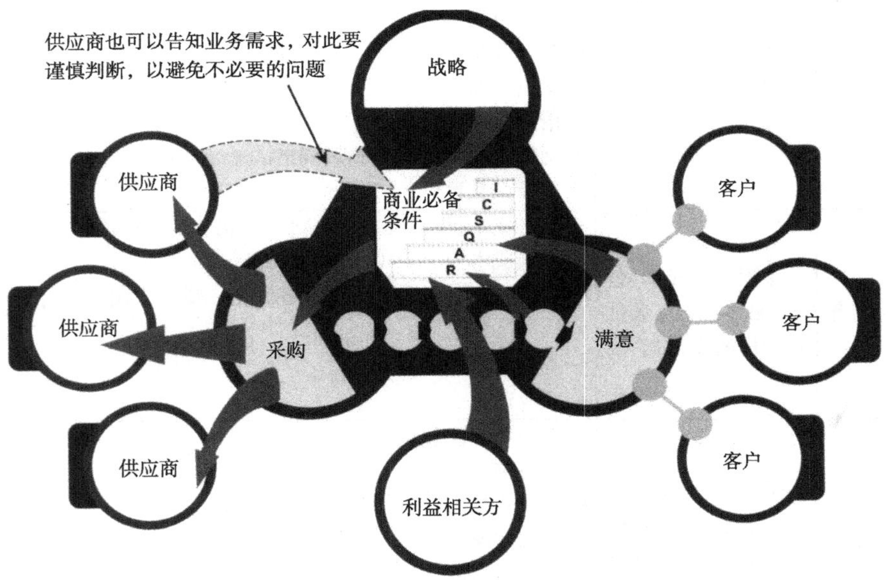

图 4.17　业务需求是联系采购、客户满意和公司战略的关键助力之一

采购品类管理项目要想取得成功，就不能在孤立状态下开发业务需求。需要对许多领域进行深入研究，并在与利益相关方协商的过程中来审查。一套优秀的业务需求应该像一棵大树，树根既深且广地扎于组织中，通过与组织各部门的联系，了解并清楚地定义组织的所有需求和愿望。

这里我们第一次尝试将潜在的价值杠杆转变为具体的、会决定我们如何采购的需求条件。例如，我们正在使用改变规格说明书这一杠杆推动一个系列产品更加标准化、合理化，那么我们的需求就是定义这个新的规格以及我们想如何购买。图 4.18 描述了帮助企业形成业务需求的典型输入的建议。这些涉及业务需求达成的步骤分别是：

1. 收集数据。收集有关公司战略、政策、目标、市场计划、业务计划、科技计划等数据。明确企业未来的方向和愿望是很重要的。结果可能不会涉及具体的品类，但项目团队的作用是在组织的发展方向和该品类在当前和未来的来源之间建立联系。

2. 转换价值杠杆。审核所确定的价值杠杆，并确定这些价值杠杆如何转换为业务需求。

3. 内部咨询。咨询利益相关方，了解他们的需求。这个过程并不像最初看起来那么简单。必须确定过去购买了什么，未来的需求是什么，关键是质疑“为什么”。

4. 考虑外部因素。了解任何应该被考虑但没有被发现的外部因素，如新技术与新工艺。

5. 建立需求。对收集的信息提取精华，并将之转变为业务需求。

6. 分享并提炼。就业务需求向关键利益相关方沟通反馈，确保他们接受，按要求进行提炼、优化、发展并更新。

7. 审核。在贯穿整个采购品类管理流程中，持续而适宜地审核和更新业务需求。

为了成功，在开发制定业务需求的过程中，最重要的因素之一就是提出挑战，问“为什么要那种方式”。这种做法会带来完全不一样的结果，就如同微小改进的结果和突破性结果之间的差异。然而，这个行为不太可能获得公司其他部门的支持。更可能的是，这将导致人们质疑为什么采购部门和跨职能品类团队承担了质询市场部门、技术部门和其他部门的职责，因为这些职能部门认为他们在采购方面具有垄断权。这是采购品类管理流程中首次出现的冲突。这是好现象，应被视作一个朝实现突破发展的标志，然而需要认真管理这个冲突。

这里的思维模式是要忽略以前所经历的，并开始思考该品类需要满足的潜在目的，以及实现它的最有效方法（如果没有限制）。回顾第 2 章“突破‘瓶颈’”的案例研究，潜在需求就是用一个方法将产品送到客户手里，同时保持品牌的认知度。因此与利益相关方咨询的过程中就应该用提问的方式探讨这类关键性课题，以及摆脱“我们之前一直这么买”的思维限制，转变为“如果我们可以做任何事情，我们会做什么”。

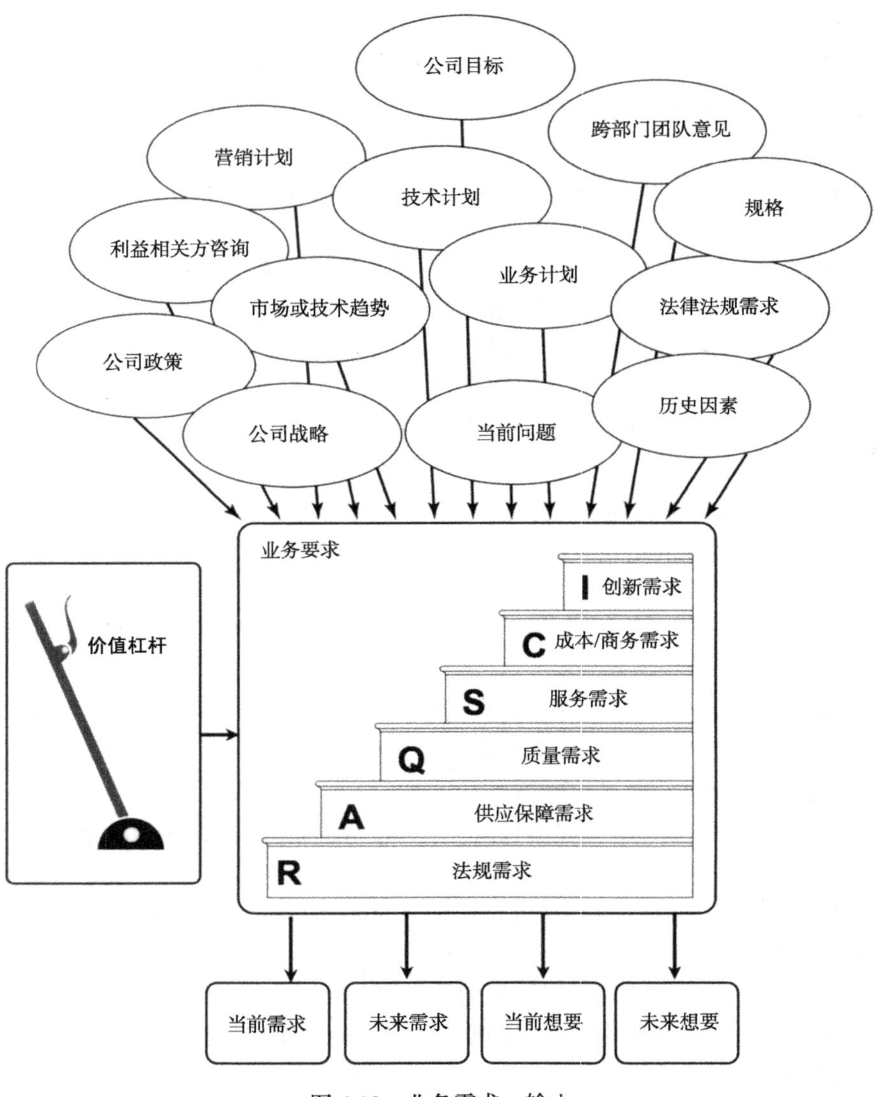

图 4.18　业务需求：输入

表 4.3 提供了一些有助于开拓思维的典型利益相关方的问题。只有通过挑战，你才能开始超越过往经验、个人爱好、抗拒改变、忽视、不妥协等的限制。

表 4.3　建立业务需求的典型问题

需　　求	典型利益相关方问题
法规	• 行业、客户或者公司的现行工作标准是什么？它们是如何影响你和你的供应商行为的？ • 关于使用供应商的产品，你的供应商给了什么限制与指导方针？
供应保障	• 你曾遇到过缺货或供不应求吗？为什么会这样？ • 影响产品持续供应的最大风险是什么？为什么？ • 有没有你的供应商不能提供的货物或服务？
质量	• 你工作的质量标准由谁定？ • 哪些标准你同意，哪些不同意？为什么？ • 哪些标准供应商很难保持？为什么？
服务	• 供应商的哪些信息能使你的工作更高效？为什么？ • 供应商的哪些服务使你沮丧？为什么？ • 你如何评价你的供应商？
成本/商务	• 对于这个采购品类你有什么样的成本压力？ • 你的成本目标是什么？ • 你的供应商是否帮你降低成本？ • 对于这个品类需要什么样的合同条款？
创新	• 你使用了你的供应商货物或服务的多少性能？ • 项目团队做什么能帮助你在这个领域创造竞争优势？
一般性问题	
一般性问题将帮助我们揭示关键的业务需求	• 什么因素阻碍你高效工作？ • 谁是你最好的或最差的供应商？为什么？ • 我们使用了市场上最佳的供应商了吗？我们如何确定这一点？ • 你的供应商如何看待你的部门和公司？ • 在这个项目团队工作时你最担心什么？ • 你的部门是没有完成、完成了还是超额完成了目标？如何做到的？为什么？ • 针对这个品类所做的一些事情，对你部门目标的执行有什么影响？ • 如果你有能力对这个品类做一些改变，你将做什么？为什么？ • 其他组织如何管理这个采购品类？

同样重要的是，要意识到跨部门团队的作用是将各种需求组合并合理化，因为有多个部门，而每个部门对项目品类的需求是不同的。

例如，在考虑“临时工”时，人力资源部门将对遵守劳动法、账户管理与报告等因素感兴趣。采购部门则重视最低工资基准，财务部门重视工资支付周期和时间，运营部门关注的是临时工派遣单位是否派遣最佳员工。有些时候，不同职能部门的要求可以自然而然地组合成一个需求全图。但有些时候这些需求可能会有冲突，因此需要积极的利益相关方在各部门之间协调统一，就需求达成一致。

与各业务部门联络的过程不仅仅是为了就业务需求达成一致，这个过程本身也是变化管理的一个必不可少的部分。按照这种方法签订的协议会减少之后针对变革的阻力，甚至会促进企业扩大这种变革。

随着最终业务需求清单的成形，各部门要对“需求”和“想要”之间的不同之处和需求的时间达成一致。这需要进行挑战，因为不太可能就什么是“需求”、什么是“想要”以及什么样的“想要”是重要的，达成一致意见。以差旅服务这个品类为例，与利益相关方的咨询可能会涉及员工，询问他们关于公司差旅的需求。典型的答复可能是，需要乘坐商务舱、下榻舒适的宾馆，从里程积分和积分点中获得利益。但是，这些不是“需求”而是“想要”。这并不意味着要忽视这些“想要”，但是“需求”和“想要”的区别必须清晰。业务需求是使员工以最佳性价比进行商务旅行，舒适程度只要能够维持员工对雇主的整体满意度即可。在业务需求陈述中，“需求”和“想要”的区别为供应商获得竞争优势提供了可能性，如果他们的创造性解决方案可以提供其他商家不能提供的“想要”。

考虑时间维度也很重要。有些要求可能在今天不可能实现，但在未来某个时候必须满足，如新的立法。或许有一些新技术，一旦可用，就是可取的。因此要给业务需求一个时间跨度限制，说明这个“需求”或“想要”是要现在就满足还是在未来某一时间满足。图 4.19 以一个包装品类为例，展示了它的业务需求书，并解释了它是如何起作用的。

最后，正如前述，业务需求不是一次性行为，而是在定义后，随着发现新的洞察、机会或威胁，需要对其定期回顾和更新。业务需求和价值杠杆间的关系是非常重要的。当在采购品类管理上取得进展时，我们极有可能发现新的价值杠杆，作为新的突破，或者新的市场的潜在源泉。相似地，确认新的业务“需求”和“想要”要求我们思考使用哪种价值杠杆可以确保效益。因此价值杠杆和业务需求“手拉手”共同活跃在整个流程中，相互循环影响。这种持续的循环关系是采购品类管理中实现突破的根本原因。项目团队因此应该积极地对整个项目的业务需求和价值杠杆进行定期审视和评估。

包装品类的业务需求书				
业务需求	需求	想要	现在	3 年后
法规：				
• 供应解决方案遵循所有行业相关的环保及可循环标准	√		√	
• 达到所有内部规定标准	√		√	
供应保障：				
• 对 A、B、C 三个工厂做到及时交货（JIT）	√		√	
• 订单到交付的时间控制在 5 天到 6 个星期	√		√	
• 需支持初级、二级包装材料和标签	√		√	
• 需有积极的问题处理程序	√		√	
质量：				
• 供应商要符合我们的要求，由审计确认	√		√	
• 没有因包装材料供应商绩效导致的产品召回	√		√	
• 没有因包装材料导致的生产停产，交货时间允许±10%的误差	√		√	
• 满足客户精益生产、六西格玛目标的能力	√		√	
服务：				
• 供应商管理库存的能力以管理相关的包装品类与物料		√		√
• 订单追溯能力		√		√
• 一周 7 天，可随时找到客户服务人员		√	√	
• 必须对改变做出积极反应			√	
成本/商务：				
• 针对包装品类的总支出 480 万欧元，在三年内采购价格降低 20%		√	√	
• 能够确认并承担我们的项目花费		√		√
• 延长到 60 天支付的支付条款		√	√	
创新：				
• 电子版设计图的接收和传输		√		√
• 数码打印的能力		√		√
• 引领创新性包装的设计能力		√		√

图 4.19　业务需求书范例

5 个为什么

5 个为什么的技巧能够有效帮助我们挑战人们想要什么并了解真正的业务需求。这是一个在儿童时期就已经学会的、在成年期又被丢弃的技巧，但这个技巧对于深入了解事情非常有效。5 个为什么就是当问题或情况出现时，问 5 遍为什么，甚至更多的为什么，回答会逐渐趋向真相。例如：

事件场景：这个产品需要镀金。
采购品类管理者第 1 个为什么："为什么？"
利益相关方回答："因为这是说明书上的。"
采购品类管理者第 2 个为什么："但是为什么需要镀金？"
利益相关方回答："因为我们一直镀金。"

采购品类管理者第 3 个为什么："为什么？"

利益相关方回答："本来有一个很好的技术理由，让人把它们具体化成这样。"

采购品类管理者第 4 个为什么："好，那为什么需要镀金？"

利益相关方回答："也许市场坚持这样。"

采购品类管理者第 5 个为什么："为什么需要镀金？"

利益相关方回答："事实上，我认为我们从来没有考虑过它。"

这是一个有力的技巧，但同时也有问题，因为一直重复问"为什么"可能会显得有些高人一等。一个更微妙的技巧是把问"为什么"和类似"这是如何做的"或"以什么方式"或"如何做可以使其发生"等提问结合起来。

小　结

1. 采购品类管理流程的第一阶段是启动，与启动采购品类管理项目有关，包括组建团队、测试机会、联系利益相关方、确认有潜力的价值源、明确业务需求、提供早期获利成果及项目计划。
2. 清晰地定义实施采购品类的范围是必要的。
3. 再次使用机会分析工具测试机会并优先处理我们大品类中的子品类。
4. 引入公司管理层担任项目支持者，既可以提升项目形象，又可以为项目提供支持、资源，移除障碍。
5. 一个跨部门团队实施的品类项目是最有冲击力的。这个跨部门团队工作贯穿整个流程并实施新的采购方案。项目开始我们招募合适的团队成员并确保团队成员承诺为项目工作，有时间投入项目并获得各自上级的支持。
6. STP（现状、目标、建议）工具是必要的工具，可以使团队就当前状况获得一致意见并开始确认"我们的目的地在哪里？到达那里需要做什么？"。在采购品类管理的任何阶段，这个工具都是非常重要的。
7. 团队遵循的章程定义了这个项目、团队组成及每个参与贡献者的角色与责任。
8. 项目成功的关键是找到所有利益相关方（与项目有利益关系，或者可以帮助达到项目目标的人）并确定我们如何联系他们。

9. 有效的沟通计划有利于采购品类管理项目。为利益相关方和相关群体量身定制的沟通信息有助于他们接受项目，帮助组织准备变革，维持项目的动力和对项目的支持。

10. 一旦团队成立，项目启动，项目时间计划将有助于规划项目的其余部分和团队将要参与的关键活动。

11. 只要有机会，就要寻找早期效益，以显示成功。这点很重要，因为实现项目的最终效益也许要花费很长时间。因此，值得寻找速赢机会并采取行动获得效益。速赢工具有助于确定要执行的计划的优先级。

12. 基准日分析工具很早被用于为品类提供必要的洞察力及了解哪里可以获得效益。

13. 采购品类管理中的价值有许多不同的来源，因此我们要考虑不同的价值杠杆以确保获利。

14. 我们使用 RAQSCI 模型的业务需求框架定义我们从一个采购品类中要获得什么。达成一整套的业务需求需要我们和其他业务部门保持联系，查看影响组织购买需求的不同因素。这里有突破的潜力，但这需要我们挑战我们所购买的东西，并思考组织的“需求”和“想要”。

第5章
第二阶段：市场洞悉

在本章，我们将探讨第二阶段市场洞悉。我们将研究如何根据需求收集市场、供应商和企业数据，以获得对采购品类和潜在机会更深入的理解。我们将专注于如何通过一系列战略分析工具，搞清楚收集到的信息都有何意义。最后，我们会探讨此阶段对突破性采购战略的重要贡献。

本章回答了如下引导性问题：

8. 就某个品类来说，目前的状况是什么？

9. 如何确定针对某一采购品类的最优化、最理想的突破及未来的采购战略？

10. 如何保证将来的采购战略制定是基于对所有市场和外部驱动因素的全面理解？

市场洞悉工具包

市场洞悉包括一系列研究活动，也就是利用战略分析工具来获得一些见解，由此可以对采购战略的制定有所帮助。该工具包如图 5.1 所示。注意，并非每个元素都是必不可少的，有些步骤是可选的。以下部分将在其使用方面给出一些指导。

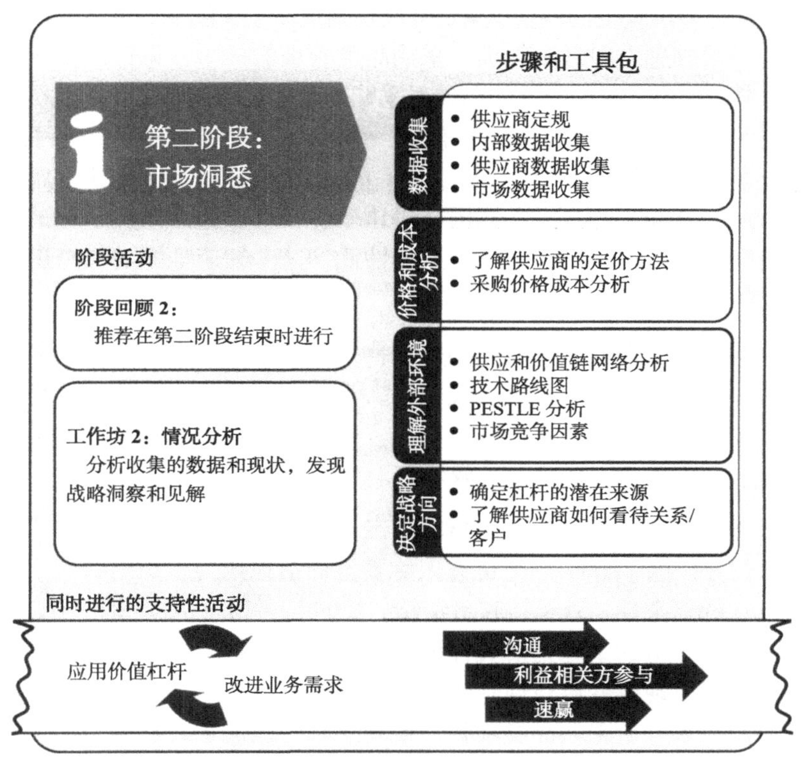

图 5.1　第二阶段：市场洞悉

发展采购品类的洞察力

第二阶段力求实现一些关键目标：

- 收集三个关键领域的数据。
  - — 采购品类和企业如何使用品类。
  - — 现有供应商和潜在的供应商。
  - — 现有市场和潜在的市场。
- 使用一系列分析工具分析数据和获得洞察力的技巧。

在这一阶段要获得丰富而详细的信息，以形成未来的战略。这是在采购品类管理流程中最重要的部分之一。采购品类越复杂，利益相关方的人越多，对这方面的需求也就越多。

三 数据收集

正是在这个阶段获得的深度理解，可以在确定一个突破性的未来采购战略和只是一个小的增量改进之间做出区别。采购品类管理的一个常见错误是从项目一开始，项目负责人或团队就认为他们已经对采购品类有足够的了解，因此已经知道了前进的方向。这种误导将妨碍突破的取得。然而，以开放的心态来对待这一阶段，严格地进行数据收集和应用战略分析工具，可以揭示迄今为止未见过的重大机会。

在 2002 年的新闻发布会上，当时的美国国防部部长拉姆斯菲尔德试图对有关伊拉克政府向恐怖组织大规模地供应杀伤性武器这一缺乏证据的指控进行辩护。他的著名辩护是：

> 世界上存在我们知道的已知的事情，也存在我们知道的未来需要探索的未知的事情。换句话说，我们会认识到有些事情我们知道，同时我们也会认识到有些事情我们并不知道。如果从美国和其他国家的发展历史来看，反而是后一类往往比较难解。

拉姆斯菲尔德随后受到许多阵营的攻击，认为他说的是胡言乱语或毫无意义的（吉拉德和吉拉德，2009），但也有人称赞他简洁地描述了识别我们不知道我们不知道的事物的复杂性（班纳特和班纳特，2004）。在采购品类管理中，我们未意识到那些我们不知道的事物是要关注的焦点，那些事物是最重要的，因为通过那些事物我们可能发现改变游戏规则的新采购战略。这在图 5.2 中做了详细说明，其中整个饼图代表一个采购品类项目，或者实际上我们正在从事的任何领域所需的知识总和。区域“已知已知”代表我们意识到的事物，即我们已经掌握的数据和信息或知道在哪里可以找到，该部分代表我们目前理解的基础。

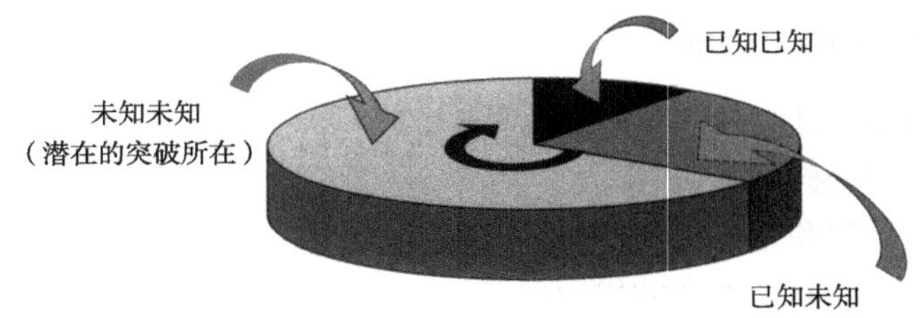

图 5.2　数据收集“知识饼图”

我们也可以描述我们认识到的我们不知道的事情（已知未知）。这是指我们知道的我们所欠缺的那些数据、信息和理解。例如在一个采购品类项目中，这可能是支出数据、详细的规格信息、使用数据或供应商的信息。我们可以辨别并找到这些信息。

最后一部分往往被忽视，即“未知未知”，这里可能是最大的惊喜存在的地方。“未知未知”包含我们没有意识到的所有数据、信息、想法、理解和知识，需要通过详细的研究分析才能得到。

如果你曾经参与过任何研究，也许是为了专题论文或开发某个功能，那么对探索未知这一概念就不会陌生。采购品类管理的第二阶段基本上是关于研究和分析的，好的研究是寻找目前理解之外的东西。它是关于深入、严谨和探询式的数据收集和分析，如果处理得当，会自然而然地使得具有突破性的未来采购战略浮出水面。

很多项目人员往往在此阶段采取捷径，但是如果这个阶段做得不彻底，将得不到最优结果。

案例研究　作战室

图 5.3 展示了一个特定的品类管理项目的“作战室”。在整个项目期间，这个房间专属于此项目，墙上逐步贴满了所有与这个品类相关的文件、数据、工作坊的成果论文和分析，以及跟这个品类相关的和数据收集过程相关的所有材料。这个房间是跨部门团队的根据地和办公区域。关键利益相关方会被带入这个房间，参与整个项目的进程。随着时间的推移，墙上的信息细致描述了这个品类。团队跟墙上的信息内容一起生活和呼吸了几个月。当要选择未来采购战略的时刻到来时，潜在的前进方向就变得明朗了。只是一组人简单地站在房间的中央，给出解决方案的建议。这个例子展示了有效的采购品类管理所需数据收集的水平及深度，以及团队是怎样通过浸泡在数据中来发现新的可能性的。

图 5.3　“作战室”的例子

在采购品类管理流程中，数据可以通过多种形式来收集。有些是专门的数据收集行为（本章将进行探讨），而其他的则不是，但它们会自然地产生有价值的信息。数据的收集和分析是第二阶段的根本，也贯穿整个流程。

数据收集的结果多种多样，从报表、电子表格和技术文章到与公司关键人员讨论而得的潦草的笔记。一个贯穿整个过程的关键活动是发现和分享这一过程中的收获。如果你是收集数据的人，可能会与主要利益相关方进行面谈，这样你会对此业务部门的现状有不错的了解。你甚至会对哪些方面可以换一种方法运作有很好的见解。但重要的是找到一种分享学习收获的方法。这其实很简单，但在团队中你必须依照规范来做。确保成功的四个步骤如下：

1. 对于你收集的每个数据，问问自己："这说明什么？"用简单的话和几个要点将答案写下来。如果在使用作战室，则要把答案写在报告或笔记上，然后张贴在作战室的墙上。

2. 在第一时间将"这说明什么"这一问题与答案分享给团队的其他人。

3. 确保团队的其他成员也写出并分享他们的"这说明什么"的问题和答案。

4. 将所有成员的问题和答案收集在一起。这些可以用来快速提醒团队记起过程中的经验教训。STP 工具是可以提供捕捉新的见解的一种手段。这是在确定任何未来采购战略之前的重要一步。

一些关键的数据收集方法，将对三个关键领域（品类/内部、供应商和市场）的研究有所帮助。这些贯穿于采购品类管理流程的各个阶段，如表 5.1 所示。

表 5.1　数据收集资源及方法

收集数据和信息资源的方式	可以收集的数据		
	品类/内部数据	供应商数据	市场数据
确认业务需求	是		
RFI（信息邀请书）		是	是
网络和实体化研究	是	是	是
持股人面谈	是	是	
供应商访问	是	是	是
聘请专家	是	是	是
贸易展会和展览	是	是	是
图书和期刊	是	是	
政府部门		是	是

虽然数据收集应该寻求不断扩大知识总量以开拓以前看不见的机会，但也应该脚踏实地。因此，第二次工作坊的活动之一应是制订一个数据收集计划（见图 5.4，模板在附录 A 中）。这是一个简单的行动计划，指定了所有需要收集的数据和谁去收集。

数据收集计划

数据种类：品类/内部 ☐ 供应商 ☐ 市场 ☐

品类：热饮杯

日期：8月23日

要收集的数据	数据收集方式					责任人	截止日期
	RFI	RFP	案例研究	与利益相关方面谈	其他		
1. 支出（每个业务部门的总支出以及杯子和杯盖的支出）	☐	☐	☑	☑	生成报告	HS	9月1日
2. 杯子、杯盖的尺寸和规格的范围	☐	☐	☐	☑	内部问卷	HS	9月1日
3. 按供应商和零件编号分列的当前数量	☐	☐	☐	☑	内部问卷	HS	9月1日
4. 总体的未来销量预测	☐	☐	☐	☑	内部问卷	HS	9月11日
5. 杯子/杯盖的全球和区域制造商及供应商	☑	☑	☑	☐		JW	9月14日
6. 当前及未来的市场产品（杯子和杯盖）	☑	☑	☑	☐		JW	9月14日
7. 对“通用杯”总体的业务需求	☑	☑	☑	☑		HS	9月14日
8. 套筒（数量、成本及用处）	☐	☑	☑	☑		HS	9月14日
9. 对“通用杯”的业务需求	☐	☐	☐	☑		JW	9月7日
10. 产品的可回收性	☑	☑	☑	☐		JW	9月7日
11. 排名前五产品的采购价格成本分析分解	☐	☐	☑	☑	工作坊团队合作	团队	9月23日
12. 纸板、塑料和蜡涂层的商品趋势	☐	☐	☑	☐		JW	9月23日
13. 杯子和杯盖的市场趋势	☑	☑	☐	☐		JW	9月23日
14. 驱动力与阻力（PESTLE分析与波特五力模型）	☐	☐	☑	☐	工作坊团队合作	团队	9月23日

图 5.4 数据收集计划的例子

这些活动应在采购品类管理项目团队成员内共享。为了制订这样一个计划，团队首先应该了解已经知道哪些数据，以及需要哪些数据。这似乎是显而易见的，但是在一群人一起工作的项目中，往往没有能够对已知数据达成共识。在组织中，人们不善于共享信息。一个人熟悉并定期商讨的专题报告、分析的行业数据，可能对另一个人是新鲜的。我们需要早期的信息池来确定应该收集什么，这样数据收集计划就形成了。

今天，良好的数据收集已经触手可及。互联网是一个神奇的信息源。如果我们知道在哪里以及如何搜索，那么大部分信息是免费的。此外，还有很多专业公司和网站提供有偿服务，可以对我们的数据收集进行补充。近日，互联网搜索这一基本方式已众所周知；然而，要记住，就像在超市中映入眼帘的商品往往是商家希望我们购买的一样，流行的搜索引擎也可以呈现它们希望我们得到的结果，也许呈现的结果由赞助商决定，或者由盛行的搜索引擎的普遍运算法则决定，以限制网页设计者通过过多的搜索引擎优化条件获得自由的便利。

开发互联网搜索高级技能可以让我们获得高质量且通常免费的信息。无所谓正确或错误的互联网搜索方式，实验是最好的方法。下面介绍了针对高级互联网研究的十条提示。此外，值得考虑去选择搜索引擎和桌面搜索工具访问互联网，尤其是那些专注于商业的网站。剩下的就是明确搜索条件和思考所需信息的潜在来源。表 5.2 提供了一系列建议。

表 5.2　关于搜索的建议及网络搜索的潜在资源

数据种类	这些将会提供什么	搜索什么
通用信息	帮助理解市场的通用信息	美国数据统计网站、政府贸易网站
市场概要及趋势	商业和金融新闻提供的对全球事件、行业变化以及大公司正在发生的事件的洞察。全球股票市场如何看待一个行业或组织，是对市场正在发生的事情的很好的洞察	所有关键新闻提供者的网站（如《金融时报》、《经济学人》、《哈佛商业评论》、《华尔街日报》、BBC、CNN、彭博社、路透社等），市场情报及市场研究网站（如 Keynote 和 Market Research）
行业及品类的市场信息	洞察特定行业正在发生的事情或可能推动变革的力量，特定行业、品类和商品的指数、定价和趋势	网站提供以部门分类的白皮书；尝试世界贸易组织、提供行业特定信息的网站（如 Kompass 与 Company Sleuth）、提供行业特定的定价与趋势的网站、提供行业报告以及行业数据的网站
金融、股票指数及货币	洞察公司及货币的价值和趋势	货币兑换网站，金融市场及交易（如道琼斯指数、《金融时报》、富时指数、伦敦证券交易所和彭博社）

续表

数据种类	这些将会提供什么	搜索什么
商品情报	目前的商品价格信息以及对多种商品的趋势是如何影响业务的深刻理解	提供商品定价的网站或提供完整详细的“按需”报告服务的网站
公司信息	洞察个体公司，结合其他信息会帮助公司建立对市场的总体认识	搜索公司详情，使用一个或多个提供公司或市场信息的网站（如 Hoovers、Dunn and Bradstreet、OneSource、Skyminder）

对高级互联网研究的十条建议

（包含 Information Literacy Toolkit 给出的建议，2009）

1. 熟悉一些搜索引擎。对相同的搜索词使用不同的搜索引擎将得到不同的结果，因此可以阅读搜索引擎的在线帮助文件，它们包含有关如何高效搜索的很多细节。

2. 仔细选择使用的搜索词。使用同义替代的词或短语进行重复搜索，如采购、购买等。

3. 对于给定的搜索，利用搜索引擎的选项功能筛选结果。

4. 双引号（“”）。用它来查找规定的确切顺序的短语和术语，这样也可以限制搜索结果。

5. 加号（+）。使用加号将搜索字词结合起来，这样可以得到符合两个关键词的结果，如“清洁+化学品”。

6. 减号（–）。使用减号来限制搜索结果，以便排除某个概念、议题或个人，如“注射器–医疗”。

7. 或。使用或可以找到相关的词或同义词，如“供应商或供应者”。

8. 截断（Truncation）。用来搜索一个特定词的不同结尾的相关信息，如买、正在买、买家等。有些搜索引擎能自动执行此操作，有些需要使用“词根”来提示需要所有相关结尾的词，如“买*”。

9. 地理限制。很多搜索引擎默认设置的第一搜索结果与你所在的国家相关联，这对全球性的研究并没有帮助。使用高级搜索选项，可以扩大或缩小此范围。

10. 检查结果的点击次数，看看相对于排名最高的结果，你得到的信息是多还是少。

最后，关于数据收集的深度。广泛收集大量数据，使自己沉浸在尽可能多的不同的知识中，可以帮助我们找到新的突破性机会。但突破也可能来自对于某个领域的深入研究。如果我们大量购买，那么我们购买的产品（或服务）某方面非常小的变化可能对整体产生突破性的影响。如果我们购买很多类似的产品（或服务），或从多个供应商处购买，那么根据各自的性能或有效性来做同类比较，可以找到它的合理性和提高的机会。为做到这一点，必须对产品（或服务）有更深入的分析。我们需要使用性能分析来检查产品（或服务）的个体性能，并确定我们比较的标准，使我们能够进行直接的比较。作为消费者，我们每天都不假思索地做这些。如果去购买家用台式打印机，我们可能会先问它的特点：是否只能打印？既可打印又可扫描吗？能够处理多大的文件？然后，我们会继续看看其他方面的性能：每分钟打印多少页？耗材费用有哪些？一个墨盒（大概）能打印多少页？最后，我们可以将我们的分析结合使用的预期确定单一或一整套衡量标准，使我们能够在打印机之间进行公正的比较：每次打印的成本。谨慎购买可以令我们每年在耗材方面节省 50 美元，所以设想一下，如果我们负责整个大学喷墨打印机的采购，那么我们能做些什么，除了要考虑这个大学里数以百计的学生要配备自己的个人打印机，还要考虑学校和学生个人对打印机性能要求的差异。

个人的购买选择取决于类似的衡量标准，它基于产品或服务的性能：近年来超市展示的“每千克或每磅成本”、汽车燃料消耗量（mpg 或 kmpl）等信息对我们越来越重要，我们雇用的建筑工的“每小时收费金额”也需要仔细考量。找到我们收集的数据的等价物将使我们能够进行直接的比较，并帮助我们找到突破。这个过程非常简单但常常被遗漏，这需要我们考虑四个关键问题：

1. 它有哪些性能？性能参数是什么？列出你看到的一切。
2. 它是做什么的？它整体性能、每个性能的参数如何？
3. 它做得怎么样？采用什么样的标准把它和其他同类产品（或服务）相比较？这时，你可以使用每 A 多少 B（如每千米 10 升）的指标。
4. 如何进行比较？这时，你应该寻找差异，辨别出可以提高的地方。

案例研究 深入的数据收集是怎样帮助亨氏的

亨氏全球采购品类管理项目研究了整个罐装业使用的金属罐的品类。毫不奇怪，世界各地有多个供应商，而且每个供应商都和特定的罐头厂以及当地消费者的期望相一致。这为全面地比较和调整定价和性能提供了直接的机会。然而，项目团队进一步了解发现，不同的罐头厂用的金属罐有细微差别，供应商提供的金属罐的规格也有细微不同。项目团队通过弄清金属罐的性能特征解决了这个问题，如罐板厚度、镀层厚度、漆的厚度、凸边还是非凸边、易开方式还是传统方式等。所有性能特征的深入数据收集表明，这种差异的范围明显，而实际上这种差异并没有明显的需求或原因。在一些地区，金属罐的规格好像由几年前良好的实践和制造方法确定。然而，项目团队发现技术的进步意味着更精简的规格的罐材仍然可以提供所需的金属罐的质量。项目团队的突破性采购战略是对金属罐的规格在全球范围内做整合，仅允许少量的必需的地区性差异，同时在主要金属罐供应商中通过采购品类项目实施这一变化。在采购量非常大的项目上，规格细小的变动都会给企业带来显著的价值。

供应商定规

这一步有推动作用，是可选的

定规是让供应商明白是我们给了他们业务。这是在他们脑海中设定界限使他们能以特定的方式来回应我们的要求的过程。你可以把这称为形式温和的操纵。实际上，使用的一些方法经常是类似的。

供应商定规是给对方传递信号“我们在寻求特定的结果”。目标是实现更大的整体利益，同时减少我们必须为之付出的努力。这不是一蹴而就的，而是要贯穿整个过程，并利用每个可能的机会。

供应商定规有两种类型：

- 进攻型。这是指我们首先出击发出供应商定规信息。例如，当与某个供应商洽谈时，我们可能会这样说：“我们在降低成本增强竞争力方面有巨大压力，因为我们的竞争对手已经从低成本国家采购了。”这是一个强有力的信息，因为它告诉供应商“我们要降低成本”；理由也是充分的，而且隐含着这样的威胁，“如果我们得不到我们想要的东西，我们将把采购转移到低成本国家”。
- 防守型。这是指供应商寻求定规或反向定规我们（买方定规）。你是否记得有供应商在谈话中发表诸如“尽管原材料价格上涨，但目前我们正在尽一切努力维持我们的价格水平”之类的言论吗？这意味着他们正在测试你的反应，即他们是否可以提出涨价。这只是供应商试图定规买家的许多方式中的一个例子。对买方定规来说，最强有力的防守是在供应商定规我们之前去定规他们，并坚持下去。但是，如果你发现自己是买方调整的目标，快速反调整是非常重要的，这样你可以保持己方优势。

供应商定规活动不应该仅限于采购人员。为了有效地进行供应商定规，公司的所有利益相关方也要使用相同的定规信息去定规供应商。这意味着供应商定规必须有规划，所有利益相关方也必须确保参与。这里第一步是确定将要使用的定规信息。定规信息有很多，其中部分如表 5.3 所示。

表 5.3 供应商定规信息的可能主题

在这项业务中发生了什么	可能的定规信息
财务困难	寻求直接贡献，立即降低定价，增加支付条款
主要变化	对收购过程的影响，重建或者关闭
我们正在创造新的产品或服务	新的方案或服务会驱动创造潜力的增长进而扩张业务量
我们正在进入新的市场	新的市场会驱动成长
竞争挑战	有新的国际供应商和/或低成本的制造商，市场正在变化
新的管理团队	新人、新想法、新挑战、新方式——改变即将到来

有时，如果调整信息是由利益相关方而不是采购人发出的，效果就会更明显。例如，供应商与营销总监的关系很好，而与采购人的关系始终围绕在商务方面，那么如果营销总监告诉供应商公司正急于大幅度降低成本，就会显得更有力。然而，供应商和利益相关方之间长期的良好关系，会阻碍后者担当此类调整信息的发出人。这时对利益相关方的教育就是至关重要的，以使他们明白博弈正在进行，要确保他们在博弈中扮演正确的角色。

如果我们不做调整，就邀请供应商提出方案，他们会尽可能地达到他们的最高目标。但是，如果方案有很高的成本效益或价值，而且企业面临着降低运营成本和从供应链中获得更多保障的压力等，那么供应商的出发点可能会有所缓和。确保所有调整是可信、可接受的同样非常重要，否则供应商会简单地把它作成一种策略。

内部数据收集

这一步有推动作用，是必需的

数据采集包括三个方面，内部数据收集是第一个。它涉及采购品类的研究和信息收集，包括企业如何使用该品类以及将来如何做。这项活动和随后的分析工作试图回答以下问题。

扩展性问题：

- 我们以前买过什么？
- 我们需要在未来买什么？
- 我们过去已经花费了多少？
- 我们希望在未来花费多少？
- 谁买？
- 他们为什么要买？
- 他们怎样使用它？
- 在产品生命周期内这一品类在哪里？

机会性问题：

- 我们买对了吗？
- 有多少余地可以买满足同样需求的不同的东西？
- 在我们购买和使用这个品类的方式中，是否存在提高效率的机会？
- 现在或即将到来的技术进步是否会给我们带来机会？

值得注意的是，单独收集原始数据不一定能回答这些问题，但通过利用一些后续步骤中的工具对数据进行分析而得到的丰富信息将有助于回答这些问题。表 5.4 给出了一些可能需要收集的数据领域以及它们的可能来源。

表 5.4　内部数据收集及可能的来源

收集的潜在数据	数据的可能来源
组织使用的数据 • 业务需求 • 现在和未来的数量 • 我们正在购买什么 • 我们正在哪里购买 • 产品如何被使用 • 采购过程 • 售卖的价值及依赖此项的税收 • 目前的表现或满意程度 • 使用或过程需求 • 未来需求（与组织的策略相关） • 存货及后勤	• 购买订单及发货单 • 账簿 • 与关键的内部人士（如产品经理）商谈 • 后勤经理 • 销售信息 • 质量记录 • 内部的研究与开发专家或新产品开发专家 • 有组织的策略与目的 • 内部的产品计划 • 内部的信息邀请书
品类数据 • 产品生命周期 • 科技及特征数据 • 相关品类（潜在的合作）	• 科技路线图 • 工业出版物 • 网站 • 科技读物

供应商数据收集

这一步有推动作用，是必需的

供应商数据收集是数据收集的第二个方面，涉及当前和以前的供应商的研究。这项活动和随后的分析工作试图回答如下问题。

扩展性问题：

- 供应商是谁？他们在哪里？他们可以做什么？
- 供应商将向何处发展？

- 我们目前如何从这些或其他供应商处购买?

机会性问题:

- 还有其他人能供应这种产品吗?
- 我们对这些供应商了解多少?他们是如何组织的?
- 在哪些事情上供应商以不同的方法可以有所作为?
- 供应商如何才能带来创新或帮助我们实现新的竞争优势?

收集供应商信息的一个有效的方法是使用信息邀请书。信息邀请书通常是发送给多个供应商要求提供信息的调查问卷，通常是对一系列定制问题的回答。以前，信息邀请书是纸质文件，供应商通过邮寄提交回复。现在，大多数的信息邀请书是电子化的，可以从众多提供该功能的门户网站或软件提供者中选择。在本书后面我们会再次提到信息邀请书。

表 5.5 给出了数据收集的一些潜在领域，以及它们的可能来源。

表 5.5　供应商数据收集及可能资源

收集的潜在数据	数据的可能来源
• 产品的范围 • 地理覆盖面 • 销售数量 • 金融信息 • 用于供应商销售额的百分比 • 质量表现历史 • 质量合格认证（如 ISO 9001） • 指导者兴趣 • 研究开发流水线/他们将要做什么 • 其他关键客户 • 市场中的其他供应商 • 目前没有供应此品类但适应较快的供应商 • 可能的新人	• 信息邀请书 • 购买订单及发货单 • 供应商的文化 • 供应商的网站 • 工业出版物和专家 • 质量记录 • 供应商拜访或商谈 • 联盟组织 • 基准比较活动

➘ 市场数据收集

这一步有推动作用，是必需的

这是第三个也是最后的数据收集方面。它涉及采购品类的市场以及任何潜在的替代市场，这种替代市场可能出现突破的机遇。这种替代市场可能包括新兴市场（提供低成本采购的地域性替代）或其他替代市场（可能是通过不同方式实现品类的基本需求而开辟的）。这项活动和随后的分析工作试图回答如下问题。

扩展性问题：

- 市场是什么？
- 市场上发生着什么？为什么？
- 未来在这个市场上可能发生什么？为什么？
- 市场趋势是什么？

机会性问题：

- 存在哪些替代市场，以及这些市场上有可以实现我们这一品类需求的吗？
- 这个市场上有需要我们理解并为之准备的风险或问题吗？

区分市场数据收集和供应商数据收集是很重要的。在市场数据收集中，我们感兴趣的是市场上正在发生什么，将要发生什么，市场上的动态因素是否正在发生变化。我们不需要每个个体供应商的细节，这些应该被包含在供应商数据收集中。

表 5.6 给出了一些数据收集的潜在领域，以及它们的可能来源。

表 5.6　市场数据收集及可能资源

收集的潜在数据	数据的可能来源
• 市场定规及导致因素 • 趋势 • 当前市场的供应商 • 未来市场的供应商 • 市场中的竞争因素 • 技术趋势/发展技术 • 市场分割（按地理或按产品/服务等） • 可能的未来机遇 • 市场未来的可能威胁 • 市场中的相对力量	• 工业出版物 • 与供应商的访谈/讨论 • 与专家的访谈/讨论 • 金融汇报 • 商业报纸杂志 • 专业咨询 • 公开的指标（如商品价格） • 贸易展览

市场数据收集可能是最难的，因为获得对一个市场的洞察并不总是那么容易的，而且构成整个市场的“拼图”碎片被散落在各个地方。一些专门的研究公司会提供市场洞察研究，甚至有些公司专门提供对单一市场（如能源、商品等）的持续报告和洞察研究。这些公司可能为你节省了大量的时间和精力。然而，花一些时间做深入的研究，也将产生良好的效果。

如果品类是一种大宗商品（原料或初级农业产品），或该品类内的产品主要由一个或多个大宗商品组成，那么对市场趋势的理解是非常必要的。大宗商品的价格是由市场推动的，取决于全球范围内的供应和需求水平。企业、联合组织和监管机构都可以帮助我们实现这一过程。没有人或很少有组织能完全影响市场，因此有必要了解这一市场，否则我们就会被它控制。了解目前大宗商品市场走势，以及对整个品类或个别产品的影响，可以有效建立市场和品类的模型。这反过来可以帮助买家确定何时购买、如何购买，从而最大限度地降低商品价格上涨的风险并优化买家的购买头寸。了解商品市场和商品价格模型本身是一个重要主题，每个领域都是值得去写本专著的。在本书中我所要说的是，如果所采购的品类是包含或者极大程度上基于商品的，那么至关重要的是建立并维护对这些商品市场的持续的了解，并利用这些信息来决定何时购买以及如何购买。

价格和成本分析

了解供应商的定价方法

这一步是工具，是可选的

很多人认为价格是一个真实的数字。在一些情况下，价格是由供应商营销部门简单设定的数字，而且价格表会持续更新。当然，每次更新都是与市场上会购买什么的评估相关的。但是，"成本"是一个真实的数字。在供应商获得毛利之前，任何产品或服务的生产或提供都需要花费一定的成本。虽然有可能通过增加效率来降低成本，但成本仍然是一个真实的数字，是我们将支付的金额中真实的、决定性的那部分。了解成本将使我们理解价格是否公平，如果否，那么应该是多少。稍后我们将通过一个特定的工具来彻底地了解成本，首先，我们需要了解供应商的定价和不同的定价方法。

为什么"价格"这么重要？因为供应商希望他们的收入最大化。因此，他们花大量的精力定规我们，让我们认为他们的价格是合理的。跟食品业的专家去超市走一圈就会发现，许多购物筐中商品的价格与商品的实际成本几乎没有联系。这意味着我们每天都在为食品杂货花冤枉钱，尽管我们是以尽可能低的价格购买的，甚至超市为了让我们走进去而设计了低于竞争对手的最优惠的价格。所以，我们怎样才能知道呢？答案是要明白商品的定价模型或方法。

正如我们在前面的章节中看到的，供应商喜欢让他们的产品在某些方面与众不同，这样我们就只能从他们那里购买。在供应商的营销部门中，当新产品正在开发时，我们可能会听到有人问："这个产品的卖点是什么？"或者"市场能承受怎样的价格？"为了回答这些问题，供应商做了广泛的调研，看消费者对不同价格的反应如何。这样做的目的是要确定其定价可以保证销量和利润最大化。

如果还想证明价格不是一个真实的数字，那么想一想你经常听到的，如"买一赠一"或"降价 30%"。如果这个价格是真实的，那么这些优惠将是不可能的。

了解了价格和成本后，还有一个方面也是不容忽视的，而且是一个更有启发作用的方面，这就是"价值"。在上一章我们已经讨论了价值，它有多种形式。它可以在不同的时间意味着不同的事情。价值也取决于受益人的角度。我们对价值的认知因此也取决于我们的环境。

成熟的采购视角是把“购买”视为通过某种形式的报酬的交换获得某种价值。这不是仅仅把采购视为用给定的价格“买东西”（或者买服务）。如果考虑我们将获取的总价值，那么我们就能够确定最佳的采购方式。该价值不一定局限于该商品或服务，可以包括更广泛的供应体验。例如，我们买保险，保费价格低是价值的来源之一，但真正的价值可能来自一个“无狡辩”支付或好的呼叫中心支持。实际上，这些方面的价值比保费本身更重要。因此从采购角度，准确定义想要获取的价值是非常重要的。在采购品类管理中，我们使用价值杠杆来确定价值可能是从哪里来的，然后更新我们的业务需求。

供应商对价值的看法很简单。供应商的目标是，如果有可能，就去寻找新的价值来源，甚至去发掘那些可以说服我们并让我们觉得需要的价值，然后锁定我们。在发展中国家，价值是改善基本功能方面的东西，也许随后是购买一些西方认为是理所当然的基本财产，如冰箱或电视机。在发达国家，我们的期望已经远远超过这一点，供应商现在专注于销售价值，作为创造理想品牌、最新时尚、前沿技术、独特卖点等的一部分。

为了从买方和卖方的角度理解价值、成本和价格之间的关系，我们首先需要了解我们所支付的价格是如何确定的。这反过来将帮助我们了解需要什么样的响应或干预，来优化我们的采购方式。

为了分析正在使用的定价方法，我们需要了解每种定价类型。总共有六种定价类型（见图 5.5），其中大多数（但不是全部）是由供应商决定的，即根据客户意愿为某种价值支付的金额，或者在某些情况下，根据供应商可以侥幸获得的金额。一些定价方法是由“买家决定”或“市场决定”的，这两种方法都赋予了买家对供应商的权力优势。我们现在依次研究每种定价方法。附录 A 中提供了定价模型模板。

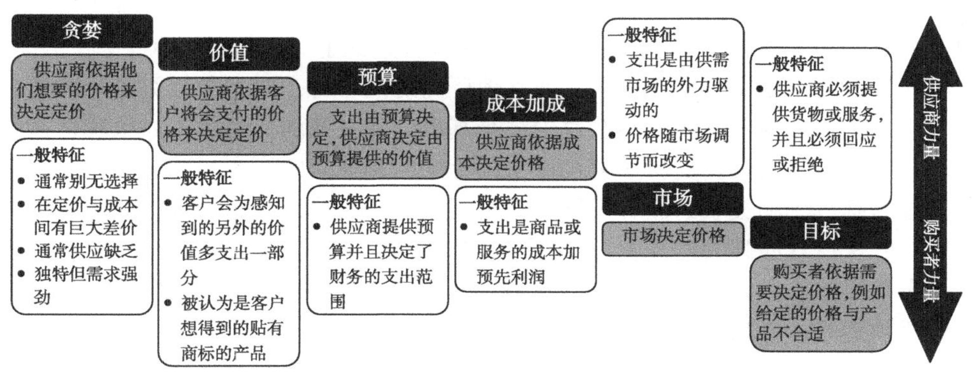

图 5.5　定价模型——不同的定价方法总结

贪婪定价

这是供应商主导定价的最极端的例子。顾名思义，供应商可以根据自己的意愿收取几乎任何费用，但客户仍是会购买其产品，尽管有时不情愿但还是会购买。在这里供应商牢牢掌握了定价权力。

贪婪定价适用于客户别无选择、无法去其他地方且必须购买的情况。供应商知道这一点，因此将价格定得很高，通常远高于商品的成本。在一个炎热的海滩上，方圆几英里内唯一的冷饮商可以很容易地将价格翻倍，却仍然有渴得要命的人排长队准备购买。几年前在英国，石油公司油罐车司机的纠纷导致加油站燃料库存就要耗尽，随着汽车在街区排队，一些加油站开始把价格提高了两倍甚至三倍，但是加油的队伍仍然越来越长。

当谈论石油价格时，可以看看历史上它是如何定价的。它并不像人们想象的那样，表现得像一种商品，其价格由市场力量驱动。相反，自 20 世纪 70 年代以来，人们为石油、天然气和石油衍生品支付的价格一直由欧佩克间接决定，限制或增加供给，从而决定特定时间点的特定需求的价格。近年来，随着美国和西方石油公司的增产，欧佩克对石油的定价程度发生了变化，然而，欧佩克仍然是石油价格的主要控制实体（Sharma，2016）。在这些情况下，石油可以被视为贪婪定价的一个例子。这种情况随着非欧佩克成员国石油供应的增加而发生变化，定价模型也随之发生改变。

另一种情况是我们别无选择，需要从原始设备制造商那里购买机器的备件或者设备的部件。

价值定价

价值定价是客户为某种额外的或认知的价值支付更多。在这里供应商拥有权力。这是大多数供应商都力争处于的地位，也是品牌理论背后的定价方法。如果我们能够建立自己的产品或品牌，我们就处于一个很好的位置，可以让客户支付更多来拥有它，因为它会带来有形和无形的品牌属性。例如，如今很难买来一辆很差的车，因为整个汽车行业的质量和可靠性都达到了难以超越的水平。在英国，选择购买福特、丰田、雷诺、大众或其他厂商的汽车时，对于相似类型和配置，我付出的价格在这些不同的制造商中将是基本合理一致的。但是，如果我选择买宝马或奔驰，那么我会支付显著溢价于同等规格和配置的汽车。我将支付与拥有和驾驶名牌汽车相关联的品牌价值。在英国，这些制造商努力提升汽车所有者的体验，并保持其品牌为“高端”“独家”“精心设计”等。这种区别也牢牢植入英国购车市民的心中，但从一个地区到另一个地区会有区别。例如，在德国，正如我们所预期的，宝马和奔驰都比较主流。

价值定价也适用于供应商差异化的产品，这样，客户将为差异支付更多。现在发达国家的人均可支配收入比以往任何时候都多，企业总是在寻找新的方式来让人们花更多的钱购买一个老产品。在我写这篇文章时，我被电视上一个知名品牌卫生纸的广告分心了，但这个卫生纸是一个新的、改进的产品。它是柔软的、厚实的和夹棉的，并承诺“善待你的臀部”。可以理解的是，它的价格比一般的卫生纸高多了。

价值是有层次的，而且是值得我们去探索的“高端价值”，特别是当消费者愿意为商品支付与成本极度不成比例的高价格的时候。这种高端价值的定价类型经常被采购人争论，很多人把这归类为“贪婪定价”，而不是价值定价的延伸；但这是价值，是高端的价值。就商品如何定价而言，价值在哪里停止与贪婪从哪里开始并不像商品如何定价讨论那么重要。

高端价值的一个例子是标有高价格标签的高档奢侈品。以名牌包为例：顶级设计师设计的名牌包被定位为一个独特的“高端”产品，售价可能高达 2 000 美元。这样的产品起源于一个时期，那时，奢侈品是提供给少数人的特权。家族企业致力于诚信和质量，并制作精美的货物。工匠团队手工制作，时尚配饰使用最好的材料，因此为制作一个手包耗费八天时间也就不足为奇了。现在仍然还有专业公司采用这种加工方式。但随着高端奢侈品的需求不断增加，许多领先的品牌都在寻求新的方法，或已经找到快速生产和流水线生产的工艺，在一些情况下，也可以通过将生产转移到低成本国家来实现。这些相同的品牌也纷纷取消了中介，通过大型购物中心的专营店销售商品，从而进一步增加了利润。

托马斯（2007）认为，某些名牌手袋的零售价一般是生产成本的 12 倍，但这些产品的需求量仍然很大。买家无疑对价格与成本之间的差距有一定的洞察，但还是希望购买名牌包，仅仅是因为与该品牌相关的无形属性带来的价值。换一种说法，当我们带着设计师制造的名牌手包走在街上，这本身就向外界展示了自己。我们还可以把高端品牌（如法拉利和兰博基尼）包括在内，其产品的需求非常强烈，故意做出只有极少数人可以负担的稀缺性标价，即使这样，买家也可能排队等候。

如果确定了价值定价，那么很重要的是衡量这个价值，并确定感知价值与价格是否相匹配。如果出现一定的差距，或者价值随着时间的推移而降低，那么我们可能希望挑战定价的依据，或质疑我们真正需要的价值。

预算定价

预算定价有一个为实现特定结果的预算，可以把预算细节提供给供应商，并要求供应商决定在预算范围内可以提供什么。对于采购专业人士来说，打算告诉供应商我方预算可能显得有些误导。这通常是正确的反应，因为这样做实际上将权力转给了供应商，但是这种行为在组织中发生的次数比我们想象得要多。那些与供应商分享预算细节的人往往不知其影响。

例如，预算定价往往应用在购买营销创意设计及广告代理服务中。当营销主管招来广告代理商商谈一个活动时，该代理商首先会问："它的预算是多少？"随后确定可能的费用金额。这是在该领域通常的做法。供应商显然拥有所有权力，甚至可能出现，通过提供略低于预算的价格以示支持。然而，这个价格是如何提出的，其关键信息仍被隐藏。大型企业中的采购团队一直在为改善营销费用而努力，而供应商利用其与营销团队的关系让采购团队无法插手，并继续使用这种方法。那么，如果在这一领域使用正确的方法，是很可能产生明显效益的。

相比之下，看一个建筑行业的例子，特别是对新建筑的装修。在这种情况下，可以更合理地使用预算定价。可用的预算决定了可能的材料的规格和质量。在这种情况下，预算定价是有效的，因为在可用资金范围内确定什么是可能的工作已经转移至供应商处。另外，鉴于此种支出的性质，供应商几乎没有利用这一点的空间：因为这次装修的所有材料的价格都可以在市场上找到清晰的参考。

成本加成定价

从历史上看，这种定价方法会在公共部门中用于国防项目等大宗支出领域。所支付的价格是成本加上事先约定的利润率。因此，世界上的一些政府项目存在成本超支的情况就不足为奇了，因为在成本加成的环境下，成本越高，利润就越多。近来成本加成定价在公共部门的使用较少，因为政府机构被要求在公共资金的使用方式上更负责和更有效，并已转向其他采购方式。

从一开始不可能建立详细规范的情况下，成本加成是一种有效的定价方法。因此，供应商需要承担建立此细节后全程的风险。这里的成功取决于供应商提供的成本是否公平且适当。买家的透明度和基准管理，对于任何程度的控制权力都是必不可少的。理论表明，假定安排妥当的话，以成本加成为主的项目的权力，应在双方之间共享。然而，需要注意的是，我经常遇到支持使用成本加成的采购专业人士，他们认为此种方法成本的透明度较好。换句话说，可对成本明细进行全面细致的了解，这样供应商没有机会人为地增加成本。根据我的经验，用这种"账簿公开"的工作方式并不能自动提供透明度。任何程度地彻底审查一个供应商的财务信息，都需要一种非常特殊的能力，而大多数采购专业人士是不具备的。为了说明这一点，请考虑欺诈调查如何追踪公司内部的异常情况。专门检查诈骗性财务或账目的审计团队会在几个星期内考察业务，查出钱是否被隐藏或挪作他用。这些人都有特殊的会计背景并经过具体的培训，以追查业务资金流动，还原真相。那么，在供应商审查会议上，单独的采购专业人士能多有效呢？

市场定价

市场定价由买方掌握定价权力，供应商决定价格的权力范围很有限，或者提供的价值有一个给定的价格。因为市场定价由供需双方驱动，所以市场定价不是我们可以自由选择采用的定价模型。它是否适用取决于产品的性质。市场定价适用于可以从多渠道获得相似商品或通用商品，这类商品很容易更换供应商，在市场中供应商之间存在着竞争。

正如我们所预期的，金属、谷物、水果、蔬菜、咖啡、茶这些商品都是由市场定价的。然而，清洁服务等非商品服务也采用市场定价。这反映了产品的通用性，即我们可以从许多制造商处购买同等产品。当我们从购买一台标准电脑变成购买一台使用了最新技术元器件的钛合金外壳的用于业务的笔记本电脑时，预期支付会高于市场价格，此刻定价模型变成了价值定价。

我们很容易认为，如果市场决定价格，我们几乎无法影响价格。这在一定程度上是正确的，但在使用市场定价的领域仍有很大机会。

- **了解市场价格**。有些产业，由于客户不了解真实的市场价格，企业通过伪装成提供“增值服务”或“愉快购物体验”，成功地大幅加价。
- **市场的响应能力**。在任何市场，供给和需求的力量相互作用达到平衡点。然而，市场无时无刻不在变化，任何平衡都不会持续很长时间。供应市场，就像给速度设定了航程的大型船舶：它们不能简单地在瞬间改变船速；相反，它们响应缓慢，最终会到达新的速度。机遇往往存在于对需求变化做出响应的时候，可以在市场上创建供大于求的局面。精明买家在看市场时一定会发现这些机会，并利用它们。反之，他们也知道什么时候不买。
- **了解市场趋势**。市场价格可能上升或下降。如果我们能够发现这种趋势，就知道什么时候买、什么时候不买或在某些情况下如何购买。在这里，这种趋势是由投入的成本、技术的变革、市场的竞争及不断变化的消费者偏好等确定的。如果我们了解了这种趋势，就可以用不同的购买方式做出回应。

市场定价往往是最难确定的方法。如果我们在一个非常理想的位置买一处不错的房子，鉴于我们为位置支付更多就认为“价值定价”，或者鉴于市场力量决定了价格就认为是“市场定价”吗？答案是这里列出的每个定价方法都在某种程度上是市场定价，只是我们所着眼的市场的边界在某些方面有所不同而且受到限制。不是如何进行定价分类很重要，而是我们如何将其归类的辩论很重要，这可以让我们洞察自己的地位。

目标定价

目标定价是彻底的“买方力量”定价方法。我们确定需要商品的规格，并告诉供应商我们能接受的供应价格。显然，买方在市场上强势时目标定价才有可能。如果试图与微软使用目标定价方法，我们可能无法获得良好的效果。但是，如果我们是一家大的汽车制造商，那么与我们的供应商进行目标定价是完全可能的。

目标定价通常是由终端产品定价来推动的。如果市场调查表明，一辆一定规格的小型家庭轿车需要以 9 999 英镑零售，就可以来确定每个零件的采购价格。允许合理的利润空间后，汽车公司可能会确定方向盘的价格为 5.85 英镑，并且是一个已经完全装配好的而且满足严格的技术规格的方向盘。但是，如果目标价格的目标太高导致供应商不能够提供，该怎么办？然而，任何给汽车行业的新款车提供零部件的供应商都不会一走了之。取而代之的是，供应商的技术研发团队将努力想办法满足产品的规格和目标定价的要求。如果目标定价是真正无法实现的，就会出现围绕改变规格或上涨价格的对话。最终的结果将是供应商与汽车公司紧密合作，以得出价格和规格之间的最佳平衡，成本细目完全透明。

预算定价和目标定价之间存在相似性，在每种情况下，供应商都考虑到需要提供的货物的价格，然而，这里的关键区别是规格。预算定价下，供应商确定产品规格以及与供货价格相应的质量，从而取得优势。目标定价下，供应商被赋予在给定价格下提供满足买方规格要求的产品，从而牢固地与买家保持权力平衡。

↘ 采购价格成本分析

这一步是工具，是可选的

现在我们讨论一个有助于确定产品或服务的成本应该是多少的方法。这反过来又使成本和价格之间的任何显著差异受到挑战。该方法被称为采购价格成本分析（Purchase Price Cost Analysis，PPCA），它涉及分析制造产品或提供服务的所有的成本。这可以突出产品或服务的价格与实际成本的差距，可能意味着供应商从中谋取暴利。有了这些信息，我们就可以在谈判时挑战供应商。该工具有时也被称为应计成本分析或成本分解分析。

PPCA 并不适合每个场景。如果我们的权力小于供应商，如我们采购一些独特又量少的商品时，那么 PPCA 对供应商来说就是不可能的，紧接着是对我们降价要求的礼貌拒绝。因此，确定 PPCA 在目前情况下是否适当非常重要。要做到这一点，我们采用基准日分析。图 5.6 给出了 PPCA 的每个象限的适用性。

PPCA 在定制的产品或服务的基准日分析象限中运行良好。例如，根据我们的图纸进行组装的产品对于 PPCA 来说就是完美的。一些通用商品可以受益于 PPCA，但是只有在它们不复杂并且可以做“快速测试”的前提下。

例如，购买楼房的维护服务，为了了解成本，我们可以根据已知的市场小时价格算出服务的成本，再加上使用的材料算出总成本。然而，在这个象限的项目没有必要花费大量的时间，因为如果我们购买得好，那么在理论上市场力量已经推动价格接近市场允许的成本。如果我们在独家制造（及销售）的产品的象限里，就没有使用 PPCA 的必要。在这里，我们购买只有这个供应商可以提供的一些独特的产品，而供应商则可能使用价值定价的方法。相反，我们应该努力理解，为什么我们处于专卖象限，并试图改变它。

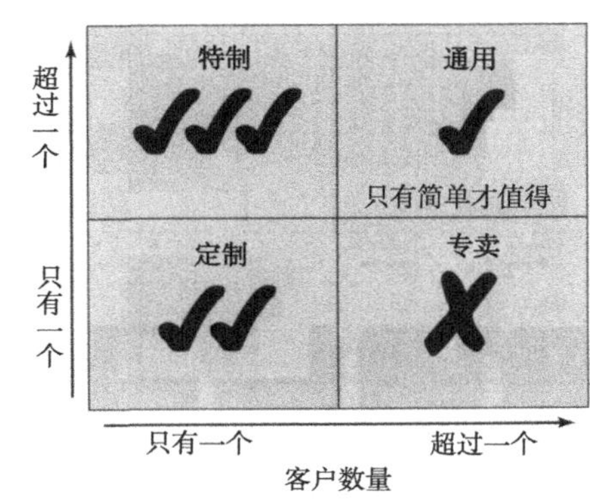

图 5.6　PPCA 与基准日分析

开发 PPCA 是非常简单的，但是似乎很多买家都羞于去做这一活动。似乎有一个普遍存在的误解，即要开发任何形式的可靠的 PPCA，我们需要具备一些高度发达的能力或者获得特别信息的权限。其实不然，最需要的是对产品或服务的基本了解。其余的我们可以一路解决或者请教专家。表 5.7 所示的是当开发一个 PPCA 时所需收集的信息种类。开发 PPCA 的步骤如下分述。

1. 勾画出所有产品或服务背后的直接成本要素。如果它是一个产品，可能的话把它分解，看看所有的组成部分。对于服务，列出发生的所有活动和使用的所有材料以及发生的开支。

2. 做间接成本要素列表。这些是支持业务活动的所有成本。

3. 对于直接和间接成本组成，尽可能地识别或估计费用，将难题留到以后。此活动最好由团队实施，这样在许多情况下，估计工作一次通过是有可能的。对于其他项目，要考虑一些调查研究，如审查供应商的年度报告、参观工厂等。这没有看上去那么费劲。如果 PPCA 涉及一种产品，那么检查每个部件所用每种材料、尺寸、重量、体积，包括加工处理的程度，最有可能的是在哪里生产的。通过这些估算出每个部件的成本。如果它是一个服务，那么计算基于时间成本、市场价格和相关耗材的费用、差旅费等。

4. 对于无法完成的部分，确定进一步的工作和研究并完成分析。

当 PPCA 完成后，重新检查一下，问："那么，它告诉我们什么？"如果感觉有问题的话，就重新检查假设。这不是一门精确的科学，而是一种粗略地检查成本和价格之间差异的工具。所以，如果你不知道某样东西的成本，那么做一个假设，并做一个猜测，然后记下这仅是一个估计，如果 PPCA 给出任何感兴趣的信息后要进行重新审查。

表 5.7　支持 PPCA 需要收集的信息种类

成本来源	需要采集的数据	如何解决
材料成本	材料是什么？它需要多少钱？材料的来源？材料是怎么制作的？	参观工厂，跟专家或材料供应商交流
劳动力成本	需要多少人力时间？涉及哪些人？他们做什么？每小时花费多少？	当地劳动力价格、行业协会、合同、网络
加工成本	如何加工？用到什么设备？这方面供应商投资得多吗？	年度报告、行业协会、专家
分配费用	如何运输？谁运输？有没有特殊需求？	与物流公司交谈

使用 PPCA 时，值得记住的是，成本的基准日分析需要和供应商使用的不同定价模型一起使用。当然，这些相同的工具与供应商的零部件采购有关。如果 PPCA 仅仅是一系列通用和由市场定价的产品，那么可以直接估算成本。然而，如果一个或多个部件是一些特殊的部件，如使用了一些专利技术或在某些方面是独特的，那么进行成本估计就比较困难，甚至不可能。

如果在 PPCA 中碰到了一个明显的“特殊部件”，那么其中可能会有机会，所以唯一的选择是要尽可能创造性地发现事实。

根据我的经验，供应商不喜欢以 PPCA 的形式呈现，因为这迫使他们只有两个选择：

1．游戏结束了，而且他们被迫降低价格。

2．他们可以拒绝 PPCA，在这种情况下，他们会被问到其中的错误所在。换句话说，供应商被迫提供定价的透明度。

确定直接材料和劳动力成本通常很简单，尤其是在有经验的人的帮助下；然而，确定管理费用就困难得多，在这方面，不能保证精度，关键是只能预测个大概。一个典型的制造产品的成本包括直接成本、管理费用，以及希望获得的利润（见图 5.7）。这些关键的成分如下：

- 直接成本。直接构成产品或服务的一切费用。这包括材料成本、与生产产品或提供服务相关的劳动力成本。
- 直接管理费用。通常被称为“可变管理费用”，包括维持生产线运行或保护服务持续的所需费用，如工厂和设备消耗的电力、耗材和工具的消耗、运行的所有人力费用。
- 间接管理费用。这包括所有与维持企业运营相关的没有在其他地方包括的费用。可能包括租金、利息、设备成本、折旧成本、间接功能成本，如采购、市场营销、销售、建筑、研发、管理和支持等人员的费用。

- 利润。除非我们谈论的是一个非营利组织，否则其他的都应该有利润成分。而且像第 1 章提到的，这里的利润比例在不同的领域是不同的。

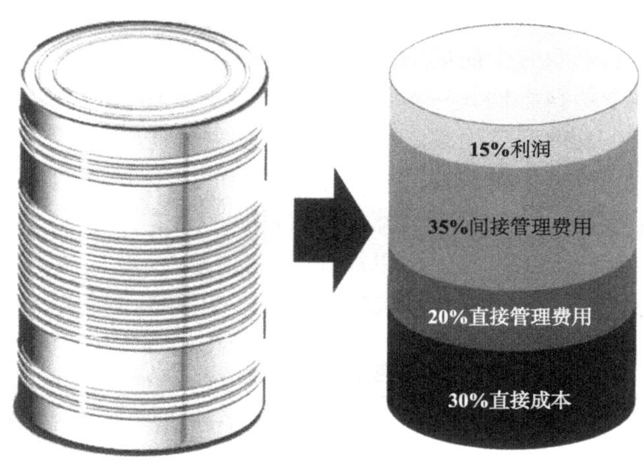

图 5.7　直接成本、管理费用和利润的结构

研究间接管理费用可以帮助我们逐步建立框架。事实上，如果供应商说成本用于间接管理了，我们认为这可能被用来隐藏费用，因此在这里花时间是值得的。间接管理费用的信息来源包括：

- 年度账目。这些为股东提供的年度报表中包含大量信息。CEO 吹嘘在研发方面又投入多少，而盘问将很快确定管理和折旧等开支。对民营企业，要求一份账簿副本。它们可能无法以华美的小册子的形式提供，但仍然能够帮助确定管理费用。
- 工厂参观。参观供应商，了解有多少人在不同职能部门工作，看看厂房和工厂位置来判断他们的运营成本的高低。判断其产能和生产每个产品或提供服务的劳动时间和设备投资。
- 房地产经纪人/房地产代理商。从他们那里可以找出供应商的工厂位于的地区的物业成本。在互联网上会发现一系列商业租金的信息。
- 询问供应商。市场营销和研发成本的信息通常是现成的，供应商将很乐意分享。
- 互联网搜索。精心挑选的互联网搜索词，有时可以帮助企业找到意外的信息或发现可以咨询的专家，也许他有着运行类似业务的经验。

另一种更简单的方法是，使用一个简单经验估测法来估算所有的间接管理费用。首先考虑管理费用的负担，这是一个高开销，如需要昂贵的设备、销售和研发，以及把产品交给客户的相关费用高昂的业务？还是低开销，如基于互联网公司的业务？通常，大多数企业的间接管理费用低于直接成本与直接管理费用之和。

这里有两条有助于“快速和近似”确定 PPCA 的经验法则：

- 包括直接管理费用在内的直接成本占总成本的 60%（包括利润率）。
- 间接管理费用占直接成本和直接管理费用总和的 50%。

最后，让我们来看一个简单的例子。库房调度经常使用手持式拉伸包装分配器，这些包括一个塑料手柄，一卷拉伸聚乙烯纸安装在硬纸板管上。包装可自由旋转，允许用户在大件商品周围走动，拉伸包装并环绕物体。

如果对这个项目（见表 5.8）做一个简单的 PPCA，我们就可以快速地把它分解并估算出每项成本。我们可以估算出直接的人工成本。因为这些部件是在一个高度自动化的生产线上生产的，所以需要的干预最少。我们可以估算出工厂工人加工每个分离器的时间（装机、从机器上取下、包装成箱等）。

表 5.8　拉伸包装分发器的示例 PPCA

拉伸包装分发器的示例 PPCA			
成本组成	**计算依据**	**固定还是估计**	**花费（美元）**
直接成本			
手柄	80g 中密度聚乙烯，铸造	固定	0.36
磁芯	卷筒芯	固定	0.11
胶卷	100m 伸缩膜	固定	1.49
纸板箱	支撑物 24，花费=2.16/24 美元	固定	0.09
直接人工	一个分配器一分钟，假设时付 15 美元	估计	0.25
		直接成本总计	**2.30**
日常管理费用及利润			
日常管理费用	猜测是直接成本的 100%	估计	2.30
利润	估计是总成本的 10%	估计	0.51
		日常管理费用及利润	**2.81**
		PPCA 总成本估计	**5.11**
		商品共付的价格	**9.99**
		差异	**4.88**

在这种情况下，总的 PPCA 成本估计表明分配器的价格显然太高，可以用这种情报迫使供应商降价。当然，仅当我们购买大批量时，才是可行的。我们可能会考虑重新使用手柄，或者要求供应商只提供更换卷。但很显然，PPCA 已显露改善的机会。PPCA 模板将在附录 A 中提供。

理解外部环境

到目前为止，我们都在关注品类、内部要求以及需要从供应商那里得到什么。但是，现在我们应该花一些时间去考虑超出我们业务的外部环境以及与当前的供应商的关系，来找出驱动力、压力、机会和威胁，因为在我们的采购策略中可能对此需要了解而且做出反应。我们的讨论将从供应和价值链开始。

供应和价值链网络分析

这一步是工具，是可选的

在这个工具中，我们超越了我们与特定供应商所持有的或计划持有的直接关系，而着眼于整个供应链。然而，首先我们需要明确这里的“供应链”是一个宽泛的术语，具有不同的含义。下面有多个概念来帮助理解。

1. 简单供应链（通常表现为线性链）。材料从最初的种植园流出，经过一些公司的逐步转化，创造出提供给组织的产品（或服务）。门泽尔（Mentzer）等人（2001）称之为直接供应链。

2. 端到端价值链。在现实中，很少有供应链是简单的，一般都有很多参与者。大多数对“供应链”或“价值链”的定义都认为，这包括材料或服务通过一些供应商流向企业，再流向终端客户，每个人都希望以某种方式增加价值。因此，企业通常是链条的一部分，而不是链条的末端，重点是如何在整个链条中增加价值，从端到端的，而不是在到达企业之前的材料的流动。门泽尔等人（2001）称这种为扩展供应链。波特（1985）所定义的“价值链”的概念在第 1 章中曾谈到过。

3. 供应链网络。传统观点认为供应链或价值链是线性的，与大多数供应链的实际结构关系不大。事实上，只有少数情况下存在线性链；在实践中，企业的供应商也可能与其他供应商有联系，甚至直接与企业的客户有联系，企业的客户可能与上游的供应商有联系等。事实上，价值链通常是一个相当复杂的东西。克里斯托弗（2011）建议将“链”替换为“网”，以反映这样一个事实，即在整个系统中通常会有多个供应商和供应商的供应商，以及多个客户和客户的客户。门泽尔等人（2001）将其称为最终供应链。为了涵盖所有情况和避免混淆，我将使用供应和价值链网络（Supply and Value Chain Network，SVCN）这个术语。SVCN 分析是为了了解 SVCN 是什么样的，以便无论是现在还是将来识别与我们品类相关的机会或威胁并采取行动，这些机会或威胁可能在上游更接近原始种植园、原材料、加工厂或生产厂，或者在下游更接近最终客户。

绘制 SVCN 并不是一件容易的事，所以在开始前我们应该清楚是否值得这么做。这是值得的，因为这样做将带来洞察力我们可以将其转化为行动或纳入采购战略，从而实现新的价值或找到新的突破。当然，什么样的价值是相关的或可取的则取决于我们的总体目标——组织目标和品类目标。开始 SVCN 分析的原因可能包括：

- 降低成本。通过分析成本引入的地方，并在我们的影响力允许的范围内重组 SVCN，或者确定新的采购方法来降低 SVCN 成本。
- 提高价值，提高相关人员的工作效率，减少浪费或过多的库存。
- 改善物流，以便更快、更灵活，反应能力更强。
- 了解和降低风险或做出应急安排。
- 遵守企业社会责任政策。

没有明确的测试来决定是否值得进行 SVCN 分析；相反，我们需要根据我们是否相信这种努力可能带来突破性的机会来做出判断，并在转向更全面的分析之前，通过快速勾画 SVCN 来从小处开始。例如，我们认为 SVCN 比它需要的更复杂或冗长，或者我们怀疑一些与上游生产者相差很多步骤的做法与我们的企业社会责任政策相冲突。

即使设法完全理解 SVCN，也不意味着企业可以改变它。企业的合同关系，以及企业的直接影响，是与企业的上游和下游的直接参与者相关的。改变这些之外的东西并不容易，但也不是不可能，通常需要与 SVCN 中的参与者建立中介关系，以改善信息流，分享前瞻性需求的细节或改变不良做法。典型的方式是，企业通过与原始生产商或种植园发展关系和直接合作来承担企业社会责任。然而，企业也可以利用对 SVCN 的理解，以不同的方式进行采购，也许直接从生产商那里采购，减少不必要的代理商、运输公司、批发商和仓储中介，甚至纵向整合，拥有整个供应链。图 5.8 给出了一个 SVCN 图示例。

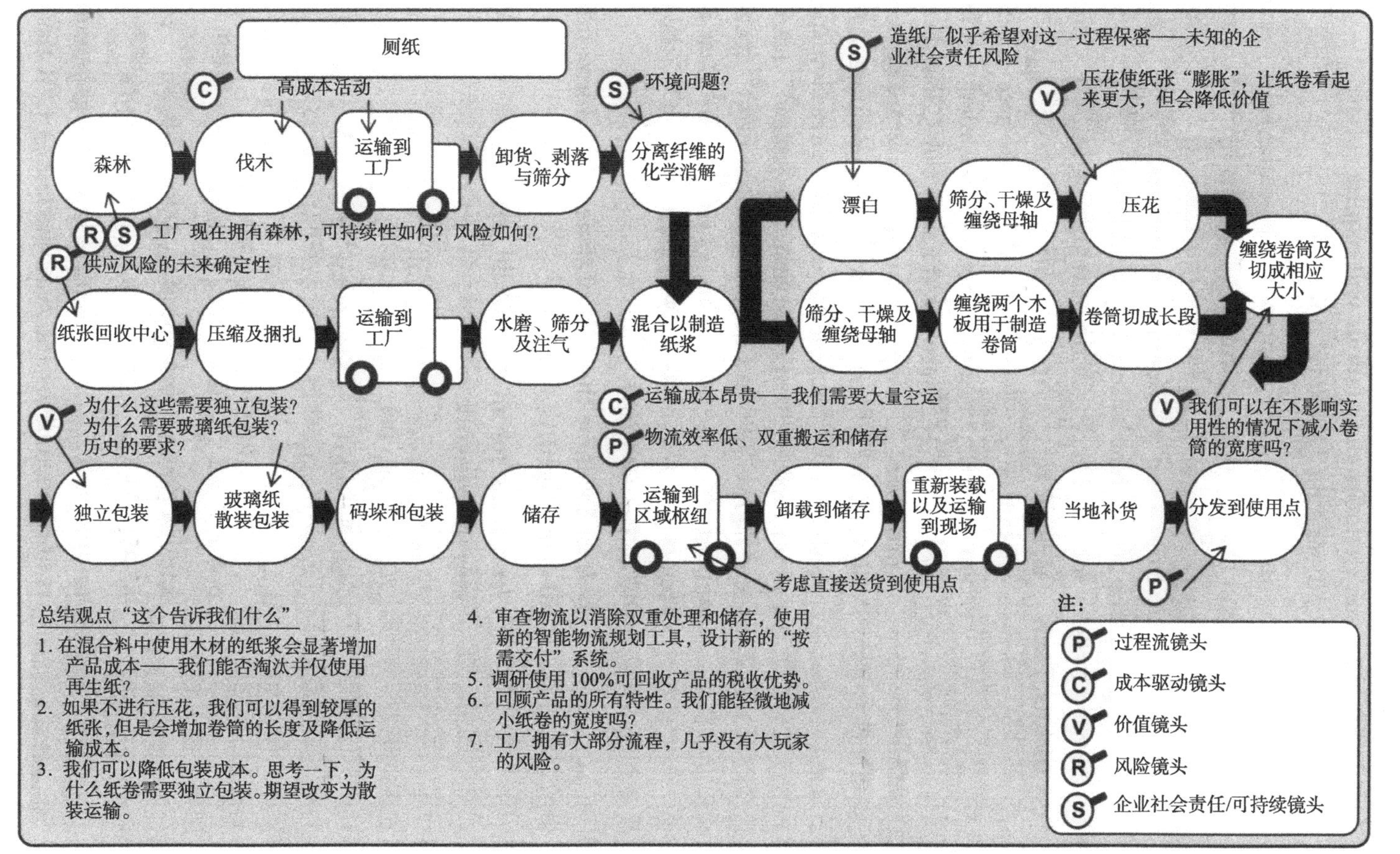
厕纸
高成本活动
环境问题？
造纸厂似乎希望对这一过程保密——未知的企业社会责任风险
压花使纸张“膨胀”，让纸卷看起来更大，但会降低价值
森林
伐木
运输到工厂
卸货、剥落与筛分
分离纤维的化学消解
漂白
筛分、干燥及缠绕母轴
压花
缠绕卷筒及切成相应大小
工厂现在拥有森林，可持续性如何？风险如何？
供应风险的未来确定性
纸张回收中心
压缩及捆扎
运输到工厂
水磨、筛分及注气
混合以制造纸浆
筛分、干燥及缠绕母轴
缠绕两个木板用于制造卷筒
卷筒切成长段
运输成本昂贵——我们需要大量空运
物流效率低、双重搬运和储存
为什么这些需要独立包装？
为什么需要玻璃纸包装？
历史的要求？
我们可以在不影响实用性的情况下减小卷筒的宽度吗？
独立包装
玻璃纸散装包装
码垛和包装
储存
运输到区域枢纽
卸载到储存
重新装载以及运输到现场
当地补货
分发到使用点
考虑直接送货到使用点
总结观点“这个告诉我们什么”
1. 在混合料中使用木材的纸浆会显著增加产品成本——我们能否淘汰并仅使用再生纸？
2. 如果不进行压花，我们可以得到较厚的纸张，但是会增加卷筒的长度及降低运输成本。
3. 我们可以降低包装成本。思考一下，为什么纸卷需要独立包装。期望改变为散装运输。
4. 审查物流以消除双重处理和储存，使用新的智能物流规划工具，设计新的“按需交付”系统。
5. 调研使用100%可回收产品的税收优势。
6. 回顾产品的所有特性。我们能轻微地减小纸卷的宽度吗？
7. 工厂拥有大部分流程，几乎没有大玩家的风险。
注：
P 过程流镜头
C 成本驱动镜头
V 价值镜头
R 风险镜头
S 企业社会责任/可持续镜头

图 5.8　SVCN 图示例

SVCN 图

SVCN 映射最好由一组因其知识和专长而精心挑选的人完成。我们根据该品类目前的采购方式绘制 SVCN，同样根据该品类潜在的新采购方式进行绘制。这个过程有五个步骤。

1. 绘制物理结构图。简单地说，这就是绘制一张大图，显示网络中的所有参与者以及谁与谁有联系。一张大纸是必不可少的。在一张大桌子上展开一些牛皮纸，让团队聚集在一起是最理想的。从使用商品（或提供服务）的地方开始，然后向后追溯，确定在此之前的每个步骤和活动。识别每个参与者、每个接口或交接、每个运输或移动、谁供应或与谁接口，以及物料、信息、需求、价值和金钱如何流动。一旦开始，团队就会确定一些需要进一步信息和调查的领域，以完成该图，所以创建一个完整的网络图可能需要几个研讨会来完成。这种制图活动有很多名称。你可能知道它是流程图或业务流程再造，它是一种被用于许多领域的方法，包括精益生产。

2. 环境和背景。考虑 SVCN 所处的环境和背景。这包括所涉及的国家、地域、文化、政治、经济，以及终端客户不断变化的需求、愿望及环境因素（接下来介绍的 PESTLE 分析工具可以提供帮助）。识别任何可能阻碍变革或同样可能带来机会的独特因素，如复杂性、多样性、差异性、市场难度等。这一步对于衡量企业的影响程度很重要。例如，如果在一个发展中国家，童工是被接受的正常做法，而且工厂主只要有机会就会利用这一点，那么这种情况表明，推动遵守排除童工的企业社会责任政策将需要强有力的干预和持续的地方层面的监督。

3. 找到热点。如果我们要为我们的努力获得有意义的洞察，一个务实的方法是必不可少的。我们通过使用一系列不同的镜头和寻找热点来做到这一点。从一系列不同的角度连续检查 SVCN 图，就像通过一系列不同的镜头，每一次都能以不同的方式看待网络，每一次都能识别机会和威胁。每一次都要寻找热点，以突破复杂的问题，并确定要关注的领域，而不必分析一个复杂的系统，即关注我们可能期望发现的地方。例如，如果我们通过企业社会责任镜头来观察一个网络，那么根据对历史的理解，有一些已知的流程、行业、实践、地理区域存在着我们应该关注的潜在问题或风险，以及可能存在的热点，所以我们首先看这些地方。我们可以使用的镜头如下。图 5.9 给出了一个典型的洞察盒子，可以用来帮助绘图和捕捉洞察——打印出来，在所有的关键点上编号并贴在大的纸质地图上，让团队在应用每个镜头时完成。

— 过程流镜头。检查材料、信息的流动以及如何管理需求。
— 成本驱动镜头。寻找所有的成本驱动因素和它们由何处引入网络。
— 价值镜头。考虑价值在哪里以及如何被引入或增加，创新可能来自哪里，或者质量如何被创造、保证。在 SVCN 中价值可能包括加工、运输、有保障的供应、创新或客户将支付更多去得到的东西。

— 风险镜头。寻找风险或潜在风险的来源。

— 企业社会责任镜头。根据企业政策，专门检查网络对企业社会责任的影响或潜在风险。

镜头	风　险	机　会
过程流		
成本驱动		
价值		
风险		
企业社会责任		

图 5.9　SVCN 映射的洞察盒子

4．识别机会和风险。将步骤 3 中获得的洞察转化为机会和风险的清单（包括企业社会责任风险），整合并确定优先事项，以便使 SVCN 图具有意义。需要考虑的领域包括：

— 消除不必要的或不增值的步骤。

— 增加新的活动，以减少风险。

— 整合活动。

— 在可以降低成本或可以变得更加有效的地方重新安排活动。

— 后向一体化（我们来做）。

— 纵向一体化（我们拥有它）。

— 前向一体化（我们让我们的供应商做更多的事情）。

5．“那又怎样？”总结 SVCN 图，问：“那又怎样？”即这张图告诉了我们什么，它如何影响我们这个品类的未来采购战略。考虑如何利用机会，以及可能需要什么具体行动来解决风险。如果附加值是独特的，那么这个产品很可能属于基准日分析中的“定制”或“专卖”象限，应注意如何使产品变得更通用。请记住，这项工作的目的是确定改进甚至突破的机会，而不是制定一个完美的供应链图。

在实践中，完成 SVCN 图的有效手段是在一张大的牛皮纸上绘制网络图，然后把不同颜色的便条贴在每个镜头上，以确定风险和机会。图 5.10 显示了一个零售品类管理环境中的完整的 SVCN。在这里，高层次的 SVCN 相对简单，并展示在整张图的顶部。在每个步骤下面，团队为每个镜头都确定了一系列的风险和机会，并从中确定了行动的优先事项。

供应链管理和物流是一个完整的主题，有大量的出版物、知识和教育资源可供利用，因此不可能在一个章节中对这个主题做到详尽描述。这个主题和这个工具在我的另一本书《供应商关系管理》中得到了更充分的阐述，这本书也是由 Kogan Page 出版的。

图 5.10　为每个镜头使用不同颜色的便条以确定机会与风险

案例研究　SVCN 图如何使现场技术人员的供应变得更有效

一个负责电气设备品类的品类管理团队(一个包含大量子品类的大品类，其中有些品类是重要的，有些品类是不重要的）通过研究单个部件如何到达使用地点可以带来的好处。该公司的业务涉及在偏远地区安装大型电气设备项目。安装成本过高，其中最重要的是安装技术人员的劳动成本，按小时收费。该团队制定了供应链的 SVCN 图，并通过与技术人员交谈，花时间观察他们的工作，以及与供应商交谈，研究了一些步骤。SVCN 图显示了三个关键机会。

1. 通过改进工作计划，消除技术人员从当地仓库/租赁店领取零件和设备的需求，这样大型或“工作独特”的零件就可以直接送到现场，而消耗品则在每天的固定时间和地点送到技术人员的货车上。

2. 撤销当地仓库，这些仓库已成为小型商店，储存着（通常是控制不好的）存货，并为技术人员提供一个开始和结束一天工作的基地，从而增加了整体的差旅时间。通过这样的改变，技术人员转而以货车为基地。

3. 取消设备的租用。研究显示，许多设备是租用的，因为技术人员没有得到适当的装备，或者损坏的设备没有得到维修。技术人员将执行新的维护制度，并安排将租赁设备送到现场。

这些改进使生产效率提高了 12%，并降低了库存成本。

技术路线图

这一步是工具，是可选的

事情不会停滞不前。技术是不断变化的。有时，新技术改进了旧的方式，使东西更便宜、更环保，执行更高的标准。有时，新技术可以完全改变游戏。考虑技术的变化速度是合适的，因为通过更好的理解，可以实现机会的把控和风险的预防。如果品类是“IT 硬件”或“电池”或“手术机器人”，那么在每一种情况下，近几年的历史都显示出技术的不断进步，更多了解这一点是有意义的。然而，并非所有品类都有重要的技术元素。如果品类是“面粉”或“清洁服务”，那么就没有太多的技术进步可言。然而，这并不意味着加工技术已经停滞不前。因此，我们可以选择为某些品类制定一个技术路线图，以确定未来的采购战略，并准备好利用突破性机会。

企业感兴趣的是技术的变革，不是小的改进。当一项技术发生变革时，才有可能出现令人难以置信的机会，特别是如果我们能在竞争者之前利用新技术，或者我们有某种独家代理权。这就是与正在开发新技术的关键战略供应商保持密切关系重要原因之一，这样我们就能首先受益。同样，如果我们不能充分了解技术状况，就可能面临依赖旧技术的风险，而我们的供应商有一天决定将其淘汰。

新兴技术一出现就被采用并不一定有意义。美国国家航空航天局（NASA）并不讳言，直到 2011 年的最后一次任务，航天飞机一直在使用我们在 20 世纪 90 年代初使用的计算机处理器和微软 Windows 版本。这是因为他们的首要关注点是使用经过充分验证和理解的东西。这里的关键点不是要使用哪种技术，而是要清楚技术是如何变化的，并做出明智的决定，即我们现在要使用什么，以及我们希望在未来如何变化。

首先，让我们用产品生命周期这种方式（见图 5.11）来考虑任何技术的生命周期。请记住，技术的进步并不是来自某个为提高我们生活质量而设立的特殊政府机构；它们来自供应商，他们投资于研究和开发，以找到他们可以说服我们购买的下一代产品。当新技术出现时，会有一个逐步接受的过程，直到该技术成为主流。当技术被取代的时候，它们就会逐渐衰落。

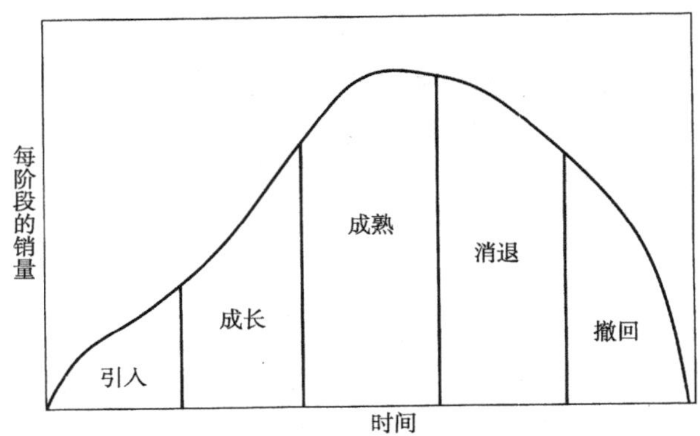

图 5.11　产品生命周期

技术路线图是一个简单的工具，它将历史的、目前的和未来的技术的多个产品生命周期视图结合在一起，从中可以确定我们的整体位置和期望的位置（见图 5.12）。附录 A 中提供了一个模板。

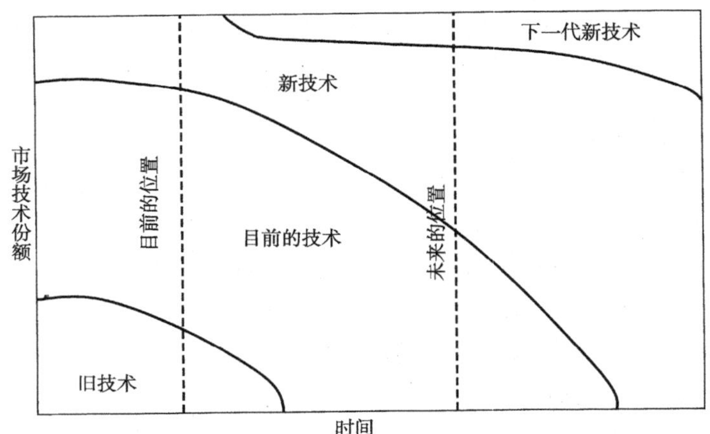

图 5.12　技术路线图

在任何时候，对于任何给定的技术，都有可能是旧技术、目前的技术、新技术和未来的技术的混合体，市场上至少有前三种技术，甚至可能是所有四种技术。看看你周围那些感觉“快速发展”的东西，并尝试做一下分类。我将使用电视显示器的例子。阴极射线管（CRT）已经被淘汰了，但如果我们努力尝试的话，仍然可以找到偶尔仍在使用的大的老式盒子电视，这种技术在一些发展中国家仍然是主流。标准等离子和 LCD 面板电视很快出现了，并很快就过时了。这是因为出现了两个连续等级的更高分辨率、更便宜的 LCD 技术（最初是荧光灯管，后来是 LED）。然后，3D 面板涌现出来，电视变得更薄、更弯曲并具有更快的处理速度，很快 4K 或超高清时代到来了。未来电视将变得更薄、更大，甚至拥有更高的分辨率，新的采用 LED 像素的面板技术和无背光技术。现在可以轻松地决定如何组合这些技术。

技术路线图被分为四种技术类型。这些路线不太可能需要改变，因为几乎所有的技术都是以这种方式发展的。此外，只是有可能同时拥有这四种技术类型。对于有关的品类，在每个领域绘制不同类型的技术。当这一切完成后，通过画一条垂直线决定你今天的位置。你可能想在这里包括不同的视角，以反映业务的不同部分，然后决定你想去的地方和原因（以及与不移动相关的任何风险）。这最后一步是非常重要的，应该在这个过程中为后来的采购战略的发展提供依据。

PESTLE 分析

这一步是工具，是可选的

如果我们有一个伟大的想法，并通过着手建立一个企业将想法变成行动，或者如果我们不花时间想正确了解我们试图进入的市场，我们就太疯狂了。对于任何考虑进入一个特定市场的企业来说，充分了解该市场的不断变化，以及未来可能的变化，是至关重要的。这还不止于此，因为我们还需要了解客户的需求如何变化，社会或技术的变化可能对我们的想法产生什么影响，或者当前或未来的立法是否会影响我们。在市场营销中，团队将使用诸如 PESTLE 分析这样的工具来帮助我们。在采购品类管理中，这一基本工具同样有效，并帮助我们更好地了解我们的采购市场，以及推动我们外部环境变化的力量。PESTLE 分析帮助我们看到在制定采购战略时需要注意的问题、趋势、风险、变化和市场方向，以及可能带来的未来机会和我们需要缓解的未来风险。本质上，PESTLE 帮助我们了解对我们很重要的变化力量。

图 5.13 代表了政治、经济、社会、技术、法律和环境，每个都是独立的主题，包括我们需要考虑的可能与品类相关的力量或驱动因素。附录 A 提供了 PESTLE 模板。

从 PESTLE 变化出许多种版本，其中包括 PEST 和 STEP（没有“法律”和“环境”因素），或 STEEP（没有“法律”），或 STEEPL 或 STEEPLE［添加了“E”（道德）］、DESTEP（“人口”取代了“法律”），或 PESTLIED（添加了“国际”和“人口”）。如果这些还不够，还有进一步的版本，那就是再增加“R”（监管）或“E”（环境）。使用哪种版本无关紧要，因为它们都有相同的目的。

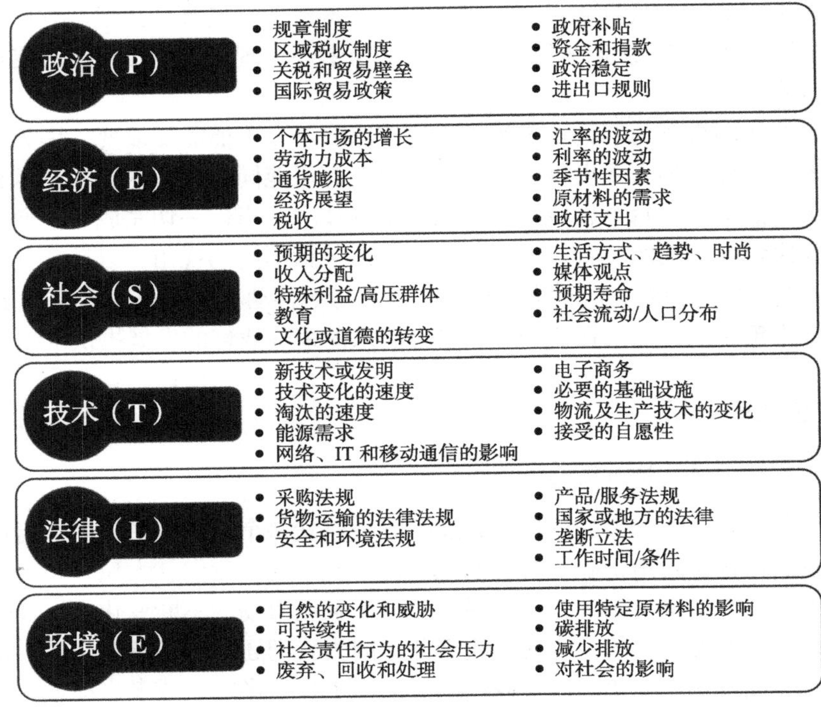

图 5.13　PESTLE 分析

完成 PESTLE 分析是非常简单的。它可以由一个人完成，但最好是在一个团队中进行。如果团队了解了该工具及其作用，那么只需对每个主题集思广益，并记录结果。完成后，就问："这个分析会告诉我们什么？" 并记下答案。这种洞察有助于塑造未来的采购战略。

表 5.9 给出了制药业一个完整的 PESTLE 分析的例子。这是一个关于"临床研究"品类和市场的例子。供应商在这一市场中，招聘许多合适的人参加新药物测试的最后阶段。可以理解的是，这类活动是受监管的，PESTLE 也显示了这一点。然而，这个分析也揭示了这一市场的成本正在增加，同时显示了研究不同临床试验方法的机会，包括考虑发展中国家和更好地使用技术。

表 5.9　"临床研究"市场 PESTLE 分析表

PESTLE	问题、风险、机遇以及变革的力量
政治	• 需要政府批准 • 研究必须符合每个试验国家的医疗模式 • 食品与药品监督管理局（美国）或相似机构控制试验并有合法权限

续表

PESTLE	问题、风险、机遇以及变革的力量
经济	• 研究成本在增加——参与者想要更多的钱 • 健康的参与者需要更高的费用 • 没有医疗保险的人更愿意参加（美国） • 在发展中国家开展研究成本较低 • 穷人会愿意参加 • 医生越来越多地要求支付费用去接触可能参与的患者（因国家而异）
社会	• 试验通常需要特定的人口统计学群体 • 研究并不能在任何国家开展，这取决于必要的试验条件 • 在人口密集的地区开展研究较为容易 • 当试验出错时会有名誉损害的风险
技术	• 用于数据收集、测量、分析和试验信息的新技术（试验更快/成本更低） • 现在可以通过电子方式提交给美国食品与药品监督管理局和其他组织 • 越来越多地生物标记技术，使试验更简单、更可靠，成本更低 • 增加模拟选项，以避免或延迟临床试验的需求
法律	• 立法依特定国家而定 • 对试验的立法通常越来越严格
环境	• 对试验产品的处理成本及要求正在增加

↘ 市场竞争因素

这一步是工具，是可选的

1979 年，一位年轻的新兴经济学家迈克尔·波特在《哈佛商业评论》上发表了他的第一篇文章，题为《竞争力量如何塑造战略》。从那时起，“波特的五种力量”（简称波特五力模型）就开始帮助企业塑造企业战略和商业实践。从根本上，这些都是企业用来理解和应对竞争的营销工具，以及在任何市场中决定竞争的力量。与 PESTLE 相似，波特五力模型也关注对外部环境或市场的研究。在采购品类管理中，该模型稍做调整，以了解买方的相关动态（见图 5.14）。

波特五力模型关注的是确定作用于特定市场和内部的竞争力。为了说明竞争力的含义，设想我们计划建立一个企业。我们需要了解竞争的程度，否则我们可能发现我们的想法无法落地。例如，我们开发了一种新的可乐，我们相信它的味道比可口可乐和百事可乐都要好。我们要在全球市场上建立我们的新可乐有多容易？这几乎是不可能的。无论我们的产品多么出色，那些在发挥作用的其他力量，都将使我们无法获得任何形式的立足点。这个市场的参与者拥有巨大的权力，因为他们努力工作，拥有并管理进入市场的路线。品牌分配设备和诱人的价格，以换取独家长期供应协议，确保并锁定客户。品牌定位有助于将产品牢牢地印在消费者的脑海中，使他们不再想买其他东西。由于可乐在每年消费的5000亿升软饮料中占了很大比例（相当于地球上每个人都有约77升软饮料），这个市场上的企业为保持其市场份额付出了巨大的努力，这并不奇怪。虽然两个大企业之间的持续竞争可能表明这是一个竞争激烈的市场，但事实并非如此。一个真正有竞争力的市场自然会使利润率下降。对于可乐，乃至整个软饮料市场，利润率很高（在美国高达38%）。如果我们把这个行业与其他竞争程度更激烈的行业（如航空公司）相比，其他地方的利润率要低得多，通常在 6%左右。迈克尔·波特将这一行业竞争以及因此产生的整体盈利水平描述为该行业基础结构的结果，这是由他确定的五种力量而非产品本身造成的。

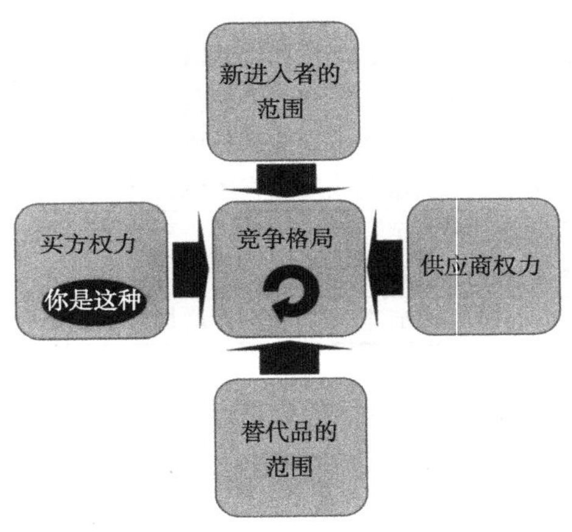

图 5.14　采购的波特五力模型

在品类管理中所使用的模型的版本，与波特原始的“营销视角”模型有些细微的差别。“新进入者的威胁”变成了“新进入者的范围”，因为从采购角度来看，新进入者是一件好事，它有助于降低整体市场的竞争力。同样，“替代品的威胁”变成了“替代品的范围”。这个模型在采购中经常被错误地应用，因为在使用它时有一个重要的考虑因素。我们把自己放在“买方权力”的框中，考虑我们在特定市场中作为买方的相对地位，而“供应商权力”指的是市场中一般品类的供应商，而不是我们企业的供应商。换句话说，他们是我们的供应商的供应商。这对于理解作用于市场的力量至关重要。否则，如果我们要绘制我们供应商权力的地图，这将仅仅是买方权力的反面，所以将毫无意义。这些微妙的变化非常重要，否则该模型将无法提供所需的采购洞察力。现在我们将依次看一下这五种力量。

买方权力

在采购方面，买方权力就是你和其他像你一样的买家的权力。强大的买家可以通过利用杠杆作用迫使价格和成本下降，要求提高质量或持续改进和创新，从而获取更多价值。

市场中创造买方权力的因素包括：

- 买方数量少。
- 相对于单一供应商的规模，买方的采购量很大。
- 买方有能力以最小的风险和成本来更换供应商。
- 产品或服务是通用的（基准日分析）和无差别的，允许买方在一家供应商和另一家供应商之间进行竞争。
- 有后向一体化的余地。你或其他买方能否轻易完成供应商的生产行为？即使并非真的想自行生产，你能否自信地以此作为威胁？如果是这样，买方权力就会增加。
- 没有对分销渠道的控制，从而增加了选择。

供应商权力

记住，这些是市场的供应商，而不是你企业的供应商。强大的供应商可以通过收取更高的价格以及选择和控制产品质量来增加他们获得的价值。

市场中产生供应商权力的因素包括：

- 锁定买方。使买方无法转向其他供应商。
- 差别化。产品在某些方面具有差异化，如品牌、专利设计、独特性能。
- 供应商市场的特性。供应商市场是高度集中还是高度分散？供应商集中将致使供应商权力增加。
- 前向一体化的威胁。如果供应商能自信地以进入该市场为威胁，成为新生产者（而不仅仅是供应商），则其权力将增加。
- 没有供应的替代品。
- 供应商的收益来自多个市场，供应商并不在意挤压它在细分市场中的地位。

新进入者的范围

新进入者要进入市场并占据一席之地是否容易？新进入者为了强力占据市场份额会给市场带来新的产能，同时会对市场价格产生影响。

新进入者可以进入具有较低市场准入壁垒的产业：

- 进入的成本低。
- 监管最少或没有监管要求。
- 能够轻松进入现有的分销渠道或创造新的渠道。
- 现有供应商的报复性行为很少。

- 现有供应商无优势。现有供应商未能建立新进入者无法得到的优势（如政府优惠政策、独特的技术获取渠道）。
- 规模经济。某些市场达到一定规模才会产生竞争，此时的规模可能阻碍新进入者。新进入者更容易进入规模不那么重要的市场。

替代品的范围

替代品是指与市场供应的产品具有相同或类似功能的产品。对于一个特定市场中的任何产品，必须考虑不同类型的替代品。例如：

- 通用替代品，如用其他起泡软饮料替代可口可乐。
- 品牌替代品，如用百事可乐替代可口可乐。
- 产品替代品，如用瓶装水替代可口可乐。
- 需求替代品，如不买饮料。

潜在的突破口往往是“替代品”，而替代品的识别备受关注。考虑你购买的产品及可满足相同需求的替代品。具备以下特点的产品往往更可能被替代：

- 替代品正在出现并被接受。
- 替代品的价格或性能优势，可能迫使消费者改变选择。
- 购买者在转向替代品时的成本很低或没有成本。

竞争格局

竞争格局是指现有竞争者之间的竞争程度。竞争有多种形式，但基本表现之一是供应商必须付出努力才能赢得或维持业务。我们每天都被竞争包围，如广告活动或超市的打折商品。竞争越激烈，市场上的利润潜力就越小，因为供应商都在试图比对方智胜一筹，而达成这一目的的方式往往为降价。驱动竞争的因素如下：

- 竞争者的数量。竞争者的数量越多，竞争越激烈（假设竞争者的规模大体等同）。
- 行业发展缓慢，意味着每个竞争者都要为保持自己的市场份额而奋斗，避免被其他竞争者抢走。
- 竞争者想要维持市场地位，甚至想要主导市场。
- 发展迅速的市场吸引大量进入者，从而引入竞争。
- 产能大幅度增加，因此随着新设备的投入使用，产能过剩。
- 退出壁垒高，意味着供应商宁可坚持也不愿退出市场，从而导致其他供应商更努力地工作。

波特五力模型的效用在于分析五力背后的实质。某些力并不存在而另一些力则至关重要，这是完全可能的。对于各力重要性的衡量应与可行性相结合。分析的同时需要考虑对未来趋势的推测。如果目前没有替代品，那么随着未来横向产业的发展，明天是否可能产生替代品？考虑每种力背后的相关因素以使机会最大化，使波特五力模型得到最好运用。完整分析需将每种力标为高、中、低，并记录最后的总体位置。最后，问一问“这个分析能告诉我们什么”并从中获得相关的洞察。附录 A 提供了一个模板。

案例研究　运用波特五力模型来决定如何发展一个手机品类

移动或手机网络行业已成为全球关注的焦点。今天，移动语音和高带宽数据支持我们所做的一切。然而，由于网络的监管方式，国内细分市场仍有很多剩余空间。在一家全球公司的欧洲分部，作为品类管理项目的一部分，波特五力模型显示了以下有趣的结果。

- 买方权力：中、低。可以在市场范围内切换，但有多个买方。即使大买家也可能享有良好的定价和周到的账户管理，但这样的账户也仅仅是众多账户之一。
- 供应方权力：高。市场供应商主要是手机提供商和授予网络运营许可证的监管机构，即政府。因此权力是非常高的。
- 新进入者的范围：小。除非获得新的网络运营许可证，否则不可能有新的进入者。
- 替代品的范围：中。新技术正在发展壮大。其中包括 VOIP（IP 语音）或使用 Wi-Fi 技术通过互联网而不是移动电话网络路由呼叫的设备。
- 竞争格局：中。市场继续增长，但竞争者有限，因此是一个程度合理的竞争。

那么，该公司获得了什么洞察？本质上，这一分析表明，该公司在这个市场上几乎没有权力或影响力。即使他们是一个巨大的买家，也只是众多买家中的一个。分析表明，该公司具有一定程度的竞争力，但总是在市场的整体结构和限制范围内。这表明，潜在的采购战略应该试图在这些限制条件下协商获得最好的条款，但重点是确保额外价值。

决定战略方向

确定杠杆的潜在来源

这一步是工具，是至关重要的

最后，介绍一个为采购而设计的战略分析工具。但在此之前，我们先来探讨一下“杠杆”。杠杆是一个在采购中经常使用的词，理由很充分：如果我们有杠杆，就有了获得所需结果所需的影响力、控制力和优势。但这并非问题的全部。如果我们不知道自己拥有杠杆，那么杠杆本身就没有用。即使我们意识到了这一点，但无法利用它获得任何好处，那么它也同样无效。糟糕的是，我们认为我们有杠杆，但实际上没有，只是供应商在哄骗我们。更糟糕的是，我们没有杠杆，而我们购买的东西对我们至关重要，我们完全听任供应商的摆布。多年来，供应商在保持杠杆作用或阻止买方获得杠杆作用方面做得很好，即使买方拥有杠杆作用，供应商也常常会设法表现得好像相反。也许你遇到过这样的情况，供应商似乎表现得好像你需要他们多于他们需要你。

在采购品类管理中，我们正在寻找杠杆，因为这将帮助我们获得好的结果，甚至突破。价值杠杆帮助我们确定杠杆的可能来源，但我们仍然需要了解我们是否有能力使用这个杠杆。我们在这里使用的工具是组合分析，这是一个重要的工具，可以帮助我们确定我们是否有可能使用杠杆。

彼得·卡拉杰克（1983）开发了组合分析矩阵，可以帮助买方依据利润影响度和市场困难度，确定每个支出领域所需的具体方法。多年来，卡拉杰克的原创理论有许多改编和变体，对轴和象限标签有不同的解释，甚至轴也有不同的转换，但基本原则保持不变。我们将使用的组合分析版本似乎已经成为采购领域中最成熟的版本，如图 5.15 所示。附录 A 中提供了模板。

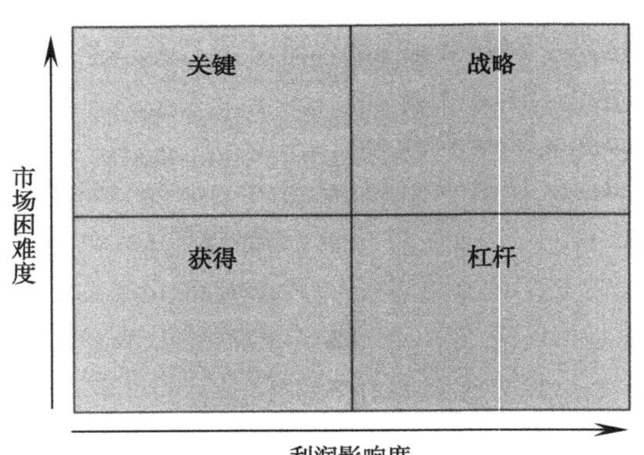

图 5.15　组合分析

组合分析提供了买方观点。它的使用有三个步骤，如图 5.16 所示。

这三个步骤至关重要，因为常有人试图合并第一步和第二步而错用投资组合分析。为了进行投资组合分析，必须首先使用矩阵对支出品类进行初始分类，而不考虑市场地位的强弱。初始分类是内部导向的，根据象限来反映该品类在企业中的地位。在许多情况下，初始分类自然反映了市场地位，这就是产生困惑的地方。例如，如果一个大型企业正在从全球市场采购，而买方位于杠杆象限，他们就有了杠杆。

然而，这种相关性对于小型业务、小额支出和购买力非常大的企业并不存在。我很快就会对此进行阐述。因此，在使用组合分析时，必须遵循图 5.16 中的步骤。我将依次对这三个步骤进行阐述。

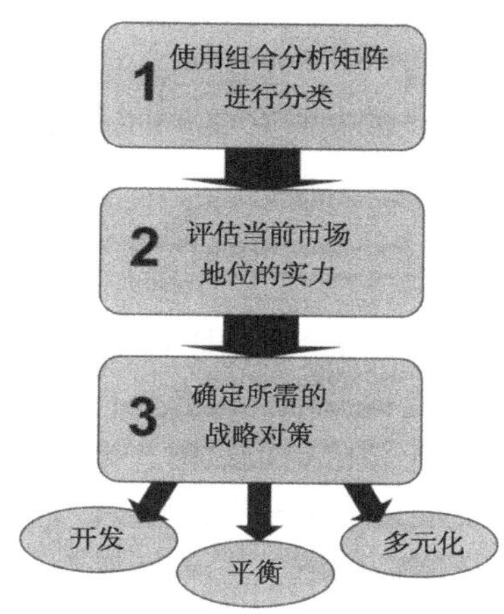

图 5.16　组合分析的三个步骤

第一步：使用组合分析矩阵进行分类

首先，让我们从图 5.16 的第一步开始。使用组合分析矩阵根据品类在企业中的地位将它们分别放入四个象限中，尽量避免放在象限之间的线上。必须注意，放在组合分析矩阵里的是采购品类而不是供应商。

对这个轴的理解是至关重要的。第一，“市场困难度”（在卡拉杰克的原文中称为“供给风险”）包括限制采购某个品类时自由选择的所有因素：

- 不能轻易更换供应商。
- 仅一家或少数几家供应商才能供应这个品类。
- 这个品类比较复杂，因此在供应商供应这个品类之前，有必要与其密切合作。
- 可用性，如市场供应或产能有限，或者储存和分销渠道会给供应带来风险。
- 竞争性需求。

在某些版本的矩阵中，“利润影响度”被换成了“支出”。如果单独考虑支出，就会给使用此矩阵带来困难，而且模糊了图 5.16 中第一步和第二步之间的区别。企业可能在一个包含零部件的品类上支出很少，但某个特定零部件的质量可能对最终产品的质量至关重要。因此，如果在该零部件上遇到任何质量问题，都可能极大地影响企业的整体利润。单纯使用该零部件的支出会很低，但当使用卡拉杰克最初的“利润影响度”方法时，支出就会变得很高。“利润影响度”关注的是，每购买一个单位的小收益对组织的整体利润有多大的积极影响。这可能是随着产量的增加，单位成本节约大幅增加，但同样也可能是风险缓解、效率提高或将提高未来利润的东西。因此，不要仅仅关注为一个采购品类支出了多少。提高利润影响度的因素包括：

- 这一品类的支出相对于组织的总体支出（而不是单个供应商的市场或规模）。
- 该品类占最终产品或服务的总采购成本的比例。
- 采购量。
- 对最终产品质量的影响。
- 对业务增长的影响。

如果合理使用“市场困难度”和“利润影响度”，那么一个或多个采购品类就可以在组合分析中被分类到适合的象限。组合分析是一个分类工具，不是一个确定工作优先级的工具。没有哪个象限是可以被忽略的，相反，每个象限都给出了独特的采购方法，帮助企业确定未来的采购策略，以及如何提升企业的总体地位。如果品类是在“杠杆”或“战略”象限，高利润影响度意味着值得投入努力来最大化总体地位。对于“杠杆”，这可能意味着在市场中争取最好的价格或条款。对于“战略”，这可能意味着与供应商建立长期的合作关系，以确保最优价值和最小风险。

如果品类在“关键”象限，那么企业正在一个选择困难的市场里采购，这个品类对利润的影响非常小。因此，采购过程很可能耗费精力和体力而回报甚微。这里也可能存在风险。例如，在这个选择困难的市场里，供应商决定停止供应，企业可能只有有限的替代品。此外，如果企业在“关键”象限，完全有可能（但不一定）的是企业的支出很低而且影响力很小。如果该品类或个别部件对运营至关重要，就会出现问题。

企业不能忽视在“关键”象限的品类。相反，企业需要了解为什么品类会在那里，能做什么来改变这个状况。

同样，如果品类在“获得”象限，只需很少的努力和精力，因为潜在利润是少的。然而，这里的市场进入非常容易，更换供应商也很容易，而且可以简化采购流程，甚至完全自动化运作。当然，在这一点上，在使用组合分析时，企业还需要考虑企业的市场地位和具体做法的可能性。

回想上一章的业务需求，那些主题（法规除外，因为它是先决条件）可以直接被放入组合分析矩阵中并和每个象限所建议的独特的采购方法相对应（见图 5.17）。这并不意味着其他需求不适用于这个象限，它们确实适用，但这有助于理解我们对每个象限的主要关注点。例如，在“关键”象限，供应保障和风险最小化是最重要的，在“杠杆”象限，市场的进入并不难，所以供应保障问题大大减少，但企业有很大机会通过确保最佳成本来提高利润。在所有的象限中，法规需求都是非常重要的。

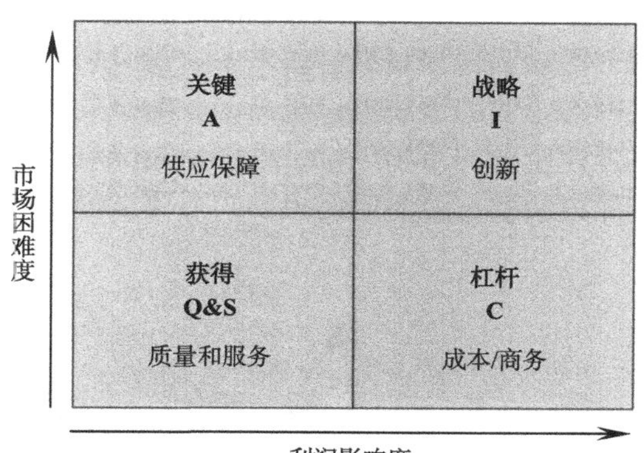

图 5.17　组合分析和业务需求

第二步：评估当前市场地位的实力

如果不了解企业在市场上的地位，组合分析自然无法扩展。对于在全球市场上拥有可观支出和采购的大型组织来说，组合分析很有效，每个象限所建议的采购方法都是可行的。然而，对于拥有非常小或者非常大的购买力的组织来说，情况会发生变化，只有理解了矩阵上的分类，以及企业在市场上的整体地位优势，组合分析才能发挥作用。我将举几个例子来说明这一点。

一位餐馆老板，除了员工的工资，最大的开销就是食材。食材的成本在菜单价格中占最大比例。餐馆的绝大多数食材均来自一个提供预制食品的全国性公司。由于市场上有许多替代的供应商，因此组合分析时发现这个品类的市场非常容易选择。既然这样，食材由于在总体价格中占据最大部分，所以对利润的影响较大。因此组合分析表明这一品类应该放在“杠杆”象限。然而，餐馆老板没有任何杠杆。他的这个餐馆在向一家全国性公司采购时，需要支付的价格是由供应商设定的，他没有能力去讨价还价。虽然供应商必须保持对其他同类供应商的竞争力，餐馆老板也可以更换供应商，但是他的处境仍然不会改变。无论他做了什么，都因为他的餐馆太小了，无法在市场上拥有任何重要的地位。

相反，对于一个拥有巨大购买力的跨国企业，它正在采购一个位于“关键”象限的品类。这个市场很难进入，对利润几乎没有影响。这里仍可能存在杠杆。即使它的总支出或购买量相对于购买实体的规模而言并不大，但它在市场上可能很重要。即使事实并非如此，供应商也不会忽视为这个全球大客户提供服务所带来的声誉。

在组合分析中，当考虑市场地位时，每个象限给出的独特的采购方法是可以改变的。每个象限都有自然的权力经纪人。假设一开始我们就有良好的市场地位或强大的购买力，那么对于这种情况，组合分析如图 5.18 所示。如果这一品类位于“杠杆”象限，那么不仅影响企业的高利润，而且企业也有能力利用企业在市场中的地位。这是因为市场选择很容易，如果企业没有得到想要的价格或条款，就可以更换供应商。因为企业的市场地位很高，企业有实际的影响力。假设企业能很好地讨价还价，强化企业的市场地位，杠杆就意味着企业有能力去迫使供应商给出最好的价格或优惠条款，因为他们想要或需要赢得或保留业务。

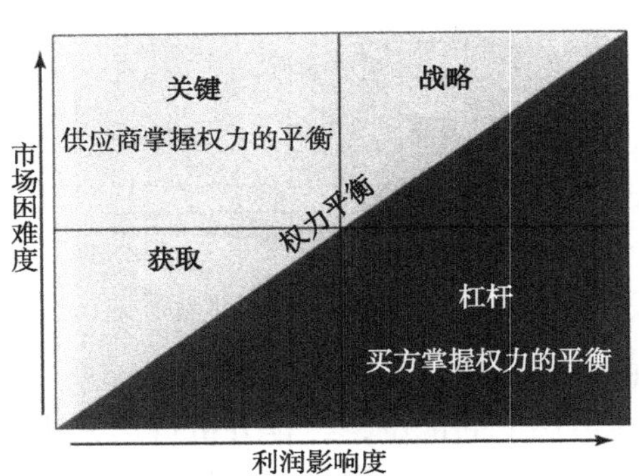

图 5.18　组合分析：权力平衡

如果该品类在“关键”象限，那么市场选择就非常困难，所以供应商掌握权力的平衡。此外，利润影响度低，聚焦于这一品类几乎没有益处。这也可能是由于企业不大量采购这一品类，加强了供应商的权力。

如果该品类在“战略”象限，那么尽管市场很困难，但对利润的影响程度也是如此。这个品类会吸引企业的注意力，企业很可能会与供应商密切合作。供应商最好也能认识到这一品类的供应是其整体业务的重要组成部分，因此会在这一关系中投入类似的努力。在这种情况下，买方和供应商之间的权力通常是平衡的（尽管这里也有例外）。

类似地，在“获取”象限，权力通常是平衡的。因为市场选择容易，更换供应商也很容易。供应商有很小的权力，利润影响度也较低，所以对这一象限内的品类不需要过多关注。或许，支出或购买量也很低。

图 5.19 的对角线表示权力在不同情况下的转移。在市场地位低的情况下，如餐馆老板的例子，对角线事实上向右移动，在某些甚至所有情况下增加了供应商的影响力。同样，对于全球采购巨头，对角线会向左移动，增加整体购买力提高到“关键”象限。

为了帮助我们确定应该在哪里画这条权力分割线，我们需要一种方法来确定我们的市场地位。在基本层面上，这可能只是购买量，甚至消费量。但是，单独采用这种方法是有缺陷的。在餐馆老板的例子中，如果一个名厨买下这家餐馆并将其以名厨的名字命名。虽然新的餐馆不比原来的大，也没有更大的采购量，但同样的供应商可能会提供更大的折扣，只是为了获得向名厨餐馆供货的声望。因此，市场地位并不仅仅是支出水平，尽管支出水平是一个主要因素，但还有其他影响因素。波特五力模型给出了最明确的评估，即相对于其他维度，企业在“买方权力”维度中的市场地位。

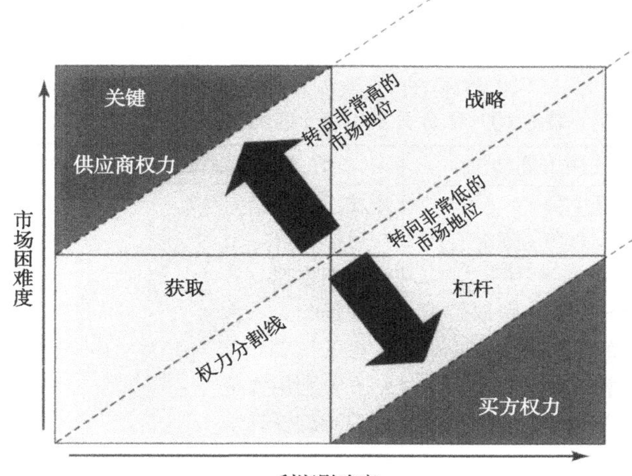

图 5.19　组合分析：权力转移

卡拉杰克的原创理论（1983）还没有结合波特理论。卡拉杰克给出了他自己确定市场地位的基准：

- 相对于供应商的规模，采购量较大。
- 在这一市场上产能的利用率低。
- 更换供应商的能力。
- 产品无差异化。

使用哪种方法并不重要，重要的是，评估这一采购品类的市场地位。总体来说，波特的方法更有深度，因为它试图将买方权力与特定市场环境中存在的其他竞争力量联系起来。这里的产出应该只是一个评估，表明企业的市场地位是好的、低的还是非常高的。

第三步：确定所需的战略对策

第三步，也是最后一步，是确定我们要做什么，以回应组合分析告诉企业的内容和企业实际拥有的杠杆程度。这是使用这一分析工具的关键产出，但常常被忽视；从业者常常使用这一工具，然后将完成的矩阵作为一项完整的工作钉在墙上。除非企业得到组合分析的结果，并把它变成一个战略对策，否则它是没有价值的。

组合分析是规划未来采购战略的关键活动之一。它可以帮助企业确定需要做什么事情才能从供应商控制的弱势地位转变为拥有影响力和权力的地位。在卡拉杰克的原创理论（1983）中，他给出了三个战略对策：

- 开发：最大限度地发挥企业当前市场地位的优势，并利用这一优势影响结果。
- 平衡：保持当前的地位。
- 多元化：做一些事情，使企业能够从当前地位转移到一个更有利的地位。

如果对每个象限（对应于三个潜在的市场地位）都给出三个战略对策，那么结果如表 5.10 所示。

表 5.10　组合分析中每个象限的采购方法

<table>
<tr><th>组合分析象限</th><th>低的市场地位</th><th>好的市场地位</th><th>高的市场地位</th></tr>
<tr><td>杠杆</td><td>尽可能开发
• 尽全力利用你拥有的权力
• 货比三家，争取最优惠的价格
尽可能与供应商建立关系，以获得最佳折扣</td><td colspan="2">开发
• 目标定价
• 短期委托
• 现场购买
• 电子拍卖
• 充分利用竞争
• 艰难的谈判
• 维持“通用”（基准日）规范
• 最大化利润
• 保持充分的灵活性（和易转换的能力）
公平供应商关系，由强硬甚至略微激进的买方风格管理</td></tr>
<tr><td>战略</td><td>平衡
• 尽可能建立最好的关系
• 努力使供应商专注于你的客户
• 推销你作为优秀长期客户的潜力
• 寻求供应商尽早获得创新
努力建立和维护最好的关系，不要让供应商忽视你</td><td>平衡
• 发展并培养关系
• 专注于共同降低成本，甚至可能是开放式成本核算
• 共同商定的持续改进计划
• 追求创新
• 分享风险与机遇
注重与供应商的合作关系，保持一定程度的“距离”，并在必要时有能力转身离开（转到“杠杆”）</td><td>平衡
• 平衡使用竞争优势，根据需要发展关系
• 管理关系
• 同意持续改进计划和供应商激励
• 可能使用开放式成本核算
• 追求创新
管理“主要供应商”的关系，但要保持一定程度的“距离”，并在必要时有能力转身离开（转到“杠杆”）</td></tr>
</table>

续表

<table>
<tr><th>组合分析象限</th><th>低的市场地位</th><th>好的市场地位</th><th>高的市场地位</th></tr>
<tr><td>关键</td><td>多元化
• 寻找替代方式或方法离开“关键”象限
• 确保最大价值，直到有替代方案可用
• 谨慎管理供应风险，考虑意外事件
• 可能通过捆绑销售提高对供应商的吸引力
• 与供应商保持密切联系，并预测他们对此品类的计划
谨慎而外交的供应商关系管理，注重保持和提高整体吸引力</td><td colspan="2">平衡或多元化
• 必要时寻找替代方式或方法离开“关键”象限，或者寻求平衡、保持地位以及管理风险
密切管理供应商，以确保能够保持权力优势，如果不能，则要实现多元化或发展吸引力</td></tr>
<tr><td>获得</td><td>尽可能开发
• 尽最大努力实现最佳价格和条款，考虑产品标准化和供应商整合
• 简化订购和支付流程，尽可能实现自动化
基本的供应商关系</td><td colspan="2">开发
• 简化订购和支付流程，尽可能实现自动化
• 使用竞争、产品标准化及供应商整合来实现最佳价格与条款
• 最大限度地减少采购资源的干预
基本的供应商关系，可能由初级采购员管理或自动管理</td></tr>
</table>

市场地位的改变

一旦完成了组合分析并确定了战略对策，下一步就是利用这一点，以及从其他分析工具中获得的洞察，来确定具体的行动方案。显然，如果对策是“开发”或“平衡”，那么必须保持投资组合中的位置。然而，如果确定是“多元化”，就要确定所需的行动，以便能够转移到另一个象限。

例如，考虑购买维修品类中的电气备件。这里品类在“关键”象限内（见图 5.20）。首先，市场是困难的，因为备件必须与原始设备制造商（OEM）匹配，所以只有一个来源。其次，由于这些东西的采购量相对较小，所以对利润的影响潜力也不大。然而，在整个企业中，这些和类似项目的总体支出是很大的。最后，企业对自己地位的评估表明，供应商拥有权力。因此，他们抬高价格，因为他们知道只有他们能提供原始设备制造商备件。这是一个常见的问题，通常的反应是接受这种情况，因为无法影响它。

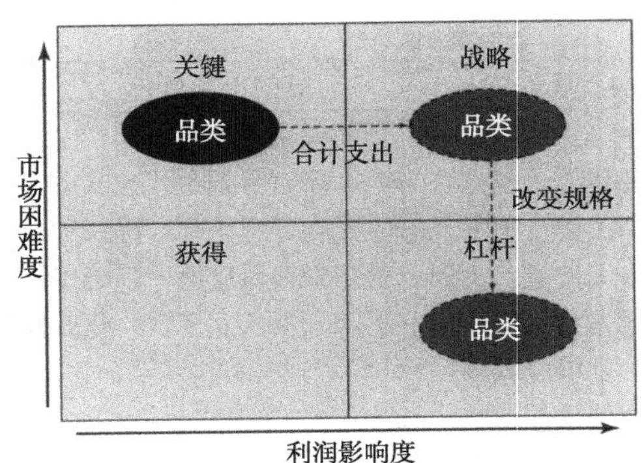

图 5.20　组合分析：从“关键”到“战略”再到“杠杆”象限

但有时会有一些对策可以改变市场地位。如果有机会与这个品类的供应商合计支出，企业就可以提升整体吸引力和市场地位，给企业带来杠杆作用。在组合分析中，这将把组合分类转移到“战略”象限，这是因为合计支出将增加利润影响的潜力。

企业可以考虑改变规格，找到一个使用通用或非原始设备制造商备件的方法（基准日分析）。这样的举措可能需要利益相关方的强烈同意、风险评估，甚至重新鉴定流程或重新认证设计，但它并不像最初看起来那样不可能。将规格改为通用部件后，市场的困难度立即转为容易，并开启了竞争和转换供应商的能力。企业的组合分类将转移到“杠杆”象限，与此象限相关的战略对策也将转移到此象限，企业可以自由谈判以获得最佳价格和条款。

这里有两个不同的行动可以使企业的初始地位多元化：合计支出和改变规格。可能还有其他行动，而且可能以不同的顺序进行。这里的价值杠杆工具帮助企业开辟了转变地位的可能性。重点是确定，从一个组合分析象限转移到一个更理想的象限需要做什么，以及与该象限相关的战略对策。这是品类管理中关键的战略推动因素之一。

考虑一个稍有不同的例子，如图 5.21 所示。这里的品类是印刷电路板组装的战略外包。该品类代表着巨大的数量和巨大的支出，而且组装的印刷电路板的质量至关重要。任何缺陷都需要昂贵的返工支出，因此对利润的影响很大。印刷电路板组装的市场很容易选择，因为有许多供应商。然而，这个品类的单一外包供应商已经积累了相当多的工艺技术，从而使他们处于独特的地位——他们实际上已经积累了权力的平衡，并增加了市场选择的难度。因此，该品类将被列入“战略”象限。尽管有事先商定的收费结构，但外包安排的总体成本已经攀升，而且供应商似乎对核心活动以外的活动收取费用，声称关系中的问题带来了延误。尽管这个品类是战略性的，但像通常在这个象限所期望的那样，保持地位平衡是不合适的。相反，企业需要一个能够重新平衡权力的行动方案。

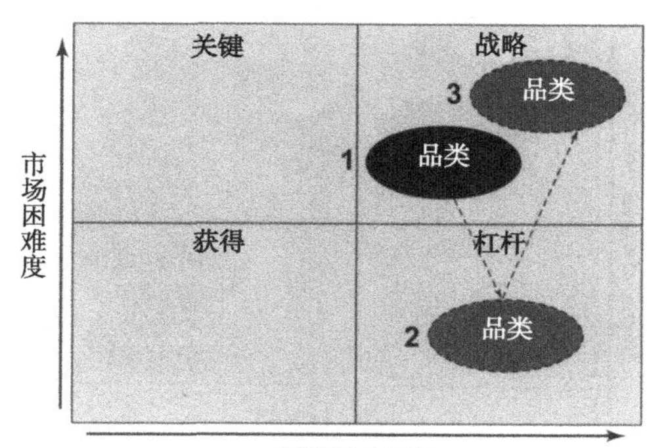

图 5.21　组合分析：从“战略”到“杠杆”再到“战略”象限

组合分析可以给企业提供帮助。努力了解流程和成本明细将为竞争、转换供应商、双重采购或甚至只是威胁采取这些行动提供选择。这将降低市场选择的难度，该品类将转移到“杠杆”象限，战略对策从“平衡”转移到“开发”。一旦新的供应安排到位，就会有更好的供应商管理，以防止权力的平衡过于偏向供应商，该品类就会回到“战略”象限，因为供应商积累了知识，更换供应商就不再具有吸引力。图 5.21 说明了这种从“战略”到“杠杆”再到“战略”的转变过程，显示了组合分析如何帮助企业确定解决问题品类的关键步骤。

行为具有欺骗性

最后，值得简短说明使用组合分析分类和供应商行为之间的区别。记住，供应商善于使企业感觉到企业需要他们并且他们帮助企业增加了很大的价值。此行为像位于“关键”象限内的品类，但实际上有问题的品类将被分类在“杠杆”象限（见图 5.22）。当使用组合分析时，分类应严格基于市场地位的评估，使用轴定义。供应商的行为不应该影响分类。然而，有一个差异，就是行为不应该被忽视，而应使用组合矩阵加以标注（见图 5.22）。这有助于确定战略的行动过程。在这个例子中，企业将寻求利用企业的市场地位，这可能包括被允许的供应商的权力或关键利益相关方的影响。最后，值得简单说一下使用组合分析和供应商行为之间的区别。请记住，供应商善于让企业觉得企业需要他们，他们能带来巨大的价值。这种行为类似于一个位于“关键”象限内的品类，但在实际情况下，该品类将被归入“杠杆”象限（见图 5.22）。在使用组合分析时，分类应严格基于对市场地位的评估。供应商的行为不应该影响分类。然而，如果存在差异，则不应忽视这种行为，应使用图 5.22 所示的组合分析加以注意。这有助于确定战略行动方案。在这个例子中，企业将寻求利用企业的市场地位，这可能包括影响关键利益相关方的因素。

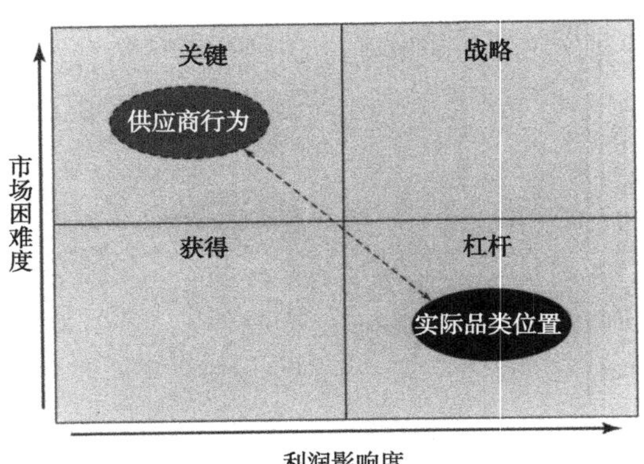

图 5.22　组合分析标注出供应商行为

了解供应商如何看待关系/客户

这一步是工具，是至关重要的

想象一下，你可以隐身坐在供应商的销售计划会议中。他们会对你的公司、你以及与你的业务有联系的利益相关方说些什么？供应商的销售计划会议往往就像计划战场战术一样，只不过会议是在办公室里进行，而不是在野外的帐篷里。供应商只有一个目标，那就是发展和维护对他们来说很重要的客户。如果这其中包括我们公司，那么我们将是销售计划会议的讨论主题。供应商将讨论他们需要做什么来发展关系，以便他们处于首要地位。这将包括与我们和我们的主要利益相关方接触的策略。

并非每个客户都能引起供应商的兴趣，而且供应商只有那么多的资源来发展和维护他们的客户，所以这将针对被视为优先事项的客户。有些客户无法引起供应商的兴趣，也许是因为他们难以提供服务、无利可图或合同条款苛刻。在这种情况下，供应商可能会采取一种有意的策略，要么做最低限度的工作来维持该客户，要么放弃该客户。我们必须了解供应商是如何看待我们的业务的，因为我们可能遇到一种风险——我们把自己看作“战略”象限的客户（组合分析），而供应商把我们看作应该放弃的客户。

我们在这里使用的分析工具被称为供应商偏好，它应该与组合分析一起使用。这个重要的工具，就像很多品类管理的工具一样，在市场营销领域被广泛使用。你可能会在市场营销的教科书中看到这个工具，或者其他名称的类似工具。它显示在图 5.23 中，附录 A 中提供了一个模板。

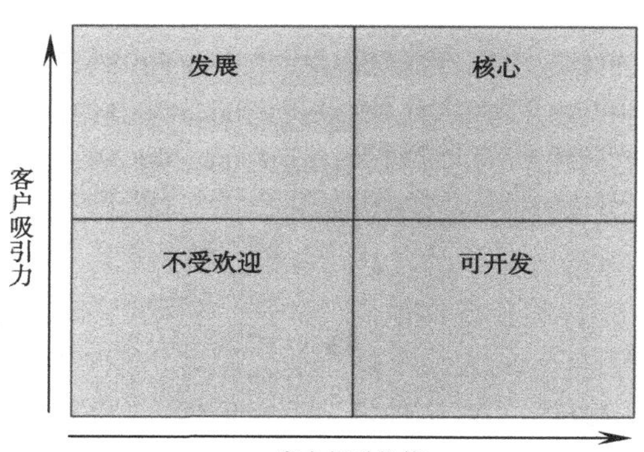

图 5.23　供应商偏好

当使用组合分析时，我们是从买方角度考虑特定品类的。供应商偏好是从供应商角度来考虑问题的，所以为了使用这个工具，我们需要站在供应商的角度考虑问题。在这里，我们放在矩阵上的不是品类而是供应商。

首先，让我们来看一下纵轴“客户吸引力”。这与我们作为供应商的客户对供应商的吸引力有关。这里的吸引力不仅取决于我们在供应商身上投入了多少（这是一个因素，虽然是在横轴上），而且包括所有可能使供应商有兴趣增长或保持其作为我们供应商地位的因素。吸引力是以下因素的一个函数：

- 采购量大或支出高。
- 我们的品牌是众所周知的，这将给供应商带来荣誉。
- 良好的付款条件和按时付款。
- 利润空间。
- 客户服务的便利性。
- 我们的业务类型和相关的供应链和供应商的未来战略和方向的契合度。
- 我们的经营地点与供应商未来计划的地理供应范围的匹配度。
- 我们与供应商建立了良好的关系，他们也喜欢与我们合作，这一点不应被忽视。

吸引力的力量不应该被低估，但它常常被低估。为了真正了解我们的客户吸引力，我们需要接近供应商。供应商审查会议是一个很好的机会，可以通过一些简单、准备好的问题来测试这一点：你们觉得我们公司的交易情况如何？我们可以改进什么？你们的未来计划和战略方向是什么？我们如何与之配合？要找个机会让供应商向你们公司中的新人做一般性介绍。他们有可能会展示几张幻灯片，其中一张会包含他们供应的所有公司的标志。如果你们公司的标志在主要位置，就会知道他们重视你们。如果它根本不在那里，就要去询问原因，并重新评估你们公司的地位。

横轴是客户相对价值。这意味着相对于该供应商的整体年销售额或营业额，我们在该供应商身上的支出是多少。如果我们的总支出占供应商营业额的比例很高，如 30%，我们就会把这个供应商放在矩阵的右侧。然而，没有绝对的数字，关系的整体规模可以改变我们对这个矩阵的使用。例如，一个年销售额为 4 亿美元的供应商，我们的业务占其中的 12%（4800 万美元）。这对供应商来说是一个相对较高的支出，我们肯定会得到他们的关注。然而，如果我们是一个每年在微软软件上花费 4800 万美元的大型全球企业，则客户相对价值将是微软每年 450 亿美元销售收入的 0.0011%。在这种情况下，任何客户都很难成为一个相对高消费的客户。相反，某些客户将达到一个消费点，这将吸引最高水平的客户管理和最大折扣。就如何使用供应商偏好而言，在这些情况下，客户相对价值应该被视为高。因此，需要对纵轴做一些解释。

我们使用供应商偏好，在矩阵上标出特定供应商如何看待他们的客户。每个象限的运作方式如下：

- 发展客户。在这里，客户对供应商是有吸引力的，但是相对价值不高。供应商将寻求发展此类客户，提升整体业务水平。供应商将把这类客户作为未来业务的客户，因此会坚定地把他们放在未来的销售管道内，销售人员的任务是设法发展他们。供应商会将最好的销售人员安排给这类客户。如果你们公司允许，供应商的电话铃声会定期响起，他们的参会请求也会频繁而至，而且会多次邀请你参加高尔夫球运动。
- 核心客户。这是供应商不惜一切代价维持的客户。维持客户并非只是说说而已，需要不断地满足他们的需求，与他们维持好关系。核心客户表明此采购额在供应商的营业额中占相当高的百分比，所以供应商不会做任何危及该类客户的事情。这类客户将由经验老手负责，即能够维持这类客户的管理经验丰富的销售人员。
- 不受欢迎客户。供应商真的不想和我们做生意。他们可能不会告诉我们这些，并继续假装一切正常，但在这背后，如果我们停止向他们下订单，供应商会非常高兴。事实上，他们可能已经把我们标记为一个几乎不需要投入任何努力的客户，并准备好失去它。似乎很少有供应商会明确告诉客户是不受欢迎的。这样的举动无疑会激怒买方，而买方可能会告诉其他供应商的其他买方，这可能会造成损害。因此，供应商似乎以一种更微妙的方式来处理他们不想要的客户。这个象限被称为不受欢迎的原因是，只要不受欢迎的因素可以忍受，供应商往往会允许安排继续下去。在实践中，这表现为供应商不回电话，让一个不那么称职的客户经理负责该客户，强行定价或收费，或无法参加供应商审查会议。有些情况下，供应商会终止关系，但我们可能会发现真正的原因是保密的。一位同事收到了一封来自一个主要供应商的信，信中简单地说："我们非常抱歉，但我们已经决定从现在起一个月内停止生产微型衰减器，因为需求下降意味着我们在这一领域的业务已经不可行了。我们希望你们能成功地找到其他供应商。"当我们把我的同事从地板上扶起来并考虑这个问题时，我们意识到我们没有理解供应商的地位，也没有意识到我们的弱点。当从这个象限内的供应商采购时，这些还没有意识道自己弱点的买方可能会觉得自己很努力（因为这是本能的做法），却发现这些供应商要想摆脱自己。不受欢迎客户可能根本就没有客户经理来负责，或者供应商会让最不能干的销售人员来负责。

- 可开发客户。这一象限对于买方来说也不是个好地方。该象限的客户对于供应商来说不是很有吸引力，但是，只要客户继续花大量金钱向供应商采购，供应商将继续服务于客户。不像在不受欢迎客户象限中一样，在可开发客户象限中，供应商不会故意放弃客户，而会计划去做一些足够维持客户的事情，只要他们的总收益很好。而当总收益下降到一个特定的值点时，这个客户就会被转移到不受欢迎客户象限，变成他们想放弃的客户。"做足够的"总结了供应商管理此客户的所有方法。客户经理将在不用参与其他重要活动时的空闲时间，来管理这些客户。他们会回复客户的电话，但不会立即回复，而且供应商会让客户感觉到他们有兴趣而且积极回应。然而，如果在供应商审查会议上，客户开始要求供应商承诺接受未来的创新，客户就可能发现他们并不真正感兴趣。

一旦我们对供应商进行了分类，以及我们如何看待他们在矩阵上对我们作为客户的定位，就需要考虑其影响了。如果我们处于一个不理想的象限，并不意味着我们需要待在那里，我们应该采取行动来改变我们作为客户所在的象限。

想象一下，如果我们发现某个特定供应商的客户处在不受欢迎客户象限（见图 5.24），但此供应商能够提供一些非常重要的零部件，这是该客户在其他地方不容易得到的。第一步是要了解为什么这个客户对供应商没有吸引力。这可能很容易解决，可能只是改变付款条件，或允许涨价。或者，可能需要一些更实质性的行动，例如，围绕这个供应商在新的供应领域展开讨论。如果客户能够理解对供应商不具吸引力的原因，那么像这样的行动可以很容易地解决问题。

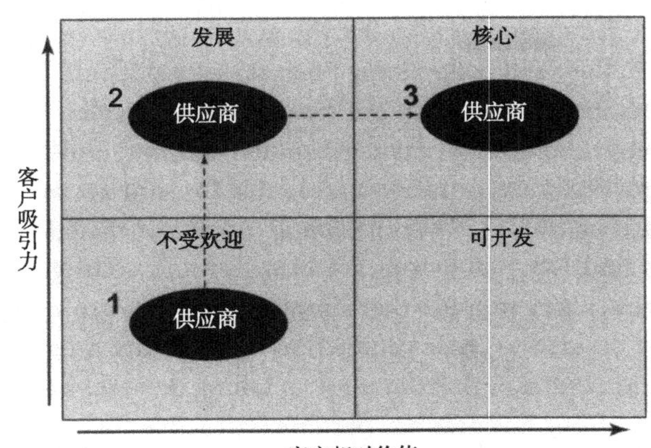

图 5.24 客户偏好：从“不受欢迎”到“发展”再到“核心”象限

当我们采取措施使我们作为客户更有吸引力时，供应商的行为改变往往是非常明显的。突然间，我们得到了一个新的客户经理，他经常给我们打电话，对我们正在做的事情非常感兴趣。

这个故事没有就此结束。从“发展”到“核心”的第二次转变将巩固我们的市场地位并保护供应。这可能涉及增加与该供应商的总体支出，并将其他业务转移到他们那里，也许将类似的品类捆绑在一起。因此，供应商偏好使我们能够了解供应商如何看待作为客户的我们，如果我们发现我们处于一个脆弱或不理想的地位，对根本原因的分析可以帮助我们制定行动来解决这个问题。

供应商偏好需要对供应商行为做最后的解释。与组合分析一样，供应商的实际地位和行为有可能完全不同，也许是故意的，但往往只是因为供应商的无能。我工作过的一家大型跨国公司有一个提供工艺技术部件的关键供应商。该供应商每年大概有 120 万英镑的订单来自公司，但尽管如此，该供应商以及该供应商与公司打交道的方式让人感觉很讨厌，客户经理不回电话，也没有表现出感兴趣的迹象（见图 5.25）。供应商偏好表明，实际地位无疑是“核心”象限。实际地位和行为之间的差异是始终是个谜团。在品类管理的过程中，客户经理、客户经理的老板——销售总监和总经理召开了一次会议。在这次会议上，品类经理展示了供应商偏好矩阵，并要求供应商解释为什么会有差异。在一个星期内，该客户经理就被调离了，取而代之的是一个新人，他非常细心，并将其行为转变为“核心”象限的预期。通常情况下，如果实际地位和行为之间存在差异，背后有一个简单的原因，这可能是由于某个人的积极性不高或没有做好工作。

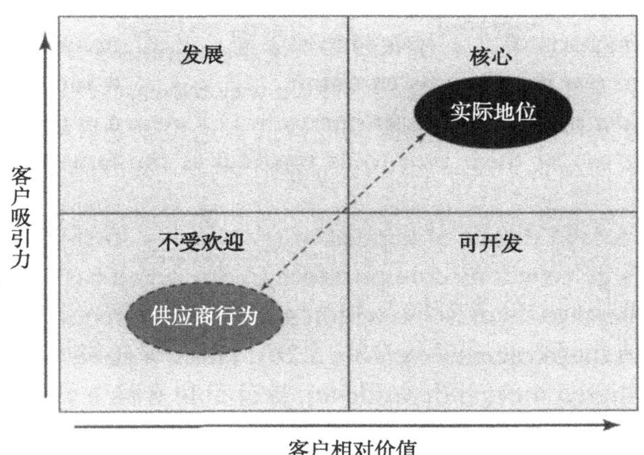

图 5.25　供应商偏好：是“不受欢迎”，还是“核心”

当然，就像其他工具一样，一旦分析完成，就必须审查结果，并问：“这个分析能告诉我们什么？”并记录所获得的见解。

使用供应商偏好的组合分析

将组合分析与供应商偏好相结合，可以有力地了解我们的地位。通过研究各种地位的组合，我们可以开始确定战略性采购方面最合适的前进方式。这两种工具的结合使用是采购品类管理的基础。

假设一个采购品类在组合分析中被放置于“战略”象限，这一采购品类对于我们具有重要意义；在供应商偏好中，供应商把这一采购品类放置在核心客户象限，意味着这对他们同等重要（见图 5.26）。这是一个非常好的位置，买方和供应商之间相互依存并保持良好的关系。与双方潜在的供应损失或客户损失相关的风险通过双方之间的关系得到缓解。

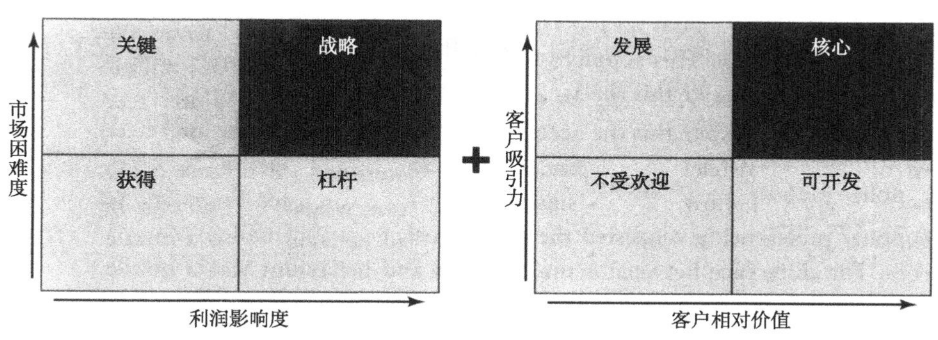

图 5.26　供应商偏好：“战略”和“核心”

现在假设一个采购品类在组合分析中被归类为“关键”象限，但是在供应商偏好中，供应商把客户放置在不受欢迎客户象限（见图 5.27），这里客户处在一个十分危险的处境，需要迅速采取行动来改变。因为市场选择困难，所以客户更换供应商的能力非常有限，而且利润影响度也低。这也就意味着，如果客户的采购额不大，就会缺少任何种类的杠杆。供应商则把这一客户放置在不受欢迎客户象限，以致可能随时停止供应或者拒绝解决交付问题或质量问题。在这个组合中客户处于劣势，解决方法是要么使客户对供应商更具吸引力，要么消除市场困难度，也许可以通过将通用商品作为替代方案，也可以同时尝试这两种方法。把组合分析和供应商偏好结合起来使用并不少见，但往往没有被充分理解，直到为时已晚，才考虑和规划供应脆弱性的问题。如果一个持有专利材料生产一个 10 美分的垫圈的供应商，突然对我们丧失兴趣并不再合作，此时我们就会出现供应问题。如果这种垫圈的不可用性导致挤满了付费乘客的商业航班停飞，其影响就远远不是一个供应问题。使用这两个工具不仅是为了识别杠杆，也是为了了解供应脆弱性，是制定未来采购战略的关键步骤。

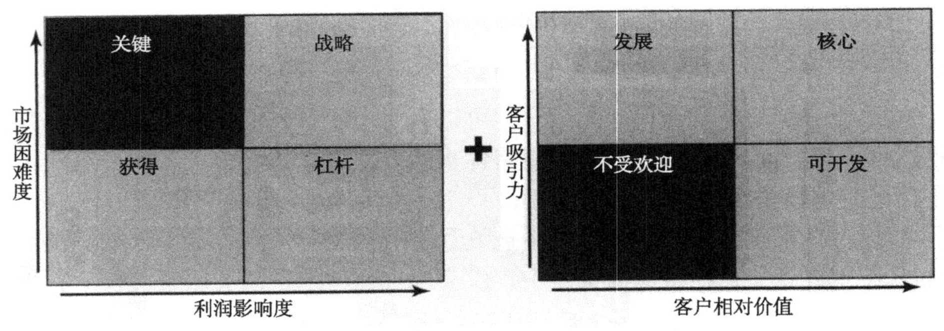

图 5.27　供应商偏好：“关键”和“不受欢迎”

组合分析和供应商偏好有 16 种可能的组合，尽管潜在的对策在一些组合中往往是相同的。图 5.28 显示了每种工具与其他工具的对比。在此基础上，我加入了卡拉杰克（1983）确定的三种战略对策（开发、平衡、多元化）。这显示了好的和不好的组合以及合适的潜在对策。

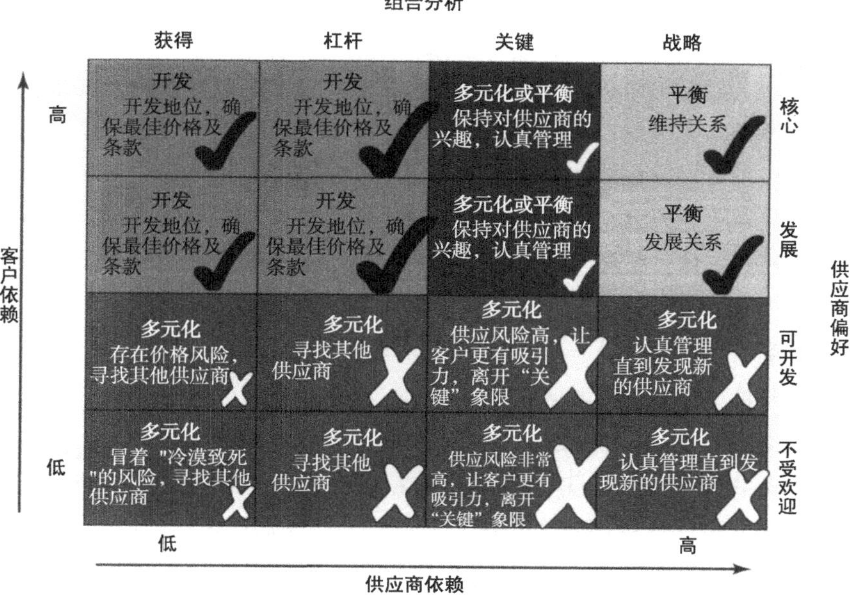

图 5.28　组合分析加供应商偏好

小　结

1. 采购品类管理流程的第二个阶段是市场洞悉。为了获得可以帮助企业发展采购战略的洞察力，这一阶段进行了一系列研究活动以及战略分析工具的应用。
2. 第二阶段的关键是有效的数据。通过收集这些数据，我们可以扩展现有认知并且了解更多信息、事实和未知的数据，以及意识到我们所不具有的并进而广泛收集数据，去发现我们尚未发现或未意识到的信息。这才是寻求突破的关键。
3. 一般从三个方面收集数据：与采购品类有关的数据；与供应商有关的数据；与市场有关的数据。
4. 供应商定规一般指对供应商使用不同的进攻型和防守型的信息，来强调企业追求的特定结果。品类管理中的早期定规可以帮助供应商为企业的所需做准备。
5. 我们购买的东西存在不同的定价方式，由供应商、市场力量甚至可能是我们自己决定。价格模型分析使我们能够了解价格是如何确定的，这种洞察有助于确定我们如何影响价格。

6. 采购价格成本分析是用来衡量制造产品或提供服务的所有成本，并且可以帮助我们检验这些成本与实际成本间的差距，也可以帮助我们发现新的采购方法。在基准日分析中，采购价格成本分析也适合定制产品品类象限或专卖产品品类象限。

7. 供应和价值链网络分析可以帮助我们发现潜在的机会，或者意识到在即时供应关系中所存在的风险。供应和价值链网络可以提供有用的洞察来策划未来采购方法，帮助减少成本和降低风险，提高价值和改善物流，以产生较大的收益。

8. 技术路线图工具涉及一些品类，可以帮助我们理解并且决定过去、现在、未来的技术如何组合会更加合适。

9. 在品类管理中，PESTLE 分析和波特五力模型可以帮助我们理解正在采购或准备采购的市场的外部环境，也可以帮助我们策划未来的采购战略。

10. 组合分析和供应商偏好这两种工具可以帮助我们确定总的战略方向，还可以帮助我们进行采购品类和供应商关系的定位，从而更好地强化我们的地位。

第 6 章

第三阶段：创新

本章探讨采购品类管理流程的第三阶段——创新。我们将探寻第二阶段的输出成果，是如何推导出项目品类的未来采购战略的多个不同解决方案的，我们还将探寻如何从这些解决方案中找到最佳战略，并进一步制订出一个可行的执行计划。我们还会考虑在进入下一章的实施阶段之前，就前进的方向与相关各方达成一致性意见。

本章回答了如下引导性问题：

9．如何确定针对某一采购品类的最优化、最理想的突破及未来的采购战略？

10．如何保证将来的采购战略制定是基于对所有市场和外部驱动因素的全面理解？

11．如何有效实施新的采购战略，以实现其效益？

创新工具包

第三阶段（见图 6.1）与第二阶段的不同之处在于，第三阶段包含的工具很少，但是有一系列步骤或活动。这些步骤和活动通过跨部门团队合作来实现工作效果，达到所需输出结果。本阶段的最终目的是为建议的未来采购战略制订一个供应商开发计划，并让相关各方接受这个计划。

跨部门团队在这个阶段召开的工作坊 3 会议，将讨论决定未来的采购战略。在这一部分，我们将探讨为实现这一目标的关键步骤，包括在工作坊 3 上进行的各个部分。

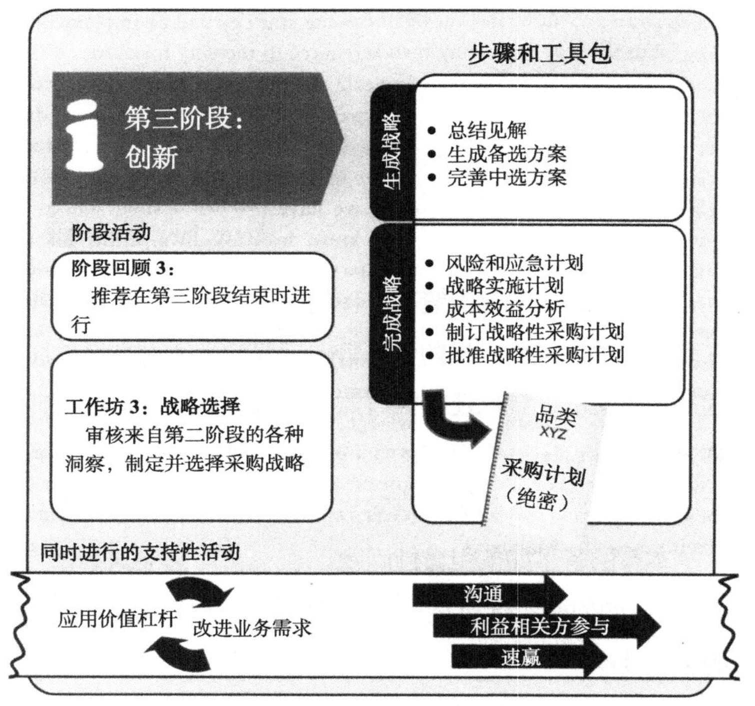

图 6.1 第三阶段：创新

奔向创新的步伐

这一阶段是关于决定未来采购战略的。本阶段称为“创新”只是因为最好的采购战略是创新的战略，它代表一个重大的突破。创新是将收集数据后获得分析结论与实施进步行动连接的桥梁。创新包括：从第二阶段的发现中找出多个潜在的前进道路，在这些道路中找出最合适的一个，然后根据这个结果建立并开发出一个定义明确的采购战略；了解这一阶段相应的风险，并规划好如何实施这个战略；使业务部门同意这个前进道路。

从第二阶段到第三阶段的过程，是我们从见识有限的起点到通过数据收集扩展我们的知识，直到我们拥有大量数据，但尚未完全理解的过程。换句话说，我们到达了一个阶段，在这里我们知道了应该知道的所有知识，但是我们目前还不能将它们转化，决定我们的前进道路。从这点来看，战略分析帮助我们从大量数据中理出头绪，然后随之进入创新阶段，我们将发现未来采购的多种可能选择。最后我们从中选择一个并将其发展成未来的采购战略。

从扩展数据和知识，到压缩提炼它们，再到形成一个战略方向是实施采购品类管理的核心观点，要认识到它的重要性。采购品类管理从业者应该密切关注调研，确保调研的全面性。管理者和监管品类管理实施的负责人在这个时候应尽可能地质疑采购品类管理从业者，推动他们以保证调研的高质量。优秀的调研能够做出更多相同和戏剧性的突破。

决定采购战略不是一个自动的步骤，它需要项目人员的脑力活动。采购品类管理从业者容易在这一阶段失去理智，倾向选择一个小的进步。而只有大胆尝试才能带来真正效益，所以不应轻易抛弃能突破现状的潜在解决方案。

生成战略

总结见解

这一步是工具，是至关重要的

这是一个基本步骤。如果不思考分析结果的含义，就没有必要使用那些分析工具了。在采购品类管理中，流程中的工具并不重要，重要的是，这个工具能告诉我们什么，以及我们怎样运用它。应牢记每一篇分析和洞察都应该以一个问题来结束，即“所以这个告诉了我们什么”，并且要关注问题的答案。凑巧的是，“那又怎样”的英文（So What）发音听起来像“SWOT”（优势、劣势、机会、威胁）分析工具，SWOT 是最终的分析手段。我们将运用 SWOT 分析得到见解（见图 6.2）。

在这个阶段，我们会有大量的文件和文档。现在我们需要从这些文件和文档的讲述中发现关键问题。这个问题不可能立即显现（虽然我们可能有一些关于问题本身的想法），但是如果我们自己和团队伙伴沉浸到截至目前的所有分析结果中，这个问题将开始显现。第 5 章中探讨的“作战室”的工作方法在这里会有所帮助。SWOT 是帮助整理洞察力形成一个紧密结合的形式的有用工具。它应该仅仅被用于记录最重要的发现，而不是每一篇记录的细节，否则有忽略关键问题的风险。

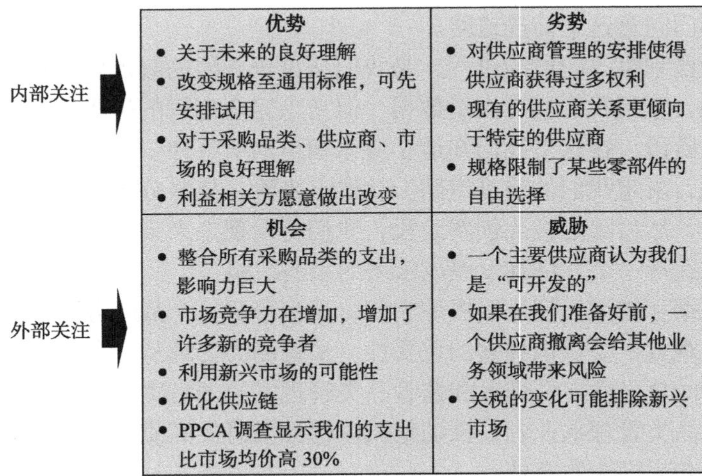

图 6.2　完整的 SWOT 分析

生成备选方案

这一步是工具，是可选的

创新阶段的总体目标是，确定未来采购战略的性质和内容，并且确保业务协议继续执行。采购战略是对前进方向的定义。本质上，它是一个简短的高层次的声明，扼要说明目标和如何到达目标。而战略备选方案的生成则是一种为后续选择制定一些潜在采购战略的方式，以便甄选随后的战略方案。在制定这些备选方案之前，需要阐明什么构成了一个优秀的采购战略。

采购战略方案需要提供细节，阐述该战略是如何决定的，这个方案为什么最适合，还要精确地说明实现目标的每一步骤。好的采购战略的陈述可以以一系列简单的句子来概括描述，例如：

- 将设施管理外包给第三方。
- 整合包装费用支出，使用两个供应商。
- 将电气组装件的供应商转移到低成本的国家。
- 发展与英国维珍公司的关系，使其成为小器件的独家供应商。

类似的例子还有很多。可能的采购战略方案会随着好的数据收集和分析自然出现。然而毫无疑问地，采购战略方案不止一个。举例来说，分析和团队的头脑风暴的结果可能暗示了前进道路，如“进行一个招标活动以便找到一个新的供应商”，但也可以提议其他方案，如“将业务转给一个现有的供应商，整合所有支出，从而有议价的影响力”，或者“外购还是自己生产”等。确定正确的采购战略，首先要根据数据收集和分析结果确定所有可能的采购战略方案，然后使用一个结构化的方法来选择一个最适合业务需求的战略。

各种可能的采购战略方案必须处于最高层次，采购战略备选方案太多是不可行的。原则上，五个采购战略备选方案是比较合适的。如果有很多备选方案，说明有些方案是其他方案的变体。要避免出现这种情况，就要考虑高层次方案的定义，避免出现过多的采购战略备选方案。

使用两个参考要点确定哪些采购战略作为备选方案：第一，方案要满足业务的需求（根据价值杠杆确定业务需求）；第二，产生或利用最大的价值和效益。记住，价值和效益都与实现业务的需求有关，可能是降低成本、减少风险或提高效率，以及使用创新的供应链。

在采购品类管理的这一阶段，跨部门团队可能认为他们能够制定很多战略备选方案。然而，这并不像看起来那么简单。要想有效地制定备选方案，并确保没有错过任何可能性，我们需要一个更结构化的方法。

战略备选方案是通过团组活动确定各种前进道路的。这是一个重要活动，不应只安排一次会议来完成。这个活动需要仔细筹划并安排合适的环境。一个战略方案生成的工作坊需要一定程度的创造性思维。要提醒与会者注意迄今为止发现的所有洞察，要使用这些洞察作为参考点，甄别可能的前进道路。理想情况下，这个工作坊应该远离通常的办公工作的干扰，要在舒适环境中，让团队成员充分重视工作坊活动，最大限度地进行创造性和突破性思考。图 6.3 显示了战略备选方案生成的过程。我们将依次探索每一步。

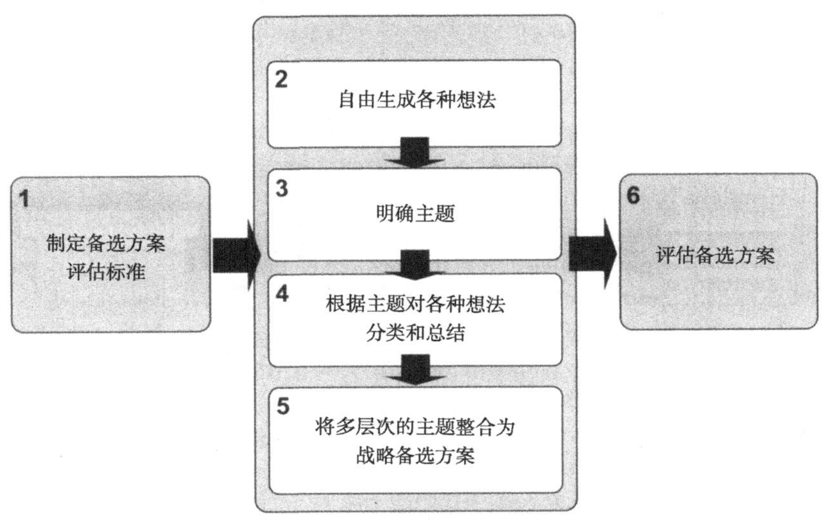

图 6.3　战略备选方案生成的过程

第一步：制定备选方案评估标准

在我们制定战略备选方案之前，必须确定备选方案的评估标准。如果评估标准是在备选方案产生之后才确定的，就会有风险，即评估标准会有意或无意地按照偏好的选择方案而制定。图 6.4 显示了一个典型的备选方案评估矩阵，附录 A 提供了一个模板。各备选方案在顶部一行，评估标准在最左列，而在其他网格中为每个备选方案针对每个标准进行评分，同时每个备选方案针对每个标准还有一个权重比例。

备选方案评估						
评估标准	**比重**	**最大分值**	**方案 1**	**方案 2**	**方案 3**	**方案 4**
业务需求评估	行/不行	—				
业务需求 1	40%	400				
业务需求 2	10%	100				
业务需求 3	30%	300				
业务需求 4	20%	200				
业务需求总计	100%	1 000				
实施的便利性	20%	200				
较低的实施风险	30%	300				
获益范围	50%	500				
较低的实施成本	行/不行	—				
实施总计	100%	1 000				

图 6.4　战略备选方案评估矩阵

评估标准应注重两个方面：

- 业务需求标准。凡被定义为“必须”的需求，即不能妥协的需求，那么我们可以使用一个“行/不行”的评估方法，而不是一个数字的权重和评分系统。如果需求是“希望有”，那么每个备选方案可以按照该方案能够满足“希望有”的程度进行评价。这里就可以用数值加权评分的方法。
- 实施标准。一个特别的战略备选方案如果与业务需求相匹配，则可能是最理想的战略解决方案。但是如果它不能轻易实施，会花费过多或者会带来不可接受的风险，那么这样的备选方案是不可行的。

实施标准可能包括：

- 便于内部实施。
- 易于外部实施（如在供应商群体中实施）。
- 要实现潜在的好处和价值。
- 实施的总成本（可以在此处设立实施成本的最高限额）。
- 风险最小。

- 限定范围内的实施时间。

在图 6.4 中，业务需求和实施评估标准已经在这个简单的评估矩阵中确定。注意，作为一般规则，可行的流程里有 7—10 个评估标准。

一旦确定了评估标准，就可将其放置一边，在各战略备选方案生成之后再使用。

第二步：自由生成各种想法

通常，战略备选方案不会自己出现。也许有的会，但是最佳备选方案不会自然出现，而是需要从无数的分析和洞察中挖掘出来。自由生成各种想法，如字面所示，即利用头脑风暴方法，让整支队伍共享他们已有想法并且尽可能产生新想法。这一步的原则是所有团队成员要完全熟悉迄今为止从分析工作中得到的结果和洞察，了解环境、挑战、风险、需求和机会。这样的理解将激励新的想法产生。需要特别指明的是，我们在这里说的是“想法”而不是“战略备选方案”。这是因为，人们不太可能一下子就做出战略备选方案，却可能有很多想法。有些想法是战略性的，有些是战术性的，还有些则是需要考虑的好想法，剩下的则仅仅是疯狂的想法而已。头脑风暴的目的是，不带偏见和限制地捕捉所有想法。

自由生成各种想法需要跨部门团队的参与。团队成员应该熟悉前两个阶段的成果，要准备一间舒适的房间，没有干扰，一册翻页白板纸和一个引导师。首先要向团队成员介绍整个流程、他们应该做什么、头脑风暴方法的基本原则。然后活动开始，团队成员各抒己见，可以将各种想法记录在白板纸上。头脑风暴的过程很重要，而且不能急于求成。实际上，当初始的所有想法都出现后，还应该继续进行头脑风暴。人们就是在沉默中才开始进一步思考的，思考新的、更具创造性的想法。然后，一个新想法会点亮另一个新想法，头脑风暴最后的结果就是一长串的不同的、丰富的想法。有时候一个战略备选方案生成会议会持续一整天，会议结果写满 15 ~ 20 页纸，有上百个想法。

第三步：明确主题

这一长串的想法以现有的形式呈现当然是无法使用的。不仅因为这么多想法难以处理，也因为这些想法包含了不同的作用，通常有：

- 战略备选方案和进展方法。
- 可被纳入特定战略备选方案的好想法。
- 可被纳入任一战略备选方案的好想法。
- 速赢的想法。
- 没人能知道怎么处理的疯狂想法。

进一步说，有些想法可能是对立的，而有些则是互补的，可以融合到任何备选方案中。另外，类似的想法可能因为稍许不同的用词而重复出现多次。

为了让这一长串想法有价值，需要根据不同主题或概述想法的标题对这些想法进行划分，最好划分为 5～10 个共同主题或关键主题。首先，看看这些想法，询问“这个想法属于哪一类”，然后，试着决定分类所有想法的不同主题。这种做法可能会耗费一些时间。但如果一直纠结或想出了太多主题，那么说明你没有从想法类型去考虑，而从想法本身去考虑了。如果主题超过了 10 个，那么就要合并其中的一些主题。

典型主题如下所示（这和前文的清单非常相似）：

- 战略备选方案及高层次的关于未来方向的声明。
- 针对某个特定战略备选方案的好想法。
- 可被纳入战略备选方案的好想法。
- 供应商管理/供应链方面的想法。
- 内部改变或改善。
- 政策或程序变更。
- 现在开始的速赢。
- 不着边际的想法。
- 搁置的事项。

第四步：根据主题对各种想法分类和总结

现在，将这一长串想法根据已经确定好的主题进行分类，这需要团队共同完成。如果一开始使用白纸，则可以通过使用符号、字母或者颜色对其中的想法进行分类。然而，为了保证团队成员的参与并让这些新主题有价值，分类后的全部想法要在新的主题下重写。这会耗费一些时间，但这是非常重要的一步。另一种方法是元规划（对每个想法使用便利贴，再执行亲和力分类）。在这一过程中，能够很明显地发现许多想法是相似甚至相同的。在取得团队成员同意后，应把这些想法合并，以尽可能地缩短想法列表的长度。

这样处理后的是一系列新的、精简的、主题化的列表结果（见图 6.5），应放置在墙上让所有人都看到。

战略备选方案	与某个方案相关的想法	适宜任何方案的好想法	政策和程序
总结的想法 1	总结的想法 1	总结的想法 1	总结的想法 1
总结的想法 2	总结的想法 2	总结的想法 2	总结的想法 2
总结的想法 3	总结的想法 3	总结的想法 3	总结的想法 3
总结的想法 4	总结的想法 4	总结的想法 4	总结的想法 4
总结的想法 5	总结的想法 5	总结的想法 5	总结的想法 5

图 6.5　按主题分类和总结的想法

第五步：将多层次的主题整合为战略备选方案

这一步可能有些难以理解，但请坚持。这是一个复杂的过程，只有真正完成了这个过程，才能了解在实践中它是怎么进行的。

尽管我们一直在讨论有关“战略选择”的事情，但只是把想法放入这个类别，还没有对成型的战略备选方案有完整的定义。定义一个战略备选方案，我们要考虑方案包括什么、不包括什么以及我们到底想做什么。如果这个方案是“将所有支出外包给一个供应商”，这就是一个很棒的高层次声明。但我们可能希望把它和我们迄今得到的其他想法结合起来，如“重定义该领域支出的内部政策”“减少库存并实施随时订货系统”。在这个阶段，我们将各主题下可兼容的想法合并，建立战略备选方案。

这一步需要创造性思维。虽然有些想法会与其他想法兼容，但有些想法也可能与其他想法对立。因此这一步的目的是，研究每个列表，从最高层次的想法（可以称为战略选择）开始，将适宜的想法组合在一起。图 6.6 展示的就是如何从每个列表中找出一个或多个想法，将它们组合在一起。

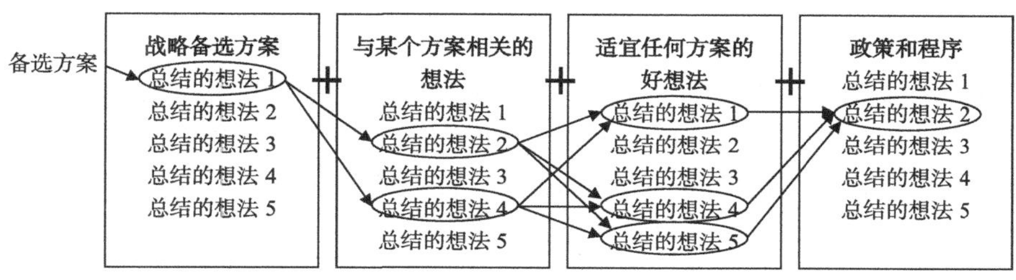

图 6.6　将多层次的想法组合成各个战略备选方案

这一步的输出结果应该是不超过五个的采购战略备选方案，团队对这些方案完全理解并且已被充分定义，从而可以进展到最后一步——第六步。这是评估生成的备选方案的一个标准。如果很难将备选方案减少到五个，则说明每个方案可能有太多的变体。因此重点应放在确定高层次方案上，而可能的变体则作为它的一个子集。典型的战略选择可能包括：

- 什么都不做。
- 外包。
- 自行生产。
- 更换供应商。
- 到市场去寻找供应商。
- 集中。
- 分散。
- 支出费用整合。
- 创建合资企业。
- 收购其他企业。

- 发展关系。

你也许会发现这和第一阶段的“价值杠杆”有些相似。这是因为我们在有效地搜寻战略价值杠杆，组合不同的价值源，从而制定未来采购战略，达到我们需要的成果。因此，价值杠杆是形成战略的重要输入因素，也是帮助我们明确定义采购战略的因素。

第六步：评估备选方案

这一步是工具，是可选的

组织可以通过多种方式做出决策：执行主管们可以表决或无记名投票，领导者可能强制决策，第一想法会例行公事般被选出；决策也可能只是基于一种预感；但上述这些决策方法不适用于采购品类管理。采购品类管理意在为重要的采购决策打下坚实基础，是基于事实和数据，由一个跨职能的员工代表团队制定的。采购品类管理方法使产生的决策建议令人信服，难以忽略。这一过程自然地说明了决策是如何产生的。

如果未来的采购战略建议是一个会带来艰难改变的突破性想法，就会有一个风险，即主要利益相关方会抗拒这个想法的实施。一个基于事实和数据的方法是必要的。以建议形式提出的战略备选方案，需要明确的贯穿全程的审计跟踪来支持，它展示了如何通过分析得出建议的方案。备选方案的生成和评估过程提供了所需的证明。

根据先前制定的评估标准，实际进行评估时会非常简单，只要使用制定的评估标准和权重系统去评估每个方案即可。图 6.7 展示了一个完成的评估矩阵。

备选方案评估						
评估标准	**比重**	**最大分值**	**方案 1**	**方案 2**	**方案 3**	**方案 4**
业务需求评估	行/不行	—	行	行	行	不行
业务需求 1	40%	400	10（400）	7（280）	6（240）	—
业务需求 2	10%	100	8（80）	10（100）	5（50）	—
业务需求 3	30%	300	8（240）	10（300）	6（180）	—
业务需求 4	20%	200	10（200）	9（180）	3（60）	—
业务需求总计	**100%**	**1 000**	**920**	**860**	**530**	
实施的便利性	20%	200	5（100）	4（80）	10（200）	—
较低的实施风险	30%	300	10（300）	8（240）	3（90）	—
获益范围	50%	500	10（500）	3（150）	4（200）	—
较低的实施成本	行/不行	—	Go	Go	Go	—
实施总计	**100%**	**1 000**	**900**	**470**	**490**	

↑ 选中的方案（根据评分）

图 6.7　备选方案评估矩阵

在这个评估矩阵的例子中，要评估四种战略方案（外包、预算集中与供应商管理、自行生产和什么都不做）。业务需求标准和实施标准已经设定好，并有各自的打分汇总统计。“行/不行”的评价用来反映“必须”满足的业务需求，权重的设定用来反映对“希望有的”领域的满足程度。每个评估标准的最大分值假设是 10 分。

评估工作是对每个战略备选方案就每条评估标准进行打分，选择“行/不行”或者一个数字分值。

这通常由团队共同完成，每一项打分都要经过充分讨论。讨论过程中的一些理由和论点应该记录下来。为了保证这一步的成功，要遵守一些基本规则：

1. 如果已经选择了“不行”，则没有必要对这个方案做进一步的评估。该方案应该被排除（见图 6.7 中的方案 4）。

2. 确保团队理解评分系统，简单起见，使用 1~10 分的评分方法，1 分是非常低的，10 分是非常高的。

3. 至少一个备选方案要打 10 分，否则权重分配将不起作用。只要每个评估标准至少有一个 10 分，那么不止一个备选方案可以获得 10 分。最佳打分方式是以询问“哪个方案最符合这个标准”开始，接着给这个方案打 10 分，然后再看其他方案，比对这个最大分值给它们打分。这是整个过程中的重要一步，在某种程度上避免了事先磋商打分标准一事。

汇总分值，看看结果。如果结果并非所愿或者与所预期的不同，就返回去检查一下计算过程。如果所有计算都是正确的，那么试着找一找是什么原因造成了这样的结果。不要重做并干预结果，但可以在打分后做一些小调整，确保对每个方案的评估都是相对公平的。如果检查过并打分完成，而结果仍与你认为的应采取的方案是不同的，那么这个结果可能是你一直在寻找的突破，从而需要慎重对待。

图 6.7 显示有两个方案高度满足业务需求，但其中只有一个在实施标准方面的分值高，这就排除了另一个方案，结果显而易见。有时，这种结果在选择方案的生成和评估过程中就显现了，对前进道路给出了一个明确的和稳定的提议。其他时候，结论可能没那么明显，需要进一步讨论，甚至需要利益相关方的参与，才能做出最终决定。在这种情况下，评估的结果为进一步讨论提供了讨论基础，也许需要增加新的、更详细的评估标准，以便进一步评估做出最终决定。

↘ 完善中选方案

这一步是行动，是必需的

这是紧随战略备选方案生成和评估的关键一步，要在评估结束、团队成员仍在一起的时候立刻完成。这一步是在评估结束，决定了前进道路后，更好地定义和甄选出的战略备选方案。至此，团队在完成评估后，对选中方案有充分、统一的了解，知道该方案包含什么、不包含什么。这些了解都是在讨论过程中自然而然得到的。然而，除非团队成员透露细节，团队以外的人员几乎或者完全不理解这个被选中的方案。因此，通过以下一系列陈述或标题来描述被选中的战略备选方案和未来的采购战略就十分重要：

- 战略方案的定义。用一段简洁的话描述这个方案，如包括的内容和不包括的内容。
- 特征与效益。这个方案的特征，以及在这个阶段可能被知道的任何效益。
- 短期行动。一个在未来六个月内，为支持这个战略方案所需进行的特定的行动列表。
- 长期行动。列出一个预期发生的长期行动列表和时间框架。
- 接下来的步骤。可以包括数据收集，以验证被选中的方案，或者在这个方案正式发布、寻求评论和批准前联络利益相关方。

方案说明的详细程度，只要充分到可以抓住这个方案的本质，便于与没有参与决定这个方案的其他人员进行沟通即可。关键在于，这个说明可以充分回答这个问题："与当前的采购方法相比，未来会有什么不一样？"如果有任何现在还不明确的地方，或者需要进一步工作，就应该被记录下来以便以后更新，争取完成每一个细节。图 6.8 展示了两个典型的战略备选方案的定义，以及恰如其分的细节说明。有关战略定义的模板在附录 A 中可以找到。

战略方案：整合英国境内

战略方案定义

将英国境内的所有飞轮供应整合到一个供应商，小包装的中间数量的飞轮除外

特征与效益

- 节省目标为 180 万英镑
- 六个月内达到
- 如选择任何主要供应商，则风险较低

短期行动

通过重点谈判降低供应商价格，谈判基础：

- 比对欧洲与远东的价格
- 支出的整合
- 下游供应商的开发
- 效率的提高

长期行动（18 个月内）

- 评估将业务转到远东的可能性

接下来的步骤

- 考证主要供应商的供货能力

战略方案：从低成本国家采购

战略方案定义

将飞轮的所有供应转移给中国的一个供应商

特征与效益

- 节省目标为 240 万英镑
- 12 个月内达到
- 从目前的供应商逐步转移，同时控制风险

短期行动

- 从转移英国境内的三个中等采购量的部件开始
- 六个月内转移三个高采购量的部件

长期行动

- 将整个飞轮业务转移到中国
- 与物流供应商磋商物流改善措施

接下来的步骤

- 评估中国的可能的合作伙伴
- 找到这个领域的专家

图 6.8　完善战略备选方案

完成战略

在这一部分，我们会完成并确定采购战略，同时总结到目前为止完成的所有工作、获得的相关经验及明确我们要提议的、未来应该采取的采购方式。我们也将开始计划如何实施该战略，以便向项目支持者和利益相关方提交一个完整成形的计划，并附上可参考的实施成本和预期效益总结，让他们批准实施。这是整个采购品类管理流程中重要的里程碑，也是决定项目是终止还是继续直到战略实施的根本。我们首先为这个选中的战略考虑风险和应急计划。

风险和应急计划

这一步是工具，是必需的

现在我们已经确定了战略，还有什么可能会出问题呢？变化越大，出错的范围就越大。如果我们发现了一个可以带来巨大效益的突破性的变化，或者是更换一个新的供应商，或者外包内部工作，或者其他显著变化，都会有很多可能出错的地方。例如，新的供应商必须熟悉他们所供应品类的复杂性，熟悉新的物流方式，以及我们组织的工作方式；外包内部工作会带来各种挑战。如果一个新的供应安排失败了或者需要更长的过渡时间，又没有应急计划，那么整个组织都将处在风险之中。

对很多因供应商调整而带来的挑战，组织可以通过良好的项目管理和对细节的关注而提前做好应对准备。所有可能的风险都可以通过结构化的方法识别出来。评估风险和制订应急计划就是其中的方法，它会评估所有可能出错的事项，同时确定应对各种失误的行动。如果你有项目管理或安全攸关行业的经验，那么你可能会很熟悉这个概念。有很多有效的方法与技术都能使用。下面是在一个团队中用非常简单的方法建立的一个风险和应急计划（图 6.9 展示了一个完整的范例，附录 A 提供了模板）：

1. 团队组建后，介绍这个工具，然后用头脑风暴方法列出所有可能出错的事项，也称风险。在左栏中输入可能的风险，这是一个重要步骤，应确保找出了所有的关键风险。

2. 对于每个风险，确定发生的可能性和影响的严重程度，需要使用一个简单的高、中、低评级系统，通过小组讨论来确定每个风险的等级。发生的可能性最好解释为风险发生的概率。未来难以预测，但小组讨论能够形成一个看法。

3. 对于每个风险，确定应对措施。在总体的实施规划中，应包括一些具体措施来防范风险的发生。如果风险是不可避免的，那么行动将集中在应急计划的落实到位。应对措施应该排好先后次序，对能够解决高发性和破坏性巨大的风险的措施，应该排在首位。

风险和应急计划			
风　险	发生的可能性	影响的严重程度	应对措施
团队超负荷工作	高	中	与经理谈判和协商，让项目支持者提供更多资源
新供应商破产	低	高	双项信用检查，调查更换供应商成本
需求增长超出预期	中	中	检查需求的计算，监控趋势
用户拒绝接受新产品	高	高	首先进行小部分试用
供应商没有管理好过渡性计划	中	中	详细的项目计划，持续管理

图 6.9　风险和应急计划

战略实施计划

这一步是行动，是必需的

完成我们提议的采购战略的下一步就是制订战略实施计划。我们的目标是，制订一个可以更好地展示沟通战略实施各项活动的、基于时间的计划。在这一步，对即将发生的各个行动只能有宏观层面认识。制订一个非常详细的计划是很难的，因为很多细节还不知道，但可以确定粗略的活动和时间表。

最有效的计划表现形式是简单的甘特图。这种类型的图是 1917 年由一个名叫亨利·劳伦斯·甘特的机械工程师开发出来的，已成为项目规划的标准表现形式。甘特图（见图 6.10）以图形概括展示了一个项目所有活动的时间表，以及各个元素和它们的相互依赖度。

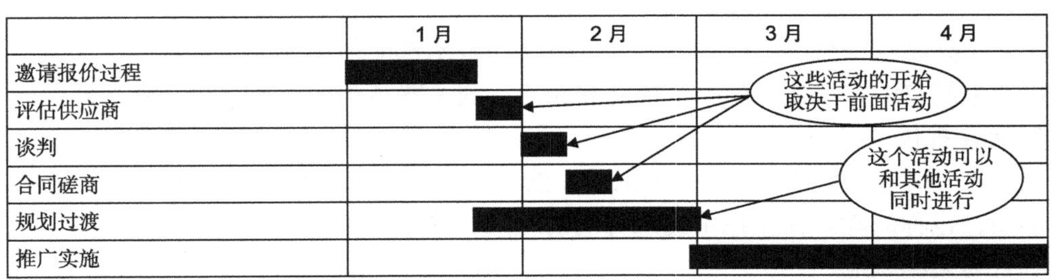

图 6.10　简单的甘特图

甘特图易于制作，图的左侧是各项活动，顶部是时间表。对于一个采购战略，在这一步，我们需要一个不超过 12~18 个月的时间表。接下来，使用头脑风暴方法列出将采购战略转变为现实的各项活动。在这一步不要涉及细节（细节以后再考虑），列出主要活动即可。以泡茶为例，你可能忍不住将泡茶的过程分为取杯、放入茶包、烧开水、向杯中倒水、泡茶等活动。然而此时这个过程过于详细。相反，主要活动可以简单列为泡茶、喝茶、洗杯。

确定了所有活动后，通过在时间轴上放置条形图的方法，确定完成它们所需的时间。有些活动的开始，可能取决于另一些活动的结束（这称为项目依赖关系），因此活动必须按顺序列出。还有些活动可以在不考虑其他活动的情况下发生，如图 6.10 所示。

记住，我们的目标只是制订一个简单的计划，用来向利益相关方展示我们需要做什么，以及每个活动发生的时间段。更加详细的计划将在之后涉及。一旦团队达成一致，完成的高层实施计划应该纳入采购战略规划。

↘ 成本效益分析

这一步是工具，是可选的

实施采购战略前，我们要做的最后一项工作是，完成成本效益分析。其主要目的是，对迄今为止的采购品类管理的所有工作做详细的总结，方便管理层对我们提议的采购品类管理战略做出决策。你可能会对使用成本效益分析评估多种备选方案很熟悉，然而，有效备选方案的产生和评估应该已经完成了这一点。到目前为止，品类管理团队已经很清楚这个战略将带来什么，以及如何实施它，但是高管、关键利益相关方和项目支持者可能无法轻易从各种采购品类的输出中选出关键信息。因此这一步要简洁地总结这些关键信息，保证我们提出的战略有获得同意批准的机会。图 6.11 给出了一个成本效益分析的例子。模板在附录 A 中列出。

我们制定的成本效益分析只是简单地列出了所有的成本和效益，因此可以在两者之间做一个比较。在这种简单的形式里，每一项可能有一个值，从而可以计算出净效益和提议的可行性。在实践中这里存在一些挑战：

- 成本和效益可能在采购战略实施的不同时间出现，也许是在新合同期内发生。
- 因为还没有实施战略，不可能有确定的数字，因此我们可能不知道市场会有何反应或产生什么事情。
- 许多成本或效益可能不是硬数字，但会涉及时间、无形效益等。

因此我们旨在建立一个涵盖一段时期，包含所有相关因素的成本效益分析表，按照我们当前的洞察力尽可能准确地估算并量化各项内容。对于一个成本效益分析表来说，包括一些实际数字和一系列不太容易量化的额外内容是非常正常的。可是量化的信息越少，决策就会越困难，因为列表上的成本效益分析过于主观，增加了采购战略被拒绝的风险。因此一个好的成本效益分析应该尽可能地量化内容。例如，如果我们可以估计人们需要花费多少时间和他们每小时的业务成本（通

成本效益分析

品类：厕纸

日期：1月15日

品类战略概述：从本地参与的多个供应商转为按3年合同集中管理的一个供应商。在欧盟的所有设施中移除供应商拥有的分配器并改用通用分配器

Costs

成本	即时	第1年	第2年	第3年	第4年	第5年
撤销当前合同的罚金	75k					
拆除现有的供应商分配器（一年内）	25k	25k				
新分配器的资金（1 700台）	15k	15k				
安装新分配器（一年内）	35k	35k				
实施的时间（估计30英镑/小时）	12.5k	7.5k				
长期成本总计：245k	162.5k	82.5k				

Benefits

效益	即时	第1年	第2年	第3年	第4年	第5年
合同签约费	250k					
每年节省的费用（预计的价格减少）		338k	338k	338k		
降低的交易和库存成本		20k	20k	20k		
通用分配器 （去除供应商的锁定配套供应）	没有供应商的锁定配套供应，合同期满后可以在市场上重新选供应商					
未来定价可预知	合同定价机制可以控制价格浮动					
长期效益总计：1.34m	250k	358k	358k	358k		

注：m代表百万，k代表千。

图6.11　成本效益分析举例（单位：英镑）

常指满额工作，也包括分摊的间接成本），那么人们执行新任务的时间成本可以折算成一个数字。同样，效率提高的效益也可以通过节省的时间和这些时间的货币价值来量化。这里要注意的是，既然建立这样一个将各种因素转换成数字，描绘可观净效益前景的成本效益分析表非常容易，那么大多数决策者，尤其是那些具有财务背景的决策者，会立刻查看这些数字背后的假设和计算过程。如果这些不成立、是不现实的，或者没有依据，他们可能会对整个战略产生疑问，甚至会拒绝这个提议。成本效益分析不仅必须量化，而且提案中的效益也必须清楚、可靠、令人信服。

组织可能已经将成本效益分析作为首选方式，也可能期望用一个特定的格式或者惯例，如净现值，这个需要核实。另外，我们身边有一些人在使用这些工具，在无形效益量化建立财务模型方面经验丰富。这些人可能来自组织的财务部门，因此号召这些人和其他有经验的人来提供帮助和支持，可以在成本效益分析方面产生重大影响。

通过分别列出所有的成本和效益然后尽可能地量化它们来构建成本效益分析。成本效益分析可能包括：

成本

- 实施新战略安排的成本（包括直接成本、时间、资源需求）。
- 如果有新设备，新设备的资金成本。
- 罚金或撤销当前采购安排的成本。

成本的信息来自我们之前进行的数据收集和我们评估战略备选方案的部分结果。

可量化的效益

- 直接的价格减让。
- 折扣或一次性付款。
- 减少的管理工作。
- 减少的库存。
- 减少的交易次数。
- 提高效率或节约的时间。

效益来自我们早期的机会分析、我们在 STP 和团队章程中明确的目标，这个目标随着数据的收集、价值杠杆的使用，以及战略备选方案评估的分析而更加精准。尽管我之前的论述是要尽可能地量化，但通常有些采购战略还会带来额外效益，它们不容易被量化，但对业务更有价值；或者是决策不为成本左右的额外效益。这些效益应该通过一个支持性质的评论展示出来。

其他效益

- 提高供应保障。
- 降低风险。
- 遵守企业社会责任。
- 提前上市时间。
- 可预测的稳定性价格。
- 竞争优势或差异化。

在本书第 9 章，我们将探讨如何跟踪采购品类管理的效益，并对潜在利益有一个更全面的定义。

制订战略性采购计划

这一步是工具，是至关重要的

完成战略性采购计划也是创新。战略性采购计划是采购品类管理中的关键性文件和重要输出结果。战略性采购计划详细地总结了所有开展的工作、各种重要发现、未来采购战略的提议及该提议是如何提出的。战略性采购计划可以采取任何形式，如以 Word 或 PPT 形式创建的纸质文件，或者在线上电子系统的录入文件。

战略性采购计划是内部文件，不面向供应商，否则可能泄露战术和机密意图。根据采购品类的复杂性和利益相关方的不同数量，采购计划可能从几页到几百页。然而，战略性采购计划的目的是相同的，它们是：

- 让行动方案获得业务和利益相关方的同意。
- 为提议的行动方案提供令人信服的事实和必要的数据。
- 提供该采购品类管理项目进程的文件记录，这既可以作为审计跟踪资料，也可以为本采购品类和其他品类的未来工作提供支持。
- 为主要利益相关方提供沟通媒介物。

这是战略性采购计划第一次出现在采购品类管理流程中，之前所有行动的最终结果就在这里。然而，一个好的采购品类管理从业者不会等到现在才开始制订战略性采购计划。在理想情况下，战略性采购计划的工作应该在项目早期就开始，随着各种分析结果出来，逐步添加到战略性采购计划中，在创新阶段最后完成这个文件，然后提交这个文件，请各方签字认可。如果该文件不被认可，整个项目有被终止的潜在风险。

战略性采购计划旨在回答三个基本问题：

- 现状和提议的未来采购战略是什么？
- 为什么选择这个战略性采购提案？

- 如何执行战略？

此外，战略性采购计划还要满足下列进一步的目的：

1. 为同意和批准项目实施协议提供依据。这也许是战略性采购计划最重要的作用。它为决策者和管理层批准提供了依据。

2. 利益相关方的沟通。该文件可以作为向主要利益相关方传达战略和未来的方向的工具。这些通常包括决策者或将参与或受所实施内容影响的人。

3. 目录。战略性采购计划作为一个全面的记录，包括所有已完成的工作和决策，可供未来参考。

4. 检查流程的严密性。战略性采购计划的全面记录证实采购品类管理流程遵循了严格的标准。

图 6.12 仅仅显示了一个战略性采购计划文件的部分潜在投入。尽管所有的工具和结论通常都被记录其中，简单地按顺序展示它们却没有多少意义。相反，需要提取、总结、优化和进一步开发这些输出所讲述的故事，以创建有说服力的文件和商业论证去支持变革。通常，在战略性采购计划里会出现整个流程的每个行动的输出结论，但这些多数被放在一个附录或单独的支持性文件中，而正文中出现的则是重要内容或独特见解。

现在我们已经完成了流程中的每一步工作，我以提醒的询问作为结论“这告诉了我们什么”来帮助大家获得见解并在 SWOT 分析中做出总结。这是一个伟大的起点，开始把采购计划所需的线索都整理在一起。

如果要使所完成的工作有意义，那么一个采购计划必须有一个结构。表 6.1 给出了一个建议的概要结构。获得的关键产出和洞察将有助于理解每个阶段。采购计划结构中每个输出自然都是相关的，所以表 6.1 也指明了关键的工具、输出和洞察及信息的来源，这些应该被用来帮助理解每一部分。

由于采购计划的特征，其复杂程度各不相同。如果新的采购战略是一个复杂的变革，会影响组织内的很多人，那么采购计划就需要非常详细彻底，必须精确地处理所建议的变革带来的复杂性，而且必须确保多数利益相关方支持。采购计划如果以文件形式存在，一定是页数较多且非常厚重的出版物。然而，如果建议的采购战略是一个只影响少数人的简单变革，那么采购计划（包括采购品类管理流程的使用方式）会比较简单。我见过只有一页纸的采购计划，当然这是个极端简单的例子。图 6.13 展示了不同情况下建议的采购计划侧重点和通常的文件长度。

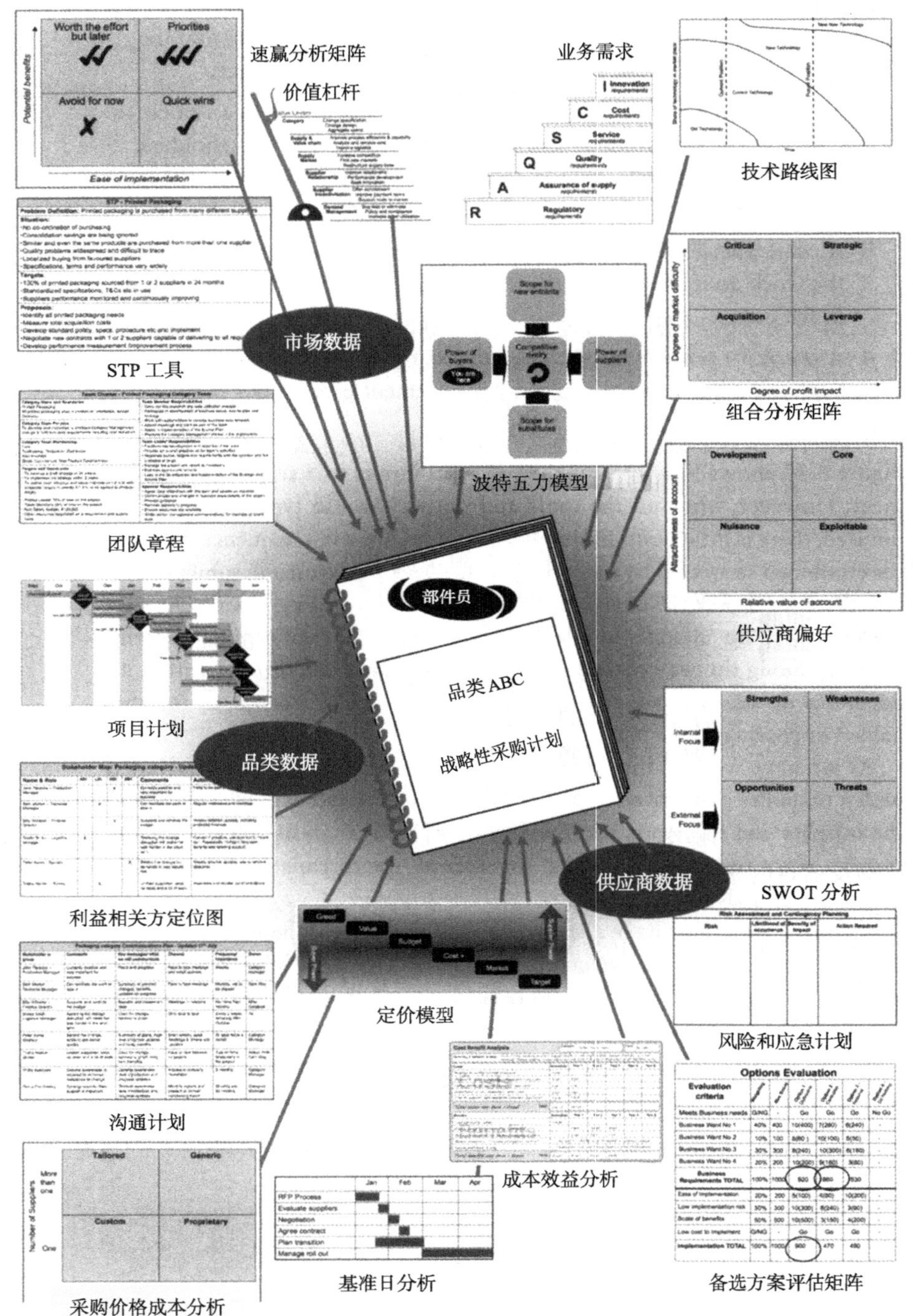

图 6.12　战略性采购计划的各种输入内容

表 6.1　典型的战略性采购计划的组成内容和来源

标　　题	需要包含的内容	信息来源
摘要	一旦准备好文件的其余部分，摘要就是最后一步要写的内容。理想情况下，它会用一或两页精心制作的页面总结整个文件和建议的采购战略	• 备选方案 • 成本效益分析 • 其他所需输出的总结
背景	采购品类管理项目的背景。在这里介绍项目范围、团队成员、利益相关方、项目时间线以及项目进程的总结	• 机会分析 • 团队章程 • 项目时间表 • 利益相关方定位图 • 沟通计划
现状	这部分不仅要描述现状，而且要描述不太理想的领域。描述必须以事实为基础，还必须清楚地说明战略性采购计划试图解决的问题。这部分可以包括： • 品类：总量、支出、使用方式、购买者、购买方式和发现的问题 • 供应商：都是谁，做什么，在哪里，他们的目标方向，我们花在他们身上多少钱，他们如何看待我们，我们在历史上有什么问题，有无替代产品和发现的问题 • 市场：市场的性质、规模，有无替代市场，市场正发生的事情，例如，是扩大还是缩小，有没有新的进入者或因素会改变未来的市场趋势	• STP（现状、目标、建议）工具 • 品类数据的总结 • 供应商数据的总结 • 市场数据的总结 • 技术路线图 • 基准日分析 • 采购价格成本分析 • 供应和价值链网络分析
业务需求	对达成一致意见的业务需求的定义，分为"需求"和"想要"两类，以及当前和未来的业务需求。考虑了价值杠杆的细节	• 业务需求 • 价值杠杆
战略分析和洞察	基于当前位置发现的所有因素，以及业务需求而建立的一个部分，分析我们所处的位置，获取洞察和发现我们应该改变的地方，从而实现效益。这一部分应该从各种战略分析工具（如产品组合分析、供应商偏好、波特五力模型以及其他多种工具）中获得洞察，最重要的是，要将从单个分析中获得的洞察整合成一个总体的洞察，作为甄别战略备选方案的基础	• 波特五力模型 • 定价模型 • 产品组合分析 • 供应商偏好 • SWOT 分析
变革的各种备选方案	各种战略性采购备选方案清单。这些方案都是根据战略分析和洞察而制定的，并附有方案的评估细节和使用的评估方法	• 备选方案生成 • 备选方案评估
选中的方案提议	选中的战略性采购方案以及选择该方案的适度详细的理由	• 备选方案评估 • 完善中选方案 • 战略实施计划

续表

标　题	需要包含的内容	信息来源
风险和应急计划	概述甄别的风险以及相应的降低风险的措施和应急措施	• 风险和应急计划
战略实施计划	一个推荐的战略方案的简单战略实施计划，概述各主要行动和执行时间。此处也适宜放置速赢分析矩阵	• 战略实施计划 • 速赢分析矩阵
成本效益分析	执行推荐的战略方案所需成本和资源的估算，以及对应的预期效益和实现的时间	• 成本效益分析
下一步	利益相关方和项目支持者要求的立即执行的下一步或行动	• 战略实施计划
附录	所有细节支持文件，包括收集的数据、流程中每个重要工具的分析结果。建立附录单独放置所有支持文件是恰当的，重要的是，鉴于附录可能作为未来参考物的目录，其内容要全面	• 所有工具及输出结果

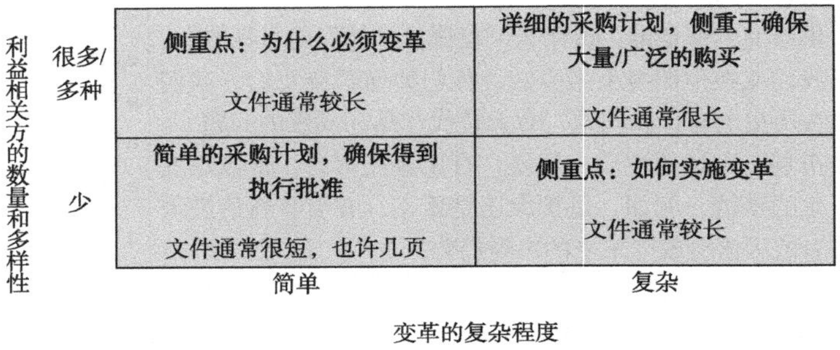

图 6.13　战略性采购计划的复杂性

到目前为止，我们讨论的采购计划主要是以文件形式出现的。尽管这是当前的通用做法，但在线形式的采购计划正在被越来越多的人使用。这种在线形式的采购计划要么是定制软件平台的一个组成部分，要么是一个更广泛的电子采购平台的组成部分。电子采购平台的优势是，所有有权限的人员都可以看到这个信息。这促进了知识共享和流程的严格性。在这些不同的系统中，简单的能够将采购计划文件的电子版本发布上去，复杂的可以让项目经理在线完成采购品类管理的每个步骤，同时按进度下载每个工具和输出结论，随附总结和建议，从而完成采购计划。采购计划采取何种格式并不重要，重要的是，采购计划的内容及其如何服务于目的。然而我看到的更多的情况是，尽管组织有一套在线解决方案，采购品类管理流程实施的质量却不尽如人意。这是因为多数在线系统的设立都是为了提供采购品类管理项目的实时管理信息，要求每个人简单地填充空格，这样在项目经理的项目总体状况跟踪表上就会显示项目进展顺利。这里的问题是，用系统的

“空格画钩”替代了采购品类管理流程执行的严格性，导致项目不能取得巨大的突破成果。稍后我们还会讨论这一点。因此，任何使用在线系统生成采购计划的组织都应该清楚地意识到，这个工具只是记录和报告了真实团队的工作成果以及业务联络的情况，具有严谨性。因此要思考相应的应对方法，第 9 章中会涉及这一点。

↘ 批准战略性采购计划

这一步有推动作用，是必需的

第三阶段的结束是个关键节点。现在采购计划及相应的推荐方案已经完成，各业务部门需要决定是否执行这个推荐的方案。因此，项目完全有可能在这里终止、死亡。当然，我们要避免这种情况，本节的目的也在于此。

当到达这一节点时，我们必须清楚地知道，谁有权力签字认可采购计划及推荐的方案。如果不知道，这个项目就应该终止，因为没有人对这个项目负责或承担最终责任，或者没有人愿意做出这样的决定。这个时候，我们在项目初始做的工作就显现出其作用了。回想第一阶段的早期，项目团队建立的时候，我们曾任命过一位公司高管层的项目支持者，并且确认了项目的利益相关方。采购计划的签字认可基本是这群人的职责（取决于组织的特征和结构），理想状况下，关于签字认可的准确安排已经和这些人达成一致意见并记录在团队章程里。组织的结构和决策方式的特点会影响采购计划的签字认可方式，通常会是以下方式中的一个：

- 项目支持者与项目利益相关方咨询后签字认可采购计划。
- 项目支持者与项目利益相关方共同签字认可采购计划。
- 项目支持者拿着采购战略计划请求有关负责人（或高管）签字认可。

如果应该签字认可的人不接受提议的方案，或者他们对这个方案感到吃惊并质疑建议的采购战略，那么我们所做的所有工作都是在浪费时间，对于突破性或根本性的变革尤其如此。同样，我所在采购品类管理项目早期阶段所做的工作都是至关重要的。

要确保方案的最终通过，需要团队成员甄别出所有利益相关方，并和他们保持联系，持续不断地执行沟通计划。当最终采购计划完成时，签字认可该方案应该更多的是一种形式，而不是一个大事件。尽管如此，还是会发生这样的情况，一直支持项目、介入项目的高管在面对一个激进的方案时会突然感到怀疑并拖延签字认可。这时，事实和数据以及其他利益相关方的支持，将有助于了解任何困难的特定性质。如果推荐的战略足以令人信服，任何人将很难长时间拖延签字认可，即使真的有问题，也会有所准备。

如果战略性采购计划由于某种原因，没有得到批准，就要找出原因并解决问题，然后重新提交。

签字认可这一步完成后，项目团队得到授权进行第四阶段采购品类管理的实施。

小　结

1. 采购品类管理流程的第三阶段是创新，内容涉及制定我们推荐的采购战略并获得业务部门的批准，并且实施该战略。
2. 创新始于第一阶段和第二阶段获得的各种洞察，尤其是在使用各种工具后，利用 SWOT 分析引导出的各种洞察。
3. 战略备选方案的生成是一个甄别各种可能的、未来的采购战略方案的过程。项目团队首先要熟悉所有工作的输出结果，然后利用头脑风暴法产生各种想法和备选方案，再通过近似筛选、主题分类将各种想法整合成多个战略备选方案，每个备选方案可能包括很多来自这个过程的战术性想法。
4. 使用事先确定（先于战略备选方案生成）的评估标准（避免偏见）对各战略备选方案进行评估。评估标准的基础是业务需求，并综合了一些判断战略是否容易实施的新标准。可以使用备选方案评估矩阵评估各方案。
5. 一旦选定一个战略方案，首先要确定评估方法是切实可行的，然后详细定义选中的方案，列出该方案的内容、特点、效益、短期和长期活动以及下一步的即时行动。
6. 针对选中方案要制订风险应对和应急计划、战略实施计划，并进行成本效益分析，从而确定采购战略。
7. 使用采购计划定义推荐的采购战略。这是一个涵盖采购品类管理项目迄今为止所有工作成果的文件，文件的架构通过总结所有洞察、各种计划和成本效益分析，清晰地支持所推荐的采购战略。
8. 采购计划的主要目的是保证推荐的采购战略获得批准并得以实施。它同样是与项目利益相关方进行细致沟通的工具，确保各业务部门接受这个方案。它也是这个项目的一个目录，有助于分享知识，展示流程的严谨性。
9. 创新阶段最好结束于采购计划的批准。如果得到批准，我们就可以进入第四阶段。

第 7 章

第四阶段：实施

本章将介绍第四阶段：实施。我们将研究如何回应第三阶段制订的采购计划，并开始为选中的采购战略方案的实施做准备。我们将探讨组织内部管理变革的影响，并且讨论确定新的供应商以及与新的供应商签署最终合同所涉及的步骤，最后探讨与供应商签署合同时我们需要做什么。

本章回答了如下引导性问题：

11. 如何有效实施新的采购战略，以实现其效益？

实施工具包

在采购品类管理的实施阶段那些元素应该变得更加基于活动和概念，而不是我们在前面几个阶段看到的工具和基于输出的模式（见图 7.1）。这些活动和概念结合起来对整个项目的成功是至关重要的。最后的跨职能工作坊可能会在这一阶段举办，但如果需要，可以鼓动其他人帮助。实施规划工作坊就是召集团队设计实施的细节。对于这些需要的活动和团队成员应该担当的角色，整个团队达成一致是至关重要的。

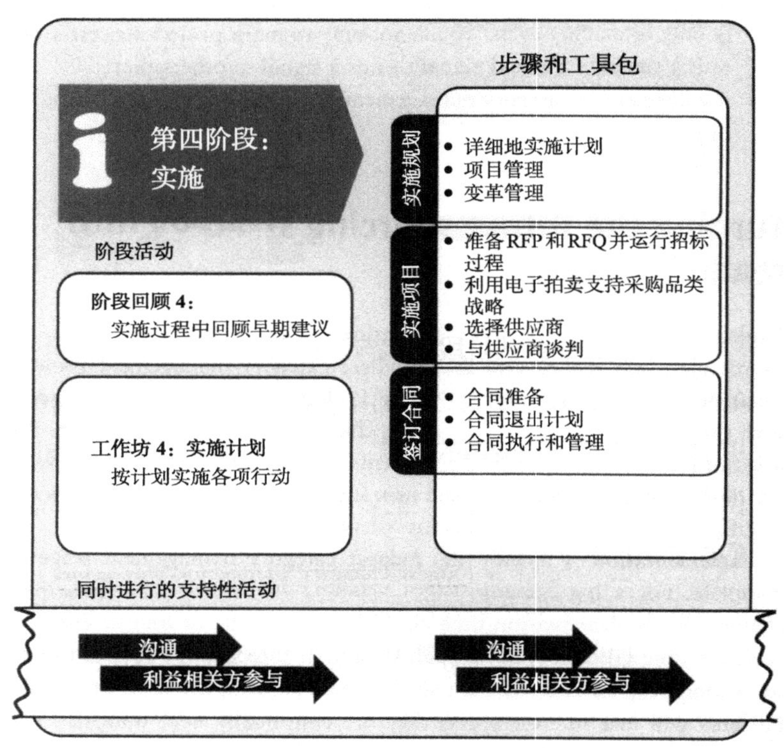

图 7.1　第四阶段：实施

在项目实施过程中有一个时间点，在这一时间点，项目效果的主要部分已经显露，项目被认为可能是成功的。确定这一时间点是很重要的，因为没有这一时间点的话，项目可能突然被取消，团队成员将转移到其他事情上。要达到这个时间点，团队成员就要努力工作。对一些人来说，参与一个采购品类管理项目可能是一个职业人重要的甚至改变人生的经验，也可能是第一次真实地经历实施变革的困难，因此，在项目被证明已经取得成功的时间点上，应该做两件事，而且采购品类管理团队领导者和管理者有责任确保做好这两件事：

- 沟通。要取得项目的成功，就要在适当的范围内广泛沟通，让大家了解确保项目成功必须做哪些事情。沟通应该是大张旗鼓的，要让企业看到在采购品类管理项目投资上的效益。
- 庆祝。采购品类管理团队应该通过各种形式庆祝成功，如团队聚餐、晚上出去娱乐或者任何在企业内合适的庆祝活动。庆祝不仅标志项目的成功，感谢那些参与人员；还发出了一个信号——企业认可那些参与采购品类管理项目的人员工作的价值。

将未来的采购战略变为现实

采购品类管理的实施是，将采购计划中定义的未来采购战略变为现实，而这正是采购品类管理项目经常停滞不前的地方。在一个企业内，确定战略的工作与实际推动变革的工作相比是比较容易的。但是，带来挑战的不仅仅是内部变革。从一个已为大家接受的供应商转换到一个新的供应商充满了艰巨的任务，有许多固有风险需要克服。

采购品类管理的实施通常是采购品类管理项目中最长的一个阶段。对于一个大的品类，有大量的利益相关方和复杂的变革，实施的时间可能是六个月或更长时间。包括前期三个阶段所花费的时间，使得它算得上是一个时间长的项目。因此，利益相关方支持者和相关业务人员将有失去兴趣的风险，除非让他们不断地了解情况，或者从一开始就让他们看到“速赢式”的项目的效益。

这一阶段的重点是将焦点、活动和采购品类管理人员所需的技能组合从采购转移到项目和变革管理上。采购人员传统上不具备这些技能，但这些在这个阶段是必不可少的。

到目前为止，跨部门团队一直参与收集数据、分析情况并确定未来的采购战略。从这时起，他们将参与推动新的安排，管理和克服变革阻力，并强化与利益相关方和企业的密切沟通——所有与将意图变为现实相关的活动。

现在需要对跨部门团队的组成结构进行改变。这一阶段是免除或更换团队成员的适当机会。这时候也可以将拥有新技能和经验的人以团队新成员的方式引入。改变团队的阵容可能是一个困难的举动，尤其是当团队已经形成并团结在一起的时候。对是否保留充满激情并且想参加项目但是缺乏项目实施经验的团队成员存在很大的争议，因为这一阶段会给他们带来许多有价值的洞察。然而，采购品类管理团队负责人还必须平衡项目的整体需求。

实施规划

详细地实施计划

这一步是活动，是可选的

采购计划获得批准后，第一步是设计实施的细节。早些时候我们探讨了战略实施计划。相比之下，这一步涉及一个非常详细的方法。事实上，详细程度应足以使战略的所有方面的实施可以被有效地管理和监控。

我将从一个术语开始。一个建筑师将一个计划视为一张图纸。而这里不是，在这种背景下，计划是一张甘特图或其他类似的方法，用来明确活动的整个顺序，这个顺序是用结构化的方法安排的，表述出什么时候什么事情应该完成，这也可以被称为一个方案。

我们之前研究了项目失败的原因，最常见的是“抵制变革”。在我们制订详细计划时，我们关心的不仅仅是失败，还关心可能阻止项目或阻碍其进展或提供次优结果的事情。这些可能包括：

- 资源不足。
- 缺乏重点。
- 满足于较小的结果。
- 当人们抵制时退缩。
- 丧失勇气。
- “injelitus”（缺乏主动性的人，但是嫉妒项目的成功，想让它失败）。

详细地实施计划需要防止项目停止或停滞，包括积极的利益相关方参与和良好的沟通。该计划对于项目的实施和变革的管理是十分重要的，但是制订一个有效的计划并不像你想象得那么复杂。

制订一个复杂的计划，然后简单地将它交给别人，希望他们掌握它所包含的错综复杂的内容，这样做没有任何意义，而现实往往是这样的，除非人们花几小时一一检查计划，否则，即使你告诉他们计划是什么，他们也不能理解。如果没有时间或兴趣研究这样的计划，它只不过是一张纸而已。

如果建造一座桥梁或一个奥林匹克体育场，使用像微软项目管理软件这样的工具是十分重要的，否则，管理这样一个项目几乎是不可能的，因为项目是非常复杂的。另外，由于工具的电子化，通常只需一个人就可以很容易地在任何时候使用它们。但品类管理项目很少需要那么复杂的工具，取而代之的是协作方式。

设想一下，让一个采购品类管理团队聚在一个房间里，花几小时做一项工作，使每个团队成员离开房间时都拥有完整的、一致的计划实施细节：在纸面上、以电子或其他任何方式开发的计划。这将是强大的，自然会导致每个人都齐心协力地实现计划。应用“牛皮纸计划”（见图 7.2 和图 7.3）就可以实现这一结果。

顾名思义，这种技术涉及牛皮纸，通常大约三米长，摊开在桌子上，周围站着团队成员。把便利贴贴在牛皮纸上来共同制订计划。流程如下：

1. 把牛皮纸横向分栏，每一栏代表一个不同的主题或一串活动，并且贴上相应的即时贴。图 7.2 就是一个典型的带有一套便利贴标签的四栏式的、很好地适用于任何采购品类管理的“牛皮纸计划”。

2. 把时间轴标注在纸的底部或顶部。因为是详细计划，所以最好不要超过 12 个月，最多 18 个月，因为计划赶不上变化。如果需要更长的时间范围，请在前 12~18 个月进行详细规划，然后对剩余的时间进行更深入的规划。

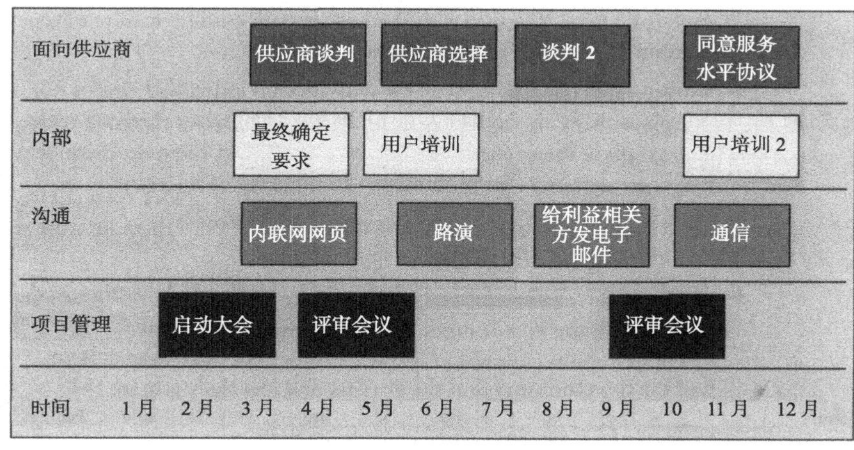

图 7.2　牛皮纸计划

图 7.3　牛皮纸计划活动

3．决定采用一个彩色方案。可以使用各种颜色的便利贴，来表示特定的交流活动或审查会议。

4．团队协作，将活动写在个人便利贴上并将它们贴在牛皮纸上。不要害怕挪动、替换、改变、裁剪、更正它们，或任何展示团队成员共同思考所必需的东西。

5．一旦对便利贴的位置满意了，如果愿意，你就可以画线连接它们。

6．最后，至关重要的是，给计划拍照，然后给牛皮纸上所有的便利贴用透明胶带固定。我曾有这样一个经历，经过一个晚上，第二天早上却发现牛皮纸上的便利贴失去了黏性，掉落在地板上。

在团队集体制订计划时，初期的进展可能比较缓慢，因为团队成员可能想讨论和辩论计划的细节。争论可能会很激烈。但是商讨的过程很关键，不仅可以得到一个有效的计划，也会找到一条全体共识的清晰的前进道路，即使在这条道路上可能会有一些痛苦。最后的结果很可能会更好，毕竟潜在的问题可能很早就已经解决了。

关于牛皮纸计划的实施方法，没有一成不变的规则。图 7.4 展示了一个团队创新地将便利贴裁剪成不同形状，并且花时间用直线使最终的结果整洁规范。正确的方法应该最适合团队。

图 7.4　一个牛皮纸计划的例子

到目前为止，我们讨论了将活动项目按照发生时间展示在牛皮纸上的情况。从效果上来讲，这是一种里程碑式的计划，对于一个小项目来说是不错的方法。但是，这与活动的持续时间也有关，持续时间不是一个便利贴能直观地展示出来的，这里我们可以再去看看甘特图（见图 7.5）。一旦团队填充了牛皮纸计划，就有必要重温它并且将每个便利贴上的事项转换成时间上有关联的活动。在图 7.4 中有这一步。没必要对每个便利贴都这么做。如果活动是简单的而且时间短，就可以留在便利贴上，但是持续时间长的活动就需要用不同的方式表示了。

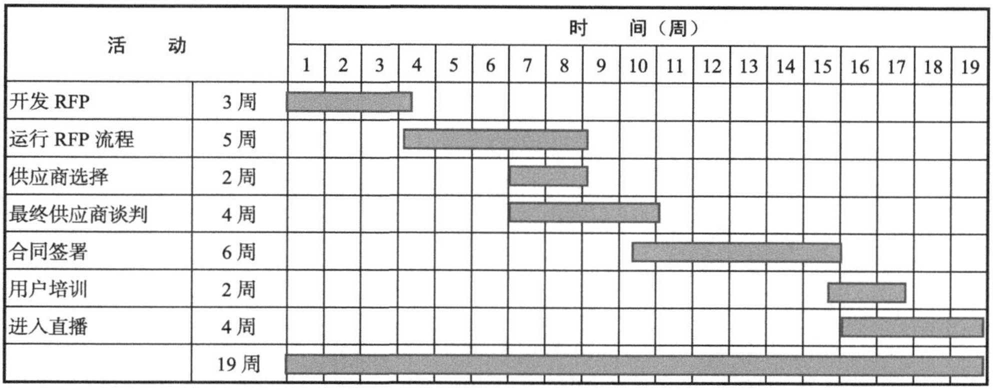

活　动		时　间（周）																		
		1	2	3	4	5	6	7	8	9	10	11	12	13	14	15	16	17	18	19
开发 RFP	3 周																			
运行 RFP 流程	5 周																			
供应商选择	2 周																			
最终供应商谈判	4 周																			
合同签署	6 周																			
用户培训	2 周																			
进入直播	4 周																			
	19 周																			

图 7.5　甘特图

完整的牛皮纸计划一旦完成，就可以将它转换成电子版的计划，电子版的计划便于电子邮件发给其他人并且用来管理项目。为了整个项目也可以保持原有牛皮纸格式，一些最成功的项目已经使用实时更新“牛皮纸计划”的方法来推动审查。这在一个全球化的企业中可能不太好实现，但是保持团队集体参与并形成共识的原则还是至关重要的。而且，电子版计划的某些特质可能会阻碍人们完全接受其内容。

如果你想让计划成为整个项目成功的关键，就需要有创新的眼界，可以用动态文件来确保项目成功。一个完成的牛皮纸计划可以用电子工具重新画，不仅是将电子版的计划发送给相关人员，还应该将电子版的计划打印出来并用传统邮寄的方式寄出去，并附上一张说明，鼓励人们把它挂在墙上。此外，不要让思维受限于专业化的项目计划工具（如项目管理软件），而使用 PPT 或 Excel 或其他一些类似的应用软件就可以很好地满足于一般的采购品类管理。标准化的桌面工具通常已经足够了，它的使用确保其他人不需要另安装软件就可以打开计划。

如果你又想创新，又不想依赖科技，那可以手绘项目计划草图，挂在墙上，用来管理项目。如果你想要分享的话，可以用手机照张照片传给其他人。这种方法会激发一种艺术创造热情，能更好地用视觉展示项目过程中发生的活动。我见过一个团队使用动态的牛皮纸等效物，团队成员聚集在墙上的海报周围，来实际移动活动并添加更新，结果非常有效。

↘ 项目管理

这一步是活动，是至关重要的

这一节不足以说明一个良好计划和协调一致的项目就能成功，所以建议进一步阅读相关主题的材料。除非有经验，采购人员通常不是天生的项目管理者。但是，在采购品类管理中，如果要把出色的采购战略转变成现实并获取利益，那么必须具备项目管理的能力。当然，这种不足可以通过好的项目管理培训和有经验的人的支持来填补。

以下三点的标题包含了项目管理里的一些主要策略。

- **计划**。我们已经讨论了计划，计划是项目管理中关键的组成部分。做计划时要把项目看成全新的，而且你对它一无所知——首先要评估变化的范围，然后做一个整体计划，再分解为几个重要阶段或时间点，关键的活动需要在这些时间点完成。千万不要过度分析，只需要把下一个时间点前的计划详细地制订出来。要把甘特图这种大家都熟悉的工具利用起来，并且要依靠活跃的团体力量去协作制订和更新计划。团队既需要一个高效的计划来与关键利益相关方沟通项目的细节，也需要一个详尽的计划去指导项目。
- **人员**。一个项目中有许多参与人员，也有一些人需要知晓项目的进展。在直接参与工作的团队之外，还应该有其他利益相关方，他们是通过利益相关方定位图确定出来的，并且需要让他们参与到正在进行的项目中，保持他们对项目的支持和热情，同时需要他们的支援才能保持项目的动力。与所有参与人员保持良好的不间断的沟通是至关重要的。管理好计划的直接执行人，保证没有阻碍或者拖延来耽搁项目。每个人都要确保得到所要求的支援。一个好的项目经理，如果得到了支持者的帮助，就能驾驭这些。
- **绩效**。项目管理的关键是保持良好的绩效。计划与进展要定期告知所有参与者。从一开始就需要制定一个收集关于变革进展的数据和记录利益产出的制度。为了保持项目发展的势头和关注程度，成功是需要广泛宣扬的。管理期望也至关重要，需要与利益相关方保持持续的合作，来确保他们信守支持项目的承诺，但也要确保在可接受的项目范围内。

变革管理

这一步有推进作用，是至关重要的

变革管理没有什么工具，没有模型，没有工具程序可以效仿，也没有样本。变革管理对项目起推进作用。它旨在为了成功完成变革，将事物安排到位。在实施计划的过程中，变革管理要确保各项原则的履行。

截至目前，在这本书里，我们已经仔细检验了许多对变革管理有用的工具和方法。利益相关方的参与和项目沟通可以为项目的执行提供帮助，跨部门团队能够让各方的参与最大化，管理层的支持足以让人意识到变革的必要性。

推动变革是采购品类管理的基础之一。想让实施阶段取得成功，就必须关注人们对变革的反应。所以有必要去了解人们对变革如何反应，如何处理变革，在变革过程中人们是如何改变的，并做出相应应对。这里我们要参考一下库伯勒·罗斯的研究成果。

库伯勒·罗斯是一个出生于瑞士的心理学家。她于 1957 年从苏黎世大学医学院毕业，然后去纽约开始了治疗绝症患者的工作。她对医院为垂危病人的治疗很感兴趣。通过举行与绝症患者有关的讲座，她让医学学生直面生命垂危的人。1969 年她最具突破性的研究成果在《论死亡与临终》一书中发表了，这也成为咨询师和护理人员的基准规范。库伯勒·罗斯建立了“悲伤的五个阶段”的学说，用以描述人在认知自己即将死亡时经历的情感历程。按照顺序来说，是否认、愤怒、协商、沮丧，最后是接受。后来，她提出失去亲近的人也会经历相同的阶段。实际上，这些阶段适用于任何面临损失或损失威胁时人们的心理反应。

“悲伤的五个阶段”会出现在本书中，这样做有很好的理由。在一个组织中，变革意味着潜在的或者实际的损失，如可能是失业，失去已经习惯的舒适的工作方式，失去一个靠窗的位置等。我们会以不同的方式经历悲伤的各个阶段，即使还没有发生实际损失，而只是受到了损失的威胁。库伯勒·罗斯的“悲伤的五个阶段”的学说非常好地解释了组织中人员心理的变化。五个阶段反映了在一个组织中个人的整体幸福感或积极性的波动。图 7.6 展示的变化曲线就是根据库伯勒·罗斯的工作成果改编而成的，它能够给出更适合组织的变化的解释。这里的阶段包括固化、否定、愤怒、协商、沮丧、实验、接受、完成。

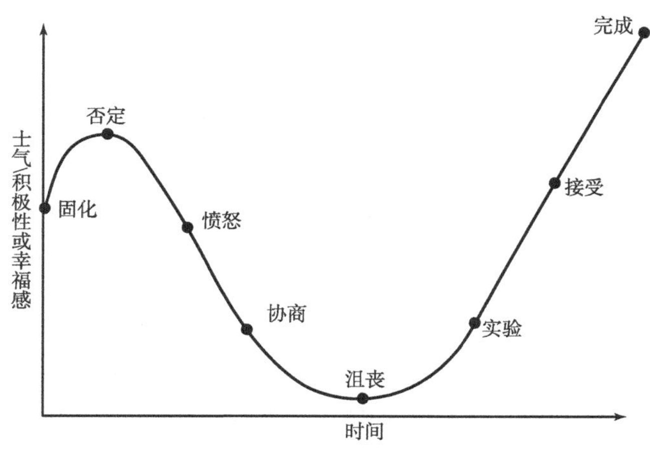

图 7.6　改编自库伯勒·罗斯理论的变化曲线

下面依次来讨论每一个阶段：

- **固化**。这是一件可以改变一切的重要事件，可能是一个震惊，关于损失的消息；也可能是一项声明，关于公司重组或裁员，或者整个部门的业务要被外包或整个部门要迁移到另一个地点。

- **否定**。这是有意识或无意识地拒绝接受事实、信息或现实状况。这是人类天生具有的防御机制，可以防止冲击，进行自我保护。许多动物没有这么复杂的“防御机制”，经常就会因受到严重惊吓而死。作为人类，我们发展出通过否定来延缓处理固化事件的能力，这样随着事件的发生，我们的整体幸福感就会在短时间内有所回升。这可能是有意识地拖延应付现状的举动，也可能是由于我们身体释放的内啡肽引发的下意识的反应，让我们的幸福感有一个短暂提升。否定有可能持续几分钟、几小时甚至几天，在这期间我们不承认固化事件是真的。我们甚至可能笑话它，并且做出一些反常举动，让周围的人觉得不是很得体。
- **愤怒**。否定不会持续很长时间，而且很快就会被沮丧压倒，进而转化成愤怒。愤怒也会被发泄到不同方向。例如，对固化事件的原因发怒，对自己发怒，毫无缘由地对同事发怒。可能表现为一反常态的情绪爆发，做出有悖性格的举动。人们常常不理解他们为什么有这样的行为，但感觉无法去阻止其行为。当观察正在经历变革的人时，愤怒是最明显的阶段，它帮助我们准备为接下来即将发生的事情提供正确的支持。
- **协商**。在库伯勒·罗斯的学说中，协商被认为是一个阶段，是指一个人试图完成交易来逃避无法避免的事情。这可能表现为一个临终的病人“跟上帝讨价还价”，或者在关系破裂的情况下，问“我们还可以做朋友吗”。在组织变革中，协商行为也一样明显，当变革的现实袭来时，人们会竭尽全力去确保一个更有利的结果。这可能表现为类似于：“如果我搬去新办公室，我能坐在窗边吗？”“如果你要裁员，我能有一个好的补偿吗？”乞求一般很少能提供一个持续良久的解决方案。这让人越来越感觉变革是不可避免的。
- **沮丧**。在组织背景下，这不是精神失常的临床定义，其特征是一种普遍的情绪低落，对人的正常活动失去兴趣和体验快乐的能力下降。在本书中，这个状态经常被比喻为一次即将发生的带妆彩排。悲伤、遗憾、恐惧和不确定等情绪混杂在一起是很自然的。沮丧是指人们带着情绪去接受变革。
- **实验**。在组织变革中，实验是沮丧和接受之间的一个阶段。人们希望通过实验的方法去接受变革。举个例子，要是我必须搬到大楼的另外部分去办公，失去了窗边的位置，但至少我距离食堂近了。实验是接受的开始。
- **接受**。这里个人终于接受了变革，并且客观地不带情绪地到新阶段。
- **完成**。接受之后，整体幸福感继续发展提高，作为残留情绪终于消退。在组织内，当到了这一状态时，他们认为“新地方”比“老地方”要好。组织更好地接受了新阶段。最后的动态是，当达到完成阶段时，整体的士气/积极性和幸福感较开始都有提升。这是因为经历了痛苦之后个体更加强大了。

人们知道了正处于组织变革的哪个阶段，有利于帮助组织为变革管理做准备。测定人们在曲线的位置通常是平淡无奇的，但为其提供正确的反应，就要有更多考虑了。图 7.7 显示了帮助人们通过每一段曲线时需要的典型反应。

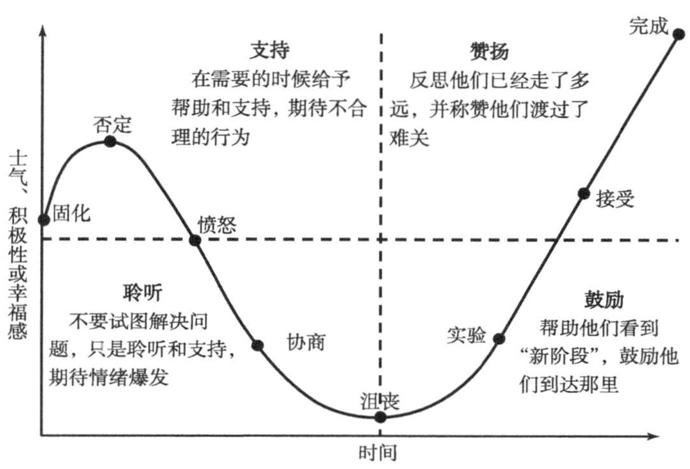

图 7.7　变化的响应周期

任何组织变革都伴随着痛苦，甚至适应力强的经常变革的组织也是如此，对某些地方的某些人来讲也有痛苦。意识到人们是怎么响应这些变化的，对于我们理解和应对这些是有帮助的。在实践中，不管多么好的变革管理，都不是加速变革并使变革平稳进行的一系列积极的措施。关键是，好的变革管理要尽量减少痛苦，从而使变革更加广泛和深入，在阻力更小的情况下，组织目标能够更快地实现。

变革管理必须考虑一些关键因素。它们是：

- **管理层强大的支持**。必须让组织和那些受到变革影响的人看到管理层的支持。这时候项目委员会的角色才会发挥所长。项目委员会需要提供直接的支持或者能够保证其同级别领导提供支持。在这一阶段，支持不仅仅是参与跨部门团队的工作坊和鼓舞团队士气，相反，管理层的支持应该是整个变革沟通之中不可分割的一部分，并应该获得同级别领导和整个组织同事的支持，以及董事会以下所有组织的支持。
- **参与**。不是每个人都可以参与，但是通过良好的沟通和利益相关方参与就可能产生一个具有广泛代表性的团队，让其他人有参与感或者至少有被请教的感觉。
- **提供必要的资源**。没有资源的实施过程是困难的。如果组织不能提供充分的资源，实施过程就会失败。在制订计划的过程中，采购品类管理团队需要确认所需要的资源，并让项目管理委员会确保提供相应的资源。在一个繁忙的组织中，让一群已经很繁忙的人再去承担一些工作来支撑采购战略的实施可能效果不佳，因此人们需要从众多任务中解脱出来专门提供支持。

- **创造一种被需要的感觉**。这需要让受到影响的人们看到真正的愿景，并且告诉他们这为什么很重要。单个的事件或活动是不能实现这一目标的，而需要把所有的项目活动、沟通信息和利益相关方的参与结合起来，创造需求变革的持续目标。如果人们感觉到其被需要，人们更有可能接受变革而不是抵制变革。

实施项目

准备 RFP 和 RFQ 并运行招标过程

这一步收集工具，是可选的

实施新的采购战略，很可能要找一个供应商来提供产品或服务。这可能包括要引进新的供应商，或者发展现有的供应商。这里我们需要找到能提供最合适的解决方案、最具价格竞争优势的供应商，这样才能满足我们事先定好的商业需求。供应商也要精准地提供我们所需要的产品，而不是他们想卖的产品。

RFP 和 RFQ（定义见下文）是招标过程的一部分，是买方向一个或多个卖方征求具体信息，以确定最佳解决方案或供应商的文件。RFP、RFQ 或标书可以是一份文件（纸质版或电子版），也可以在互联网平台上用于交流。其中包括向供应商提出的一系列问题，或者要求提供与买方的要求和供应商的能力与想法相关的具体信息，或者提供产品或服务的报价单。

不管术语如何表述，这个步骤都是关于招标的，而且在采购品类管理流程中的作用很重要。这些工具将在未来的数字化采购世界中发生变化，未来的系统将减少甚至可能消除我们今天所知道的，但目前它还是品类管理的一个关键组成部分。有许多企业声称不会使用任何招标过程，或者小企业会根据既定的关系或推荐来选择和确认供应商——供应商被邀请参加，双方会有一番关于所需什么和价格的商讨，然后达成协议。这实际上是招标的过程，但它是非正式的，而且是基于关系的。这类招标的例子还可以在大公司见到，经常是高层带来一个以前合作过的咨询团队或专家，或者是在那些依靠关系做生意的组织中。但是，对我们其他人来说，如此非正式的方式缺少组织所需的能达到预期效果的架构和必要的透明度。这么做的理由是很充分的，不只是为了保护个体，也是为了让组织利益最大化。

在招标过程中，有时需要高度正式的形式和严格的程序安排以确保违规操作没有任何机会。以前，建筑公司对于公共建筑的招标书都是通过一个密封的信封在给定的时间交到一个特定的地点。所有的投标人要被带到一个小屋子里，在一个独立机构在场的情况下打开信封。这就可以保证提交的招标书不会被提前打开，招标的信息也不会被泄露给竞争者，要不然他们会在最后时刻改变他们的招标书。

即使是依靠价格决定胜出者，这样的安排也是有必要的。但是，一个好的招标要考察供应商各个方面的因素，确保他们满足要求并且提供总体上最有价值的解决方案。价格是重要的，但仅仅是整体方案中的一个要素。基于这个原因，现在有些招标过程已不那么正式了。在一些特定的领域里，买方需要尽一些特定的义务。例如，我们在第 2 章中介绍的，世界各地的公共部门采购通常受到全面规则、既定流程和任何招标活动要求的约束。在欧洲的公共部门（和一些受监管的私营部门），采购组织必须遵守欧盟立法规定的严格的招标规则。基于此，所有合同的标的高于一个规定值的招标都必须公告，这样任何潜在的能够满足基本条件的供应商都可以参与竞标。

在商业领域中，招标的规则通常很少，一般根据公司的制度、好的经验和道德伦理方面的要求来确定。因此，买方进行公开透明的招标过程是义不容辞的，尤其是在之后需要对采购行为进行审计的情况下。因为这个原因，我们选择供应商要用到如下一个正式过程。

1．需求的定义。为了参与投标或报价，供应商需要知道我们想要什么。在实施过程中，这一阶段要正式确定我们的需求。然而，这个定义可能还没有完全形成，但应该从业务需求中确定的需求中产生。

2．询价。邀请供应商对一些特定信息的问题或要求给出回应。这些问题或要求是关于买方已陈述的需求的。这是供应商展示美好印象的机会，他们通常会花很长时间准备完美的回应。

3．分析回应。仔细研究分析供应商的回应。招标流程的方案会决定怎样比较不同的供应商。

4．选择供应商/解决方案。通过对供应商回应的分析，选择提供最佳方案的供应商。应该根据业务需求告知如何进行选择和采用什么样的选择标准。当然，如何进行选择和采用什么样的选择标准也是非常重要的。这一阶段在最终确定所选择的供应商前还需要做许多工作。

在与招投标相关的不同工具和方法中，我们可以发现许多相关术语，这些术语根据我们所在的组织或行业的不同而有所变化。即使投标这个词，也没有被普遍接受，例如，在美国就不是那么通用，所以清楚我们在讨论什么很重要。下面是一些常见的术语及其解释。

RFI（Request for Information，信息邀请书）。在采购品类管理流程的初期，

RFI 作为数据收集活动的一部分是非常有用的。前面我们简单提及过。RFI 是一种信息征求的工具，通过发送给当前供应商或潜在供应商，收集总体信息，如产能、产品、地域覆盖率、公司组织架构等。RFI 并不是招标活动的一部分，由于完整性的原因，我还是把它放在这一节。

RFP（Request for Proposal，建议邀请书）。它是一个由买家向供应商发布的询问工具，旨在邀请少数供应商就如何满足某些规定的要求提出具体建议。品类采购战略会大体上描述我们该如何做，但是不会精确地描述我们到底要什么。例如，我们试图找到一个供应商去开发和管理一个大的公司网站，我们可能清楚我们想达到的效果，但是不清楚怎么建立和维护网站。在这里我们需要一些建议和专家意见。那些对这项工作了如指掌的人，即我们的供应商或潜在供应商，是最好的建议来源。RFP 既是对供应商进行资格审查的一种方式，也是就如何满足我们的总需求获得宝贵意见的一种方式。因此，任何好的 RFP 都应包括一个选项，即在他们发现一个好的方法来满足我们的需求的情况下，接受他们提出的替代方案。值得注意的是，一些买家利用 RFP 去搜集不同供应商的最佳建议，然后把它们合并成一个新的需求声明，并作为 RFQ 发送出去。虽然这是一个有效的战术，但是供应商很快就会对花费大量时间向我们提供他们的最佳建议，而这些建议却被转给竞争对手使用而感到不满。如果再邀请这些供应商参加将来的一些工作，他们可能就不那么积极了。而且，如果买卖双方签订了保密协议，为卖方提供了必要的保护，那么这种策略可能会违反保密协议，使用这种策略时要格外小心。因此，RFP：

- 邀请供应商来投标。
- 寻求问题或需求的解决方案。
- 传递关键的商业需求。
- 专注于供应商的能力、资质和方案。

RFQ（Request for Quotation，报价邀请书）。RFQ 是买方向一小部分供应商提出的询价，询问明确的商业报价方案。RFQ 通常会在 RFP 之后，以进一步细化所需内容的定义，并且邀请一小部分供应商重新竞标。但是，这一次要求供应商提供一个对应规格产品的报价。有时候 RFQ 与 RFP 结合在一起作为定价的一部分。总结起来，RFQ：

- 要求对特定产品或服务提供报价和备选方案。
- 有一个清晰的产品规格和明确的需求。
- 很有竞争性。

RFx（Request for x，x 邀请书）。这是一个通用术语，用来描述跟任何买方“询问”诉求有关的方法。

e-RFI、e-RFP、e-RFQ、e-RFx。这些是更常用的电子招标和评估工具，它们可以支持、加快和优化可获得的利益，能够自动分析询盘的回应。电子招标工具可以是指一个简单的电子邮件文档，但今天更典型的是指，使用多种基于互联网的平台。在这里 e-RFx 被设置在安全平台上，供应商通过电子邮件受邀参与投标。提供回应需要受邀的供应商登录并在线提供一系列问题的回应。e-RFx 平台的优势是，如果有效利用，将问题设置好，最大化利用基于价值的“是/不是”这样的回答，可以迅速和自动地分析并且直接对方案进行比对。

— ITT（招标书）是 RFQ 另一个更传统的叫法。
— 竞标过程是 RFQ 的另一个叫法。
— 投标过程是 RFQ 的另一个叫法。
— 资格预审问卷表是 RFI 的一种形式，通常用于公共领域的采购，在招标前对供应商进行资格预审。

RFP 和 RFQ 是目前应用最广泛的术语。RFP 对于问题的设计和 RFQ 对于寻求精确的反馈都很重要，并且可以进行简单比对。如果需要一些质量很高的反馈，招标书就该尽量简短。

RFI、RFP 和 RFQ 之间的区别如图 7.8 所示。

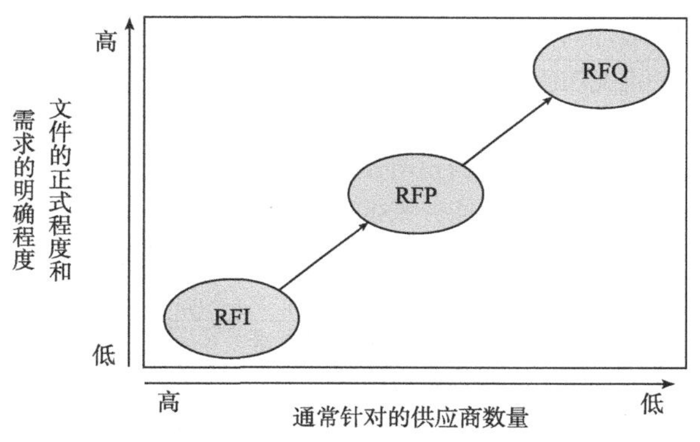

图 7.8　RFI、RFP 和 RFQ 之间的区别

从供应商的角度，如果招标书太长、太复杂，需要一个团队去提供必要的信息，回答所有问题，就会有供应商的回应承诺打折扣的风险，在所有需要回答的问题中，供应商提供的最重要的信息却被淡化了。最糟糕的情况是，供应商拒绝参加，以便他们可以重新把努力投入其他的机会上。那么，设计招标书的时候就要不断反思我们所问问题的目的和关联。对于每一个问题，都要问：为什么我要问这个问题？他们会告诉我什么？另一个有用的方法就是从问自己开始：要是我只能问十个问题，会问什么？为了让招标书尽量简短，应该系统地安排好招标书，这样供应商就知道他们被期望什么了。自然而然地，一些关键元素必须包括在内。表 7.1 列举了一些招标书通常应该包含的部分，也说明了一些组合文件和独立文件的区别。

表 7.1　RFP 或 RFQ 可能包含的部分

部　　分	细　　节	RFP	RFQ
介绍和背景	业务介绍、RFP/RFQ、RFP 的目的，以及业务如何进入这一阶段	是	是
范围和边界	相关品类或地区的范围和边界，包括地理边界	是	是
联系点	投标过程中可能提出的任何问题的回复地址和联系点。注意，如果在 RFP/RFQ 中提供了联系点，则应确保此联系点在流程运行时可用	是	是
保密	保密声明，要求供应商对 RFP 及其与你的交易细节保密（除非另行规定）。这也可能是向供应商保证机密性的双向声明	是	是
承诺	阐明通过提交 RFP/ RFQ 没有使用供应商的义务或进一步承诺的声明	是	是
投标/RFP/RFQ 流程	投标过程的详细信息和对受访者的说明以及所需的格式。这应该包括： • 答复的时间表和截止日期 • 如何提交答复 • 如何提出问题或寻求澄清 • 选择将如何进行，包括将应用的评估标准	是	是
需求	需求的定义和所做的任何假设（这些通常可以直接从业务需求中获取）。也许是对未来的愿景以及这一支出领域的发展方式	是	是
预期数量/合同规模	供应商需要衡量合同的预期数量或规模。这可能涉及展示当前数量和对未来的预测，或者概述所需的服务规模。请记住，在这个阶段没有承诺向供应商提供准确的数量，但人为地过度说明可能会给以后的合同签订带来困难	是	是
主要问题	一系列具体问题和对信息或建议的要求	是	也许
替代方案	供应商有机会提出额外的替代建议	也许	也许
定价	要求提供定价或费用。允许在供应商之间进行有效的比较。应避免允许供应商提供“全包定价”的建议。相反，应要求供应商根据预定义的成本要素明细进行报价，或者在无法提供其全部明细的情况下进行报价	否	是
条款和条件	适用的条款和条件（以及供应商的回应，即接受这些条款和条件或说明需要进一步讨论的地方）	是	是
附录和附件	附录、附件和更多信息	如果需要	如果需要

从历史上看，RFP 和 RFQ 都是基于纸质流程的，而如今，电子 RFP 和电子 RFQ 已成为主流。电子 RFx 工具带来了极大的效率，但如果应用不当，它们也可能会限制整体招标方法的有效性。在预定领域征求一系列答案的过程提供了简单的交叉响应分析，但除非这些问题是围绕一套完善且精确的业务需求精心设计的，否则该方法将无法完全了解供应端的情况。实际上，这就像选择通过望远镜观察市场或供应商的全部可能性一样。这可以通过经验丰富、训练有素的从业者和有效使用这些工具来克服，但根据我的经验，通过 RFx 工具了解的情况通常不是最佳的。导致他们误用的最常见错误是假设买方知道要采购的一切。采购品类管理通过确保 RFx 是围绕业务需求设计来克服这一点，因此之前的重点是让这些 RFx 与业务一起得到充分开发。

招标书的重点、提问的问题类型，需要根据我们的需求和要采购品类的类型进行撰写。例如，我们要选择承办酒席的供应商，那么招标书就要专注于服务、供应商如何满足我们的特定需求，以及供应商想要吸引用户的相关想法。一旦服务细节敲定，招标书就要寻求特别的定价细节。但是，如果我们要采购原始设备制造商的备件（我们没有别的选择，只能买他们的），那么在招标书中要求有创造性的投入和最好的价格就基本没有任何益处。取而代之的是，我们应该专注于备件的易损程度。如果有机会去重新确定备件的规格，就要以开发替代品为目标。在这种情况下，许多供应商可以提供替代的通用备件来满足同样的规格，这时 RFI 可能也是有用的。为了确定重点，我们使用基准日分析。图 7.9 表明了每一个象限里的变化，以及我们的招标书需要寻求的资格。基准日分析也会帮助我们确定什么时候这些询价方法是有用的。例如，我们的品类在特制品类象限，那么招标书就没有什么意义了。

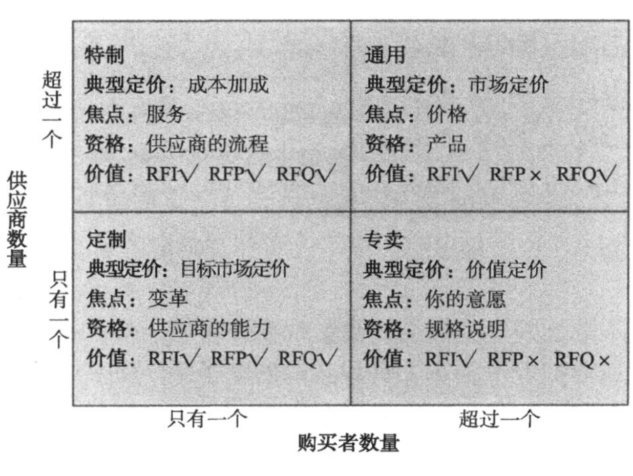

图 7.9　基准日分析

招标书的类型、适宜性和结构在公共部门的采购中都会改变。章程和条例决定买方如何走进市场，如商业部门，应用一个 RFP 去收集供应商的建议和创意想法就很普遍。但是，公共部门采购就不能那么直接了。

在欧盟，采购主体必须秉承公平对待的原则，这就要求用谨慎的方法去寻求多个供应商的意见。随后的招标过程需要遵循一系列合同确定的办法，这里将集中向一个供应商采购，以使采购总量高于设定的门槛。公共部门采购通常并不限制招标阶段中可以做什么，但是需要做一些不同的事情来满足当下现行法规确定的一些原则。一般情况下，公共部门采购的招标要求买方更多地参与到一线，这样才能确定一个清晰的商业需求。这就意味着进入市场时，需要一个精确而完整的招标需求，不仅涉及货物或服务，更延展到合同和合作关系的管理方面。

招标过程的最后一个阶段是选择供应商。在采购品类管理中，这会在总体进程中的后期讨论（见本章的后面部分）。传统的招标经常依照预先确定的标准来选择供应商，如最低价格标准，然后就生成了合同。但是，现在的商业领域普遍有进一步的谈判，可能是面对面的，也可能通过电话或网上竞标，然后再确定供应商。（这在公共部门采购中是少见的。）

↘ 利用电子拍卖支持采购品类战略

这一步是工具，是可选的

拍卖会场和 eBay 是我们拍卖物品时比较熟悉的环境，经常从给定价格开始，随着竞标者的数量或物品的受欢迎度等而涨价或降价。在采购领域，电子拍卖是完全一样的，只是它反向运作，由买方发起。电子拍卖是一项基于互联网的活动，邀请供应商对确定的商品或服务提供报价。它在有限的时间内实时发生，买方经常可以在线观看活动的进展并查看所有供应商的竞标，但无法识别他们的身份。在活动期间，供应商通过出价和还价来竞标，每次出价都使价格降低，以便在网上竞标结束时提供最好的报价。在网上竞标期间价格是逐步下降的，与 eBay 这类的拍卖是相反的。因此，网上竞标也经常被叫作“反向拍卖”或“电子反向拍卖”。

图 7.10 展示了一个典型的网上竞标最后阶段的屏幕截图。正在讨论的拍卖一开始有六家供应商（在这个虚拟例子中，一切都是确定的），随着时间的推移可以多次竞标。

全球采购界不缺乏网上竞标供应商，现在许多供应商都会提供有附加价值的解决方案，他们通常把电子拍卖工具和其他的电子采购工具结合在一起，甚至还提供咨询支持。方案也大有不同，从一个简单的购买无线使用的网上在线端口的许可证，到一个按次收费的全面管理的拍卖平台程序。

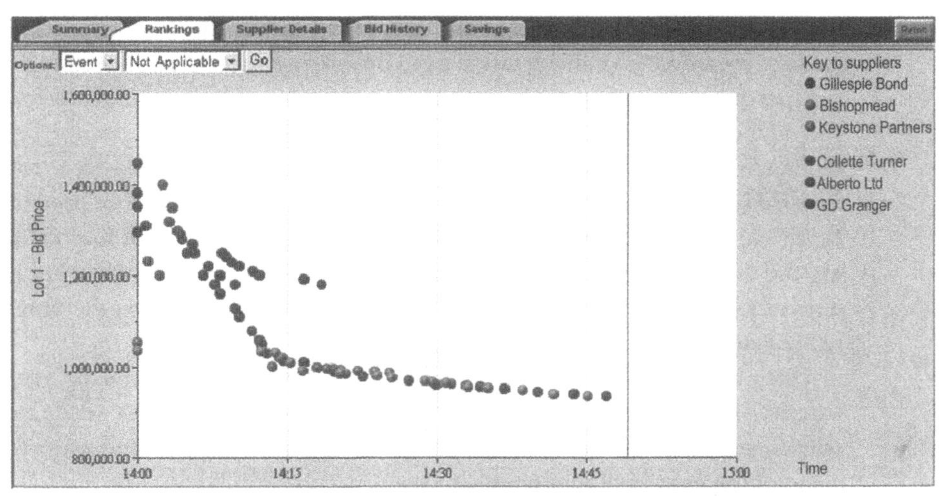

图 7.10　网上竞标最后阶段图例

本书之前曾提到，供应商为了提高价格会提供一些增值服务。网上竞标只是一种工具，只是具有电子采购功能的众多工具之一。许多组织都错误地以为电子拍卖能大显神通，期待通过它能实现及时或长期利益。这是一个强大的工具，但是只有将电子拍卖整合到整个采购流程中才能发挥其长处。组织经常购买电子拍卖平台或许可证，然后将它们设置为一个独立的外部支持，与可能存在的任何采购战略流程隔离开来。这样只会多出一些方法，导致混乱并且影响总体目标的实现。另外，需要注意的一点就是要保证使用界面友好。

在采购品类管理中，电子拍卖是一个可以选择的工具，在恰当的时候能派上用场，通常会用在第四阶段，也就是实施阶段。请记住，使用一个合适的电子拍卖平台就必须考虑到每年要开展几次竞标、最初要求的培训（对于一个好的网络平台，需要的培训是极少的）和商业安排。例如，一个无限次使用的许可证（通常会选择这个），或者一个按次数付费的安排。最关键的是，跟一个电子拍卖提供者签约并不是很昂贵的投资。确定商业需求后，仔细寻找，再投入购买，因为电子拍卖技术并不是高端科技，也不复杂。实际上，它越简单，就有越多的人想用它。

一旦合适的平台准备就绪，在合适的品类和对参与者适当培训的前提下，通过有效的实施就可以取得电子拍卖的成功。电子拍卖还有许多变形，下面是一些最常见的。

- **标准的逆向拍卖**。单一的投注拍卖。在事先规定的时间框架下供应商竞标能为这个投注提供什么。拍卖可能突然终止，也可能随着竞标而拓展。
- **优选竞标**。多个投注的拍卖。供应商可以选择他们感兴趣的进行竞标。

- **捆绑式竞标**。所有的需求都捆绑在一起。供应商对整体进行竞标。
- **减价竞标（价格逐步降低的拍卖）**。它是指拍卖标的的竞价由高到低依次递减直到第一个竞买人应价时击槌成交的一种拍卖。
- **优选减价竞标**。一个许多注的拍卖，每一注都按照减价竞标的方式来进行。
- **日本式竞标**。竞标开始于预先订好的价格点，逐步递减，每一次降价的幅度也是预先设定好的。每个供应商都必须接受每一次降价的幅度，否则就出局。

还有其他电子拍卖类型。实际上，一家电子拍卖提供商可能会吹嘘，其平台有超过 55 种不同的拍卖类型，足以涵盖所有可能发生的情况。

在电子拍卖的早期，供应商在竞标时会犯严重的错误。虽然他们会设定一个“地板价”，低于这个地板价他们就会放弃，但在激烈的竞标中，一旦看到竞争者出了低价，就不断地缩减利润空间。其他的供应商也会做类似的事情，电子拍卖的出价就会暴跌，经常会到一个无法维持的程度。这种情况现在已经有所改观，供应商逐渐也能更娴熟地参与到电子拍卖中。但是，拍卖中仍会有一种紧迫感，迫使供应商提供最有竞争力的方案，放弃他们想要得到利益最大化的战术。另一个对买方有帮助的关键因素是电子拍卖的运作方式。电子拍卖只是另一种谈判形式，但不是面对面的，也不需要人为的互动。买方就不需要独特的谈判水平去对抗一个受过培训的经验丰富的供应商团队。电子拍卖和良好的规划在这里起到了关键作用。

如果执行得好，电子拍卖会将价格压到市场所能承受的最低价。而且，电子拍卖缩短了决策时间，也让供应商不必顾虑竞标地点的远近。尽管供应商早前反对电子拍卖，现在也已经把它当作招标的一种方式。实际上，现在的供应商很积极地看待电子拍卖，视它为一个能提供更多层次的平台，有一个很好的透明度，也降低了供应商的销售成本，并且为供应商提供有关他们的报价与市场上其他公司的报价相比较的信息。

不管怎样，电子拍卖不是特效药，只是在一定的情况下才有效，怎样去实施它对成功与否十分关键。下面就是一些它必须具备的因素。

- **分组策略**。这对成功至关重要。分组是将整体需求分解为几个互不关联的工作包，这样便于竞标，便于相互比较。分组拍卖提供了一个更灵活、更安全的备选方案，但是它们的运行成本可能很高，并且存在供应商优选他们感兴趣的买方的风险。
- **规格**。与分组紧密相连的就是，买者必须清晰地确定和沟通好每个商品或服务的规格。在电子拍卖没有开始前，要想了解买方的需求，供应商通常需要通过几次会议才能获得足够的信息，以便做出建议方案。电子拍卖不需要这样的会议，所以必须从商业需求中得出一个清晰的需求界定。任何不清楚的地方都会导致竞标没有可比性。

- **邀请合适的供应商**。研究那些潜在的供应商，如果可能的话，就对他们进行资质预审，在电子拍卖前排除那些无法满足最低技术或商业标准的供应商。一个预招标的信息邀请书在这里就很恰当。想让拍卖有价值，就必须有相应资质的供应商。尽管没有确切的数目，但只有两个供应商的拍卖一般不可能有满意的结果（不过也有例外）。8 是一个不错的数字，而 15 个供应商又太多，会让拍卖很难管理协调。
- **选择标准**。选择供应商的标准应在拍卖前确定并公布给参与的供应商。这是重要的一步。我们可以选择“最低中标”，或保持灵活性，这样我们就不必选择价格最低的方案，但是我们应该保证在做出决定前就已经收盘（结束拍卖）。如果我们随后担心最低价供应商的出价，这将有所帮助。电子拍卖也可能不是最终的决定者，可能需要进一步谈判。让拍卖不只是一个基于价格的事件。再次强调，这些参与者需要知道这个过程是怎样进行的。
- **培训与沟通**。不要期望供应商知道如何进行电子拍卖。许多供应商都有很好的电子拍卖经验而且知道很多不同电子拍卖平台，但是培训和良好的沟通对于让供应商做好商业和技术方面的准备和排除他们蓄意的不良手段是非常重要的。如果部分或所有的供应商都没有这方面的经验，在正式电子拍卖前有一个预演也是很值得的。事前沟通也是旨在让供应商知道参与的好处，最大化他们的兴趣和参与度。
- **发布公告**。根据选择标准选出中标的供应商或者入围供应商的名单，并把结果告知所有的参与者。向供应商提供反馈并且告知从这次拍卖活动中学到的东西是一种很好的做法。

一旦电子拍卖完成并做出决定，就要与中标供应商实施新的安排。如果竞标完成后的实施跟竞标一样简单，即在网上单击“启用新供应商”按钮，然后管理变革就易如反掌了。但是没有这样的按钮也没有人会提供它，正如我们之前看到的，将想法变为现实是非常困难的。虽然通过网上竞标使得价格大幅度降低，但采购团队在实施新的安排时还需要一番艰苦的努力，因为没有什么政策可以去遵循。正如我们之前看到的，网上竞标只是实施过程中的支持工具，想让这个工具有效，就要认真监控它的使用状况。

电子拍卖并非适用于所有情况，在许多情况下根本不应该使用它们。当市场有很多能够提供非常通用的或标准化的产品或服务的供应商时，竞标平台是非常有用的。我们重新回顾一下组合分析，电子拍卖对于在“获得”和“杠杆”象限的品类是很有用的，但是对于“关键”象限的大多数品类和“战略”象限的品类就完全不合适，因为这两个市场太难并且缺乏竞争性，电子拍卖无法发挥作用（见图 7.11）。不要试图改变市场，除非你足够强大。对于那些价格是由市场决定的和那些不断变化的商品，并不适合电子拍卖。举个例子，电子拍卖如果只有两个供应商，他们的产品因为成本的增加，其价格会只增不减。

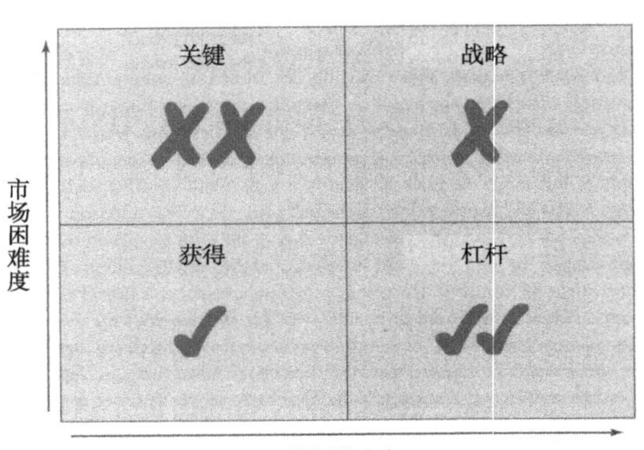

图 7.11　使用组合分析的电子拍卖的可行性

选择供应商

这一步是活动，是可选的

正如它的字面意思，选择供应商是选择我们想合作的一个或几个供应商。在采购品类管理流程中，当采购战略需要一个新的供应商或者现在的采购安排需要向市场开放、需要找到最好的供应商时，选择供应商这个活动就出现了。在这种情况下，招标活动主要包括我们的评估活动。但是，选择供应商也是一个通用的方法，当需要选择和安排一个最合适的供应商时，就可以用这个方法。

选择供应商就好像把所有候选供应商放进一个漏斗（见图 7.12），然后进行一系列选择和评估活动，逐渐去除不符合要求的，这样就能把提供最好解决方案的供应商留下来。这么做的目的就是留下一个或几个，然后我们来继续考察。选择的过程不一定要确定最终的供应商，但是要确定一个供最后挑选（或考虑）用的候选名单，进行谈判和合同的讨论。这一选择过程在商业领域中尤为重要，并且能很大程度上改变中途选择。例如，需求可能改变，或者可能需要进行额外的评估。但是，在公共部门采购中这个漏斗可能大不一样，它需要遵循现行采购法规的条款。从一开始就要确定清晰的供应商选择流程。依据使用签订合同的方法，在漏斗前几个步骤中严格执行，随着时间的推移，谈判细化或优化需求就会容易得多。

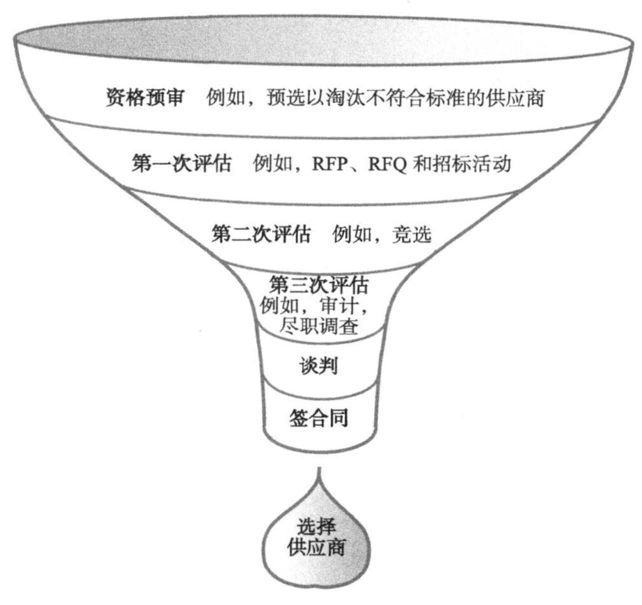

图 7.12　选择供应商的漏斗流程

在采购品类管理中，一个完整的供应商选择过程始于招标，直到谈判和签合同。我下面依次讨论每个选择步骤。

资格预审

这个初始步骤可以防止我们浪费精力，旨在排除不符合基本要求的供应商。例如，我们需要选择一个新的移动通信供应商，签订一份大的用户合同，而在这一领域只有少数几个供应商，那么我们就可能让他们都参加竞标。但是，如果我们要在公司所在地去寻找园艺承包商，在网上搜索关键词就可以弹出几百个供应商，从单个个人到只有几人的园艺服务小公司，再到适合服务于商业领域的专业性的大园艺公司。显然，给几百人发送信息邀请函很浪费时间，许多小的商业个体也不知道怎么回复，分析这么多的回复也需要很长时间。资格预审是必要的，为此需要一些资格预审标准。这个例子中，供应商标准中诸如雇员的数量、营业额、是否通过 ISO 9001 的资质认证，可能会排除 90%的公司，留下几家具有高质量管理体系的大供应商。找出适合资格预审标准的信息，需要一个简单的信息邀请函，或者需要使用网络或电话对每一家公司进行快速调研来得到一些基本事实。

第一次评估：招标过程

资格预审后，第一次评估通常就是招标过程。假设这里有不止一个供应商，那么供最后挑选（或考虑）用的候选名单就要进行更进一步的评估。显然，如果只选择了一家供应商，更进一步的比较评估就意义不大了，但是，更进一步的努力和谈判仍然是需要的。

第二次评估：竞选

招标后，下一步常常是细致的评估。例如，如果我们为一个大的计划购买咨询服务，一份入围候选供应商的招标回应可能是精雕细琢的方案，很有吸引力地描述了他们公司能做什么。报价书上给出的投标价格也很优惠。但是，我们只有见到了要合作的人，然后与他们洽谈如何处理我们的任务，才有可能得到一个全面的供应商评估。招标邀请的过程是要求供应商精确回答我们的问题。当我们真正与供应商接洽的时候，供应商才真正有机会告诉我们他们实际上能做什么，这些可能是在我们的问题中没有问到的。

另外，如果想要跟供应商紧密合作，我们就要确定能够跟相关的人员合作，而一个招标函的回应不会告诉我们这些，唯一的办法就是与他们见面。评估不只是看供应商能做什么，也会涉及评估一个产品、一个过程、一项能力或一个项目的方案。

常用的选择供应商的活动是供应商的自我陈述，也经常被叫作“选美”。就像通过初试的选美小姐在选美裁判前展示自己一样，同样通过资格预审入围的供应商也要对他们提出的方案给出最终的展示，一个接一个地展示给一群代表，这群代表可能就是决策者。这群代表通常应该包括采购品类管理团队的所有成员。

当组织供应商自我展示的时候，应该把活动安排在一两天内完成，以便采购品类管理团队成员能够把每一个展示记在脑海里，对供应商之间进行相互比较。供应商自我展示的内容和日程要事先安排好，但是也可能包括如下几点：

- 需求和过程的总结。
- 供应商提案的总结。
- 供应商打算如何实施新的供应安排。
- 客户管理团队的架构。
- 费用方案。
- 问题与回答（供求双向的）。

供应商展示会在参与者中激起紧张的竞争气氛，因为大家都知道只有最优的能胜出。于是，供应商就会很努力地去规划他们的方案和展示他们自身，但是他们也想了解什么是我们最想要的，以及我们是怎么决策的。这样很好，预示着供应商会根据我们的需求来匹配相应的能力。在日程安排上，应该给出时间来描述我们的需求并允许他们对我们提问（理想的时间是在展示活动的结束阶段）。

供应商展示是供应商定规的好机会。例如，可以让供应商提供一个修订的费用方案。另外，一个供应商到现场展示活动时，正好看见另一个供应商离开，就很可能增强竞争意识。供应商也会通过看访客名单来打探一些信息，打探已经有多少供应商做了展示，这些竞争者是国内的还是国际的等。对于这些我们没有必要进行掩饰。

有效的供应商选择需要结构化的评价工具。图 7.13 给出了一个简单的例子。这跟之前备选方案评估矩阵很像，因为二者遵循了一样的权重和评分原则。该工具包含三部分：RFP 的评估（结构化评估以反映如何满足业务需求）、供应商展示的评估以及费用和价格的评估。在这个例子中，根据权重对每个部分独立评估，结果是对每个供应商的 REP、展示以及费用和价格的汇总评分。

选择供应商						
选择标准	权　重	最大分值	供应商 1	供应商 2	供应商 3	供应商 4
业务需求评估	行/不行	—				
业务需求 1	40%	400				
业务需求 2	10%	100				
业务需求 3	30%	300				
业务需求 4	20%	200				
RFP 的评估	100%	1 000				
展示质量	10%	100				
实施规划	30%	300				
人员文化契合度	30%	300				
了解需求	10%	100				
变革	20%	200				
供应商展示的评估	100%	1 000				
费用和定价	70%	700				
条款和条件	30%	300				
费用和价格的评估	100%	1 000				

图 7.13　供应商选择矩阵

这只是一个简单的例子。真正的方法应该是采购品类管理团队根据采购战略围绕业务需求开发的。它应该展示出团队如何去评估一些软性领域，如供应商相关人员的性格特征。方法不必像例子中那样定量化，但必须保持跟使用的方法一致，这样才能对供应商进行有效的比较，并提供供应商选择标准，供以后回顾。

最后，供应商选择的方法和任何定量的因素（包括权重）都应该事先提出来，避免产生偏差。一个基于团队成员个人评分的平均分值给出的完全数字化评估可能会让一些不显眼的但是相关的事项被忽略。但是，将量化的评估和集体讨论得出的最终分数结合起来进行决策，可以确保最终决策的稳健性，更重要的是，决策可以得到整个团队的全力支持。

正如我们在 RFP 和 RFQ 一节中看到的，需要采取正式的、结构清晰的和透明公开的方法。这同样适用于供应商选择，即使这一要求并不是由公共部门采购法规提出来的，如果需要的话，以明确定义的方式运行供应商选择过程也是一种很好的做法，可以经得起其他人的询问。这不只是为了防止采购品类管理团队偏爱某个供应商（这种方法将提供这种防范），也更是为了排除在最后一刻来自强势的利益相关方的阻力。当一个关键利益相关方知晓他最喜欢的供应商失去了机会时，这个项目就可能被一连串经过深思熟虑的理由所危及，这些理由说明采购品类管理战略是错误的，应该停止。如果利益相关方要推动这种现象的发生，那么结果是可怕的。显然，之前进行的与利益相关方良好的沟通和安排有利于阻止这种事情的发生，但是经验表明，当战略要被实施时，之前似乎支持的人可能会反对。一个良好的妥善存档的选择过程可以提供事实与数据的记录，记录他们的历程以及最后是怎样达成一致的。决策的基础是稳健的，就很难再遭质疑。附录 A 给出了一个模板。

第三次评估

到现在为止，我们已经选择了希望进一步商讨和接触的供应商，如果需要，要对供应商进行更进一步的检查和核实。这一步经常被叫作尽职调查，就是为了确保供应商的身份是真实的，其所言也属实。旨在确保他们有必需的组织能力和系统，将计划安排准备就绪。这一步就像雇主给我们提供了一份工作同时对我们做背景调查，而这里就是我们对供应商的背景做调查。另外，这可能涉及对其设施进行审查，检查其是否有所述的资质或认证，或者财务状况。

谈判与签合同

当评估环节结束后，供应商选择的工作并没有真正完结，直到我们与供应商结束了谈判并签订了合同才算完成供应商的选择。我们之前选择的供应商在这里可能被舍弃，可能因为谈判中的一些争执或合同条款的一些差异没有能够得到解决。更糟的是，供应商可能在这个阶段退出（这完全是有可能的），可能只是对方的一个战略，也可能是收到反馈后，他们觉得他们给出的报价太低无法维持合同的执行。选择供应商的流程在新的供应商确定前或者合同签订前还要继续下去。于是我们需要为这种情况做好准备，并且保留好次选的供应商，直到我们确定不用他们。我会在接下来的两节介绍谈判和签合同准备的细节。

选择供应商

选择好供应商后我们就可以运营了。但是还需要做一些收尾工作，且我们需要通知竞标不成功的供应商。这一步经常是被遗忘或被忽略的，因为对于采购品类经理来说他们更容易把精力全部放在选择的供应商和接下来的步骤上。但是，那些没有成功的供应商已经花费了大量的精力来竞标，他们可能为了竞标和参加会议支付了很多费用。考虑到这一点，实际经验告诉我们，应该花时间去提供一些好的考虑周全的反馈给供应商，告诉他们的方案有哪些不足。但是，这么做还有一个更重要的原因，就是将没有成功的供应商保留下来以供日后使用，尤其是当我们选择好的供应商出现问题时。此外，如果我们表现出一致性和公平性，我们就会显示出实力，这对供应商未来的任何参与都是很好的条件。

当我们告知并且给予了未成功的供应商反馈后，需要注意供应商有可能会得寸进尺，或者找寻机会继续商讨他们是否可以用一个新的最终方案来打动我们，促使我们改变主意（明确指出他们以前为什么不这样做）。这也可能让一些供应商有机会去声称这是一种不公平的交易，但是，大部分供应商不会这么认为，他们会希望寻求未来合作的机会。在这些讨论中重要的是：

- 明确决策已定并且是最终的。
- 保持谈话的中立性，不要争吵。
- 给出一个均衡的反馈，赞赏方案中的亮点，指出方案中的不足，如果有可能，为将来做准备，并且给出让供应商提供方案的机会。
- 感激他们的投入和努力。

➘ 与供应商谈判

这一步是活动，是可选的

谈判本身就是一个独立的话题，不是能在一节就可以完全讨论完的，所以我建议大家做一些延伸阅读或者参加一些培训。我的第二本书《专业人员的谈判技巧》全面探讨了这一话题，并且提供了 Red Sheet®方法论。

谈判的艺术似乎经常被视为只有少数人拥有的特殊技能。但是，当我问起和我一同工作的不同采购团队时，通常只有少数人接受了正规的谈判培训。而且，很多人承认谈判时他们比较缺乏自信，但是承认这一点就代表着我们不能胜任这项工作。事实上，在世界各地的组织中，对采购人员谈判技巧的投入少之又少。相反，我们的供应商得到了相当于我们十倍的培训。要是需要证据的话，你就会发现在数以千计的图书、培训课程、谈判工具中，绝大多数都是为销售群体写的。所以好像对于我们是奇怪的事。可能吧，但实际上我培训过的大多数采购团队都不是很优秀。他们只需在制订计划的过程中得到帮助，制定一套好的战术，并且了解他们的个性如何适应特定的谈判。如果想要擅长谈判，我们需要意识到谈判的采购人员不一定总是一个爱竞争的、以结果为导向的人，这样的人往往在销售团队很常见。一个好的计划会减少在谈判过程中对竞争性战术的依赖。如果关注这些事，我们就可以在任何谈判中建立自信，达到想要的结果并且保持主导地位。谈判不是一项特殊技能，它是一项生活技能。商业谈判没有什么不同，但是我们可能使用和需要了解的策略会发生变化。

计划谈判和了解我们相对于供应商的优势，要求我们思考我们想要什么结果，我们拥有什么优势，供应商有什么优势。到目前为止，采购品类管理发展起来的成果为谈判的计划奠定了好的基础，比其他销售引导谈判中的基础更加扎实。我在这里没法公平地讨论这个话题，但是我会给出采购品类管理中谈判的10个窍门。

10个采购品类管理谈判中的窍门

谈判窍门1：了解你的个性

每个采购团队都有一条“罗威纳犬”，这个买方在谈判中不屈不挠而且十分强势，直到得到想要的结果。这经常是个性（不介意让别人不高兴的人）与战术选择的结合。不是所有的买方都会采用这种形式。另一个买方可能天生具有合作精神和同理心，不喜欢惹恼别人。一些情况下需要一个果断的、强势的谈判风格；另一些情况下可能需要一个协作的有策略的风格。如果把一个个性强势的采购人员放到了一个谈判里，他又不能调整风格，结果就不会是理想的，甚至可能是灾难性的。组合分析是一种工具，可以帮助我们确定谈判的方法和最佳的买方个性。图7.14给出了每个组合象限的理想个性特征。这里的个性特征是从“COW SOAP ACE”谈判个性方法中提取的，它在《专业人员的谈判技巧》一书里有详细介绍。在“杠杆”象限，罗威纳犬式个性（强势勇猛）的人是最恰当的。但是，如果我们让这种个性的人来负责谈判“关键”象限（供应商掌握权力）品类的采购，谈判的结果就会比较糟糕。这里，需要一个更有策略的方法，即通过与供应商紧密合作来减小风险，或者离开“关键”象限。

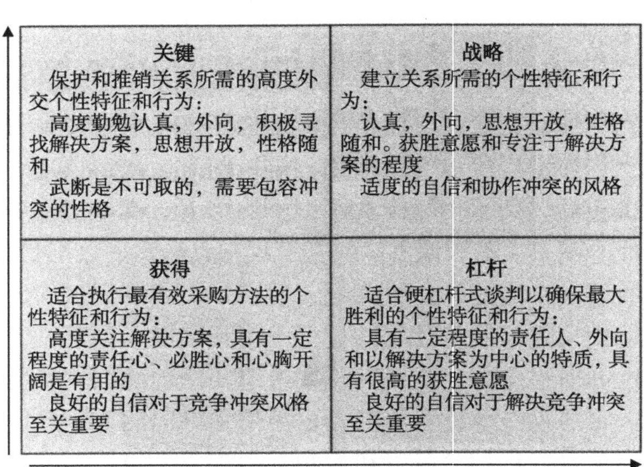

图7.14　谈判者个性的坐标分析

要认真思考组合分析表明的品类和战略对策，而且要与参与谈判人员个性特征相适应。但这并不意味着只有买方的个性特征适合给定象限才能参加那个象限品类的谈判。相反，如果没有一个自然的匹配，买方就要去了解差异，找到一种方法来避免或强化一些特定的行为。你也可能会管这个叫“演戏”。

谈判窍门 2：清楚你需要谈判的领域

谈判不应该只是关于价格的商讨，而应该集中在我们将要购买的东西上。这是业务需求来驱动商讨的地方，应该构成我们想要的结果的主干，但不是全部。在进行谈判前，许多需求已经形成了我们预审和选择供应商的标准。例如，基本的供应保障就不需要谈判。如果他们不能满足这个基本需求，我们就不会坐下来与他们谈判。取而代之，我们需要提取其余的需求来提高我们的地位。在谈判中，业务需求必须得到保障，而且业务需求需要成为谈判的目标，还要考虑在哪些地方可以妥协或可以做取舍。对于任何谈判，都要预先确定好最想要的结果（Most Desirable Outcome，MDO）和底线结果（Least Desirable Outcome，LDO）。底线结果代表我们可以接受的最低点，低于这一点我们将不能接受。从一开始就确定这一点很重要。最想要的结果和底线结果之间的区域代表了在谈判中可以妥协交易的区间。因此，在谈判的初期，瞄准高目标，专注达到最想要的结果非常重要，因为谈判桌另一边好的谈判对手很快就会觉察出我们的底线结果。最后，如果可能的话，在坐到谈判桌前，确定谈判双方存在的共同接受区间（Zone of Mutual Agreement，ZoMA），也有可能会出现底线结果和供应商期望的底线结果相重合（见图 7.15）。

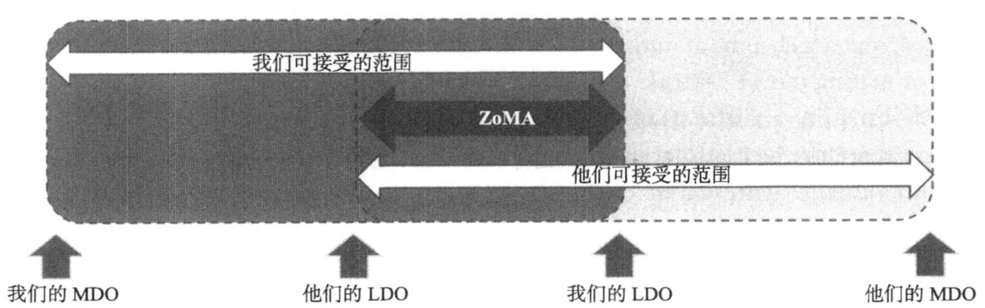

图 7.15　LDO、MDO 和 ZoMA

谈判窍门 3：在开始就决定好我们要进行的是何种谈判

不是所有谈判都是一样的。从我们不认识的人那里买一辆车的一次性谈判与日常和家人的谈判截然不同。记住这点，我们谈判的方式、战术和技巧就会很不一样。说谈判总是要寻求一个“双赢”的结果，这是一个谬论。有时候是这样的，如当长期合作关系很重要时，但更多情况下双方在寻求双赢（大赢或小赢），即使不是这样，也会努力让对方感觉自己赢了。存在两种谈判：

- 价值主张。当各方寻求从谈判中获得尽可能多的价值，最大化他们的潜在利益时，就好像切分一个固定大小的蛋糕一样。一方赢得什么，另一方就放弃什么。在这里我们可能会使用一些由强硬的谈判者使用的强硬战术，唯一的目的是最大化我们的地位。
- 价值创造。各方寻求共同努力以创造更多互惠互利。在这里蛋糕越来越大，所以怎样分配它就不那么重要了。价值创造旨在各方都将彼此考虑在内，以创造共同的利益。这种谈判重视关系而不是直接的结果。策略将更开放，而且谈判者需要善于维持关系。

谈判窍门 4：有一个替代方案

任何谈判的力量都来自替代方案。这里我们需要一个 BATNA——谈协议的最佳替代方案。如果我们必须得到一个结果，我们所有的谈判努力都将暴露我们需要结束或达成结果的事实。如果我们有替代方案，那么我们的谈判立场是："我不需要这个，我会坚持下去。"如果你突然间有了两份工作，可能你就会记得你有多自信了。总是要有一个 BATNA，它在谈判中会发挥奇迹般的功效。如果你没有，也要找到它，因为总会有替代方案的。

谈判窍门 5：做你的功课

最好的谈判者会事先做好调查和计划。如果我们试图在谈判桌上临场发挥，就等于把主动权交给了另一方。谈判的计划旨在做到知己知彼。这包括各方对谈判结果的承受度、各方的性格、各方在当前的地位和现状、时间约束、未来的机会和任何现有的对彼此的依赖。评估这些需要跟关键利益相关方进行调查，无论怎么准备谈判都不为过。

谈判窍门 6：了解你的对手

如果我们的个性特征对谈判有影响，那么供应商也是如此。我们通常可以找出与我们谈判的对手的信息，并且根据这些信息确定在谈判期间如何最好地跟他们互动。这里的研究看起来容易，因为我们可能认识他们，或者我们可以打听到。现在许多专业人士都自豪地在社交网站上吹嘘他们是谁以及他们取得了什么成就。对于谈判计划来说，这就是一个很好的信息来源，能让我们掌握对方的情况并且知道在哪里可以与他们产生共鸣。

谈判窍门 7：放长线

谈判不应该被看作一次性事件，而是一个持续的过程。一次谈判可能会得到一个改进结果，但是，也有必要考虑这个结果怎样配合我们与供应商建立长期的关系。这一点和价值创造谈判尤其相关，而且这一观点能让我们规划今后要做的事情。今天得不到的东西，我们可以继续努力，明天得到它。如果可能的话，可以检视其他谈判领域未来可否合作。供应商定规为谈判打下了坚实的基础，因为它为每次谈判都提供了良好的环境。

谈判窍门 8：保持组织间的沟通

供应商很聪明，通常会为每次谈判准备充分。他们不仅依赖采购关系去决定如何进行谈判，而且利用他们在我们组织中已经培养的所有关系。如果我们努力维持我们有很多选择这种假象，而一个关键利益相关方告诉供应商他们是我们公司唯一考虑的供应商，我们就会马上失去谈判的优势。所以有必要保持与利益相关方的不断沟通，让他们掌握现状。我们需要花精力去告知利益相关方是谁在和供应商联系。

谈判窍门 9：掌握结束的时机

当举办谈判培训时，我们发现谈判者犯的最大的错误之一就是不知道什么时候结束谈判。任何谈判都有一个时间点，即另一方已经信服并打算成交时。如果我们没注意到还坚持不懈地谈，可能是为了确保获得一些额外的信息，也可能是不确定，那么我们就会有做出让步或者让对方失去信心的风险。懂得什么时候结束要注意到身体语言，尤其是眼睛，但是也要通过假设性问题询问他们是否准备结束了。

谈判窍门 10：让团队准备好

如果是一个团队进行谈判，那么这个团队必须做好充分的准备，共同处理所面对的情况。这需要做许多事前谈判模拟：预测可能发生的情况，并且准备好应对这些情况的办法。不要低估准备程度对于谈判成功的影响。如果准备充分，结果很可能就是乐观的。

记住这 10 个窍门，就可以开始计划并且执行谈判了。我们不是学习一次谈判就能成专家的。就像进入一个俱乐部的足球运动员要不断地训练一样，好的采购人员要不断学习怎样谈判。图书和培训是十分有帮助的，但是我们也可以通过观察别人，辨别他们使用的战术，注意他们说话的方式，因为生活就是一个好的学习谈判的场所。

签订合同

合同准备

这一步是活动，是必需的

接下来的三节主要讨论合同。这一节是准备好将要采用的合同，接下来的一节讨论如何退出合同，最后一节是确定合同的内容，执行和管理合同。

合同的形成代表了采购品类管理流程的一个阶段，在该阶段，可能在推出新的采购安排之前，与供应商正式商定采购战略的相关部分。这是实施中的关键一步。

那么，为什么要有合同？合同有很多作用，而且在某些时候需要合同，有时如果没有合同，就会很不利。合同会提供：

- 一个正式的双方协议。
- 当发生变化或变故时的处理办法。
- 要提供的产品和提供方式的详细信息。

在不同的组织中，采购在整个合同执行过程中的角色也不同。一些公司，尤其是美国公司，所有的合同撰写与执行都属于法律部门的职能。有些地方合同属于采购部门的职能。有些地方则是两者的结合，在法律部门介入之前，采购部门草拟合同大纲。不管安排是什么，记住大部分采购人员不是律师，所以采购所承担的法律责任需要谨慎考虑并且要与风险、能力、经验和培训相平衡。

当双方达成共识时，在合同中正式确认这种安排经常感觉没必要。对于合同，我们希望永远也用不上它，但是没有它我们就面临着各种风险和误解。而且，订立合同的过程能确保双方在实践中如何执行这些安排达成一致，并且在指定国家的法治环境下明确各方的职责。

合同经常被看作无趣、冗长的用法律字眼写成的文件，而且到目前为止我也一直把它们描述成文件。事实上，当所有构成合同要素的条款列出来时，合同就已经存在了。在许多国家，文本格式的合同不一定要做出来，而且政府法律承认口头合同是合法的。这样的合同对双方所有的广义解读都是开放的，如果没有证人，有些人就会想反悔。在采购品类管理中不建议用口头合同，采购品类管理团队在与供应商的交易与商讨中要多加小心，这样就不会因疏忽而形成合同。习惯和实践也可能形成一个合同。例如，一个供应商长期在固定时间提供同样的货物或服务，并且得到报酬，那么在一些国家就可能被视为形成了合同。

世界上合同的构成和合同法的本质是不一样的。在本书中我们只能考虑到合同的复杂性，所以推荐大家做一些拓展阅读或者就相关问题做一些咨询。从不同的国家采购时，需要充分考虑法律中的差异，相关领域知识的法律专家的参与和支持是非常有必要的。

在英国法律中，合同中必须有四要素。为了解释这些，我们来看看从商店里买割草机的例子：

- **出价**。当我们去商店，浏览所有的割草机并且决定我们要买哪种时，我们就标的价钱向卖家出价购买割草机。注意，在英国法律中，卖家在商店里出示的带割草机价格标签的广告不是出价，而是“邀请要约”。
- **接受**。这里是指接受出价。例如，卖家同意卖这台割草机。很多方式都意味着接受，并非得让一个人说："是的，我接受你的出价。"一个商店允许顾客自己挑选商品，拿到收款台，让收银员刷信用卡结账，就是一种行为上的接受。在为一个大型外包项目制定复杂的合同时，接受可能是由一方或双方签署合同文件。重要的是，要理解什么是接受。

- **报酬**。双方之间一定有价值交换，例如，支付一定的金额以换取割草机。
- **意图**。这是双方都想进入，并且有能力进入的一个法律上的协议。这在商店交易里要很清晰。

再次强调，这是英国法律，世界其他地方的法律各有不同。在计划怎样做合同时，要考虑到不同的已经存在的选择。有许多不同文件用来制定不同形式的合同，在采购环境中有如下几种形式：

- **采购订单**。这是一种商业文件，是由买方签署给卖方的。其中写明了型号、数量、商定好的价格。将采购订单发给卖方就是给出一份购买商品或服务的出价。卖方的接受通常形成一个一次性的买卖双方的合同，所以直到有采购订单被接受，合同才存在。采购订单中经常伴有买方一些条款和条件，通常印在纸质订单的背面或者电子商务中以电子形式出现。当然，卖方非常渴望在买方的条款和条件对自己不太有利的情况下他们的条款和条件可以被优先考虑，由卖方通过订单接受的回复方式正式签署接受订单很常见，但其中接受的订单也包含了卖方的条款和条件，这种方式可以替代买方给出的条款和条件。买方警惕这种方式，并将进行后续反击。在这里，可能会发生"形式之战"，应该尽可能避免这种情况。对于希望建立长期关系的采购战略，单独的采购订单不太可能是最有效的方法。一个更宽泛的确定了如何安排和怎么处理好关系的框架合同是非常合适的。
- **总协议或框架协议**。这种文件经常被用于和供应商确立一些条款，来管理随之签署的一些合同，或者取消正在执行的采购订单。总协议或框架协议经常被用于确定定价、条款和双方关系。如果总协议或框架协议有一些诸如最低承诺的内容（也许是采购量或协议期限），那么它就具有合同的性质了，否则就要根据协议在订单或单个合同产生时才成为签订的合同。这种合同方式非常适合定期的不间断采购的长期协议，总条款和定价可以协商好，可以包括也可以不包括任何确定的最低承诺。这样就可以防止争吵状态出现。
- **意向书**。这是在正式协议签署前，两家或多家之间签署的一个框架协议。供应商一般倾向于用意向书。如果谈判让供应商了解了以后的生意状况，那么他们就会急切地想要将这个形成正式协议，以防失去这笔生意，尤其是在销售人员已经跟他们的上级承诺了要获得这笔生意的情况下。意向书是不是合同，要看它们是怎么写的。通常来说，它们像写好的合同，但通常不会整体上束缚住对方，它的本质是签订了一个意向而没有确定合同关系中的细节。意向书中常常也包含一些诸如保密协议这样的限定条款。如果一个意向书被写得太像一个正式合同，而且规定了一些特定的义务，就会被解读为一种约束。总体来说，要避免使用意向书，而且应该把主要精力放在确定细节上，这样就可以形成一个完整合同或总协议。

- **谅解备忘录**。它描述了两方之间的双边协议，并且表述了他们之间的意愿，通常表明了预期的共同行动路线。谅解备忘录一般没有法律上的承诺，并且这些文件普遍不具有合同的约束力。谅解备忘录通常被视为绅士协议的更正式替代方案。像意向书一样，为了避免误解，应该尽量避免使用谅解备忘录，把精力放在完整合同或总协议的细节上。
- **保密协议**。也叫作机密协议。这在至少两方中形成了一个合法的合同，也概述了一些保密的材料或信息，这些材料或信息为了特定的目的可以与对方分享，但是不能公开使用。通常在和潜在的供应商讨论前就要和对方有一个保密协议，来确保权益得到保护。如果卖方要求买方签订一份保密协议，买方在签署前要弄清楚所有的内容。例如，在超出买方或买方组织能够控制的因素外，而导致保密协议的破坏，却要对买方处以重的惩罚，这样的条款要避免。
- **正式合同**。正式合同是概述双方商定好的方方面面，合同执行过程中出现问题如何解决和双方如何维持关系的法律文件。这些文件一般都有一个明确的结构，分为几个部分，每一部分都担当一个法律的功能或者在合同中满足特定的需要。合同大有不同，从有些用英语写的简单的结构清晰的大家都能看懂的合同，到有些很复杂厚重的合同，不同的部分要单独律师去解读。在任何协议中都会包含一些合同要素的组合，包括一般通用的条款和框架性的条款，提供商品或服务的详情，如它们的规格、价格、质量等。将它们分开是一种好的做法。例如，工作的时间表要被看成合同的主体，它可以作为独立的文件存在，以便以后在双方同意的情况下可以修改更新，而不用重新更改整个合同。

必须考虑要使用的合同框架以及最适合采购战略的合同框架。然后，我们需要确定在这个框架内需要做哪些规定，而迄今为止品类管理项目的产出应该形成所使用的合同框架的结构。采购经理或采购团队必须参与其中，而且重要的产出，如业务需求、目标、价值杠杆、降低风险的目标、实施要求，当然还有采购战略本身，都是合同计划的内容。如果品类管理团队只是将标准合同的草稿递交到法律部门，不参与其中，结果就可能使好的战略的影响降低。我们如何看待合同很重要。如果我们将它们视为法律团队编写的法律文件，那么它们只是如此；但是，如果我们把它们看成实现采购战略的工具，那么这就是我们想要实现的目标。这就意味着要花精力在合同计划与合同需要包含的内容上。我们看一个例子。我们要采购很多台安装在一系列工地的制造加工设备。这些产品很复杂，部分是专门为我们定制的，并且需要安装和维修服务。我们决定使用传统合同而不是总协议或其他法律文件。因此，这个合同需要确保整个安排如何运作。具体来说，这可能包括：

- 双方共同议定的设备的规格。
- 供货时间表。
- 零件供应的协议。
- 安装的时间和方式。
- 需要何种维修和安装后多长时间需要维修。
- 双方共同议定好的定价。

但是，一个法律认可的框架合同也需要包含以下这些因素，这样就可以为任何可能发生的事情制定条款：

- 如果设备供货晚了并且影响了生意，怎么办？
- 在实践中，我们之间的关系怎么处理？
- 如果有一些大灾难中断了项目，我们怎么解决？
- 我们如何确定供应商是否把部分工作分包给另一家公司并告知我们，这家公司是否合适？
- 如果想终止合同，该怎么做？
- 如果终止了合同，但是供应商还扣留我们的设备，我们怎么确保有权力拿回它？
- 我们怎么确定服务达到了我们所要求的水平？如果达不到，怎么办？
- 我们需要与供应商分享一些保密信息，以便他们工作时使用；我们怎么确定这些信息是安全的且不会泄露？
- 如果与供应商产生争议，怎么办？

正如这个例子展示的，我们的合同需要考虑到许多方面，并且要在一个法律文件的框架内集中体现。这个文件需要包括：

- **协商好的供货范围**。产品的细节、服务、规格、协商的服务水平等。在品类管理发展的早期，我们花费了很多精力去制定业务需求的全面定义，这些现在成为确定合同结构的基础。需求的形式可能改变了，有些可能从内部需求转变为对供应商的需求。并且，把一些特定的供货需求从合同主体中分离出来是一种好的做法，一些需求就要被放进合同的其他部分里。
- **所需的关系**。客户管理规定、报告、绩效考核、供应商义务等。除了业务需求中已经确定的，我们还需要确定一些额外需求，即在实践中如何处理与供应商的关系。这经常被认为不适合包括在合同中，因此被忽略了。但是，如果在整个产品或服务的交付过程中，与供应商的关系是一个关键因素的话，那么确定合同的法定义务仅仅聚焦在供应商专心于满足需求。为关系编制一份合同很难，但是我们可以制定合同条款，规定双方如何互动。如果有可能定义关系的关键方面，则应将其包括在内。

- **改进提高**。各方如何推动改进提高。
- **退出条款**。下一节讨论。
- **商业条款**。价格、费用、付款条件、最低承诺、货币、价格上涨或下调的范围等。
- **预防措施的条款**。这是保证我们和供应商被充分保护的条款。这可能包括保险条款，有些事情出错时的责任权限，终止合同的协议，以及双方知识产权的处理。它也会包括双方控制范围外出现状况的条款。

上面最后一点所述的法律框架通常是合同制定的起点。在本书中我不讨论详细的法律合同结构，所以建议大家多做一些拓展阅读。但是，制定合同通常从一个标准的供应合同开始，然后根据实际问题进行调整，并入正在考虑领域的细节，就像上面举的例子那样。大部分公司都会有标准合同，被叫作样本合同，以样本合同为起点编制出最终合同。如果公司没有样本合同，那么在网上可以免费获得大量的样本合同。

从起草合同到最后的合同拟订是法律团队的责任，还是采购团队的责任，抑或是两者的责任，都要基于团队的一贯作风。不论买方参与在哪里停止，也不论法律团队的参与在哪里开始，品类管理团队都要确定供应方面的一些特定因素，这些因素（业务需求）必须包含在合同中。这很重要，因为如果最终的合同没有包含相关品类管理中已经确定并且协商好的细节，就会有整个采购战略无法完全实现的风险。

最后，在构建合同的时候，我们必须考虑如何更新或重新审视合同。在上述所说的构建合同的过程中，双方之间不断交换一些变更的条款，这可能需要律师团队工作一两周才能完成合同。所以，如果合同已经达成一致，就要避免不必要的修改，并且它要具有充足的灵活性。所以，如果可能的话，与关系必须如何运作有关的合同要素，以及供应安排中可能随时间变化的领域应该在一个独立部分或在主要合同中提及的文件中加以界定。合同中包含附表和工作说明书这些信息也很常见，并且会附带双方都同意的根据实际进展需要变更的部分条款，这样就没有必要去更改合同的其他条款了。

↘ 合同退出计划

这一步是活动，是必需的

合同退出计划是需要提前确定合同可能终止的情况和方法。一开始就考虑退出计划似乎很奇怪，尤其是当事情看上去进展顺利时。这部分也是制订计划时经常被忽略的，如果情况有变，就会导致以后出现重大困难。下面的一些情况需要我们考虑退出计划：

1. 情况改变。我们今天与供应商的关系可能是基于现有的情况，但情况是变化的。我们的世界动荡不安，瞬息万变，今天确定的事情明天可能就变了。市场可以改变，要求可以变化，需求可以消失。如果我们的合同设计方案是假设事情是一成不变的话，那就太傻了。相反，我们应该利用风险分析工具尽可能预测可能出现的问题，但无论如何都要同意合同中的条款，让双方以公平的方式退出。

2. 关系和人事变动。如果我们从一个特定供应商处购买商品，就需要定期相互沟通。例如，一个营销策划代理公司与我们的营销团队在市场沟通方面的合作。像所有的关系一样，事情有可能变糟糕，使得情况不那么稳定。相似地，如果我们需要特定的人去做一件事，但是如果他没有时间，我们可能就要重新安排。

3. 让权力均衡。在没有退出条款的情况下与供应商签订合同，相当于将权力交给了供应商。就像我之前所说的，没有什么能让供应商更专注合同了。如果合同没有退出条款，那么一旦我们签订了就没办法轻易退出了，这样他们就有了权力，从而引发剥削型的行为。但是如果合同有一个良好的退出条款，我们可以在供应商出错的时候选择离开，这样就会让供应商有压力，他们出错的情况就不会发生。

在合同退出计划中需要考虑的事情包括：

- 可能导致终止或者退出的可预测情况。
- 争议的解决和升级调整合同方案要优先于合同的退出。
- 各方管理双方退出或过渡的义务，如移交明确的信息和文件、要提供的过渡支持、时间表、合理合作的需求、资助者等。
- 提供通知和退出机制。
- 罚金。
- 双方解除合同后的义务。

退出计划对于供应商接管整个企业的业务但又外包的情况尤其重要。在这里，供应商通常会收集关于服务的条款的知识和技能，因为这对于一个新进入的接管业务的供应商很重要。如果没有要求现任的供应商提供这些，并且支持移交，那么他们就会有很多筹码，可以阻止任何市场竞争的引入。良好的退出降低了市场退出的难度（使得它在组合分析中的“杠杆”象限而不是在“战略”象限），让备选方案可以被考虑。

在合同中，应该将合同的退出计划包括在内，可能单独有“合同终止”这一部分，但也可能需要将这些条款贯穿在整个合同中。一个好的法律团队需要能够熟练起草包括有多个退出条款的合同，但是在这里合作很重要，这样才能保证被视作品类管理项目一部分的退出条款被理解，并且在起草合同时被全面地融合到一起。

↘ 合同执行和管理

这一步是活动，是必需的

一旦合同完成了，并且我们也满意合同将采购品类管理战略的关键需求都包括进去了，就要去执行合同了。合同执行就是把协商好的事情付诸行动，并且使合同条款生效，一般都是由双方在全部法律文件或者总协议或框架协议上签字或盖章来实现的。合同执行可以代表品类管理团队努力获得的成就，所以它是件大事，值得庆贺，也是进行内外广泛交流来分享成功的一个好的理由。

许多品类管理项目可能从这里就结束了，就好像在没有未来争端的情况下，伴随着合同文件的归档，合同执行就代表最后一步了，但我们不允许这种情况的发生。我们经过艰苦的努力，投入大量的精力，经历了无数次的沟通才走到今天，让双方都正式同意签订合同，在合同中也考虑到了保持双方都满意的关系和双方努力去实现的东西，合同很圆满地包含和反映了双方的业务需求。如果仅仅把它放入档案系统，那么我们就是把一个能帮助我们管理好关系的路线图给丢了。签了合同后我们的工作并没有结束，实际上才刚刚开始。

合同管理是供应商关系管理的一部分，它涉及两个方面的内容：一是用系统化的方法确保供应商按照合同的规定执行合同内容，并改进提高；二是关于管理合同本身，如何保留和获取它，确保我们总是有退出计划，并能计划到期（见图 7.16）。

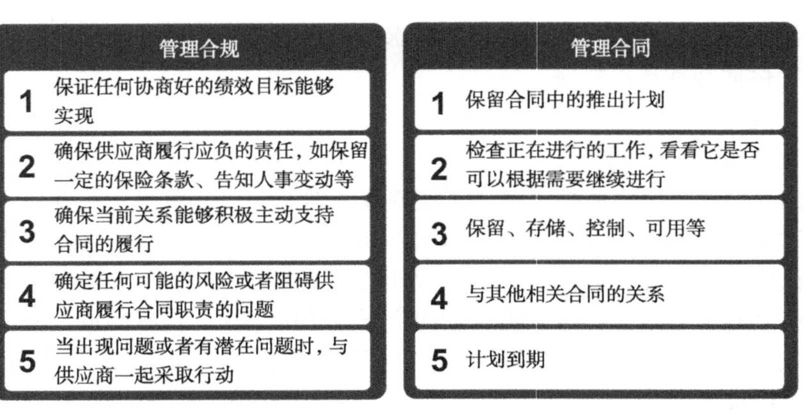

图 7.16 合同管理的两个方面

与供应商签订的无固定期限合同很少，比较典型的并且符合实际的是有固定期限合同。这限制了双方可能发生的风险，尽管在双方同意的情况下大多数合同都规定了延期条款。但是，为了让我们全面掌控合同和我们的供应商，最大化我们的杠杆，我们必须控制好管理合同期限的过程。如果事出意外或者等到合同过期了或者合同要过期了才考虑我们的地位，那么我们可能把权力交给了供应商，因为我们没有备选方案。只能更新它吗？那时候就不是我们说了算的。记住，谈判的权力和供应商选择的权力就是从备选方案中获得的。这就意味着当合同到期时，我们希望重新评估我们的状况并且考虑市场能提供什么，我们需要留出足够的时间进行采购。这样的行动会花费时间，如果想运行得好，其实需要数月，所以如果我们要最大化我们的选择并且抓住最大化采购利益的机会，我们就要事先计划好这些。

合同管理旨在计划好合同期限并且应用我们的资源让事先决策好的采购活动在合同有效期内实现。这就意味着一系列事情要做：

- 简单更新合同，保持合同原样。
- 通过谈判更新合同，采用新的条款和要求。
- 延期合同（以便有时间去完成采购品类的重新回顾）。
- 为了一些新协议终止合同。
- 启动一个全新的品类管理项目。

这里面的每一条都可能依据现有的环境成为最合适的。这里的关键点是我们要避免什么事都不做，而是要在良好的时机做一个决定，这样我们就掌控了进程，进而做出最合适的决定。

合同管理还涉及确保合同根据需要继续生效。事情会变化而且我们想要的或需要的都可能变化，市场和我们周围的世界也会变化。品类管理经理的一个职能是当我们进入第五阶段的时候要紧盯着业务需求、利益相关方的变化，以及市场和大环境的变化。当周围产生变化时我们可能需要采取行动，并且随着变化，改变我们采购的品类或者与供应商的关系。这可能需要变更一个合同。想象一下，一个法规的变化意味着我们的合同条款不够充分。我们需要与供应商协商合同的变化。明确地改变合同或者改变之前的协议，要通过双方的同意并且可能启动一个全新的谈判。

有许多不同的系统可以帮助我们进行合同管理。小到维持一个简单的供应商日历，大到更复杂的网上 ERP（企业资源计划）系统或者电子采购平台。

小　结

1. 品类管理的第四阶段是实施，并且要考虑到所有实现采购战略的活动和行动。当进入这一阶段时，我们就进入了品类管理项目的新篇章，所以可能需要团队变革。

2. 实施阶段开始于制订详尽的实施计划，目的是实现采购战略的特定活动。战略实施计划只有当所有的品类团队成员都联合起来共同努力时才有最好的效果。

3. 为了实施采购战略和计划，我们需要有效的项目管理来管理我们的计划，管理相关人员，并且确保实现项目绩效。一个良好的受到管理层支持的项目管理很重要。

4. 变革管理是我们在品类管理中需要考虑的核心。实施一个新的采购品类战略可能需要重大的变革，并且这个变革如果没有人们的理解和计划就很可能失败。因为作为人类我们自然害怕和抗拒变革，不管是有意识的还是无意识的。研究表明，一个面临重大变革的人要经过一系列明显的步骤才能接受变革。通过了解这些我们可以帮助涉及的人员顺利通过变革，并且我们可以设计一个实施方法去实现它，可能是通过良好的沟通和执行让他们有一种在变革中被需要的感觉。

5. 实施采购战略需要通过线上或线下的方式，使用传统的招标方法或者RFP、RFQ，进行某种竞争性市场活动。这些工具会帮助我们收集需求信息，以征求意见或建议，或者从供应商处获得确定的报价。

6. 另一个可以帮助实施采购战略的工具是电子拍卖。在这里供应商通过电子拍卖提供商品或服务。价格会降低，并且依照竞标规则，当有一家或多家胜出时竞标结束。电子拍卖适用于某些采购品类，但不是全部。

7. 实施并且实现采购战略可能涉及选择一个或多个供应商。选择供应商的过程就像漏斗一样，我们可能需要预审供应商，看他们能否满足最低门槛，然后逐步通过一系列评估和最终的谈判减少供应商数量。

8. 和供应商的谈判也是实施阶段的一部分。根据想与供应商维持的长期关系，我们在其中寻求最佳交易。

9. 合同计划是采购品类管理的一部分。不管我们使用什么方法，将我们制定的采购战略和合同联系起来都很重要，这是实现采购战略运行的金钥匙。当我们签订了合同时，很重要的一点就是要考虑退出计划，而且一旦合同开始执行，就要确保合同管理的一系列活动准备就绪。

第 8 章

第五阶段：改进提高

在这一章中，我们将探索第五阶段也是最后一个阶段——改进提高。我们将仔细研究如何从实施转变成改进提高，以及如何将我们的工作重点转向供应商关系和管理上。我们将探讨采购品类经理在继续进行的采购品类管理工作以及对目前已实施的采购战略的持续有效性中扮演的角色，确定重新审视品类管理甚至重新开始整个品类管理流程的合适时机。

本章回答了如下引导性问题：

11. 如何有效实施新的采购战略，以实现其效益？

12. 如果改进得以实施，那该如何持续改进呢？

13. 如何管理那些在业务上对公司的生意非常重要的供应商？

改进提高工具包

正如我们在第 7 章所看到的，到了第四阶段结束时，变革已经完成。通常，意识到这一点并不容易。虽然采购品类管理团队在实施方面做了很大努力，但要想看到效果并获得利益通常要过一段时间。到了这时，采购品类管理团队的工作并不是很多，团队成员也可能转去做其他项目了。

请记住，团队领导有责任设定一个时间来标记实施的完成，并且和团队成员共同庆祝成功。在这个阶段之后，虽然偶尔需要团队成员的贡献，但主要由采购品类经理来领导和管理改进。在第四阶段实施完成前，团队成员要讨论如何继续支持采购品类管理经理，同时考虑组织需要他们在其他方面做些什么。选择的范围是从继续做一个参与者，包括参加定期的团队会议以及供应商评审，到辞去采购品类管理的工作而成为该品类的利益相关方。这使我们将参与一些第五阶段的活动（见图 8.1）。

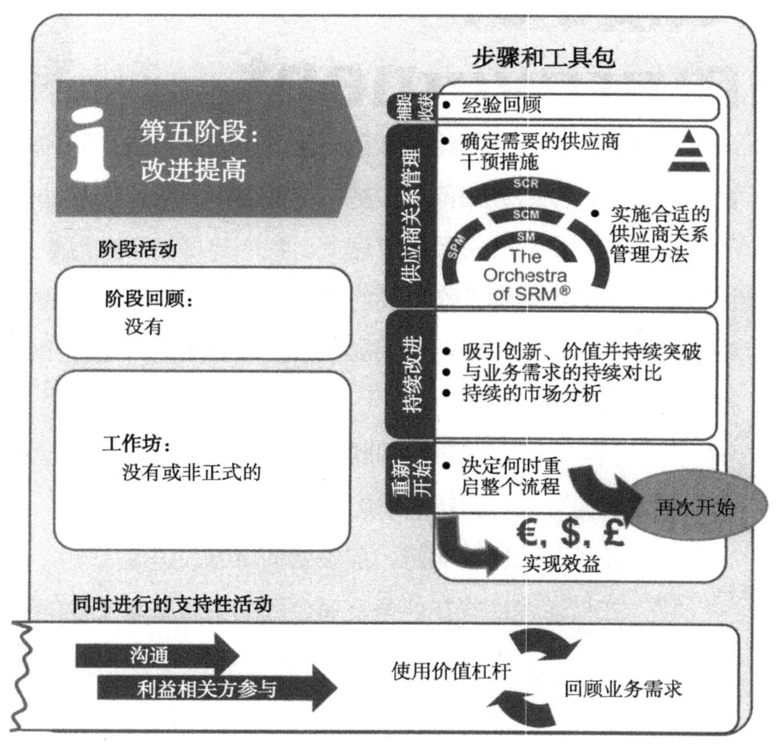

图 8.1　第五阶段：改进提高

正如我们之前看到的，一些活动始终贯穿整个采购品类管理流程。在改进提高阶段，采购品类经理持续支持并确保这些活动继续发生至关重要。它们包括：

- 使用价值杠杆持续寻找价值。
- 细化和优化业务需求。
- 沟通和利益相关方参与。

在第五阶段，重点讨论通过一些具体改进活动来提高工作质量。这些活动围绕着可能的价值最大化，以及市场所能提供的创新和业务需求的变化进行。改进提高也可由与供应商关系的有效性来推动，因此在这个阶段需要确定和落实这种关系。

改进提高的概念

这个阶段的任务是确保已经实施的变革得以继续执行，避免回到以前的状态，并不断寻求整体采购安排的方法。

一旦突破性的变革得以实现，千万不能停滞不前，否则一切为新的变革而付出的努力都会付诸东流。例如，考虑一种更换供应商的新的采购战略，并且在整个业务上与利益相关方有了深入细致的沟通，以确保每个人都更换了新的供应商。如果新的采购战略的合规性突然停止，并且与先前的供应商有非常好的关系，用不了多久人们就会重新使用以前的供应商。改进提高阶段并不只是保持合规性，正如它的名字一样，更应该是改进提高。突破性的变革可以把你带到一个新的高度，但是它需要维持。并且总是有更高层次的改进可以提高。更糟糕的是，如果你允许自己停滞不前，那么你的竞争对手、你周围的世界将会很快压倒你。这就意味着你真的开始倒退了。

这个不断寻求改进提高的过程不是一个简单的有时间限制的活动，而是持续的，并且持续到一个恰当的时间点回顾整个采购品类方案，并再次开始采购品类管理流程。正如前面所说的，采购品类管理被认为是一个循环的过程，包括跨部门团队协作时期（可能需要 9 ~ 12 个月），以及管理新方案不断改进提高时期（可能持续 2 ~ 3 年），然后再开始采购品类管理的又一个循环。最终使采购品类管理达到成熟的状态，改进提高阶段不断延续，自此采购品类管理流程将不再循环。

改进提高可能与价值、质量、性能、价格、流程效率、创新，以及业务需求和价值杠杆中描述的任何因素相关。20 世纪 80 年代，改进提高的概念成为主流，其理念来自约瑟夫 · 朱兰、田口玄一和爱德华 · 戴明（被人们尊称为“现代质量控制之父”）等人。改进成为很多管理学图书的主题。我们知道“kaizen”在日语中是改进的意思，这个 20 世纪 50 年代的理念可以应用于工作场所，以改进企业的所有功能。在 20 世纪 90 年代，全面质量管理（由 NASA 使用）起源于日本，并很快被美国国家质量奖——波多里奇奖和欧洲质量管理基金会采用。然后，企业流程再造出现，并继续寻求改进提高。

有趣的是，很多关于改进提高的理念正是起源于对质量提高的需求，同时大多数最初是用于质量改进的。质量管理从业者认为良好的质量意味着一个组织的所有方面都好。在 20 世纪 80 年代，这些理念通常会成为一个组织质量部门最重要的责任，也有一些前卫思想家对此存在争议。随着时间的推移，这些理念中的大部分已经与组织中的所有职能相关，并被视为通用的改进方法，而不是那些只关注特定质量的方法。

如今，改进提高的概念仍在持续发展，已融入改进理念中，如精益生产（丰田产品系统发展起来），以及提高客户价值和减少浪费的方法。在采购品类管理流程中，改进提高是第五阶段，却是贯穿整个流程的核心理念。在该阶段提及的所有方法，尤其是精益生产或六西格玛为品类管理增加了很多价值。

在采购品类管理中，“改进提高”是基于持续评估和分析我们的状况、识别改进提高的机会、计划并实施相应的变革以应对的原则。这样可以产生稳步的推进，不仅可以防止因不采取行动而导致整体绩效出现下滑趋势，也可以积极稳步地提高整体绩效，并扩大你所做的事情与不采取行动时的情况之间的差距。

捕捉收获

经验回顾

这一步是活动，是可选的

如果组织花时间回顾重点项目，找出一路走来的经验教训，并广泛分享以帮助他人，那么我确信工业化世界将往前迈出一大步。现实情况是，组织在这方面做得很差。当一个项目完成时，组织很少会回顾，去想想之前所发生的事情。一些组织已经意识到从经验中学习的价值，强制性地要求项目结束后进行回顾总结。但是如果没有这样的强制性要求，组织便非常容易只顾往前走而不回头。即使已经进行了回顾，其结果也只有在分享的情况下才能使他人受益。在组织中分享知识同样面临着许多挑战，即便有了分享知识的系统，真正让其他人花时间接受这些知识也是异常困难的。

也就是说，进行经验回顾（Lessons Learned Review，LLR）是单一采购品类管理项目中的重要一步。如果经验回顾作为一个更大项目中的一部分得到了很好的管理，就可以使整个采购品类管理流程受益。为了使得经验回顾成功并增值，需要按照顺序去做下面四件事：

- 保持简单。

- 团队进行经验回顾。
- 分享经验。
- 用经验指导行动。

最后两点需要一些创造性思维。分享经验意味着以某种方式交流回顾中所得到的经验。或许可以将经验公布于部门或项目的网站上，但是可能只有一小部分人对这个结果感兴趣。然而，还有很多事情可以做。例如：

- 找到一两个关键学习点，并想办法去分享它们，例如，以案例研究或“我们已经完成了项目”简讯的形式。
- 确认可能受益于这些经验的其他采购品类管理团队，并安排跟他们交流或给他们做展示。
- 如果有采购小组会议或定期峰会，那么能否有机会在这些会议中谈谈你所学到的。通常，最好的学习是听取别人的经验分享。

最后一种方法是至今为止最有效的，当那些已经完成某件事的人谈论他们的成功经验以及如何克服困难时，这些将给那些尚未走上同样道路的人以深刻的启示。

经验回顾的形式应该直接明了，它的成果可以是一个写有重要发现的简单文件，应当像子弹一样弹无虚发。我们建议的形式：

- 我们完成了什么？
- 哪些事情我们做得非常好？
- 怎样做会更加有效？
- 重要学习成果的概括总结。

记住，如果我们没有时间回顾我们所做的和所学的，我们将无法从改进提高的知识中获益，也不会在下次做得更加有效。如果我们找不到一种方法来分享我们所学到的知识，我们就会阻碍组织整体效率的提高，阻碍采购品类管理流程的推进。一个简短的会议、一些内部的反思和一些创造性的交流都可以达到分享的目的。知识就是力量！

供应商关系管理

这一步是活动与工具的集合，这一步有多么重要取决于品类和供应商的重要性与类型

供应商关系管理（Supplier Relationship Management，SRM）是这一节的主题，而在一节中对它做一个全面的探讨是不可能的。下面我将给出一些关键主题和思考的概括。我的另一本书《供应商关系管理》，全面讨论了这一主题，提供了更加完整的方法论、工具和技术。《供应商关系管理》是作为整个采购理论的一部分和本书一起写成的，在这里推荐给大家。

供应商关系管理一词似乎很多有不同的含义，这取决于谁在应用它。这或许是因为对任何组织来说，他们需要根据每个供应商对组织的重要性来给予不同的对待。供应商关系管理似乎已成为一个术语，以某种方式描述这些方法中每一种。要清楚地理解和定义供应商关系管理，就必须将其视为总体战略理念和框架，在整个供应链中存在不同类型的供应商干预。因此供应商关系管理被定义为：

> 确定和实施基于供应商的不同干预措施的总体战略方法，包括与能够发挥最大作用的少数关键供应商建立合作关系；根据可用资源进行优先排序，适用于所有供应商，以最大限度地提高组织的价值，降低供应链风险，并使组织能够实现目标，提高对终端客户的价值。

供应商关系管理是确定组织应该从所有供应商那里获取什么、我们需要与谁建立关系或进行某种干预，以及我们如何与供应商配合以实现战略目标。

一个执行良好的供应商关系管理能够为组织提供竞争优势，促进增长和品牌发展，降低成本，提高效率和效益，降低供应侧风险，或者至少有助于了解风险。然而，供应商关系管理不是一个可以简单“固定”的东西，也不会在采购品类管理流程中仅仅作为一个步骤而存在。要想实现这些好处，就需要得到组织所有人的支持。就像采购品类管理一样，为了让供应商关系管理为组织的成功做出贡献，它需要更广的职权范围和跨部门的参与。还记得第 2 章中的采购、满意和战略模型吗？我们如何探索价值是从供应商通过我们的组织流向我们的客户的，并在某种程度上被我们改变的？如果供应商关系管理要产生任何重要影响，那么它必须是组织将其采购与满足终端客户的方式和公司的总体战略联系起来的不可或缺的组成部分。如果一个组织希望通过充分利用供应商的潜力来获得竞争优势，那么这三者之间的关系是至关重要的。供应商关系管理有助于推动采购与满足客户和战略的融合，当品类管理战略和这种融合一致的时候，我们就是在做真正的战略性采购。

正如几个基本原则可以让采购品类管理更有效一样（见第 2 章），供应商关系管理也有几个基本原则。这里包括采用“端到端”的观点，以及和更广泛的组织进行跨职能合作。注意到与采购品类管理相似的地方了吗？一些组织有时会把采购品类管理和供应商关系管理看成两个独立的行为，这种思维模式可能会自我限制。因为如果要使采购战略真正有效，在组织内需要将这两个行为完整地联系起来。这正是供应商关系管理包含在采购品类管理中的原因。它在第五阶段的地位是因为在这个过程中，与供应商接触的性质和有效性变得最重要。然而，在实践中供应商关系管理不需要跟随在采购品类管理之后，相反，它完全可以帮助我们更早地处理好与供应商之间的关系。有时甚至有必要停止采购品类管理项目去开始供应商关系管理。例如，如果我们的数据收集、洞察和分析显示，我们没有机会在市场上获得影响力，但最大机会是发展现有的关系。

因此采购品类管理和供应商关系管理需要结合在一起才能真正有效。供应商关系管理可以跟随着采购品类管理，也可以与之平行，甚至领先，这是因为它们与我们的采购功能和供应链的各个方面有关。至此，本书一直专注于支出品类，事实上，我们很早就看到了基于品类的观点对于利用价值的重要性，因为它考虑了组织在与市场组织方式相对应的特定领域内的全部支出。这里我们的视角转向了具体的供应商，他们可能提供更多的产品或服务，因此可能在多个市场中运营，在多个品类中供货（见图 8.2）。

	供应商 A	供应商 B	供应商 C	供应商 D	供应商 E	供应商 F
品类 1		●		●		
品类 2	●					
品类 3		●	●		●	
品类 4		●			●	
品类 5						●
品类 6		●				

图 8.2　品类与供应商

在管理供应商时，我们需要考虑所有品类和所涉及的供应商，并确定干预措施，以管理在整个组织范围内提供的所有品类的每个供应商。在图 8.2 中，供应商 B 似乎是一系列品类的重要供应商。这种观点有助于我们看清并利用我们的优势。想象一下，如果品类 6 是我们关注的，并且我们将这一品类放在组合分析的“关键”象限、基准日分析的“专卖”象限。如果我们的观点仅仅停留在单一品类层面，我们就没有良好的杠杆作用，而且可能面临风险。然而，着眼于与供应商的整体业务，我们可能处于非常有利的地位，这使我们能够利用优势来降低品类 6 带来的风险。

需要维持供应商和品类的观点对采购职能的结构和组织方式产生了影响。至此，我们已经描述了采购品类经理以及采购人员的概念，他们在整个组织内对特定品类的采购负有责任。这种单一的品类所有权可最大限度地提高收益并增加成功的可能性，并酌情让更广泛业务范围中的其他人参与进来。这同样适用于管理、协调和与供应商打交道的方式。如果一个供应商在单一业务中有多种关系，这将浪费双方的资源，并为供应商提供潜在的“分而治之”的优势。因此，关键供应商关系的协调十分重要，而且能够确保与供应商的接触符合我们的条款或至少双方同意的条款。然而，这并不意味着需要一支队伍来执行单一的品类和供应商关系管理活动；相反，这里的成功是关于角色和责任的明确性，并在整个业务范围内得到认可。在实践中，由一个特定品类经理负责相关的供应商关系往往是有意义的。类似地，品类项目和供应商关系管理项目应当用常规管理方法来管理，我们将在第 9 章中讨论这个问题。

案例研究 一个公司如何与自己竞争

营销品类“电视媒体”是指购买商业电视频道的广告播放时段。当前的市场动态和需求在很大程度上影响着价格，超级碗期间的广告与专业有线电视频道的深夜广告是不同的。媒体通常是作为营销机构的广告活动捆绑套餐的一部分来购买的。然而，好的品类管理会寻找将其解绑，并将其作为一个独立的品类，面向特定的市场。一个实施品类管理的全球化多品牌公司就是这样做的，而在这样做的过程中他们发现每一个品牌团队都直接或通过代理商从同一个供应商那里采购。从表面判断，这似乎是完全合乎逻辑的，但是由于没有跨业务的供应商管理，很明显，各个品牌团队会在无意识的情况下相互竞争，从而推高价格。如果品类管理中有效的采购战略得以实施，可以管理和协调供应商的跨品牌团队，那么这个问题就会消除。

供应商关系管理的管弦乐队

在供应商关系管理的总体概念中，有不同类型的供应商干预措施。根据供应商重要性和类型，每种干预措施都有不同的目的。还有一个概念有助于理解供应商关系管理，以及它如何与品类管理协同工作，这就是供应商关系管理所有不同部分协同工作的方式。供应商关系管理的理念意味着它像品类管理那样，可以遵循一个线性过程或一系列步骤。事实上，从对供应商关系管理的描述中可以看出，似乎有一种趋势正在让它变成一种循序渐进的方法，这或许可以解释供应商关系管理实际上是什么，以及为什么方案不能提供所需的结果。这里的问题在于，供应商关系管理无法一步达到理想的供应商关系。这种思维方式对我们不利，因为每个供应商都是不一样的。那些重要供应商都有他们重要的理由，由于彼此的环境和彼此的需求不同，每个供应商都需要独特的关系以及一系列不同的介入。一些供应商可能只需要一些合规性监控，而另一些可能需要一个完整的战略合作关系。一些可能需要干预将风险降至最低，而另一些可能具有潜在价值，如果我们可以和他们合作来释放它。

供应商关系管理事实上就像一个管弦乐队（见图 8.3）。乐队的每一部分在需要时根据乐曲的内容进行演奏，所有人都齐心协力，由一个指挥来领导。供应商关系管理管弦乐队中的每个部分（重点领域、不同方法和干预措施）都必须根据情况、当前环境和时间点在需要时发挥作用。指挥提供一个管理框架，指导各种干预措施的进入或退出。每个重要供应商都有自己的乐曲，而且旋律不断变化。

供应商关系管理管弦乐队包括以下五个部分：

- 供应商管理（Supper Management, SM）。
- 供应商绩效评估（Supplier Performance Measurement, SPM）。
- 供应商的改进与发展（Supplier Improvement and Development, SI&D）。
- 供应链管理（Supply Chain Management, SCM）。
- 战略协作关系（Strategic Collaborative Relationships, SCR）。

图 8.3　供应商关系管理管弦乐队

供应商绩效评估、供应商的改进与发展和供应商管理关注的是与不连续的重要供应商的直接合同关系。供应链管理则要跨越这种关系去考虑整个供应链甚至要深入终端客户。供应商的改进与发展趋向于以直接供应商为重点，但也能着眼整个供应链，而供应链管理则是最重要的战略组成部分，可以说是通过关注少数具有战略意义的供应商来释放最大价值的组成部分。这些分散的部分并不是相互排斥的。换种说法，供应商关系管理并不意味着我们必须选择一个或另一个。采取一种以上的干预措施是可能的，而且往往是必要的。例如，供应商可能需要供应商管理，但也可能需要带有一些供应商的改进与发展的供应商绩效评估。在下面几节中我们将逐一解释这些不同形式的供应商干预措施，但是首先我们应确定哪种或哪些干预措施是我们需要的。

确定需要的供应商干预措施

有些供应商比其他供应商更重要，因此需要不同类型的干预或关系。供应商关系管理的核心是对于那些重要供应商要给予特别关注。通常来说，对于任何一家组织，随着重要性的增加，供应商的数量会越来越少。这通常表现得像一个金字塔（见图 8.4）。

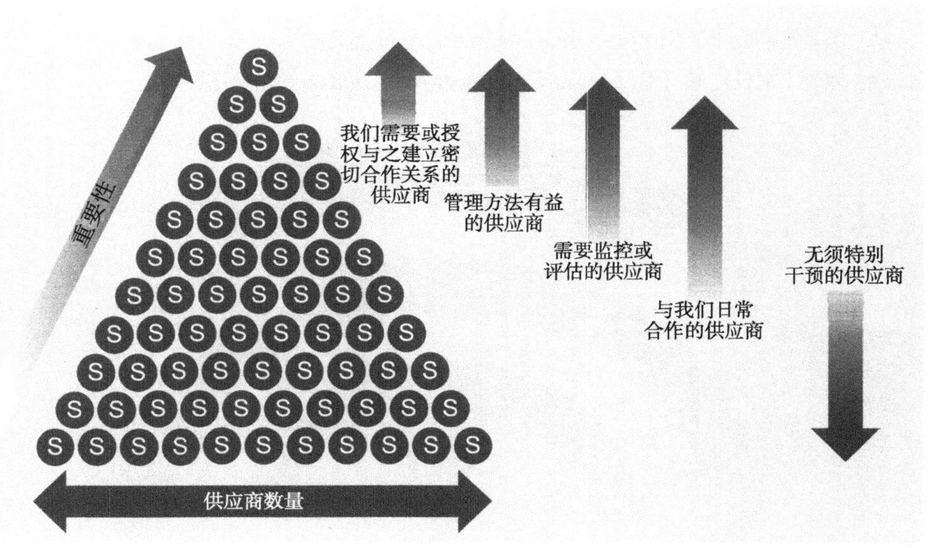

图 8.4　供应商的重要性和不同类型的干预措施

一定规模的组织通常可以拥有数千甚至数万家供应商。组织在开展业务的过程中会选择和累积供应商。但是对组织来说，其中绝大多数供应商，除了完成一个简单的订单、采购或交易几乎没有任何重要性。给盆栽浇水的人或处理普通废料的公司都以某种形式签订合同，因此成为供应商，但对组织的未来不太可能有重要意义。在“不重要”的层级中，通常有很多供应商，除了眼前的交易外，不需要对他们进行特别干预。当供应商变得越来越重要时，他们的数量就会减少，只剩下几个极其重要的供应商。这种供应商金字塔结构，能够帮助我们更好地识别、区分不同类型的干预，这些干预是根据供应商在金字塔中的位置确定的。通常，随着我们的努力，供应商在某些方面变得越来越重要，因此开始需要某种额外的干预。也许那些处于中间位置的供应商需要对绩效进行衡量，推动改进提高，也许他们背后的供应链需要被理解和管理。最终，在金字塔的顶端，可能只有少数几个供应商是重要的，我们必须跟他们建立紧密的合作关系，因为只有双方一起合作才会带来共赢。

供应商细分使我们能够切实地了解我们的供应商。在这里，供应商被划分成几组，我们将对每一组供应商采用不同类型的干预，使这种干预最有效、最值得（见图 8.5）。这里我使用最广泛的方法将它们分为三类（尽管还有很多模型与变体）：

- **交易性供应商**。除了眼前的交易，不需要对其进行特别干预的供应商。
- **重要供应商**。需要一定程度的管理或干预的供应商，因为需要我们这样去做或值得这样做。
- **战略供应商**。在某种程度上对我们至关重要或具有战略意义的供应商，我们需要与他们保持密切的关系以保护我们的业务，或者他们有可能帮助我们实现我们的组织目标并共同实现更大的价值。

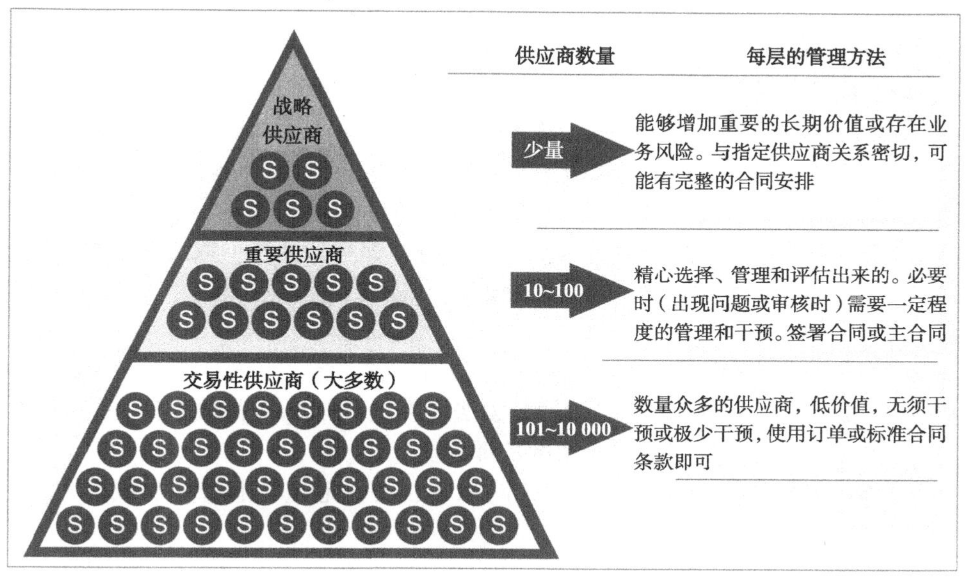

图 8.5　供应商重要性金字塔

在实践中，供应商细分并没有明确的界限。供应商细分过程是组织中供应商关系管理的核心基础，使用我们预先制定的标准来确定哪些供应商是重要的，为什么他们是重要的，什么样的干预和关系是需要的或有益的。在供应商关系管理管弦乐队中，细分构成了我们将演奏的音乐，每首乐曲都是专门针对个别供应商关系的独特安排。

因此，在采购品类管理中，如果组织已经有了确定的供应商关系管理团队且已经细分所有供应商，并依照供应商关系管理来管理所有供应商，那么接下来我们的任务就是确定我们指定的任何供应商如何符合品类战略的既定方法。如果组织中没有这种管理体制，那么接下来我们的任务就是确定如何管理与供应商建立的关系，以及如何进行合适的干预。

人们通常错误地认为，需要跟供应商保持一个比实际上更密切的关系。这可能是因为我们喜欢选择更有战略性的供应商，供应商努力让我们确信他们对我们具有战略意义，也努力让我们感觉他们对我们很重要，即使他们并不重要。你可能听过有经验的供应商这样说："我们合作得很好，是不是？""我们的合作多么鼓舞人心。"

有时，这些事情甚至是真的，但这样说常常是为了改变买方的心态，以便寻找机会来开会和讨论，目的是将供应商融入组织。然而，我们决定在何处需要供应商关系，并假设供应商的意愿和我们的客观性，我们将在何处建立供应商关系。在任何组织中，管理供应商的资源都是有限的，因此，重要的是将资源用于影响最大的地方。因此，我们需要一个有计划的方法来确定我们将与任何给定供应商建立的关系的性质。如果没有这一点，组织就会花费很多时间和精力与供应商进行互动，而并非所有这些都对组织有利。作为买方，我们应该选择与控制我们与供应商关系的性质和程度。在一个典型的组织中，对于大部分采购，我们不太可能需要任何关系。因此，努力建立与供应商的关系只适用于少数供应商，与他们建立正确的关系可以使双方受益，创造并维持持续的价值改进。

我们如何管理供应商关系，以及所需干预的程度和性质，取决于供应商的重要性。供应商的重要性受很多因素影响，以下总结了五点关键因素，这些因素形成了一套稳健的供应商细分标准：

- 风险（供应失败、延迟、品牌受损、失去竞争优势、价格上涨或质量风险）。
- 难度（包括市场难度、复杂性或无法转换、采购的商品或服务的专有性质，或者供应商是我们品牌定义的一部分）。
- 目前的重要性（包括支出、合同承诺、经营地点、业务知识或已建立的关系）。
- 一致性（与我们的战略目标、政策、道德和信仰、文化或工作方式）。
- 未来的重要性（我们未来的支出和计划、供应商创新、供应商未来方向、供应商需要与我们更紧密合作的意愿）。

我们可以利用这些标准去判定我们为什么需要一个关系，这反过来又决定了我们所需要的关系的本质。例如，如果我们担心某个供应商有失败的风险，那么我们就可以对该供应商采取干预措施，监测和管理该供应商的行为。如果我们相信该供应商能够为该品类带来独特的创新，从而为我们创造竞争优势，我们就会与该供应商发展密切的关系。然而，在考虑为何需要一种供应商关系之前，我们应该首先考虑我们是否需要一种关系。在这里，我们转向我们在采购品类管理项目初期对供应商进行的组合分析和供应商偏好。这两个工具可以帮助我们判断我们是否需要一种关系，同时有助于告知我们可能需要的潜在关系的性质。利用这两个工具和上述的供应商细分标准，我们可以确定我们需要的干预类型和程度。

我们从第二阶段就开始进行组合分析来获得洞察（见图 8.6），但请记住，这里我们是从供应商的角度出发的，即供应商可以提供一系列品类，因此必须采取综合的观点，以确定他们提供的所有品类所需的关系的本质。如果品类坐落在“杠杆”象限，我们在市场上就有选择权，所以我们不需要任何关系，但如果我们这样做，我们很可能是围绕管理日常活动来确保遵守合同和监控绩效。如果品类坐落在“关键”象限，我们就可能面临风险，所以要试图与供应商建立关系，这也是我们唯一的降低风险的方法。如果品类坐落在“战略”象限，在一个难以进入的市场中双方相互依赖，并且可能有巨大的潜力，那么这便是发展合作关系的主场。

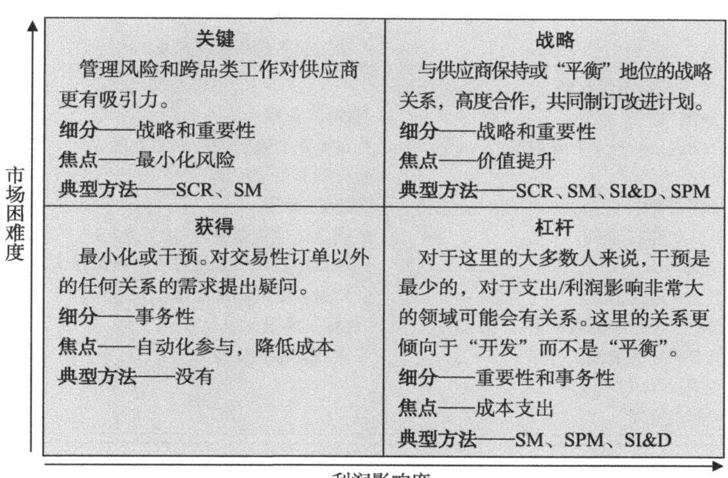

图 8.6 使用组合分析来帮助确定供应商关系的需求和性质

组合分析需要我们一同考虑供应商偏好（见图 8.7），因为它会帮助我们判定供应商意愿以及我们需要什么样的供应商关系。它并不完全取决于我们的想法，例如，我们认为这个关系是必需的，而供应商不一定有这个需求。如果我们是在“发展”或“核心”象限，那么供应商很可能会接受；如果我们在“不受欢迎”或“可开发”象限，那就是另一码事，我们有可能试图建立一个得不到供应商呼应的单边关系，或者更糟的是，他们只是口头上说说，制造他们感兴趣的假象。如果供应商并不是以同样的方式看待我们，那么与之建立长期的战略性的合作关系是毫无意义的。

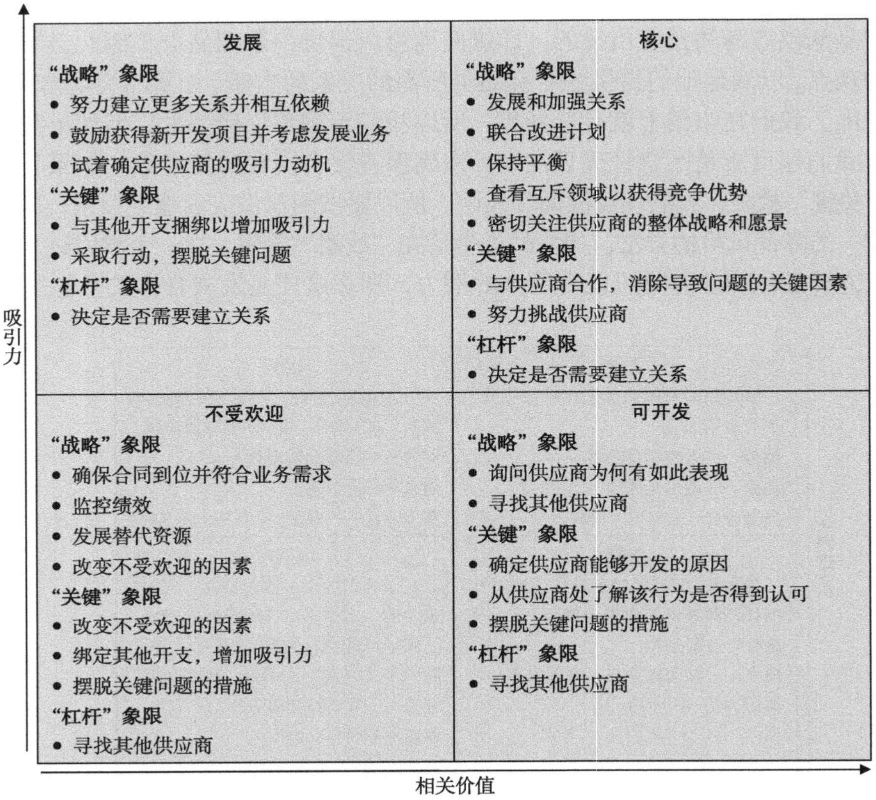

发展	核心
“战略”象限 • 努力建立更多关系并相互依赖 • 鼓励获得新开发项目并考虑发展业务 • 试着确定供应商的吸引力动机 **“关键”象限** • 与其他开支捆绑以增加吸引力 • 采取行动，摆脱关键问题 **“杠杆”象限** • 决定是否需要建立关系	**“战略”象限** • 发展和加强关系 • 联合改进计划 • 保持平衡 • 查看互斥领域以获得竞争优势 • 密切关注供应商的整体战略和愿景 **“关键”象限** • 与供应商合作，消除导致问题的关键因素 • 努力挑战供应商 **“杠杆”象限** • 决定是否需要建立关系
不受欢迎	**可开发**
“战略”象限 • 确保合同到位并符合业务需求 • 监控绩效 • 发展替代资源 • 改变不受欢迎的因素 **“关键”象限** • 改变不受欢迎的因素 • 绑定其他开支，增加吸引力 • 摆脱关键问题的措施 **“杠杆”象限** • 寻找其他供应商	**“战略”象限** • 询问供应商为何有如此表现 • 寻找其他供应商 **“关键”象限** • 确定供应商能够开发的原因 • 从供应商处了解该行为是否得到认可 • 摆脱关键问题的措施 **“杠杆”象限** • 寻找其他供应商

纵轴：吸引力；横轴：相关价值

图 8.7　使用供应商偏好进行组合分析的关系响应

图 8.8 给出了组合分析、供应商偏好以及潜在供应商对建立关系意愿之间的关系。

关于供应商细分的最后一点是，供应商的资格认证问题。如果没有首先确定供应商是否合适、可靠、合法，并且能够做到所声称的那样，就与之合作是非常愚蠢的。任何发展良好的组织都会做一些供应商资格认证工作。在供应商名录上添加一个新的供应商之前，我们可能会对其进行简单的财务审核，也可能对其质量、安全和环境进行全面评估。对供应商的资格认证，不同的组织有不同的做法。对大多数供应商而言，简单的财务审核就足够了，但是如果我们的业务是制造飞机起落架，那么需要对制造能力和质量进行严格审核。供应商资格认证不是一次性活动，而是一个不断评估的过程。

传统行业可能会把资格认证置于质量或财务职能部门内，但无论怎样，供应商资格认证都应当与供应商细分相一致，以确保对供应商的参与有充分的了解，并有一个协调供应商改进提高的简单方法。也就是说，在实践中我们要与更广泛的业务职能部门相结合。如果采购可以成为供应商审计的一部分，这将提供一个收集供应商信息的好机会。

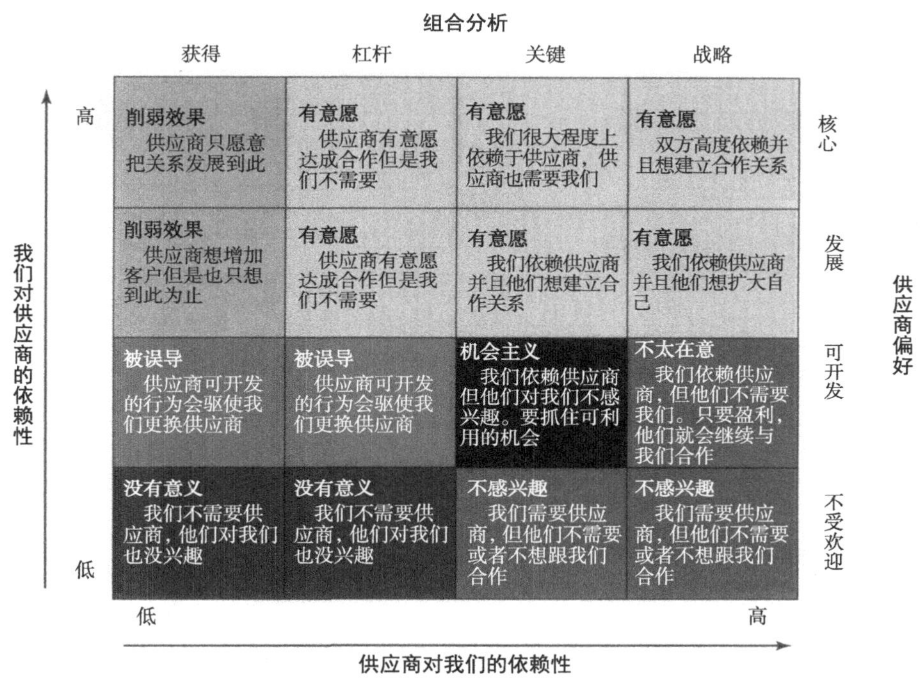

图 8.8　使用组合分析和供应商偏好了解供应商意愿

实施合适的供应商关系管理方法

一旦清楚了我们品类供应商的重要性和类型，我们就可以确定如何管理供应商以及如何进行适当的干预。图 8.9 显示了供应商关系管理管弦乐队中的五个组成部分，以及它们通常如何与细分金字塔中的不同部分保持一致。注意，我对每个组成部分都描述了干预的重点，即除供应链管理外，所有干预措施都是针对直接供应商的。正如供应链管理的名称所暗示的那样，其重点是整个供应链。品类战略的成功完全可能需要直接供应商以外的干预，特别是如果这里有企业社会责任方面的考虑，或者通过优化物流和信息或材料在供应链上的流动获得的机会。我将依次介绍这五种类型的干预。

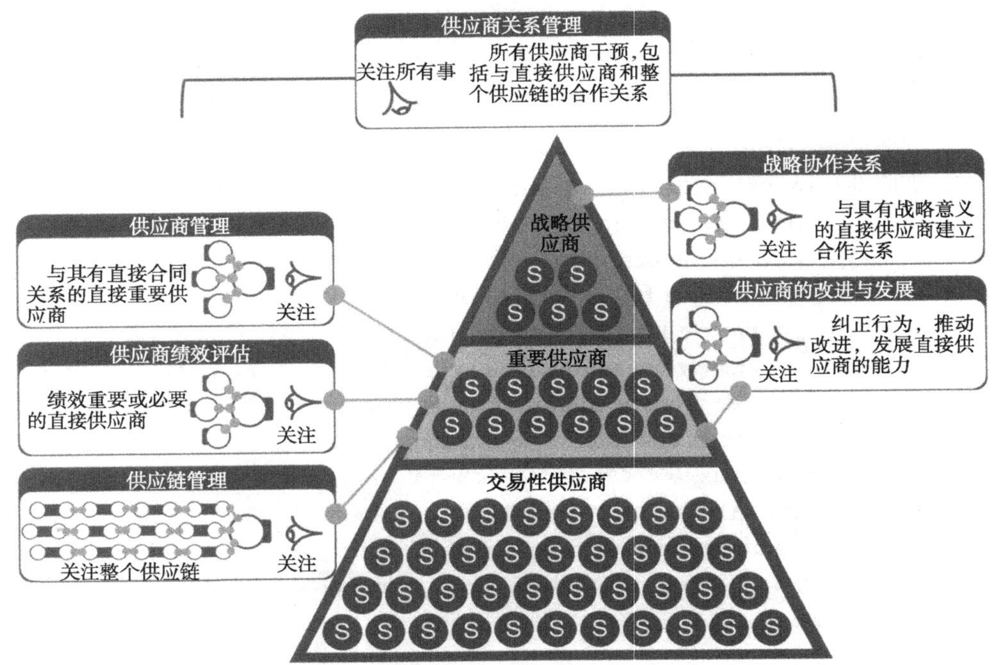

图 8.9　与供应商细分金字塔关联的供应商关系管理的不同组成部分

供应商管理

供应商管理与大多数重要供应商有关，包括日常管理、互动沟通、关系管理、合同管理、绩效管理、检查和协调改进措施。供应商管理是确保与供应商之间的合作是有效的，因此它也是任何供应商关系管理方法中的核心组成部分。对任何重要的供应商都需要以某种方式进行管理，以确保我们从供应商那里获得我们所需要的一切，并应对或防止问题的出现。

就像在生活中你与你的伴侣的亲密关系，如果一方无法处理好关系，无法沟通，没有时间分享，那么你们的关系就会变得冷淡，甚至可能会结束。与重要供应商的关系也是如此，不要因为这是业务关系就意味着可以什么都不做，而只是简单地发布采购订单。

如果供应商偏好分析表明供应商把我们看成一个有吸引力的客户，是可以发展的客户（“发展”象限），我们就会得到供应商重要人士的关注，但是如果我们是不具备吸引力的客户，或不如其他客户那样有吸引力，我们就很容易处于“可开发”象限中。我们照常可以接到订单，业务会像往常一样继续，但是我们不会再从供应商那里得到更多。其他客户也许会得到供应商的偏爱，而我们也许无法从他们新的创新和发展中获益。往更深了说，供应商对我们的未来方向可能没那么感兴趣了，甚至我们要面对供应保障的风险。

无论供应商如何看待我们，如果我们确定供应商对我们很重要，那么我们都应该去管理他们。供应商偏好会帮助我们确定我们的对策。在“发展”或“核心”象限中，我们的对策是充分利用供应商对我们的兴趣。在“可开发”象限中，我们需要严格管理他们，不给他们留下表现平平的空间，而是对他们设定高期望值，要求他们表现出色。我们一定要留意供应商对我们失去兴趣所带来的风险，以及单纯因为我们要求太多以至于他们要和我们保持距离的风险。

因此供应商管理有两个目的：一是管理与供应商的关系；二是提供干预措施并积极协调。这里包含五个方面：

- **结果**。明确任何特定供应商的良好表现，确定我们需要的结果，以便我们能够采取正确的干预措施组合来确保这一点。
- **风险**。持续评估供应商和供应链风险。与供应商保持密切联系，注意任何可能给我们带来新风险的因素。在可能和可行的情况下减轻风险，或制订应急计划。良好的持续干预可以避免发生供应商一夜之间停止交易的可能性。
- **审核**。适当的审核会议的级别和频率是非常必要的。审核会议的讨论应该围绕具体的干预措施。随意安排的审核会议会浪费我们宝贵的资源，相反适当的审核、讨论与该供应商相关的干预措施是非常重要的。一类供应商审核可能侧重于审查绩效和合规性，另一类供应商审核是对实现双方商定的改进目标的进展的审核。
- **合同**。这一点经常被忽视，但是合同一旦被签订，它就不会停止。供应商管理是指确保供应商按照合同中约定的内容进行支付，并处理任何异常情况，同样也确保合同条款继续有效。最后，合同管理要求我们能够掌握合同，确定何时需要变更合同，为合同期满时做计划，从而保持优势。
- **关系**。最后，也是最重要的一点，即如何管理关系。有效的供应商关系并非偶然发生的。它们需要被定义、发展及管理。作为组织的关键利益相关方，他们同样需要与供应商交流互动。那些发展良好的战略关系的组织会关注很多领域，并根据供应商的重要性做出适当的安排，这些安排构成了供应商关系管理方法。这些可能包含以下一项或多项内容：
  — 关系战略。关系战略的定义，包含目标、目的及用来完成目标的常用方法。
  — 关系章程。与供应商共享并达成一致的文件。通常包含可以共享的关系战略要素、关系性质和工作方式的定义。
  — 对峙点。一个明确的“谁接触谁以及为什么”的路线图和双方指定的联系点，以及升级路线和安排，以分享业务中其他地方的参与细节。在这里，整个业务的对峙点理想情况下应当处于类似的水平，允许供应商的客户经理与你的 CEO 建立直接关系通常是达不到预期目标的。

— 交往规则。双方就如何会面、回顾进展、讨论及分享各自业务的进展情况，包括创新或对特定创新的需求，达成一致的方法。

— 关系路线图。对关系和一般绩效的共同目标和目的的定义，以及商定的中短期路线图。这里将包括商定的供应商改进措施。

供应商绩效评估

供应商绩效评估是指对供应商的绩效进行评估，并可能根据评估结果协调改进措施。在品类管理中，我们需要评估在这个品类中供应商持续提供商品和服务方面的绩效。我们同样有理由去评估与供应商的关系是否有效。供应商绩效评估是一种供应商范围内的方法，涵盖供应商可能提供的所有品类，但也可能包括与单个品类相关的具体评估。因此，任何特定品类的评估都应当与更广泛的供应商关系管理方法相结合。

供应商绩效评估的第一步是考虑什么需要被评估。以前的供应商细分已经给出了结果，并确定了哪个供应商是重要的。无论如何，都不能仅仅因为我们已经确定这个供应商是重要的，就应该着手对这个供应商进行综合评估。在对一个供应商进行绩效评估时，我们应该考虑面临的一些挑战：

- **评估过多或错误评估**。在采购时，我们似乎非常热衷于评估事物，但并不总是正确的事物。我曾与一些公司合作，它们非常自豪地展示了复杂的供应商评估系统，只需按下按钮或打开电子表格，就能够提供有关大多数事物的大量信息。然而，对于“你会用这些做什么”此类问题的回答，通常是非常困难的。在现实中，只有一小部分组织对这些评估结果做了有意义的事情，这会让人质疑整体的有效性和这样做的原因。
- **仅仅回顾**。如果我们根据供应商所做的工作来评估供应商的绩效，这对于检查合规性是有用的甚至是必要的，但是如果我们试图通过合作来达到一些共同的改进目标，这就不那么有用了。这就好比你试图爬一座山，但仅仅测量截至目前你跌倒了多少次、走错了多少个弯路，你是不会知道还有多远能到达目的地的。
- **评估需要时间和资源**。任何形式的绩效评估都需要一定的时间和资源，无论是我们还是供应商，都会产生成本。
- **评估驱动行为**。任何重要的评估系统都将首先围绕满足评估的要求来驱动行为。例如，供应商绩效评估方法旨在持续验证合同绩效目标的实现情况，这将迫使供应商组织起来以满足这些评估标准，而不一定交付正确的结果。我们可以在英国医疗保健行业中看到这样的例子。当你去医院急诊科就诊时，医院必须达到政府设定的目标，即保证你在四小时内得到诊治。大多数医院都达到了这个目标，因此它们的绩效数据看起来还不错，但事实上“就诊”只代表分诊护士的快速检查，然后再让你回到候诊室，在那里你需要等待更长的时间。可以认为，如果评估标准反映了我们的需求，那么驱动行为的评估标准是可以的。但另一个后果是，我们经常在没有真正考虑为实现这些目标必须发生什么的情况下，就制定了评估目标的进展。

规定 99.5%的货物必须按时、定量、按规格交付，这看起来是个不错的数字，但在实践中，如果没有特殊安排和昂贵的供应商缓冲库存，这可能是无法实现的。对一个经营准时制供应链的汽车公司来说，确立目标和不断评估是非常重要的，因为它可以要求供应商组织起来满足这一要求。但对于以项目运作为核心的公司，可能就不是那么回事了。因为如果需要，公司可以进行调整，而且人们会质疑这种精确的评估方法真的有用，还是仅仅有就好。

在供应商评估中，非常容易把有效的评估与符合供应商评估制度的评估相混淆。因此，如果我们要进行良好的供应商评估，就需要仔细思考评估的内容、评估的程度，以及我们需要达到的目标和结果。

在谈论供应商评估时，我们通常指的或需要的比这多得多，并且有更多让我们容易混淆的术语。下面是一些比较常见的术语。

- 测量。测量是指我们将某一事物与已知的标准进行比较和量化。例如，“我的速度是每小时 50 千米”或“我的油箱里还剩 12 升油”。这在一定程度上是有用的，但仅仅是测量，就需要根据情况或解释来确定背景，这样才能对我们有用。
- 指标。通过结合多个测量值或增加一些解释，我们可以建立更有用的指标。例如，“平均油耗为 10 千米/升”。在这里，该指标结合了测量指标并进行一些计算，告诉我们发生了什么，但是这种指标是滞后的（滞后指标）。
- 领先指标。或许，更有用的是一个能够帮助我们预测即将发生什么的指标，如“油箱剩下的油还可以开 126 千米”，这是利用历史信息来预测未来的结果。当然，这种预测不够准确，因为该指标没有考虑到我们如何驾驶，以及我们要经过的地形。不过，在我们的旅程中要不断重估该指标，以帮助我们改变我们的驾驶方式，确保我们到达下一个加油站。在供应商评估中，该指标可以帮助我们评判供应商做得好还是不好。
- 绩效指标。顾名思义，绩效指标就是针对绩效的指标。
- 关键绩效指标。一个比其他指标重要的指标。
- 计分卡。顾名思义，计分卡是对供应商绩效的现有评估标准或关键绩效指标的总结。计分卡相当于体育比赛中的记分牌，在商务中，就是一张卡、一个表、一个账簿、一个电子表格或电子评估，就是一个可以把供应商绩效评估标准输入的地方。

- 服务等级协议（Service Level Agreements，SLA）。同样也出现在供应商绩效评估领域中。这些不是评估标准，尽管经常被认为是评估标准。服务等级协议正如它的名字一样，是一个协议或合同的一部分，其中定义了具体的目标和关键绩效指标的评估基准。

当我们开发供应商绩效评估方法时，目标是仅开发几个关键绩效指标，以帮助我们管理和判断供应商绩效。在谈到指标如何比单纯的评估标准更有用时，尽管我们使用关键绩效指标，但不排除可以用来评估供应商绩效的指标。在实践中，我们可能会把评估和指标结合起来使用。但这里的重点是，我们慎重选择的评估应该为我们提供有意义的产出。关键绩效指标事实上可以看作“关键绩效指标或者基于所需的评估标准”，然而这并不好记，所以我们还是叫它关键绩效指标，不过应该领会它所包含的细微内容。

在制定关键绩效指标时，应该把它们当作稀缺的东西，就像每个关键绩效指标都需要花费巨额资金才能获得一样，因此我们要有这样的信心，去寻找告诉我们最多的几个关键绩效指标。这里的终极测试是：“如果我们只能有一个关键绩效指标，那应该是什么？”我的一个朋友开了一家小餐馆，当他外出的时候会让员工管理餐馆，每一天晚上结束时，他会打电话给餐馆经理，询问当晚的情况。他可以问很多问题，但他只问一个：“有多少个客人用餐？”这个简单的问题可以让他知道他想了解的一切，即他的餐馆有多忙及可能产生的收入。

通过回顾业务需求，我们可以确定最初需要评估什么。在这里，我们对某一品类需求的各种陈述是形成一套关键绩效指标的起点，我们只需将相关需求转化为关键绩效指标，但并不是所有需求都要被转化。举例来说，如果我们有供应保障的需求，即要求所有供应商具有良好的财务状况，那么我们将不会对供应商进行财务评估，相反在供应商资格预审和供应商备选过程中这些评估工作已经完成了。因此在开始开发供应商关键绩效指标之前，我们必须首先从业务需求中提取那些需要持续评估的需求（见图 8.10）。这些关键绩效指标还受到与供应商关系的要求的影响，并受公司整体目标的影响，例如，所有供应商必须满足组织制定的企业社会责任政策。

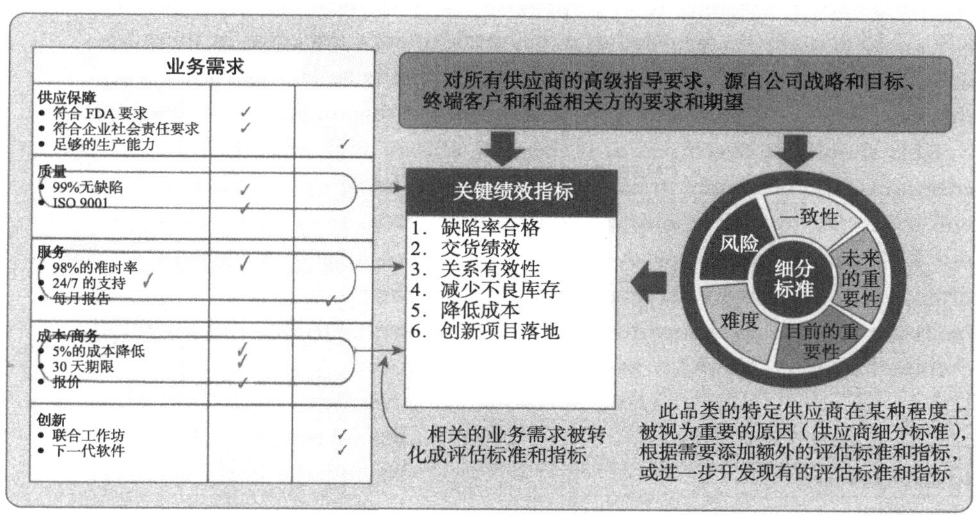

图 8.10　如何开发关键绩效指标

至此，我们已经考虑了基于品类业务需求需要评估的内容。第二步是确保我们的评估和指标与我们认为供应商重要的理由相匹配。这可能意味着补充我们的关键绩效指标，或进一步开发我们已有的关键绩效指标，以应对这种情况。例如，我们确定一个供应商很重要，因为他们会给我们带来风险，或者我们需要确保合同合规，那么我们的关键绩效指标应该包含一些有助于监控风险和日常表现的内容。如果一个供应商很重要，因为他们具有我们认为有助于我们发展竞争优势的独特能力，那么我们应该评估双方如何共同发展，实现对双方都有益的共同目标。这些为关键绩效指标提供信息的维度不一定能在业务需求品类中找到，正是在这里，我们看到有必要确保评估方法既考虑组织对该品类的需求，又考虑供应商与我们的整体合作。

大多数供应商绩效评估系统都包含某种供应商计分卡。最有效的计分卡实际上是很短的，只包含帮助我们判断如何实现既定结果的关键绩效指标。图 8.11 给出了一个示例。你可能听说过“平衡计分卡”这个词，它是由卡普兰和诺顿（1996）提出的，这种评估方法不仅使用财务指标，而且在所有驱动价值的指标之间取得平衡。有效的供应商绩效评估不应是平衡的，而需要成为一种业务范围内的评估方法，评估供应商如何为整体业务需求做出贡献，并酌情让供应商参与其中。同样，如果我们根据业务需求开发关键绩效指标，那么我们已经把最难的部分完成了，我们评估的内容自然应该是平衡的，因为它将反映业务对品类和供应商的需求和期望。我们总是需要回顾过去的关键绩效指标，但基于未来目标的关键绩效指标可能非常强大。无论评估方法是什么，都应该把它开发出来，以培养积极行为，而不是实现目标。

供应商计分卡示例（适用于法国的 Gadget Logiciel 公司）						
KPI 或滞后指标	结果领域和信息来源	目标	Q1	Q2	Q3	Q4
安全性——失时工伤率（LTIFR）	供应商、产品或交付期间发生的事故或未遂事故的数量	无	0	0	1	0
供应保障——按时、足量、按规格交付（DOTIFIS）	DOTIFIS 报告	98%	98%	100%	99%	92%
关系绩效——行动、支持和沟通的交付	利益相关方调查结果和投诉	90%（非常满意）	90%	100%	95%	82%
KPI 或领先指标	结果领域和信息来源	目标	Q1	Q2	Q3	Q4
成长与创新——供应商对业务增长的贡献	交付的新想法的数量和为双方交付的总交付价值	2 个（5 万）	0 个（0）	3 个（7.8 万）	2 个（1 万）	2 个（6 万）
减少损失——达到合作损失最小化的目标	生产废品率、能源使用、包装和评估	2%	5%	4.5%	4.2%	3.4%
企业社会责任目标和合规性——两年内满足所有供应链企业社会责任政策	审计报告	100%（两年内）	78%	82%	82%	82%

图 8.11　供应商计分卡示例（单位：欧元/个）

供应商的改进与发展

供应商的改进与发展涉及对供应商特定的干预措施，以推动一定程度的改进或发展供应商能力。这里的举措可能包括从简单的纠正行动到各方合作达到新目标的联合举措。在品类管理和供应商绩效评估中，我们需要推动改进或发展供应商的原因有很多。显而易见，如果我们正在管理和评估一个表现不佳的供应商，我们就要处理或解决这个问题。最初可能寻求改进供应商来解决问题，也可能采取一些行动防止它再次发生。但是最终，如果我们不能解决这个问题，我们就可能结束现有合作关系并寻找新的供应商。如果我们看到有机会通过发展供应商或我们与他们的关系来改善结果，我们也可能需要一些干预，无论是一次性的还是持续性的。在这里，我们不是在解决问题，而是开启新的利益，可能是与供应商合作。回顾在第一阶段中价值杠杆的产出，如果我们通过使用改善关系、绩效发展或寻求创新等杠杆确定了潜在的价值来源，那么就要对特定供应商进行干预来实现这一目标。干预的原因可能包括：

供应商的改进（被动的）

- 解决与供应商相关的问题。
- 防止问题再次发生。
- 减少或消除已知风险。
- 降低成本。
- 提高过程的有效性或效率。
- 提高绩效。

供应商的发展（主动的）

- 发展能力。
- 创新。
- 开发新的产品或服务。
- 创造新的差异化优势。
- 提高市场渗透率。
- 进入新市场。
- 释放有益双方的新价值。

这并不意味着，仅仅因为我们需要某种程度的改进或发展，供应商就一定愿意。或许他们会对绩效问题做出反应，但是如果我们确定要和某个供应商合作以寻求新的竞争优势但他们不感兴趣，或者更糟糕的是，他们声称很热情但并不真正参与。这时，我们再次利用组合分析和供应商偏好来了解情况，确定我们的行动方案并预测供应商的行动方案（见图 8.12）。如果我们的品类在“杠杆”象限，但对供应商来说是“核心”象限，那么我们只需寻求和供应商一起改进，给他们下最后通牒，要求他们改进，否则我们换新的供应商。但如果我们的品类是在“关键”象限，而供应商把我们看作“可开发”象限的客户，我们则需要处理这种状况，因为我们面临风险。供应商将有兴趣纠正问题，毕竟在“可开发”象限，我们账户的相对支出是巨大的，但供应商不太可能有兴趣参与我们的合作开发项目。然而，如果我们的项目在某种程度上使我们的账户对供应商更有吸引力，也许是通过承诺互利的结果、改进工作方式或帮助供应商提高利润率，那么这可能吸引供应商的注意力。至此，我们正从“可开发”象限转移到“核心”象限。

STPDR 供应商改进流程（见图 8.13）是一种推动所有类型供应商改进的简单而直接的方法。还记得我们在第一阶段中所讨论的 STP 工具吗？STPDR 工具是在 STP 工具原理的基础上，根据精益生产、六西格玛和全面质量管理领域中各种改进方法而创建的。这是一个五步改进流程，几乎可以应用于各种情况。这五步即研究、目标、计划、行动和审查。无论我们需要某种改进或发展干预的原因是什么，STPDR 都可以帮助我们导航，并提供一种方法来审查沿途的进展。下面我们逐一讨论每一步。

- 研究（Study）。如果我们面对一个明显的供应商绩效问题，那么我们很容易认为我们已了解它，并找到我们认为需要的解决方案。然而，我们也很容易不了解一些具体问题。例如，一罐从五金店买来的油漆，在使用后不久就出现了裂纹和剥落，这可能被认为有缺陷，并被退回更换；然而，油漆可能是没问题的，问题可能在于墙壁、房间温度或使用方法。这些都是显而易见的，但在面对业务中的供应商问题时经常被忽视。在所有既定的精益生产、六西格玛和全面质量管理改进方法中，一个共同的原则是首先需要研究情况。这可能包括组建一个小团队，收集数据并围绕可能发生的事情提出假设，或者使用根因分析等技术。这一步的首要目标就是真正地研究情况，认真观察并不断寻找，直到对问题或阻碍卓越的因素有一个真正的、有见地的理解，并准确了解是什么导致了问题或需要发生什么来实现改变。

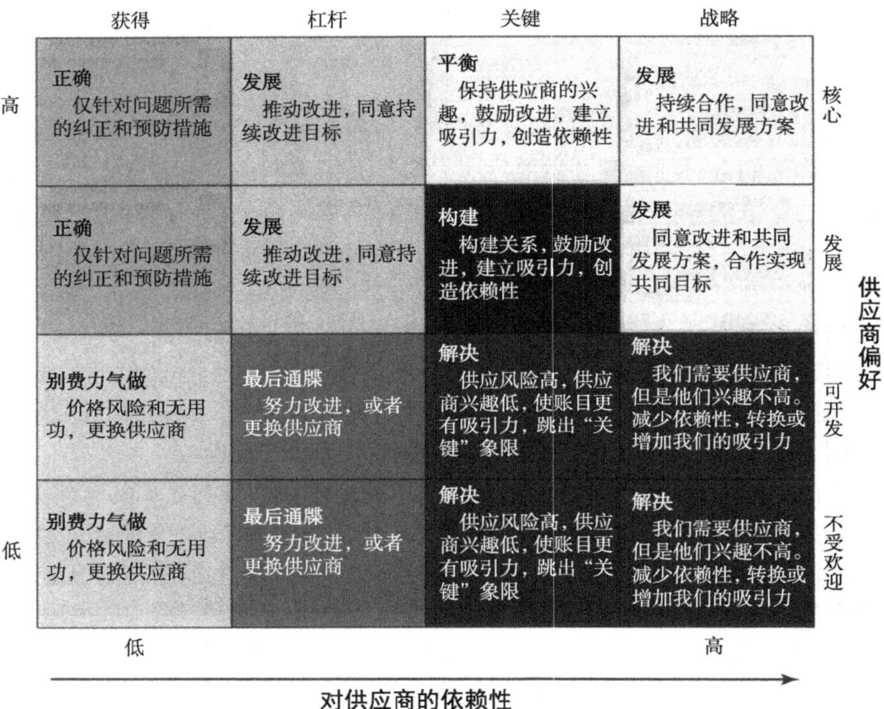

图 8.12　利用组合分析和供应商偏好，以确定我们如何处理供应商改进方案

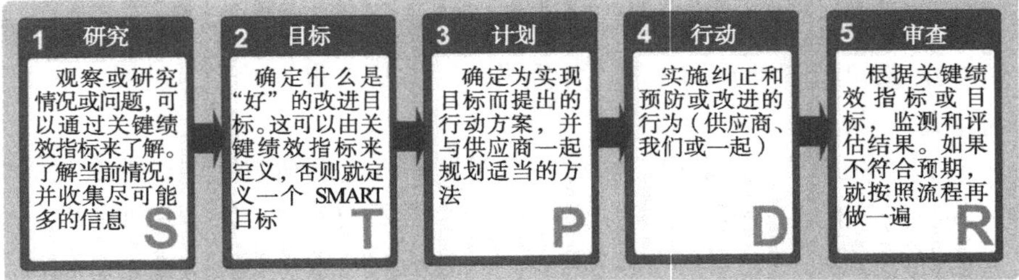

图 8.13　STPDR 供应商改进流程

- 目标（Target）。如果我们的供应商表现不佳，那么我们很可能已经在我们的业务需求中设定了改进的目标，并将其转化为关键绩效指标，因此我们的目标要么是达到这一需求的绩效水平，要么是一个新的目标（如果我们有理由这么做的话）。同样，如果我们寻求发展一个新的供应商，我们的目标就是我们希望实现的目标。
- 计划（Plan）。我们的计划是我们为实现目标而采取的具体行动和步骤，谁去执行这些（如我们组织中的指定人员、供应商中的指定人员或双方确定的指定人员），何时实现目标，以及管理方案的安排，以便将行动变成现实。对于供应商问题，这可能涉及一系列纠正和预防措施，而对于我们正在发展的供应商关系，这可能涉及一系列计划任务、联席会议、交流活动和审查回顾。
- 行动（Do）。顾名思义，行动就是去履行计划。在这里，良好的项目管理至关重要，审查点是供应商审查的核心部分。
- 审查（Review）。一旦改进或发展计划完成，审查就是验证我们是否已实现了目标。对一个问题，我们再次展开研究，或许重新评估或收集新数据。对一项开发活动，我们确认我们已经达到了新目标。如果我们的改进提高或发展没有完成，我们可以选择继续进行，或者重新开始，再一次重复 STPDR 供应商改进流程。如果我们已经达到了目标，我们则需要做出新的规划来巩固这一变化，以防止回到旧的方式。这可能涉及政策、流程、步骤、培训和工作方式的改变，也可能需要变革管理和内部交流。最后，在一个复杂的发展计划结束时，进行一次经验教训总结，对获取知识是有益的。

供应链管理

供应链管理是一种理解和管理整个供应链，甚至可能延伸到终端客户的端到端供应与价值链网络的方法。供应链管理通常涉及到确保信息流动，以及协调物流、储存和货物在供应链上的流动的安排。它也是一种有助于解决风险和了解直接供应商以外的新机会的方法。

供应链管理和物流是两个完整的主题，各自都有大量的出版物、知识和教育资源。因此，在这里仅用一小节的篇幅来充分地论述它们是不可能的。然而，供应链管理是供应商关系管理的一部分，尽管传统上并不这么认为，在采购品类管理中可能存在一些品类，改变游戏规则的采购品类战略要求我们在供应与价值链网络中来理解并实现改变。我们习惯于与那些对我们来说很重要的直接供应商建立关系，但是供应链管理超出了这些。它关注的是在没有直接合同关系的情况下，不同类型的干预可以减少风险或带来竞争优势，也许是通过改进物流，使我们提供"更好的、即时的、专属的"产品和服务。

供应链管理中的物流已经存在数千年了，而且一直支持任何需求，即在需要时准确地、反复地、可靠地将正确的东西以良好的状态送到正确的地方。从金字塔的建造到非洲饥荒救援，确保货物和信息的有效流动以满足客户需求的原则几乎没有改变过（克里斯托弗，2011）。在组织中，供应链传统上独立于采购部门，可能是专门的物流、运营、生产或贸易等部门。

供应链管理不再仅仅是有关物流的，而是一种通过降低和管理风险以及通过使企业满足其终端客户而带来竞争优势来为企业带来巨大价值的实践。当供应链管理与企业内部更广泛的采购战略相结合时，其影响是巨大的，而供应商关系管理是实现这一目标的工具。供应链管理被越来越多的人视为和采购并驾齐驱的战略推动者。供应链管理和供应商关系管理的结合将创建一种单一且协调的方法来管理企业采购的所有方面。促使它们结合的因素无处不在：

- 全球市场推动了全球供应链和配送网络。
- 全球配送推动了少数超大型的生产设施，并提供了比许多区域工厂更多的规模经济。
- 全球供应链推动了少数超大型的库存。
- 企业社会责任意味着我们现在对全球供应链中发生的事情感兴趣，但更难获得第一手的情况。
- 客户对个性化的需求正在通过高超的生产技术和良好的物流来得到满足。
- 区域差异和本地化同样可以得到满足，因此一个产品设施可以在同一条生产线上为不同市场实时生产一系列不同的产品。

因此，在实施品类管理时，我们需要把目光投向更广泛的供应与价值链网络，而不是与我们有合同关系的直接供应商。正如我们在第 5 章中所看到的，理解一个供应与价值链网络不是一件容易的事，所以我们需要有选择地使用宝贵的资源。值得庆幸的是，超越直接供应商的需求仅与某些品类有关，我们通过考虑是否存在应该应对的风险或机会来确定这些品类。例如，一个采购棕榈油的食品生产商如果希望保护他们的品牌不与不可持续的做法产生负面影响，就需要充分了解和持续管理整个供应与价值链网络。对于皮革制品，一家奢侈品公司提供高仿的高规格产品，但通过以某种方式对产品进行个性化且在第二天交付，使其产品与众不同，这就要求该品类成为反应迅速的供应与价值链网络的一部分。

理想情况下，当我们到达品类管理的第五阶段时，我们不是第一次考虑我们需要对供应与价值链网络做什么，而是在采购战略定义的过程中根据早期获得的洞察力推动安排和干预措施。在这里，组合分析和供应商偏好分析对于确定我们何时可能需要供应与价值链网络的干预并没有多大用处，尽管它们应该帮助我们了解可能存在哪些战略选择。然而，我们所使用的品类管理中的其他工具将为我们在供应与价值链网络中的机会或风险提供信息，现在可以指导我们需要的供应与价值链网络中的任何干预措施。这些都在第二阶段中讨论过（第 5 章）。它们包括：

- 供应与价值链网络图。在绘制过程中发现的机会和风险。
- PESTLE 分析。考虑更广泛的外部环境。
- 波特五力模型。对我们采购的市场进行竞争分析，并考虑该市场的供应商。

在与有意愿的供应商的关系中推动改变是很简单的，但是如果我们的品类战略要求我们改变一个供应与价值链网络，那么就难多了。我们的合同关系仅仅延伸到那些与我们有直接联系的供应商，因此我们没有法律根据与网络中的其他参与者接触或要求他们提供一些东西。我们可以要求我们的供应商对他们的供应商提出要求等，这在一定程度上是可行的，但尽管有良好的意图和精心起草的合同，其有效性往往会被削弱。尤其是当原材料或服务的原始供应商存在于欠发达国家时，在那里合同的价值较低，可以很容易地采取捷径而不被发现。此外，网络中的所有参与者自然会专注于满足他们的近邻。他们不太可能愿意为一个与他们相距甚远的参与者做一些不同的事情，除非他们能看到对他们有好处，而这往往是很难看到的。近来，随着企业社会责任成为现代进步组织的一个关键考虑因素，这对一些最有智慧、最有经验的采购专家来说也是一个挑战，他们试图寻找解决这个问题的方法。在这方面取得进展的公司不是通过合同方式，而是通过对供应与价值链网络的详细了解来实现的。通过访问种植园和工厂，或让当地代表访问并与农场主和工厂主合作，制定合适的政策并遵循它，从而降低风险。通过与网络供应商建立关系，改善预测和需求信息的流动，以及通过建立为所有人的利益而合作的小组，提高网络的整体效率，或者通过减少缓冲库存的需求和改善材料的流动方式，使机会得以实现。所有这一切的基础是找到激励供应与价值链网络中参与者的方法，使他们觉得值得努力去合作。

推动整个供应与价值链网络变革是一项重大且专业的任务，甚至可能超出许多采购专家的经验。好消息是帮助唾手可得，因为我们不熟悉的东西对其他人来说是司空见惯的。这里有很多经验丰富的供应链专家，他们会成为我们采购品类管理流程的一部分，跨部门团队需要这样专家的支持。

因此，当我们在品类管理中考虑供应与价值链网络时，采购与满足、与战略相关联是关键，因为供应与价值链网络必须支持所有这些。这正是我们在第 2 章中所讨论的品类管理的原则和支柱，它们会使这一关系产生结果，尤其是跨职能工作和以客户为中心的结果。

战略协作关系

战略协作关系是一种在战略层面上建立和改善与少数关键供应商的方法，这些供应商可以为组织增加最大价值。"协作关系"这一术语是由国际标准 ISO 44001 和英国标准 BS 11000 推广的。战略协作关系（Strategic Collaborative Relationships，SCR）中的供应商被称为战略供应商，也被称为合作伙伴或关键供应商。

近些年，与少数关键供应商建立战略关系的重要性越来越受到组织的认可，尤其是在全球经济衰退之后。1994 年，美国审计署的研究表明，和供应链合作伙伴的有效关系可能具有战略意义（USGAO,1994）。谢思（Sheth）和沙玛（Sharma）（2007）认为，关系管理正在成为一项战略职能，下一代的竞争优势可能来自与供应链合作伙伴的有效关系。

正如我们所看到的，竞争优势可以通过将终端客户的需求和愿望与供应商的能力联系起来而产生，因此如果想要建立竞争优势，我们就需要与那些有潜力帮助创新或者能够产生巨大差异的供应商合作。那些为以前不存在的事物创造新市场或提供创新产品的公司并不是单独行动的，它们是与一些有能力提供帮助并希望与它们一起前进的精选的合作伙伴合作。

战略协作关系是最高层次的关系，仅适用于对我们有战略意义的少数关键供应商，它们极有可能为我们的业务带来巨大的利益，而且很可能在这个过程中有利于它们的业务，或者有必要与它们保持非常密切的关系。在此，我们正处于供应商重要性金字塔的顶端（见图 8.5），与这些供应商要维持更高级别的关系。

在品类管理中，下面三个原因使我们最终确定需要战略协作关系：

- 一个供应商的整体业务规模和性质使得它需要战略干预。
- 我们的品类战略确定了未来的采购方法，该方法围绕与一个或多个关键供应商建立战略关系而构建。
- 我们已经从一个与我们有战略关系的供应商处采购，而且不能轻易更换，或者我们也不想离开这个供应商。

也就是说，正如前面我们所看到的，我们需要谨慎，因为很容易"说服一个供应商进入战略"，或者更糟糕的是，供应商会说服自己进入战略。然而，真正具有战略意义的供应商通常非常少。真正适合战略协作关系的战略供应商是可能做到以下几点的：

- 拥有改变我们业务的潜力，使股价上涨（或为公共或非营利组织的终端用户增加巨大价值）。
- 与我们同呼吸、共命运。
- 积极与我们合作进行新的开发、创新和改进等。
- 对我们来说至关重要的业务。

如果供应商做不到上述这几点，那么它们可能不是战略供应商，尽管它们可能非常重要或者我们喜欢与它们合作。在品类管理和供应商关系管理中，必须对这一想法提出挑战，否则我们对建立战略关系的信念和承诺可能会削弱我们的影响力，使我们错失机会并浪费宝贵的资源。

真正的战略协作关系正日益成为当今进步组织的基石。联合创新伙伴、外包全部职能、扩大地理范围或互补产品组合，都是双方更紧密合作的原因。因此战略协作关系往往由一些典型特征来定义。

- 由完整和详细的正式合同支持的长期合作。
- 明确定义和共同商定的目标将使双方受益，双方商定的角色和责任将支持这一目标。
- 关系是协作型的：双方将定期会面，以分享、交流想法，努力实现商定的结果并进行创新。
- 双方都有发言权，可以公开、坦诚地提出想法，以改变令人不快的局面。
- 双方很乐意为这种关系投入时间和金钱，往往不计成本。
- 双方都将持续受益。
- 这种关系培养了一种新型的日常工作方式，促进了公司间高绩效团队的实现，可能要涉及团队成员的社交。

这种关系不会轻易发生，而传统的供应商管理对它们的发展也没有什么帮助。战略协作关系就像任何人际关系一样，需要双方共同努力去构建和维持。公司与公司之间没有关系，是一个公司的人和另一个公司的人有关系。因此，如果要建立战略协作关系，那么在这种关系中一起互动的个人的性格和经验至关重要。信任、一致性和分享在这里是关键。更广泛的组织必须表现出透明、协调和有效的沟通，各方必须心甘情愿地联合在一起，以便从战略协作关系中受益。

实现战略协作关系的过程本身就是一个独立完整的主题，我没法在这一节中对它进行全面的探讨。它包含了一套完整的像品类管理一样复杂的方法，包括选择和支持重要的个人以及促进和管理正确关系的方法。实现这一目标的步骤在《供应商关系管理》一书里有全面的讨论。

持续改进

虽然我们实施了采购战略，并制定了适当的供应商关系管理方案，但我们的工作还没有彻底完成。实际上，在品类管理中我们的工作永远不会完成，因为品类管理流程并没有结束。如果是这样的话，我们就要为将来的衰退做好准备，因为今天具有突破性的采购战略可能很快就会被世界和我们周围不断变化的组织所取代。相反，品类管理的最后阶段是持续改进的安排，直到有必要去启动新的一轮采购品类管理流程。采购品类经理在这里要继续担当好他的角色。

对政府采购的品类管理来说，持续改进也很重要，但不同的法规可能需求以稍微不同的方式来处理。在商业领域，持续改进只是一个好的品类经理会做的事情，但对于政府采购的合同，我们可能需要提前签订持续改进合同。换句话说，在我们最初进入市场时，我们已经确定了持续改进的某些义务，这些义务随后将被纳入合同中，以确保所有供应商在一开始就有平等的机会，以后不再增加任何内容。这是我们处理品类管理方式的一个微妙转变，需要及早考虑。

↘ 吸引创新、价值并持续突破

这一步是活动，是可选的

这一节和接下来的三节与采购品类经理正在进行的工作有关，以确保实施的采购战略仍然是最合适的战略。随着周围世界的变化，有可能在任何时候一个卓越的前沿采购安排会很快变得无效和过时。所以，采购品类经理在密切关注品类及其周围事物的变化方面发挥着重要作用。正如我们将在本节和随后的两节中看到的那样，采购品类经理需要注意的地方有很多。

如果一开始采购品类管理项目是采购品类经理或团队负责人的全职工作，那么现在它应该只占用他们很少一部分时间。但是，该品类不应被忘记而应该被定期回顾。

采购品类经理应该定期提出以下重要问题：

- 在这种情况下，是否有任何新的技术开发或创新会带来巨大变化？
- 我需要做什么来吸引新的创新？
- 这里还有其他突破性的机会吗？
- 我怎样才能进一步增加价值？

如果牢记这些问题，采购品类经理将在这些领域出现变化或机会时发现它们。但这还不够，有些机会需要追寻才能发现。这里有一些方法可以提供帮助。

吸引创新

- 与供应商建立关系。定期与供应商会面，并就如何帮助未来的创新展开讨论。
- 阅读该领域的行业新闻，了解正在出现的变化和新想法，并且询问供应商的意见。
- 利用技术路线图工具绘制和监控科技变化（第二阶段）。
- 向供应商表明组织将积极支持与他们的合作，帮助他们把新产品推向市场。
- 定期与专家对话，了解他们的观点。
- 成立“最佳实践”行业论坛，分享想法。

找寻新突破

- 保持开放的心态。

- 定期问自己“我们为什么要这么做”，并查找相同或相关行业领域的信息，了解他们在做什么。例如，如果把 IT 支持外包了，就去拜访做过的人并交换意见。
- 与利益相关方保持定期接触，用他们的智慧帮助组织不断寻求突破。
- 超越现有的供应商、市场和组织的限制，看看还有什么可能。

找寻新的价值源泉

- 不断检查价值杠杆（第一阶段），看看是否有新的潜在的价值源泉。
- 如果供应链有保证，则定期使用供应和价值链网络分析工具并寻找机会。
- 拜访供应商，遵循流程，寻找可以改进的地方。
- 进行精益或六西格玛培训，重新审视品类采购战略。
- 与使用商品和服务的人交谈，并且询问他们：“我们如何改进？”
- 与同行交流，分享观点。

最后，一旦发现有益的东西，就要采取行动。这可能意味着建立一个小型项目，可能基于一个商业论证来获得资源和资金的支持，也可能启动一个新的品类管理项目，或者至少可以返回重新审查采购战略，并且从第三阶段开始进行。

↘ 与业务需求的持续对比

这一步是活动，是可选的

如果从本书中你要记住一件事的话，就请记住商业需求是整个采购品类管理流程的基石。对业务需求所做的很多工作都是为了使它们正确，并优化它们，从而对当前和未来的商业需求做出准确的定义。一旦有了准确的定义，其余的品类管理活动就会自动产生。

但是，事情是变化的，组织的需求也在不断变化，最好是与终端客户的需求和我们周围不断变化的世界保持一致。今天看起来无关的事情可能明天就变成了至关重要的事情。例如，一个食品制造商觉得没有必要考虑其可可豆的来源，因为它们只是从公开市场上购买的。但是，当与科特迪瓦可可豆种植相关的奴隶制事件曝光后，该公司突然觉得有必要加以注意，并将其来源转移至没有已知问题的地区。这种经历让企业认识到，在终端客户的推动下，企业需要确保可可豆的来源不会对人类、环境或社会造成不可接受的影响。商业需求被匆忙更改，采购战略被修订，新的方案被落实到位，以消除未来采购活动的风险。

采购品类经理应该持续关注采购、战略和满足终端客户之间的关系，密切注意后两者的任何变化，这可能引发重新审视前者的需求。这可以通过关键利益相关方的持续参与，以及与公司宗旨、战略和目标保持联系来实现。采购品类经理需要持续关注商业需求，并随着情况的变化进行更新。如果变化足够大，那么可能需要重新启动采购品类管理流程，或者至少返回到第三阶段，重新审视采购战略。

持续的市场分析

这一步是活动，是可选的

市场瞬息万变。在这里，采购品类经理需要保持警惕。在第二阶段，我们讨论了数据收集的概念，包括市场、市场趋势、参与者、规模、供应商等。在第五阶段，我们需要定期重新审视这项调研，并随着事情的变化进行更新。这与其说是一项调研，不如说是一种监测活动，所以重点在于持续监测和更新上，而不是大规模调研。例如，如果该品类包含一个需求量很大的商品（如小麦），且一年内出现大面积的歉收，那么小麦的市场条件将发生变化，从而影响该品类的定价。提前知晓此类信息有助于企业控制和理解价格上涨，并能够及早处理与供应保障相关的风险。

持续的市场分析不仅是跟踪价格的变化，它也是为了发现趋势，寻找可能暗示风险或机会的因素，然后根据这些信息采取行动。信息来源包括阅读行业杂志、阅读商业周刊、与专家访谈、参加展览、与供应商讨论。实际上，这些信息来源最初都是在第二阶段确定的，但是在这里它们被用于监测。这项任务不应该是繁重的，一个好的采购品类经理自然会及时了解与品类相关的信息。这个阶段没有什么不同，当然，一旦发现市场有重大变化，就应该考虑重新启动品类管理流程，或者至少返回到第三阶段。

重新开始

决定何时重启整个流程

这一步是活动，是可选的

因此，通过对一系列指标的观察，采购品类经理可以确定行动的时间和行动的程度。正如我们所看到的，这可能意味着重新启动整个流程，或者返回并更新原计划中的采购战略并实施更改。如果重新启动采购品类管理流程是合适的，那么根据业务和治理结构，采购品类经理也许能够简单地启动这个流程，或者需要给出一些合情合理的建议。这里的任何行动都必须有跨职能的参与，无论是组建新的品类管理团队还是老团队的重组。

关于何时行动没有硬性规定，但如果以下任何一个问题的答案是肯定的，那么很有可能需要重新审查某些内容：

- 业务风险是否增加到无法接受的程度？
- 是否有新的机会、创新和技术会带来巨大的利益？
- 是否有前所未有的价值或突破会带来巨大的好处？
- 商业需求是否发生了巨大变化？
- 市场是否发生了重大变化，带来了重大风险或机遇，或者产生了采取行动的需求？

重新启动采购品类管理流程很简单，只需我们确定流程开始的资源和机会。除此之外，没有什么能阻止我们这样做。但是，当我们希望改变采购战略时，这可能会涉及进入新市场或者重新选择供货商，我们当然会受到现有的合同或协议，以及我们准备与供应商关系性质的程度的限制。这对于政府采购更是如此，因为我们根本无法摆脱之前签订的合同。因此，可以对采购品类管理周期进行规划，使其与合同到期同步，除非有令人信服的理由或重大机会，否则可能涉及退出当前合同，但这在政府采购部门是不可能的。

话虽如此，同步的方法也有风险。我见过很多这样做的组织，尤其是政府采购部门，最终结果可能是采购品类管理与现有的合同周期“紧密相连”，只是变成了换个名字的合同，几乎没有新的战略或悬而未决的结果。采购品类管理要求组织以不同的方式做事，但也有同步的理由，因此也有理由单独根据机会制定独立于合同续订的品类管理项目。这一切都取决于并需要智慧来找出最佳方法和文化变革，这样人们就不会简单地遵循旧方法。

最后，随着每一个新的采购品类管理周期的到来，品类成熟度都会不断提高。品类成熟度意味着组织对市场、供应商和品类本身，以及内部和外部客户的需求有了全面了解。品类成熟度意味着新挑战或突如其来的突破的程度会降低，除非有什么改变，因为从理论上讲，我们已经找到了改变游戏规则的因素。如果达到了真正的成熟度，那么我们可以自信地说，我们已经为一个品类制定了最有效的采购方案，并且只要我们继续关注某些方面的变化，就可以在一段时间内继续保持这种成熟状态。本质上，对于一个已经经历了很多周期的成熟品类，我们可能会在第五阶段停留一段时间，直到有什么事情触发了重启的需求，如合同到期或者市场、技术或客户需求的变化。

小　结

1. 采购品类管理流程的第五阶段（也是最后一个阶段）是改进提高。在这里，我们专注于供应商关系管理。我们也进入了品类项目持续改进的最后阶段。
2. 改进工作首先要捕捉到迄今为止从项目中获得的经验并尽可能去分享它们。简单的经验回顾提供了一个框架。
3. 供应商关系管理是对各种不同类型的供应商干预的总称，这些干预对于那些对我们在某种程度上很重要的供应商是有必要的或有用的。供应商关系管理是改进的一部分，因为在这里我们确定并实施我们品类的供应商所需的干预。
4. 供应商关系管理管弦乐队帮助我们理解供应商关系管理的概念。就像管弦乐队根据音乐有不同的乐段一样，供应商关系管理与之很类似。它不是一个单一的线性方法，而是不同方法的组合，每种方法都有不同的用途。
5. 我们需要根据供应商的重要性采取不同类型的干预。我们的绝大多数供应商不需要干预，但是，在所有品类中通常有少数供应商在某些方面很重要，可能是风险、难度、目前的重要性和未来的重要性。在这些供应商中，有少数具有战略意义，它们之间存在着高度的依赖性，也许是相互的。正是这些供应商有可能在未来对我们的业务做出巨大贡献。
6. 我们最重要的供应商需要某种形式的供应商管理方法。在这里我们正在推动干预措施，以确保持续获得所需的结果，这包括供应商和供应链的风险管理、与供应商的持续审查、合同管理和管理各方之间的关系。
7. 也许需要根据供应商绩效评估核实供应商是否按章行事，并对改进提高树立信心，设立基准线和进行评估。公司往往将供应商绩效评估过度复杂化，但我们在这里的简单目标是确定几个关键绩效指标，以指导我们与供应商的关系及干预。
8. 供应商的改进和发展是指对供应商进行干预，以实现某种被动改进（如解决问题、防止问题再次发生、降低或消除已知风险、降低成本或提高整体效率）或主动发展（如发展能力、创新或创造新的竞争优势等）。供应商的改进和发展通常和供应商绩效评估的项目相呼应，是我们干预、管理供应商，推动供应商向所要求的方向进行改进和发展的基础。

9. 供应商关系管理不仅针对直接供应商，而且可能对整个供应和价值链网络进行干预。这时我们就要应用供应链管理。供应链管理是一种理解和推动干预的方式，以应对整个供应和价值链网络的风险或机会。

10. 对那些具有战略意义并有可能为我们的业务增加重大价值的少数关键供应商，我们努力使用既定的方法与之建立战略协作关系。此时，供应商和我们有着某种共同的命运，并且相互依赖。

11. 改进提高的最终阶段是持续不断的改进提高。此时，采购品类经理进入持续监控状态，同时密切关注可能触发重新审视品类战略的任何变化。这包括通过观察市场和检查内部需求的变化或公司战略的转变来寻找创新、价值或突破的新来源，最好是以终端客户的需求为依据。通过对这一切的关注，采购品类经理可以决定何时重新审视现行的采购管理的各个方面，并且最终决定何时重启采购品类管理流程。

第 9 章

实现采购品类管理

本章将探讨组织需要采取哪些措施来实现采购品类管理，侧重于对 5P 的治理框架的介绍。本章的目的是阐述如何构建采购品类管理项目，包括组织设计、与组织目标的一致性以及所需的资源。因此，本章对于那些希望开展采购品类管理项目的高管来说尤为重要。

本章回答了如下引导性问题：

14. 公司本身要如何架构和组织才能有效地实施采购品类管理？

创造正确的条件

在启动一个采购品类管理项目之前，有许多事情要落实到位。采购品类经理想独自启动一个项目是很难成功的。要想使采购品类管理在企业中获得成功，有许多有利因素是必不可少的，本章将对此进行探讨。这些因素需要结合起来、协调配合才可以创建一个完整的采购品类管理项目。这个项目要深植于企业中，让人们知晓并认为这就是“我们公司采购的方式”。因此，采购品类管理是企业范围的哲学，需要整个企业都知道、支持、认可和参与采购品类管理，以产生最大的影响力。

确保高管的支持

实施采购品类管理的组织在开始执行采购品类管理流程前，都制定了一系列项目。也就是说，一旦所需的能力和流程到位，几个采购品类管理项目就可以同时启动，随后是第二波，以此类推。这种基于项目的做法显而易见需要资源的整体调配，不仅包括采购部门的资源，也包括整个组织的资源。当然也可以低速启动项目，先启动一个采购品类管理项目，然后再展开。然而，这种温和的方式往往会被更多的组织所忽视，因此无法获得所需的支持。那种以“大爆炸”方式开展的一系列项目，自然会被高度重视，并提供一个完美的平台来吸引整个组织的支持。这个过程首先要有公司高管的支持，要由一个可以影响同僚的高管牵头。

确保高管对采购品类管理项目的支持需要应对一系列挑战。第一，很少有高管真正了解采购品类管理，而且大多数人对采购品类管理流程的威力没有什么感觉。第二，这样一个与其他项目争夺资源和即时优先权的、长期的、成果还要延迟实现的项目是很难获得赏识的。如果该组织之前没有采购品类管理的经验，这种情况就更加严重。然而，有些组织愿意抓住这个机会，有效地支持采购品类管理项目。这通常是在确定机会、利益和该项目如何运作，并向高管介绍该项目的概念和潜力之后进行机会、项目效益以及确定项目如何实施、给公司高管培训采购品类管理概念及其潜能等工作。一个好的采购品类管理项目的商业案例应该向高管展示巨大的投资回报，以及如何实现这一目标的清晰路线图。因此，商业案例应该围绕以下几方面展开：

- 什么是采购品类管理，是什么让它变得强大。
- 可能的情况，例如，其他组织实施采购品类管理的案例以及由此带来的投资回报。
- 初步的高层次的机会分析结果，以确定各采购品类的潜在收益，并建议优先顺序。

- 拟议方案，包括所有采购品类项目的计划，以及所需的资源（包括高管的承诺）。
- 项目效益的衡量、跟踪和报告方式。
- 项目会带来的额外价值和无形效益的范围（除直接成本节约外）。
- 所需投资和预期回报。

在我所见证的各种 “采购品类管理项目预备会”的董事会研讨会上，似乎经常出现这样的情况：除非高管以前亲自参与过成功的采购品类管理项目，或者了解战略采购的潜力，否则他们确实认识不到此类项目的潜力。我曾经与高管合作过，当讨论采购人员使用的流程或工具时，人们目光游离，或者低头看手表。然而，当各种软性和硬性效益的规模被揭示，且这些效益可以被量化并与实际例子联系起来时，人们的兴趣就会很快回来。对流程的深入了解可以让高管体验到采购品类管理所包含的工具集。我对高管使用过第 4 章中的基准日分析。这是一个非常好的工具，有“灵光一闪”的作用——将表面上看起来合适却试图将某一领域的支出引导到“专卖”象限从而削弱我们权力的特定供应商行为联系起来，通常会产生一个足以改变思维方式的启示。我曾经与一个政府采购领域军事组织的高管合作。在我们会面之前，这位高管极力保护他所谓的“合作伙伴”的供应商，试图阻止任何干预。当看到基准日分析后，他震惊地说：“我被这个供应商骗了。”从此以后，他成为这个项目的最大推广人。也不是所有人都会抓住机会的。我曾经根据其他项目的经验，描述了如何通过实施高质量的采购品类管理从一个特定品类中节省 15%~20%的成本。公司 CFO 哈哈大笑，转身对我说：“如果真的有这种投资回报，我们早就看到了。”然后立即拿起她的笔记本离开了。

高管不是从一开始就自然而然地支持采购品类管理项目的，但如果他们了解采购品类管理，并且相信采购品类管理的威力和潜在效益的话，他们很快就对此没有疑问了。要让高管做到这一点很不容易。对高管来说，成功不仅取决于展示一个基于事实和数据、与未来可能结果对比的、富有说服力的商业论证，也取决于找到并击中决策者的热门按键。热门按键是指每个人知道的、理解和热衷的特定领域。如果商业论证成功地展示了项目效益并且击中了这些热门按键，获得高管的支持就容易多了。CEO 所说的一些热门按键，以及采购品类管理如何提供帮助的示例如下：

- 如何提高对客户的价值主张？一个高质量的采购品类管理项目的实施可以将供应商提供的可能性与终端客户的需求连接起来并影响公司战略的形成。
- 追随业内领先者。追随领先者，做他们所做的也是一个有吸引力的提议。采购品类管理如今是许多成功的全球企业的基本核心理念和基本经营方法之一。今天，尤其是在全球经济衰退之后，采购品类管理是任何有自尊心的 CEO 都会实施的一项措施。

- 部门间团队合作。通过合作，我们打破了部门间的壁垒，参与和分享见解和知识的过程开始释放效益和潜在效益。当然，这是采购品类管理的支柱之一。
- 让我赚大钱。采购品类管理当然可以做到这一点。但它可以超越价格，在降低成本和风险、增加价值和创新方面带来巨大效益，而且还有许多软效益。其中许多都可以转换为等值的金钱。
- 采购品类管理如果失败怎么办？采购品类管理只有在创造了所有正确的条件以实现成功的情况下才会成功。高管的职责就是确保情况如此。高管也需要帮助来确定需要落实的内容。

确保高管的支持需要高管级别的支持者，他可以在任何正式决策会议召开之前提出提案并与同行交流。如果没有这个支持者，一个非高管人员很难获得必要的支持，尽管这并非不可能。

最后一点就是，确保高管担任关键项目的支持者。相关人员必须充分了解项目所涉及的内容和对他们的期望。

5P 治理框架介绍

治理（Governance）一词似乎没有得到人们的普遍认可。贝维尔（2013）将治理描述为“所有的治理过程，无论是通过政府、市场或网络，还是通过家族、部落、正式或非正式组织，抑或是通过法律、规范、权力或语言进行的”。这个描述相当全面。在组织内，治理处于采购品类管理的中心。它与采购品类管理理念如何在企业内实现有关，与完成了什么事，支持它的过程，所做的决定，角色和责任如何达成一致，验证绩效和展示成功的安排都有关。

在 5P 治理框架（见图 9.1）中定义的治理有五个组成部分，它们是人员、精通、推广、回报和项目。我会在后面的小节里分别探讨。治理并不是采购品类管理特有的，而是一个完善的治理方法，它可以支持、协调和促成采购职能部门或整个组织的多个战略举措和项目。治理在实现公司战略中发挥着关键作用，它提供了整合各种战略举措的手段，包括采购品类管理，以及其他跨部门的举措，如供应商关系管理、精益生产、六西格玛、企业社会责任或其他有助于实现企业目标的项目。因此，治理应被构建为职能的推动者，而不仅仅是品类管理。

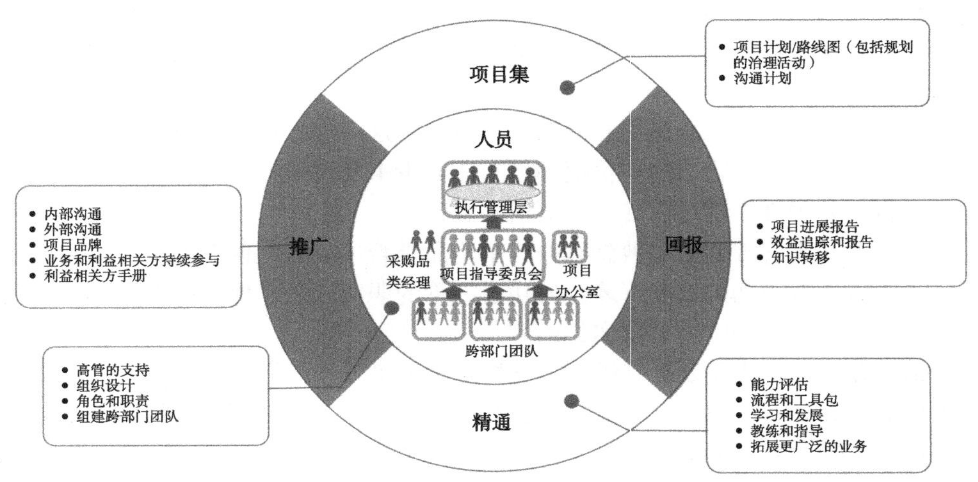

图 9.1　5P 治理框架

5P 治理：人员

治理的第一个组成部分是人员，这与企业的设计和结构有关。我们需要合适的人员，拥有合适的能力，做正确的事情。采购品类管理和其他战略采购举措可能不会自然地覆盖传统的组织结构，而是需要一种矩阵式的工作方式，培养跨部门团队和群体。这并不意味着一个组织结构的全面重新设计，而是一个角色甚至一个角色的一部分的重新定位。

建立正确的组织结构

对于采购品类管理，任何组织都要为个人规定角色和职责，以领导、管理或者参与采购品类管理。因为，采购品类管理不是组织内实施的唯一战略项目，所以良好的治理也会规定个人在供应商关系管理、供应商管理、供应链干预以及其他正在进行的项目中的角色和职责。这些角色可能由不同的个体担任，也可能由同一个专业人员担任。他们将支持不同的特殊项目，它们可能是采购品类管理项目，也可能是以供应商为中心的项目。

跨部门参与是任何战略项目的核心，所以需要组建一个跨部门团队，定期开会并努力实现特定的成果，如新的突破性采购战略或者战略协作关系。实际上，正如我们在第 2 章所看到的，跨部门团队处于采购品类管理的核心，也是其他战略性采购项目和业务改进项目的核心。因此，治理必须创造正确的结构和条件，并商定实现这一目标的角色和责任。

↘ 促进跨部门工作的“虚拟结构”

当读到这里时，你也许会想，你的企业里已经有跨部门工作了，这有啥了不起的。也许这个概念和当前发生的有所不同。不是所有企业都有跨部门工作的。对一些企业，跨部门工作比较容易，而对另一些企业，这个概念威胁到了它们的权力基础，而这些取决于已有的企业文化和工作方式。在任何情况下，围绕跨部门工作建立很多组织是不切实际的，但可以专门为一个采购品类管理项目建立一个新的“虚拟结构”，人们可以在一个团队中聚集在一起一段时间，一起开会、工作，为实现的目标奋斗（见图 9.2）。这个团队通常可以由采购部门的人带领，也许是采购品类经理（后面有描述），但也可以由其他部门的人带领。每个团队要有一个项目支持者，保障资源到位和移除障碍，也许会为关键会议提供协调支持。团队成员可以是项目的核心成员，也可以是团队的扩展成员，或者是介入项目的，为项目提供咨询或者需要项目信息的利益相关方。

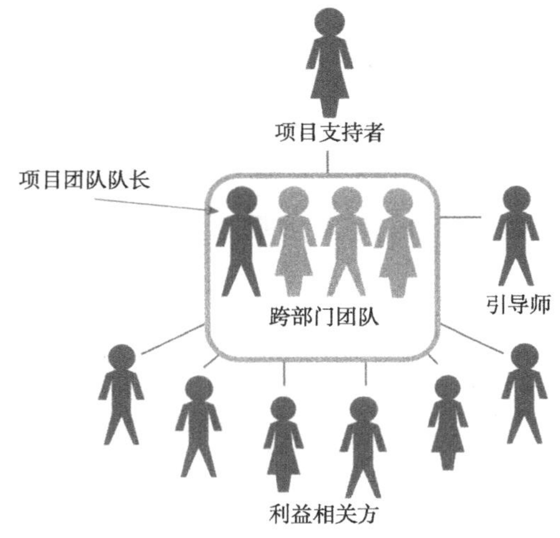

图 9.2　一个典型的跨部门团队

任何时候都可能需要多个跨部门团队，每个团队都致力于关键项目。有多少个团队，每个团队从事哪个项目取决于可分配的资源和项目的优先级。优秀治理是建立在这样的原则之上的：资源有限，众多项目竞争资源，因此要根据项目的优先级将资源分配给各跨部门团队。有的团队从事采购品类管理战略项目，有的团队从事供应商合作关系项目或者企业社会责任项目。这种针对优先级的资源分配是将公司战略与行动和干预联系起来的支柱，它需要由一个小型项目指导委员会和项目经理来完成，并以良好的机会分析为依据。

↘ 项目指导委员会

项目指导委员会是治理的中心（见图 9.3），通常由一群高管组成，负责协调治理所有组成部分，从而确定如何实现公司战略目标。项目指导委员会的作用是确保所有战略性采购项目与公司战略保持一致，并促进公司目标的实现。这一点通过项目指导委员会的定期会议来实现。项目指导委员会负责：

- 对所有品类、供应商和战略性采购承担责任。
- 确定采购品类和供应商机会的优先级。
- 定义总的项目目标、效益目标和时间安排。
- 确保对单个采购品类、供应商项目采取有计划的方法，以支持实现总的项目目标、效益目标和时间安排。
- 监控项目，接收和审核项目团队的报告，并根据计划向高管和更广泛的业务部门报告整体进度。
- 确保有适当的资源和能力来实施该项目。
- 就项目、持续进展和成功与更广泛的业务部门进行积极沟通。
- 解决问题或者消除障碍。

这里有很多实际的组成部分，如项目管理、效益追踪和报告（稍后我会介绍），但是需要一些分析和行政支持，以及一名优秀的项目经理来支持项目指导委员会。这部分是图 9.3 所示的“项目办公室”，是联系和支持项目指导委员会的一个独立的资源。这个资源可能是一种奢侈，但要使治理有效，就必须提供这个资源，即使他们是兼职的。

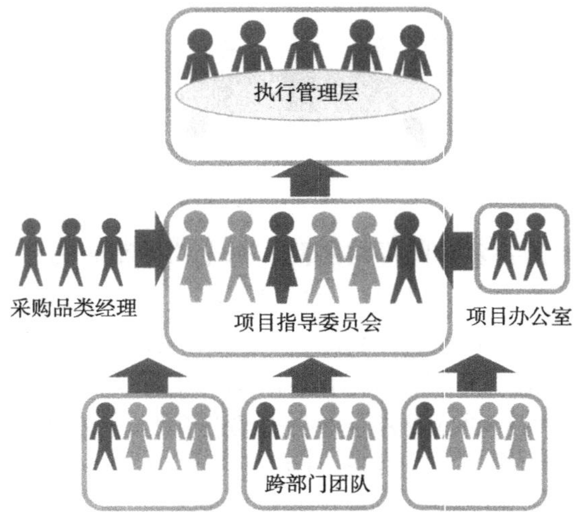

图 9.3　一个典型的治理结构

采购品类经理

采购品类经理是负责在组织内建立和实施基于品类的采购战略，并持续监控和维护采购品类的个人。采购品类经理的角色可能是个人的专属角色，但更可能是个人拥有的众多角色之一。采购品类经理需要对采购品类管理高度熟悉，也需要具有带领和管理跨部门团队的能力。因此一个高级采购品类经理的岗位描述和相关职责包括：

- 在跨部门团队的支持下，带领和管理采购品类管理项目。
- 研究并保持对采购品类、当前和潜在供应商、当前和潜在供应市场的深度理解，以及在内部了解组织和利益相关方当前和潜在的需求和愿望。
- 研究并保持对终端客户在特定消费品类方面的需求和愿望的理解。
- 研究并保持对所有供应商风险的及时了解，确保持续的应急和缓解措施，并注意可能需要干预的任何变化。
- 采用适当的方法与其他部门保持联络，特别是关注利益相关方，以确保他们对采购品类管理项目的支持。
- 对为分配给采购品类经理的采购品类，确定并实施最有效、最有影响力的采购战略。
- 确定并实施恰当的供应商关系管理措施，包括围绕供应商审查的供应商管理活动，并确保合同持续有效。
- 密切关注不断变化的市场、环境和业务需求，并确定应对变化所要采取的行动。
- 根据项目里程碑和实现的效益，不断报告项目的进展情况。

采购品类经理需要一定的技能和能力才能发挥作用。在完美的世界里，一个实施采购品类管理的公司会去招聘一个与这个角色完全匹配的团队。而现实是，我们更有可能与现有团队合作，并根据需要发展能力。采购品类管理以及所有的战略性采购行动方案，都需要比传统采购人员更高的技能，特别是那些支持团队和激励团队的软技能。这些技能如表 9.1 所示。

表 9.1　采购品类经理的能力

能力领域	能　　力	描　　述	级　　别
采购品类管理从业者	技术和流程技能	了解采购品类管理方法，能够贯穿整个流程确定使用/不使用什么，理解并能够以良好的流程严格标准应用每个工具和方法	高级，能够指导他人
	研究技能	能够收集并综合深层市场、供应商、采购品类和内部数据	高级（或者接近高级）

续表

能力领域	能　　力	描　　述	级　　别
采购品类管理从业者	定义业务需求	能够根据业务范围开发一组综合的业务需求，并对某个品类的业务需求进行统一的定义	高级
	制定采购战略	能够根据团队项目的洞察和输出制定稳健的采购战略	高级
实施采购战略	项目管理	能够使用基本工具和技巧来计划并实施项目管理采购战略	中级
	变革管理	了解变革管理的原则并根据这些原则制订实施计划	高级
	谈判	具有中级到高级的内部谈判能力和与供应商谈判的能力，能够应用流程根据采购品类管理的输出来构建谈判方法	高级
	合同制定	对合同法和制定合同的方法有不同程度的了解	中级到高级
	供应商关系管理和供应商技能	能够了解供应商关系管理干预的不同方法，实施最恰当的方法和干预措施	中级
领导团队	领导和激励团队	能够领导并激励跨部门团队投入开展以采购为导向的计划	低级
	引导	能够与团队合作并引导会议以达成结果。能够使用引导技能和流程工具来解决团队问题	低级
	教练	能够指导团队成员应用关键工具	低级
软技能	沟通	向众多利益相关方展示复杂的信息并获得认可	低级
	筹划行动和优先级排列	能够结合项目管理技能确保项目按时交付	高级
	倾听	维持与利益相关方的良好关系	高级
	分析	能够使用技巧和方法来分析、理解和分享来自数据和信息的见解	高级
	冲突管理	应对难以对付的利益相关方，管理冲突和挑战	低级
	与业务部门和供应商交往	能够建立融洽关系和培养良好的工作关系	低级

5P 治理：精通

确保正确的能力

治理的第二个组成部分是精通，包括确保具备适当的能力和资源，以在整个组织内提供采购品类管理和其他战略性采购计划。这涉及选择合适的人来领导或参与，并确保被选中的人接受过充分的培训，具有所要从事工作的能力。项目指导委员会领导的具体行动可能包括：

- 核心团队成员的能力评估。
- 一个逐渐推进的学习和发展方案，为将要领导或参与项目的人员提供所需技能。
- 由有采购品类管理实践经验的人员提供培训和指导。
- 教育更多的业务部门和那些将为关键举措提供支持的人。

在采购品类管理方面做出重大投资的公司将非常关注这个方面，它们会利用外部的专业供应商来制定或提供一个合适的方案，发展项目团队成员和公司内其他人员的能力。在这个方面的投资可以决定项目的成败。图 9.4 显示了在成功实施品类管理的组织中，从事品类管理所需能力的情况（积极采购，2018）。正如预期，我们可以看到采购品类管理从业者的“最高水平层次”，以及具备与采购工作相关的学历。如果采购品类经理对采购品类管理流程，无法对跨部门团队的成员进行培训，使其了解团队如何应用某些工具，这些关键工具的流程力量就会被削弱。同理，如果采购品类经理不能带领、激励或跨部门团队，那么合作的力量可能无法实现。

能力发展需要使用混合的学习方法（Remesal 和 Friesen，2014）。教育和培训是必不可少的，尤其对那些要成为采购品类管理从业者的人。但是还需要其他的学习方法。库伯和费赖伊（1975）描述过体验式学习，个体通过感受体验、观察和思考来学习，换句话说，学习来自对实践的思考。这意味着在采购品类管理中，个体需要将理论付诸实践，才能获得所需的能力，这个实践应是能力发展方案的一部分。

当我向组织讲授采购品类管理时，在任何课程中总会有几个“闪亮”时刻，通常是当人们思考各种分析和洞察工具如何揭示他们所知道的采购品类中发生的事情时。在这些时刻，人们突然理解了这个理论，并理解了它与他们所做的事情之间的关系，更重要的是，他们开始从战术思维跳到战略思维。

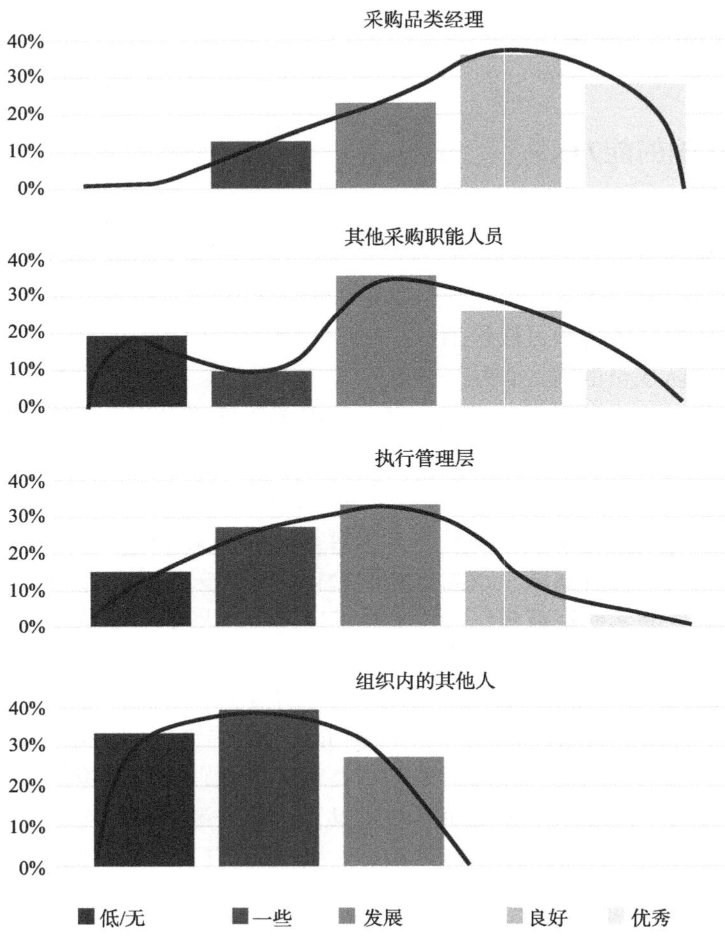

图 9.4　在成功实施品类管理的组织中，从事品类管理所需能力的情况

因此，学习和发展应该尽可能地在实践中学习，否则很难掌握采购品类管理流程的精髓。而且采购品类管理的某些方面也不能仅仅通过课堂来传授，它们需要在实践中学习——从事真正的采购品类管理项目。

那么，在实践中应该怎么做呢？传统上，组织选择课堂培训，最好再结合工作场所的训练和个人指导。这种方式已经被证明是有效的。但是，在今天网络信息时代，这种方式还是最有效的吗？答案是“是”。良好的电子学习解决方案，可以通过提供特定工具的远程学习来强化品类管理培训，但是采购品类管理方法的使用范围和复杂程度意味着今天的电子学习作为唯一的主要学习工具效果较差。

Lambardo 和 Eichinger（1996）提出了一个成人学习模型，该模型建议 70%的发展应该来自具有挑战性的工作和任务，20%来自向他人学习（成功和失败的例子），10%来自课堂作业和阅读。这个 70：20：10 模型后来被查尔斯·简宁思推广，他将这个概念作为变革的动力，在课堂环境之外开发能力发展的思维（Jennings 和 Wargnier，2011）。但是，这个模型最初是在互联网的开创阶段、在我们拥有今天的社交媒体和网络之前开发的。另外，对于采购品类管理，如果 70%的学习应该来自具有挑战性的工作和任务，即实际经营一个采购品类，那么这些从业者首先需要学习如何应用采购品类管理流程，而这需要基本的培训或指导。

20%的向他人学习在今天是不一样的，可以说这种情况在网上比其他任何地方发生得更多。现代采购从业者通过社交媒体或其他形式的在线互动来分享新知识。

今天，对于采购品类管理来说，70：20：10 模型虽然有其优点，但可能还不够。作为一个目标，这个模型是有意义的，但成功的关键是，在为新手提供学习支持的同时，为经验丰富者提供一个自我导向的学习环境。这个模型将学习视为一个持续的过程，可以采取各种学习方式：课堂培训、训练、在职体验、在线学习和互动（在线互动和面对面互动）。现代战略采购和采购品类管理要求我们重新思考这一模型，这需要打破保守的立场，采用混合式学习（Remesal 和 Friesen，2014）。

项目指导委员会应该确定评估、培训和发展的组合方式。这应该是一个持续的过程，而不是一次性的活动。不要低估人才发展所需的努力程度。根据经验，请考虑每个采购品类经理或团队领导者应该接受的培训或发展的天数，并将其加倍。

在没有所需能力的情况下，课堂培训依然是启动新项目、建立新团队的最有效方式。如果培训可以和一个真正的采购品类管理项目相结合，则影响巨大。我一般只需 3~4 天来教授采购品类管理流程，而需要更多的时间来关注具体的、更复杂的工具。除此之外，学习和发展应该从定向学习转变为自主学习。课堂培训应该让位于内部和外部专家的教练和指导，以及持续的在线学习和互动。当然，如果学员开始从事他们的采购品类管理，那么来自在职体验的学习和价值不能被低估。要想在采购品类管理中有效应用 70：20：10 模型，我们就要从完全相反的方向开始。新的团队需要 10：20：70 模型，通过使用一系列学习方式才过渡到 70：20：10 模型。图 9.5 展示了这种转变。这种组合和过渡的速度将取决于组织是否拥有大量在大公司学习过的现成的采购品类管理从业者。然而，根据我的经验，采购品类管理对许多组织及大多数人来说还是全新的概念，或者刚开始被了解。很简单，人才发展需要投入努力、精力和金钱，重要的是制订发展计划，这也是项目指导委员会的作用。

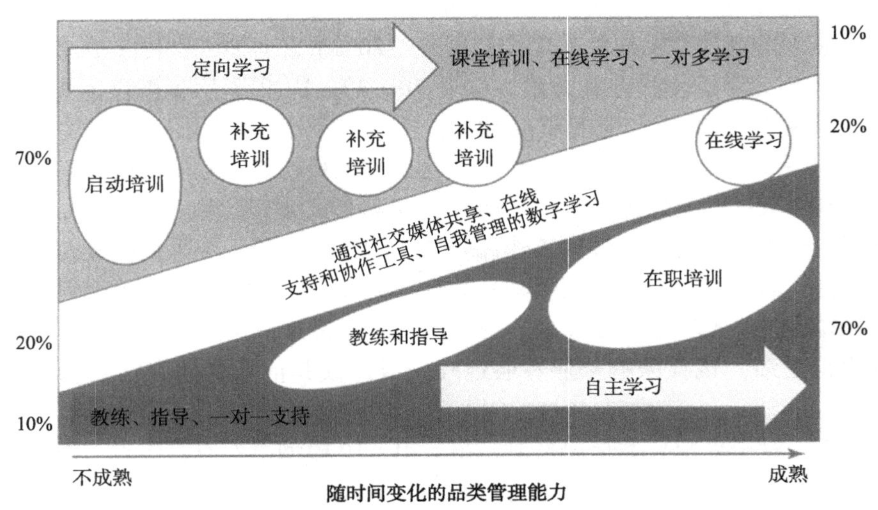

图 9.5　学习和发展方式的进展

学习过程也因参与人员和他们的个人需求而有所不同，如下所示：

- 采购品类经理。首次实施采购品类管理项目时，采购品类经理或者团队领导者需要接受采购品类管理方面的初级培训，然后提供支持和指导，以帮助初始项目严格按照流程运转。这种支持不仅应关注工具的应用，还应有助于团队成员了解整个流程的所有步骤，并发展领导和促进的能力。
- 团队成员。团队成员需要在项目开始时对采购品类管理有基本的了解，但随着项目的进展，由团队领导者提供的在职培训和现场培训会逐渐提升他们的能力。
- 项目支持者。在项目开始时需要对采购品类管理方法及其支持作用有基本的了解。

建立共同的语言和共同的工作方式

确保流程和各种工具的有效性也是精通的一部分，这涉及为实施采购品类管理和其他战略举措建立一套有效的方法。这包括用于品类管理或任何举措的流程、支持工具、技术、方法和模板。本书列举了采购品类管理流程和各种工具。它们的存在是必要的，因为采购品类管理从业者和组织需要一些工作目标，而对组织来说，更重要的是建立一种共同的语言和共同的工作方式。我曾与许多组织合作过，它们多年来在采购方面取得了一定的成绩。它们虽然没有统一的采购流程，但有一些方法来定义它们所购买的产品的需求，或者它们如何运行一个供应商选择活动或者将合同落实到位。任何采购流程的核心要素都应当一致，只是以不同的形式存在，被贴上了不同的标签。我观察到，如果一个组织没有建立一个统一的、组织范围内的采购方法，那么所使用的就是各个买家为组织带来的各种工具和方法。这似乎推动了个人主义购买行为。各个买家在它们各自的世界中运作，由它们独特的个人理解和经验来定义它们的工作。这种做法限制了潜能的发挥，阻碍了跨部门的工作，因为人们对采购核心要素的称呼和阐述各不相同：一个人所说的业务需求在另一个人那里也许被称作规格等，就像每个人在说不同的语言。"共同的语言和共同的工作方式"也许是那些被大肆宣传的定义企业愿景的短语之一，但它可能是企业成功的最有力的推动因素之一。那些制定了共同语言、建立了统一流程和共同工具、拥有了由同一语言阐述的标准的公司，在采购品类管理实施上通常更容易成功。当人们在饮水机旁谈论基准日分析和价格模型时，或者与在另一国家的某个人分享采购计划，以帮助对方制订计划时，知识就会被共享，能力就会增加。因此，建立统一的流程和工具，并推动其在整个业务范围使用，是采购品类管理最关键的推进因素之一，也是 5P 治理中精通的核心组成部分。

5P 治理：推广

治理的第三个组成部分是推广，涉及内部和外部的沟通与参与。

推动业务部门的参与

采购部门是代表整个组织管理所有采购品类和供应商的，因此管理采购品类和供应商的工作必须与所有利益相关方协调配合。组织范围内的沟通与参与是不可能自己发生的，而需要人为地去实现。那些采购部门以外的人，也许会认为他们在支出、采购品类或供应商关系的某个方面拥有管理权，但这些利益相关方不太可能认为他们的所作所为需要和采购部门的工作进行协调。然而，当这些利益相关方了解到与有效的战略性采购部门紧密合作的好处后，他们很可能会接受并支持工作协调的方法。

治理涉及采购部门建立并积极保持对业务的深度渗透，以及让利益相关方持续参与。为了推动这样的参与，采购部门需要打开内部的沟通渠道。业务部门的参与不是一次性活动。采购部门需要定期且持续地与那些对某个采购品类或供应商有兴趣的业务部门进行对话，这样采购才会有效。采购部门主导的业务部门参与的目的：

- 确定用户的需求和愿望，建立和维护业务需求。
- 保障跨部门的参与，支持采购品类和供应商管理项目。
- 招募团队成员，积极参与跨部门采购品类管理项目，以实现巨大效益。
- 分享采购部门为实现业务目标所做的贡献，以及采购部门需要其他业务部门的何种支持。

- 规范与该品类供应商联系人员工作时的遣词造句，换句话说，他们与供应商沟通的内容是事先设定好的，以限制供应商，同时显示业务部门之间的协调一致。
- 指导企业了解品类管理的主要原则，为什么它很重要，以及需要什么来支持它。

管理内部沟通

内部沟通经常被忽略，但如果做得好，则会影响业务举措的成败。内部沟通促进了业务部门之间的沟通与参与，尤其对采购品类管理来说，如果所有业务部门都认可了一个目标，他们就会接受并同意针对每项支出的采购品类战略。他们还确保这些采购品类战略反映了企业的业务需求，也是企业战略的体现。告知、邀请参与和化解潜在的变革阻力，这就是沟通的作用。因此，沟通对于采购品类管理以及任何业务举措来说都是必不可少的。

内部沟通是采购品类管理流程第一阶段——启动的一部分。随着跨部门团队的形成，我们制定了一个利益相关方定位图，并制订了一个与各业务部门的沟通计划。这两个工具使我们能够确定需要与谁合作，并计划如何做到这一点。它们还帮助我们制定具体的沟通行动，并指派行动负责人。这种内部沟通行动是我们制定“业务需求”的核心。然而，在治理方面，方法是相同的，不同之处是，在这里我们试图与所有业务部门沟通，要求它们参与和支持所有项目和采购部门的整体目标。我们的利益相关方定位图必须考虑整个企业，沟通计划要对整个企业产生影响，包括：

- 根据企业沟通政策，为采购部门或关键举措建立一个“迷你品牌”。
- 在采购部门的内部网或者企业内部网上进行介绍。
- 对各业务部门开展内部宣传。
- 在内部杂志上发表文章，宣传关键举措的成功案例。
- 内部路演。
- 走出去推广。

支持这些方式的一个有用的关键工具是利益相关方手册。

利益相关方手册或视频

利益相关方手册是一个针对所有关键利益相关方的内部出版物，旨在帮助企业了解采购部门的作用、主要目标和行动方案以及对企业的希望。另一个好方法是拍摄一个 3~5 分钟的公开视频，可能放在个人的 YouTube 上，并推送链接给利益相关方。

利益相关方手册应该简短、简单、专业制作，吸引读者阅读，通常包括：

- 采购部门如何在当前和未来为企业增加价值。
- 实现这个目标的主要行动方案。
- 支持这个目标的其他业务部门所发挥的作用。
- 采购品类管理方法的介绍，我们为什么要采用采购品类管理，采购品类管理是如何运作的，采购品类管理会带来哪些价值。
- 当与供应商联系时，什么可以做，什么不可以做。
- 如何获得重大采购机会，或者如何报告一个与供应商有关的问题。
- 如何参与或者获得帮助。
- 采购部门介绍：人员、地点、联系方式。

与任何形式的内部沟通一样，将利益相关方手册“仅仅分发出去”的影响力不会很大；而如果在一个面对面沟通或者演讲结束后，分发出去的利益相关方手册则会有非常大的影响力。根据我的工作经验，使用利益相关方手册是将采购部门置于组织地图上的简单有效的方法，并会引出许多新的沟通方式。然而，并不是利益相关方手册起到了这样的效果，而是采购人员在分发手册时，需要和业务部门的人员交谈并解释这一事实。

↘ 让组织保持一致

作为治理的一部分，内部沟通的一个主要目的就是让组织保持一致。如果我们制定了一个突破性的战略，并且即将走向市场并邀请供应商提出正式的报价，那么如果利益相关方和供应商关系密切，并且说了错话，就会削弱我们的议价能力。供应商当然会把建立广泛的关系作为他们的使命，如果有机会，他们也会“分而治之”。我曾经作为采购人员工作在采购一线。当我在 RFP 中引入某种供应商选择流程时，我经常会遇到利益相关方，他们会说：“昨天，供应商给我打电话讨论另一件事，还问我对 RFP 的看法。”我当然会立即问道：“你和他们都说了些什么？”答案有时是好的，有时则让我有溺水的感觉，因为这意味着我们要更加努力工作才能弥补失误。当时，我很有礼貌地对此发表评论，主要是因为利益相关方真的不知道做错了什么，而且由于我已经很努力地建立了我的内部关系，我不想破坏它们。然而，我很快了解到，一开始的一个关键步骤是与利益相关方商定，如果他们与供应商接触，他们可以说什么以及不可以说什么。这样做意味着我需要解释供应商如何收集信息和所涉及的风险。我发现，在大多数情况下，利益相关方一旦了解我的担忧，就会自行决定，并就符合标准的信息达成一致。从那时起，RFP 变得容易多了。

让组织保持一致意味着，确保组织中的每个人都向供应商和任何潜在的供应商提供相同的统一信息，以防我们与供应商奠定的立场被破坏。请记住，更多的时候，组织中采购部门以外的任何人从来没有得到过任何关于如何与供应商打交道的指导，因此这意味着这是我们的工作。

保持一致是通过我们与业务部门的持续接触来实现的。对于特定采购品类，如果我们正在实施一个新的品类战略，并准备运行 RFP、选择供应商、谈判和制定新合同，我们需要和关键利益相关方就一个一致的信息达成统一意见并遵守承诺。

有些公司对供应商的参与有严格的规定，执行类似“在投标或招标前的情况下不与供应商沟通”的规定。这样的规定使事情变得非常清楚，但对于我们来说，保持一致是我们需要积极管理的事情。

↘ 外部沟通

治理延伸到对所有供应商的全面管理。这并不是说每次外部沟通都要通过项目指导委员会，因为所有高层沟通都有计划和系统的方法，大致包括：

- 发布高层的供应商简报，专门用于传达某些信息或变化，提供给那些与供应商打交道的人。
- 发布一个针对所有供应商的类似“供应商行为规范”的文件。在高层次上描述对所有供应商的要求，可能包括遵守核心法律义务或企业社会责任政策，并可能列出预期行为和参与规则。组织很少规定对其供应商的期望超出直接供应领域，这就为供应商决定如何参与留下了空间。要求供应商接受的供应商行为准则改变了这一点。

5P 治理：回报

治理的第四个组成部分是回报，涉及衡量、监测、报告和公布从具体采购项目中获得的收益的安排。它可以是针对采购品类管理的，也可以是更广泛的采购效益追踪系统的一部分。

↘ 确定效益追踪的方式

采购品类管理以及其他战略性采购举措都需要大量的投资，因此必须有投资回报，我们需要能够量化我们的工作在多大程度上为组织增加了价值。

这里的问题在于价值的定义。如果我们采用一个新的采购品类战略并实现了价格的降低，那么效益是明确的、可衡量的。同样，如果我们能够降低成本，我们也应该能够量化这一点。在项目开始时，我们可以通过机会分析来确定预期的效益，随着项目的进展，预期的效益会变成实际的效益。然而，采购品类管理还能提供其他价值，而且越来越多的是降低风险、提高效益和创新的价值。这些价值比价格降低、成本削减更有吸引力。我们不仅需要量化这些价值以衡量回报，还要满足企业其他部门的最低要求，尤其是如果不是每个人都了解并同意所获得的其他增量价值。

治理中的回报意味着建立一个效益追踪系统，使我们能够衡量、监测和报告硬效益和增值效益，以保持执行管理层对项目的兴趣，并显示战略目标和目的的进展情况。

建立任何效益追踪系统的关键都是和财务部门商定方法，并且最好由他们管理。在实践中，这可能意味着要么将不太明显的效益转化成有形的数字，要么以一种令人信服和难以忘怀的方式讲述故事，将干预和努力与特定的结果联系起来。我们将采购品类管理的效益分成三类：价格降低、成本规避、效率提升。然而，有效的采购战略与组织如何满足其最终客户有关，并且拥有一个将这两者联系起来的战略，可以为组织带来更广泛的效益，包括其他价值效益，如那些可以通过与战略供应商的合作关系和品牌发展来实现的效益，其中供应安排和供应关系有助于推动竞争优势。因此，效益通常被分成五类，如表 9.2 所示。

表 9.2　效益类型和归类因素

效益类型	归类因素/可以接受的效益
价格降低	支付的新价格低于以前为类似产品/服务支付的价格，包括： • 一个新的更低的价格 • 基于数量的折扣 • 回扣 • 在不加价或少量加价的情况下给予的额外价值，从而降低了一个增加了价值的新规格产品的整体价格。注意：这种类型的节约只有当增值是真实需求并在业务需求中确定时才有效 • 低于正常市场价格的价格（而且是可以证明的）。这种类型的节约适用于以前没有购买过的产品或服务 • 低于最初提供的价格（如在报价单内），并且内部客户同意已经实现了有效的价格降低
成本规避	避免了本来要支付的成本，例子可能包括： • 根据采购战略，取消一些支出 • 减少与供应商签订合同的费用 • 减少罚款 • 在使用预算定价的情况下，如在一个复杂的建筑项目中，低于预算的支出可以算作成本避免 • 利用汇率波动获得的节约

续表

效益类型	归类因素/可以接受的效益
效率提升	提升产品、流程或领域内的整体效率和有效性。效率提升带来的节约必须以可见的形式量化，并转化为财务节约，表现为价格降低、成本规避或者其他形式的价值增加。效率提升带来的节约包括公司内部的和供应商内部的，可能包括： • 流程改进 • 库存减少
价值改进	为组织提供某种形式的价值改进。在可能的情况下，价值改进应该以一定时间内的有形效益来量化。然而，价值改进可能很难量化，所以在不容易做到的情况下，应该通过一个“价值登记册”来确认价值改进；这个登记册列出了不同形式的非财务效益，以及每种效益增加价值的方式，与直接财务效益一样，由关键利益相关方以相同的方式认可并签字确认。价值改进的效益包括： • 降低生产、供应和购买成本 • 资源共享带来协同效益 • 合作或共同工作带来的效益 • 规模效益 • 外包带来的效益 • 降低风险
品牌发展	直接带来业务增长或建立和发展品牌的具体供应商的贡献。这类效益通常难以量化，因此需要将具体举措与提高市场份额、品牌知名度或品牌渗透率联系起来。在效益无法量化的情况下，应坚持采用“价值登记册”的方法，由关键利益相关方认可并签字确认。品牌发展的效益包括： • 供应商的创新和建议，从而开发了新产品、新市场 • 供应商驱动的对现有产品的改进 • 与供应商举措相关的业务增长 • 竞争优势或者与供应商举措的差异化 • 供应商品牌带来的效益 • 独家获得供应商能力或者产品带来的效益

一旦就效益的内容和分类达成一致，效益的追踪就非常简单了，即建立一个定期汇报机制，汇报每个采购品类项目的情况，要么由每个采购品类经理不时汇报效益，要么由跨部门团队汇报。例如，根据项目的 5i 阶段性回顾原则和项目里程碑，汇报每个阶段的效益。

效益追踪的准确性

总会有一些“增值”效益，需要通过讲述我们获得了什么价值以及为什么有帮助来描述。然而，大多数组织仍然需要一些确凿的数字，而且正是这些数字构成了衡量成功的最重要标准，也许是作为个人激励和奖励机制的一部分。然而，只有当效益得到实现并清晰可见时，它才是真正的效益。在项目开始的时候，效益只是估算的效益，只不过是基于机会分析工作和其他一些因素的估计而已。然而，随着采购品类管理项目的进展，随着更有力的分析导致采购战略的产生，这些估计的效益可以被细化为一个更现实的预期的效益。在与供应商谈判之后，实际的效益将被看到，但这仍然取决于项目的成功实施。只有在实施完成、现金入账、节省的费用在账本上可见或实现了有形的价值提升时，才能认为效益已经实现。

在追踪效益时，必须考虑这四个不同的效益实现阶段，认识它们是很重要的（见图 9.6）。如果采购团队宣称可以节省大量资金，而财务部门在账本上看不到，那么这个采购品类管理项目很快就会被认为是失败的。因此，这些效益实现的阶段应该成为报告制度的支柱，用于监测整体采购品类管理项目的进展情况。通过使用这种分阶段的方法，实际的效益逐渐成为焦点，而且随着项目的进展，对效益数字的信心也会越来越强。

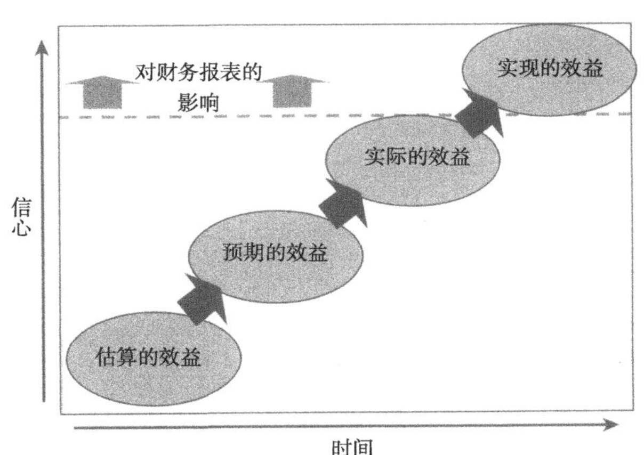

图 9.6　效益实现的四个阶段

除了定义效益的类型，还要定义各种节约可能实现的时间段。组织使用不同的规则决定了哪种节约是被允许的，即要定义一次性节约还是年度节约。在后一种情况下，要选择的是只计算第一年度的效益，还是同比效益，抑或是两种方法都使用。无论如何，规则都必须一致并被充分理解。

项目报告

项目报告涉及各个项目团队的安排，这些项目团队从事采购品类管理或其他战略性采购项目，对照既定的项目里程碑报告效益实现的进展情况。项目指导委员会需要了解每个项目团队的情况以便了解整个项目的状况，这是通过每个项目团队定期报告制度实现的。这个提交时间和效益方面进展的定期报告制度，有助于项目团队专注于预期的工作。此外，如果这个过程是双向的，项目指导委员会对进展或延误有质疑或反馈，那么项目团队几乎没有允许项目偏离的余地。

最后，执行管理层希望了解项目的总体进展情况。这是项目指导委员会的工作职责。一个简单的系统是，由每个项目团队向项目经理报告其进展情况，然后由项目经理汇总并向项目指导委员会提供汇总结果。这样，项目指导委员会就会根据这些信息采取行动。图 9.7 展示了项目报告的结构。

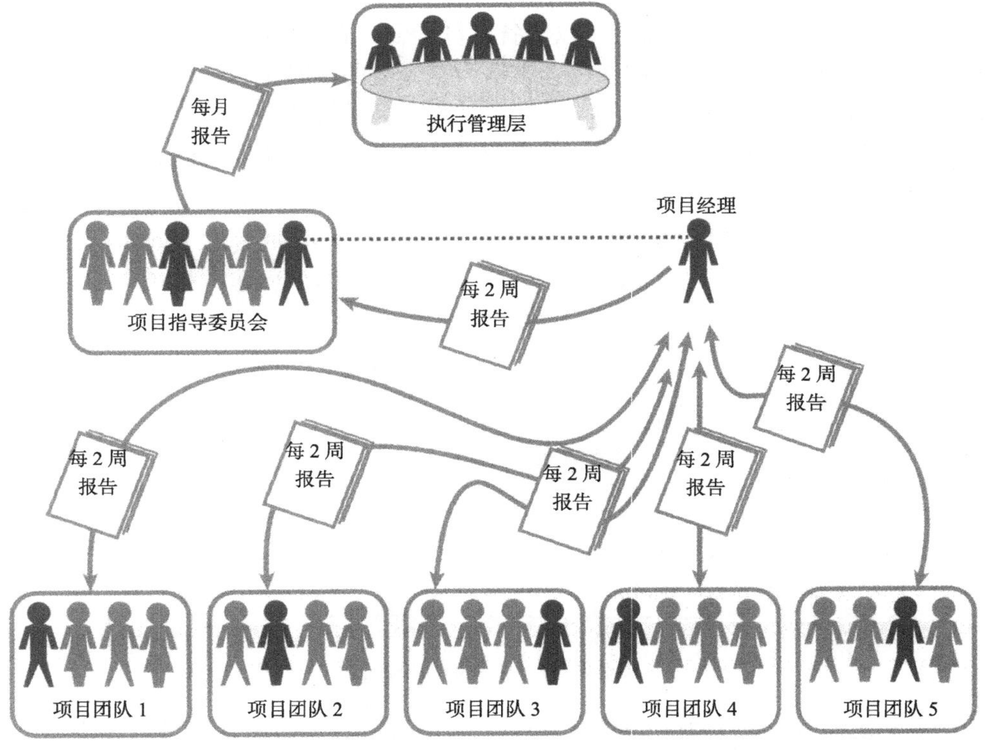

图 9.7 项目报告的结构

对于采购类别管理项目，项目团队的报告格式应尽可能简单。采购品类管理流程中的四个阶段回顾提供了可以衡量进展的自然里程碑（见第 3 章的图 3.12）。将初始项目的实施时间与机会分析的预期效益的交付时间相结合，可以在报告工具中确定并定义项目里程碑。然后，项目团队可以根据达成目标的时间和每个阶段的利益实现程度报告进展情况。

图 9.8 显示了一个简单的采购品类管理团队的报告。每行代表一个里程碑，包括定义的可交付成果和设定的时间（来自项目计划）。在项目的每个阶段，定义了效益实现的四种状态，随着项目的进展，最初的“估算的效益”逐步过渡到“实现的效益”。此外，还记录了不太可量化的价值效益，以及这些效益是否“实现”。红色/黄色/绿色（RAG）分析可以即时显示项目的总体状态，从而显示需要项目指导委员会干预的区域。此格式可以根据需要进行调整，并且可以使用 Excel 格式或类似格式轻松创建。

报告制度是组织治理的基础，必须毫无保留地加以实施和推动。在一个繁忙的项目中，如果有延迟提交进度报告的余地，它将被延迟。如果在不招致高级管理人员愤怒的情况下，没有拖延的余地，那么纪律将得到维护。这是良好项目管理的一部分。一个人需要努力确保所有采购品类管理团队以正确的格式毫无疑问地报告进度，以便项目指导委员会能够处理任何不合规情况。

一旦分析完所有项目团队的报告并整合成符合项目指导委员会的格式，项目指导委员会就要根据报告中发现的情况采取行动。如果一个采购品类项目的进展落后于项目计划，或者显示不能实现所要求的效益，则必须了解造成这种状况的原因并采取适当的措施。这是项目指导委员会会议的内容之一。

5P 治理：项目集

项目集是治理的第五个组成部分，是规划和管理采购品类管理或其他战略性采购举措的方案、干预措施和项目的手段。

确定项目集计划

项目集是指确定优先事项，并计划如何在现有资源的基础上对其采取行动。治理的这一部分是通过一个动态的项目集计划来管理的，该计划确定了短期到中期的关键项目和活动（见图 9.9）。对于每个项目，里程碑与每个阶段的完成和阶段回顾相关。该计划显示了品类管理项目，也包括一些供应商关系管理项目，以确认治理和项目集计划是所有战略性采购项目的管理方法。每个项目都被安排在某执行“波”中，以平衡对采购和更广泛业务的有限资源的需求，品类管理项目在项目初期自然需要更多资源。项目经理的职责是建立和维护项目集计划和相关的报告制度。

项目里程碑	交付的成果	计划完成时间	预计完成时间	每个阶段实现的效益	额外的价值	价值实现与否	整体 RAG 状态	注释
第一阶段—（启动）阶段回顾完成	• 项目范围和计划 • STP • 组建团队 • 利益相关方定位图 • 沟通计划 • 初期洞察 • 业务需求 • 价值杠杆	11 月 23 日	11 月 30 日	30 万英镑的估算效益 31.2 万英镑的预期效益 0 英镑的实际效益 0 英镑的实现效益	通过统一的工作方式减少了所有业务部门之间的交易和处理时间	没有	绿	根据机会分析得出的估算效益；发现了新的速赢效益；第一阶段交付事项全部完成
第二阶段—（市场洞悉）阶段回顾完成	• 收集数据 • 价格/成本分析 • 外部环境分析 • 产品组合分析 • 偏好分析	2 月 21 日	3 月 20 日	30 万英镑的估算效益 36.2 万英镑的预期效益 0 英镑的实际效益 **1.2 万英镑的实现效益**	1. 通过统一的工作方式减少了所有业务部门之间的交易和处理时间 2. 使用新的供应商技术带来竞争优势	没有 没有	橙色	额外的 1.2 万英镑的速赢；利益相关方参与后导致项目范围的变更推迟了数据的收集行动，预期效益增加
第三阶段—（创新）阶段回顾完成	• 制定各种选择项 • 评估各选项 • 风险分析 • 采购计划 • 批准执行	3 月 21 日	4 月 21 日	30 万英镑的估算效益 37 万英镑的预期效益 0 英镑的实际效益 **2 万英镑的实现效益**	如上	没有	橙色	实现了额外的速赢，项目延迟没能弥补
第三阶段—（实施）阶段回顾	• 实施计划 • 供应商选择 • 谈判 • 合同	10 月 1 日	12 月 1 日	30 万英镑的估算效益 37 万英镑的预期效益 39 万英镑的实际效益 **4 万英镑的实现效益**	1. 交易时间减少 30%，常用的工作方式已经到位 2. 评估了新技术	实现 没有	红色	谈判是成功的，2 万英镑的额外签约费。因为利益相关方的担忧导致计划延迟
第四阶段—（实施）完成	• 实施全部到位	3 月 31 日	4 月 30 日	30 万英镑的估算效益 37 万英镑的预期效益 39 万英镑的实际效益 **38.5 万英镑的实现效益**	1. 交易时间减少 30%，常用的工作方式已经到位 2. 从明年起新技术会提升对终端客户的价值主张	实现 实现	绿色	数量的变化对已实现的效益有轻微影响。全面实施比计划提前
第五阶段—项目完成和稳定状态	• 持续管理方式	3 月 31 日	3 月 31 日	30 万英镑的估算效益 37 万英镑的预期效益 39 万英镑的实际效益 **38.5 万英镑的实现效益**	1. 交易时间减少 30%，常用的工作方式已经到位 2. 从明年起新技术会提升对终端客户的价值主张	实现 实现	绿色	采购品类经理到位，监管相应领域

图 9.8　一个典型的项目报告

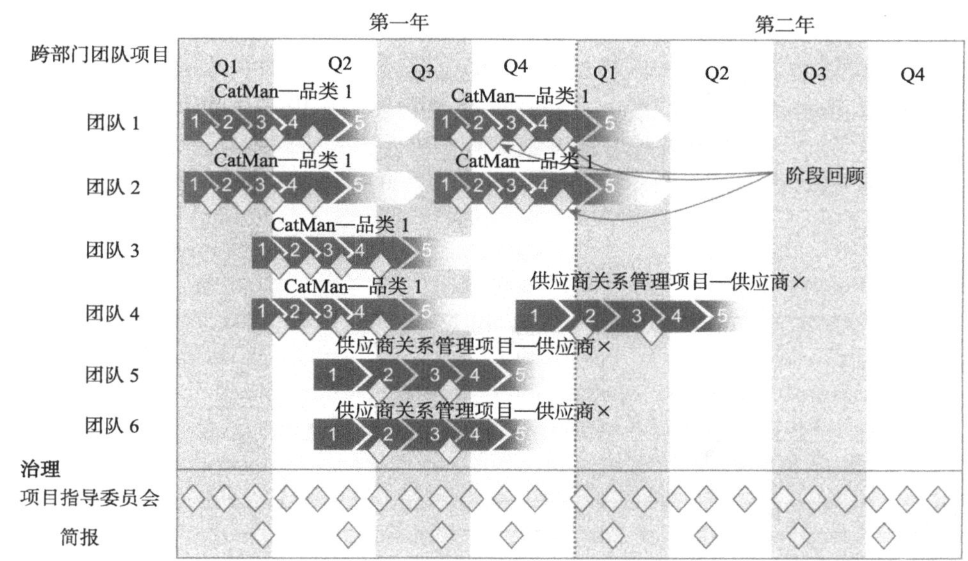

图 9.9 项目集计划示例

另外，项目集计划是针对所有治理活动的最有效的单一计划工具，因此应包括有时限的重要活动，如项目管理委员会的审查、重要沟通和其他重要事项。

项目集计划由项目指导委员会根据公司战略、目标和目的、机会分析结果和优先级确定、审核和更新。

项目指导委员会审核议程

项目指导委员会的职责是制定和维护现有的项目集，定期开会审核并更新项目集进展情况。审核内容包括：

- 所有项目的整体进展情况。
- 各个项目的效益实现情况。
- 各个项目的里程碑进展情况。
- 审核沟通计划。
- 所需能力和资源的到位情况。
- 项目集计划的审核和更新。

建立 5P 治理

如果实施得当，5P 治理就会提供一个包罗万象的框架，将确保采购品类管理的成功，并通过多种形式的战略干预确保采购部门的成功。自下而上推动治理是很困难的，因为组织的支持和承诺至关重要，尤其是在执行层面。这也再次表明，采购品类管理如果要取得大规模的积极影响，就必须成为组织范围内的方法，让组织全体人员自上而下地接受并支持采购品类管理。积极的采购人员很容易感到失望，因为推广采购品类管理要涉及很大的范围，有些时候则是成堆的内部政策、其他的优先项目以及人们对采购过时的看法，这些障碍都很难克服。然而，5P 治理不仅需要支持和承诺，还创建了一个讨论、教育的平台，这也是一个调动公司管理层的平台。治理的各个组成部分需要按照一定的次序实施到位，如图 9.10 所示。

治理检查单		
步　骤	行　动	检　查
1	定义项目集的名称、范围和目的	☐
2	确定公司高管中的项目支持者	☐
3	招募项目指导委员会成员	☐
4	全体成员就项目指导委员会职责和团队章程达成一致	☐
5	项目集经理到位	☐
6	沟通经理到位	☐
7	设立短期的项目指导委员会会议	☐
8	完成机会分析	☐
9	制订项目集计划	☐
10	就效益的定义达成一致	☐
11	效益和进展报告制度到位	☐
12	团队领导能力评估	☐
13	团队领导培训和发展计划到位	☐
14	制定项目集利益相关方定位图	☐
15	制订项目集沟通计划	☐
16	就项目集“迷你品牌”达成一致	☐
17	就核心沟通内容达成一致	☐
18	执行项目集沟通计划	☐

图 9.10　治理的检查单

小　结

1. 为了使采购品类管理在组织内取得成功，有很多事情需要落实规划。这涉及在组织内为采购品类管理创造合适的条件，并提供可见的、强有力的行政支持。
2. 治理是我们为了实现采购品类管理而做的安排。5P 治理为采购品类管理实现提供了一个框架，包括实施采购品类管理的人员、他们对业务的精通程度、项目集计划、如何衡量项目回报以及如何推广项目。治理涵盖了所有战略性采购项目，包括采购品类管理。

3. 人员关心的是在“虚拟结构”中实现跨部门工作，可以设立一个项目指导委员会全面监管项目，最好由负责项目管理的人提供支持。
4. 精通是确保参加采购品类管理的人员通过有计划的培训和发展从而具备正确的能力，并统一流程和工具包，使用共同的语言和工作方式。
5. 推广是指保证正确的、广泛的业务沟通联络，让人们了解项目的价值并觉得需要参与项目。推广是指确保适当水平的业务部门的参与，使该项目集的价值得到理解，并让他们觉得需要参与该项目集。
6. 回报是指建立和管理一个效益实现追踪系统。采购品类管理带来的硬性节约容易衡量，带来的其他形式的价值也很重要。我们要识别并量化这些价值，并根据组织的目标考量项目的整体进展。
7. 项目集是指建立和管理正在进行的所有单个战略性采购项目，包括采购品类管理项目，并管理项目集计划的进展。

第 10 章

确保现在和未来的成功

在最后一章中，我们将回顾那些已经实现最佳实践的经验，并强调一些潜在的陷阱；我们将研究是什么让采购品类管理取得成功，采购品类管理如何以不同的方式应用于大小组织，以及该方法如何应对组织未来可能面临的挑战。最后，我们将考虑采购品类管理在应对全球市场和格局的未来变化中的发展作用。

本章回答了如下引导性提问：

14. 公司本身要如何架构和组织才能有效地实施采购品类管理?
15. 采购品类管理的方法在未来仍然还有一席之地吗?

随着本书的进展，我们探讨了采购品类管理方法如何增加改变游戏规则的价值，以及如果实施得当，如何成为企业成功的核心战略推动者。如果一直坚持阅读本书，那么现在你将对采购品类管理有相当好的把握。这种方法在今天比以往任何时候都更有意义，而且在未来会变得更加有意义。在第 1 章中，我们开始了我们的旅程，探讨了这种方法未来是如何由变化的确定性来定义的。这将继续要求采购部门扮演新的角色，以便能够通过这种方法继续实现现在和未来可能出现的巨大利益。然而，成功是没有保证的，到目前为止，许多组织尽管积极推行采购品类管理，但没有实现其他组织所看到的效益水平和规模。在本书的开头，我描述了如果要实现真正的突破，高质量实施的重要性，现在我们暂停一下，回顾一下这到底意味着什么。通过本章的学习，我将明确使采购品类管理真正发挥作用的 10 个关键成功因素。

向已实施采购品类管理的人学习

通过总结那些已经实施采购品类管理的人的经验，我们可以学到很多，并明确组织必须做的事情，以使采购品类管理在今天获得成功，同时明确我们在未来需要做哪些事情。本章包含了 2018 年进行的全球采购品类管理调查的结果，超过 85 名在世界各地公司工作的首席采购官（CPO）、采购主管或高级采购人员参加了调查，他们在不同程度上实践了采购品类管理，其中许多人是我亲自采访的。该调查（积极采购，2018）探讨了采购品类管理是如何被使用的，以及组织如何构建自身来实现它，以及推动成功或阻碍进展的因素。

组织是否真的看到了品类管理的益处

第 1 章我们探讨了品类管理如何提供显著的利益潜力，超过三分之一的 CPO 反馈，购买商品和服务的价格和成本出现了两位数的下降。然而，大约四分之一的人在实现价格、成本降低上不到 4%。影响这一结果的因素有很多，可能会因为行业不同而不同，也会与产品和服务的价格灵活度以及品类成熟度相关（第 3 章有提及）。然而，对于那些反馈低于平均节省率的 CPO 来说，这些都不是典型影响因素，因此使用品类管理来实现价格、成本降低是成立的。

如果我们考虑组织从采购品类管理中实现非财务利益的程度，尽管有可能从供应端获得巨大的价值和创新，以及降低风险，但组织似乎在追求这些利益方面进展缓慢。今天，降低价格、降低成本和规避成本仍然是实行采购品类管理的组织中 CPO 追求的主要利益（见图 10.1）。事实上，只有 10%的 CPO 将降低风险、增加创新或增加价值列为他们追求的前三项利益。

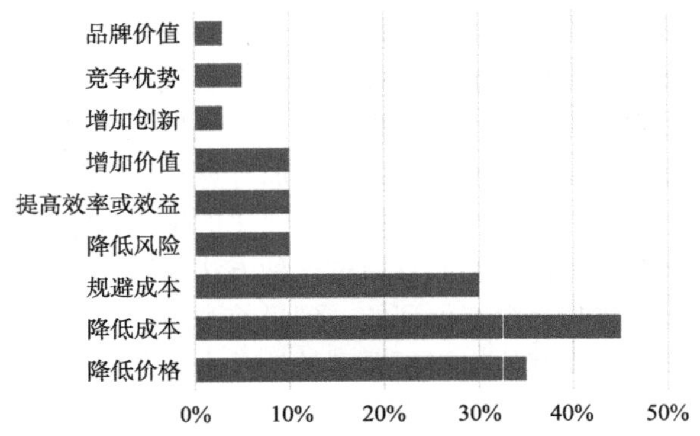

图 10.1　CPO 利用采购品类管理追求的最大利益

这很容易让我们忽略从长远来看可以给我们带来更大竞争和品牌优势的那些因素。虽然我们都知道供应端可以为组织提供改变游戏规则的创新或新价值，而且有些公司已经成功做到了这一点，但现实是，如图 10.2 所示，70%~80%的组织仍然要求，并根据价格和成本效益来衡量采购绩效，而不是实现其他利益（积极采购，2018）。

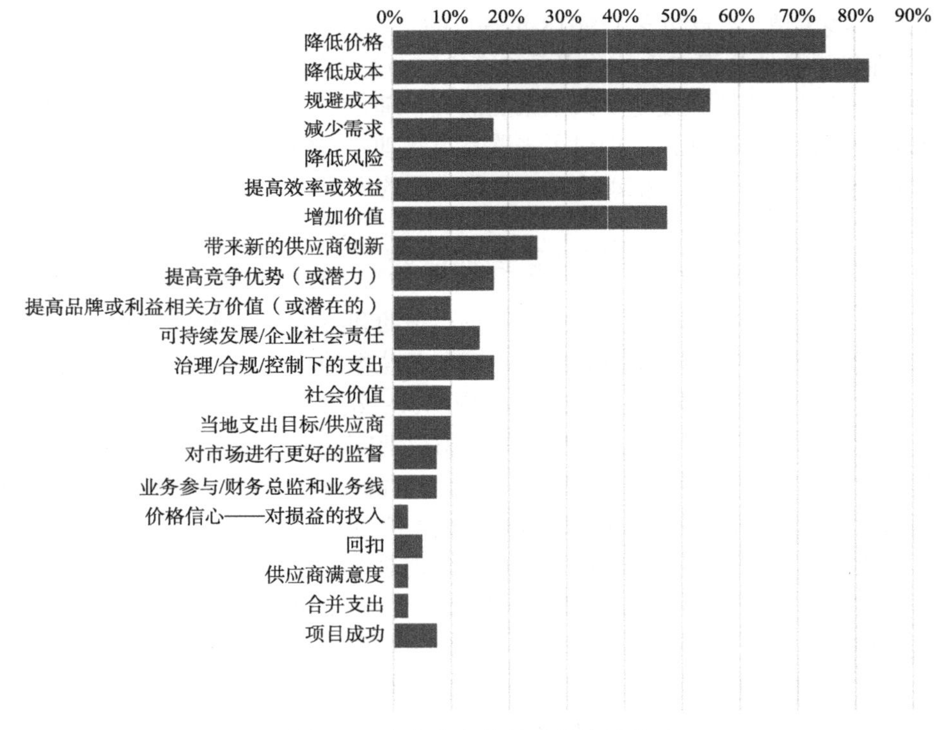

图 10.2　组织如何衡量采购的贡献

这一结果显而易见，对大多数人来说，公司绩效会继续以财务术语和结构化的财务绩效框架来评价。大约一半的 CPO 采用基于风险、有效性或附加价值来衡量采购贡献，但基于供应端的创新、品牌或竞争优势或可持续性等因素来衡量贡献的组织数量相对较少。在所有企业部门中，采购增加社会价值的水平都很低，但在公共部门中则很高。一些公司已经放弃了财务措施，而使用了独特的措施，比如根据更广泛的组织判断采购项目的成功。

这对那些实施采购品类管理的人意味着什么呢？简单地说，采购品类管理可以带来令人意外的变化，但这并不是一定的，并不是所有从事采购品类管理的人都能充分意识到其潜力，这意味着采购品类管理的质量如何得到有效利用是非常关键的。这也意味着，为了做到这一点，组织内部的执行团队必须清楚，需要获得供应端的哪些贡献，并为认识、支持和获得更具战略性的采购方法做好准备，以便使采购品类管理成为关键成功因素。这是一个非常关键的点，我看到过许多采购品类管理计划很容易失败，因为那些赞助采购品类管理项目的人理解得并不清楚，只是口头说说，没有思考如何改变才能从采购职能或短期角度，快速交付更具战略性、长期、高价值的贡献，除非组织高层真正理解并接受战略性采购干预措施。因此，对于任何实施采购品类管理方法的组织来说，第一个关键成功因素是澄清它将如何在组织中存在，并有什么样的地位。

关键成功因素 1

采购必须承担战略贡献者的角色

明确采购的贡献，以支持关键战略性组织目标的实现。要给予适当的挑战和教育。执行管理层要达成广泛的一致意见，为通过采购品类管理和适当的相关战略方法使采购承担战略贡献者提供支持和相应资源。

实施质量

我们在第 1 章中就提到了这个问题。组织中实施采购品类管理的质量是指其被组织接受、纳入，并能够很好地应用，以获得严谨且具突破性的成果。采购品类管理的有效性，体现在人员能力、流程、生产率、可利用的资源以及项目治理上。采购品类管理的实施“质量”与投资回报有直接关系。Hackett 咨询公司（2011）认为，投资回报的不同取决于企业的效率和有效性——这些因素被他们定义为世界级采购水平的最基本特征。这就要求企业需要根据他们要做的事情来匹配和采用不同的方法。我们知道，采购品类管理作为实现战略采购的核心工具之一存在于世界各地的组织中，但在这些组织中，所谓的采购品类管理似乎存在差异。在那些声称拥有战略采购职能的公司中，只有不到一半的公司能够拥有专门的采购品类管理部门，或者将采购品类管理定位为关键业务的推动者（见图 10.3）。对于其他公司，大多数人声称在某种程度上正在做采购品类管理，但只是部分地实施了该方法，使用了一些工具，因此采购品类管理并不是他们的常规做法，而是有不同程度的采用或成熟度。考虑到使用采购品类管理的支出占比，这一点得到了进一步的证实，在实行采购品类管理的组织中，只有 60%的组织声称使用该方法的支出占可支配支出的 40%或以上。只有 10%的组织使用采购品类管理来管理所有可支配支出。

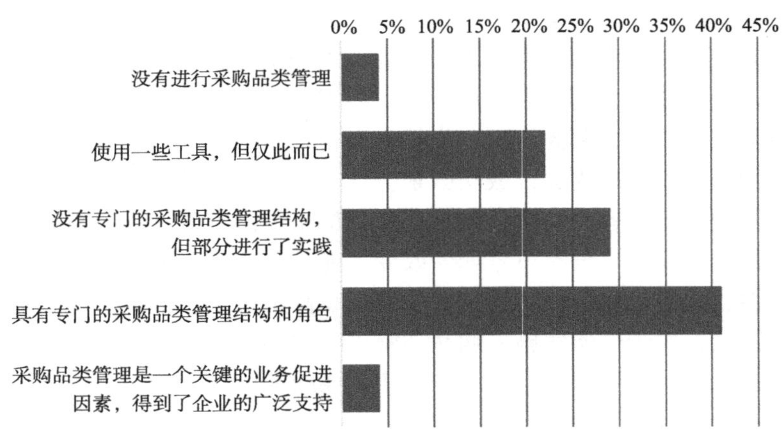

图 10.3 声称已实施采购品类管理的公司的采购品类管理程度和性质

再进一步看，通过审查已实施采购品类管理的公司的 CPO 如何最好地描述其组织内采购品类管理的性质，进一步证实了实施采购品类管理方法的范围（见图 10.4）。正如预期的那样，绝大多数人人认为，这意味着与利益相关方接触以满足需求和愿望，或者根据最终客户的愿望制定采购品类管理战略，但只有 60%的人认为采购品类管理涉及战略工具和思维的应用或追求突破性的采购战略。相比之下，63%的企业将采购品类管理描述为围绕着合同到期、竞争演练和商定新合同的过程而进行的更为战术性的工作，正如我们所看到的，这与采购品类管理的最佳实践不同。因此，在所有采用采购品类管理的企业中，对于什么是采购品类管理存在着不同的观点，甚至是相互冲突的观点，对组织的真正战略干预程度也不同，因此收益实现的程度也不同。采用伪采购品类管理或简单地用这个标签来描述旧的战术方法也有明显的危险性。

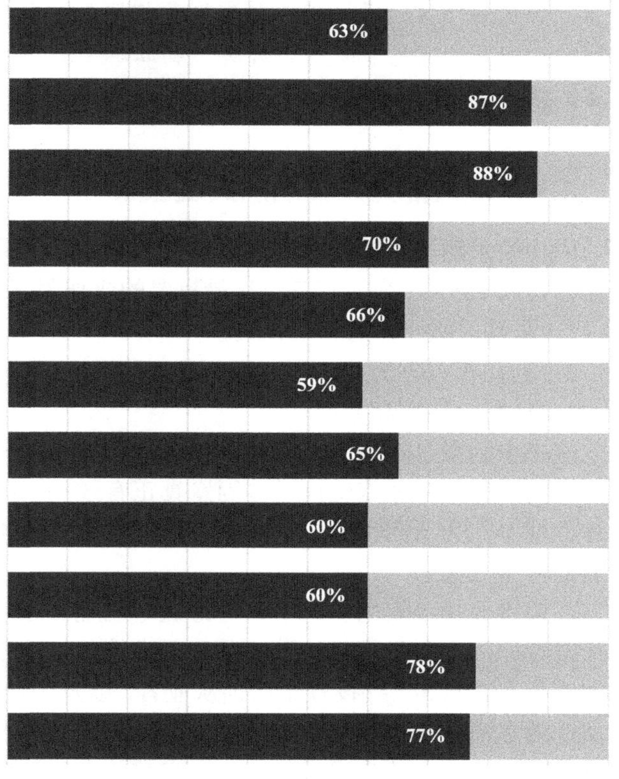

图 10.4　CPO 如何描述采购品类管理是什么

↘ 变革管理的重要性

采购部门的人必须了解采购品类管理，而且组织中那些与采购、与供应商合作有任何联系或参与的人也需要对它有所了解。采购品类管理要想得到很好的实施，组织必须对采购品类管理的定义和地位进行明确的界定。此外，更多的组织相信并支持这一方法也是至关重要的。要实现这一点，需要整个组织的积极参与和配合，人们不仅需要理解采购品类管理，而且需要相信它。高质量的实施就是要在整个组织内创造一种对采购品类管理的“需求”。因此，我们的第二个关键成功因素是我们如何做到这一点，并关注实施的变革管理方面。

关键成功因素 2

管理变革，建立共识

建立变革管理原则，作为实施采购品类管理的关键基础。确保一个明显的、组织范围内的行政授权，以及对品类的共同认识和理解。宣传品类是什么，它是如何实施的，以及对直接参与的人和更广泛的组织的要求是什么。帮助人们理解它的重要性，并努力在组织中创造一种需要采购品类管理的感觉，以确保组织范围内的支持和参与。

CPO 认为能力是成功的关键因素

成功的采购品类管理需要几个关键因素。那些拥有有效采购品类管理制度的领先公司的 CPO 认为，有三点是最重要的成功因素（积极采购，2018）：

1. 采购品类管理方面的能力。
2. 利益相关方的参与和实现业务收购。
3. 良好的事实和数据。

这三个因素是本书的关键线索，但值得反思的是，这些因素到底有多重要，以及我们到底如何才能确保这些因素真正有效。在上一章中，我们探讨了能力（或熟练程度）作为所需治理方法的核心组成部分。这里我们将重点讨论培训和发展所需的典型方法。

在关键成功因素的背景下再考虑这个问题，很明显，采购品类管理实施失败的最常见原因之一是"打钩"式采购品类管理。这是指组织成功地引入了一个可靠的流程和工具包，并投资于培训从业者，以及为该方法的运作创造合适的条件，但从业者在流程中的工作只是停留在表面上，仿佛是在"打钩"。我曾经看过一个品类团队阶段成果的陈述报告和一个完整的采购计划，计划包含所有预期的工具，甚至还有很多图表，从表面上看可以有非常好的结果。但是仔细分析后很容易发现有用或有洞察力的东西不多，缺少新意，跟当前采购方案的差异不大，没有清晰的采购战略。这是一个常见问题，主要是由于缺乏有效的调查和研究。人们在接受培训时，通常在培训快要结束的时候才理解什么是采购品类管理。然而，当人们开始在实际中应用这些工具时，理论和实际的差异则使人望而生畏。把采购品类管理培训看作单一的活动，而不是作为持续学习和不断提高的途径是一个常见错误。如果采购品类管理从业者不带任何角色地参加培训，他们就会对什么才是好的采购品类管理缺少认知。如果这样他们就不会有疑问，那么"打钩"式采购品类管理就会出现，导致组织花费大量的精力开展一个复杂的过程，而最终结果只是延续当前的采购方案。

本章和上一章概述的治理通过使用阶段性审查和过程中的正确检查来帮助组织实施采购品类管理。然而，在工作场所的持续教练和支持也同样重要。有了良好的教练，组织可以创造一个环境，让那些曾经做过采购品类管理的人支持那些第一次做的人，并促进关于"如何做好"的知识共享，从而设定高标准。教练也有助于建立一种具有突破性思维的挑战文化。教练可以是外部专家或内部人员。

外部教练可以提供令人难以置信的价值，但也可能令人失望，所以首先需要仔细审查那些教练。外部教练的费用很高，但如果组织结构合理、管理严格，外部教练可以帮助提供巨大的投资回报。在我早期的咨询生涯中，我曾为多个品类团队做了 18 个月的全职教练。我是许多人中的一员，代表着公司，但作为一个团队，我们实现了数十亿美元的节约。对于外部教练来说，一个触手可及的方法是让有经验的从业者随时随地通过电话或网络会议与其联系，并在规定的时间内到场进行小规模的进度检查，帮助制下一步计划。与有经验的外部教练商定灵活的教练方法，既符合成本效益原则，又有很好的效果。

教练不一定是外部的。如果组织有合适的人并能做出正确的安排，内部教练也同样有效。成功的内部教练必须具备以下条件：

1. 有足够的专业知识（做过一个或多个成功的采购品类管理项目）。
2. 接受过如何进行有效辅导的培训。
3. 有足够的时间进行辅导。
4. 有能力与人打交道，建立融洽的关系，有足够的威信，或在同行中具有权威。

最后一点的缺失往往是导致内部教练失败的唯一因素。

无论是外部教练还是内部教练，都是采购品类管理成功的关键因素，但这必须是更广泛的持续学习和发展计划的一部分。如果组织中的人已经拥有了他们所需要的一切，那么这样的组织就没有认识到这一点。一个足球队不会雇用一个明星球员，并认为他们的工作已经完成。相反，卓越将来自持续的培训，并与团队一起争取新的卓越。这里围绕能力的重点是，成功不仅需要培训课程或教练，而意味着需要将许多事情作为持续发展业务和卓越从业者计划的一部分。此外，从业者在未来需要的能力与我们今天看到的有很大不同。

在组织为持续发展所做的事情中，其中有一种方法深深地吸引了我，那就是实施采购品类管理黑带系统。

↘ 采购品类管理黑带

黑带代表了武术中的最高水平。在精益生产和六西格玛领域使用该术语，表示应用这些方法的熟练程度。在这里，黑带不仅表明，他要理解这种方法，而且表明他有足够的经验将其应用到组织的实际工作中，并可以去教练辅导其他人。听起来，精益生产、六西格玛和采购品类管理似乎有很多共同点。事实上，采购品类管理建立在改进的精益生产、六西格玛管理之上，因此，“采购品类管理黑带”这个概念非常适合引入采购品类管理领域。

采购品类管理黑带代表着其在组织内部获得的认可与位置。获得黑带的经理能够有资格担任教练辅导的角色，去支持和培养其他采购采购品类经理。它是组织内部设立的一个新等级，组织内的采购采购品类经理渴望能够获得它。“黑带”体系的建立很简单——首先在组织内定义什么是“黑带”，根据完成的步骤或规定的结果，建立一个内部奖励体系，然后创造合适的环境，这可能包括采购品类管理团队参与的教练辅导计划，“黑带”体系的阶段评审，以及采购品类管理团队。因此，这些人员必须有足够的时间来完成他们的工作。“黑带”通常包括下列特征：

- 在采购品类管理流程和所有工具方面，熟练应用这些工具，并达到大师级或更高级水平。
- 能够带领和引导跨职能工作坊，表现出良好的团队领导能力和激励技巧；能够处理好不同利益相关方的关系，从容解决冲突。
- 完成至少两个完整的采购品类管理流程，并且都要进行到第五阶段。
- 筹划过至少两个采购方案，包括令人心动的采购战略和严谨的采购过程。
- 具有突破性的心态，并能够指出迄今为止在所做的工作中积极追求彻底变革的结果。
- 能够教练辅导和引导内部从业者，最好拥有教练资格。
- 能够领导和管理采购品类管理的阶段回顾。

关键成功因素 3

确保现在和未来的合适能力

培养或招聘有能力的从业者，来应用采购品类管理方法，并具备支持性的软技能，有效地运行采购品类管理项目。通过持续的能力评估方案，推动制订混合学习和发展计划，为从业者提供能力和支持。

关键成功因素 4

发展并不断提高从业者的能力

围绕建立严格的流程和优秀的从业者，以及向具有良好经验的人学习，制定并实施持续辅导、知识转让和在职学习的安排。

为什么 CPO 认为企业参与是至关重要的

良好的利益相关方参与达到成功所需的程度，需要组织和个人采取新的行为，使人们在采购品类管理项目上一起工作。在上一章中，我们探讨了“推广”方法的必要性，以帮助并促进与组织的互动，确保收购和“人员”的安全，从而使组织能够为跨部门团队合作做好准备。在第 2 章中，我们探讨了跨部门团队合作如何成为采购品类管理的支柱，在第 4 章中，我们探讨了利益相关方定位图和项目沟通计划这两个工具是采购品类管理流程中的关键步骤。

如果我们要制定和实施突破性的品类战略，利益相关方的参与和确保企业的认同是至关重要的，因此这条主线是采购品类管理方法中不可或缺的，并贯穿于整个采购品类管理流程中。然而，尽管如此，这似乎是企业最纠结的事情。为什么？也许是因为企业常常把采购品类管理当作一个“由采购主导的过程”。从表面上看，这可能是它的特点，但请思考一下事情是如何运作的。供应商不属于采购，他们是组织的供应商，而我们的品类或我们购买的东西是由企业及其如何为我们的客户服务决定的。因此，如果采购品类管理要产生任何影响，那么它只能成为一个组织范围内的哲学，而不是一个局限于采购的过程。这句话说起来容易，但实现起来却不容易，尤其是在传统的“非战略性”采购方法如何实施的情况下。将采购品类管理提供给利益相关方参与和实现业务认同的方式付诸实践，这仅仅取决于为此付出了多少努力以及流程的严格程度。第一阶段的利益相关方定位图和项目沟通计划不能作为单独工作的工具，否则品类管理负责人就可以在这两个步骤上打钩表示完成。相反，它们必须是总结大量工作的产出，以识别和参与业务的所有相关部分。我们必须真正理解，并可能挑战我们内部客户的需求和愿望，同时也要理解最终客户的需求。然后，当我们在第一阶段制定业务需求时，这些不是品类管理负责人或团队的孤立观点，而是对我们的需求和愿望的磨砺、打磨、修改、返工和更新的定义，最终得到所有人的同意，并且可能是在与所有感兴趣的人进行了许多交流和协商之后。在这种思维方式下，商业需求从“工具和模板”转变为总结大量艰苦工作的产出。采购品类管理中的许多其他步骤也是如此。使其有效的不是过程，而是过程的严格程度，以及采购工作如何赢得整个组织的支持和参与，并努力使采购品类管理成为整个组织的哲学。

关键成功因素 5

将业务参与作为首要任务

努力确保采购品类管理团队在整个项目中对利益相关方的参与和内部沟通采取有计划的方法。争取关键利益相关方对采购品类管理项目的积极参与，并确保组织高层对跨部门团队合作的支持和承诺。创造一种文化，将走出去和参与作为采购工作的重点。

关键成功因素 6

哲学不仅仅是一个过程

将采购品类管理定位为一种组织范围内的哲学，而不仅仅是一个采购过程。利用组织的参与来赢得和定位采购品类管理，使其成为整个组织中所有对组织的采购内容、采购地点、采购对象和采购方式有兴趣的人的心声。

基于事实和数据的决策的重要性

CPO 也认为准确的事实和数据是采购品类管理的一个关键成功因素。这是不足为奇的，没有它几乎不可能推动任何形式的战略采购干预，但许多组织仍然缺乏获得良好事实和数据的途径。我们正在快速过渡到一个新的数字世界，它承诺可以获得大数据、新的洞察力和自动采购决策，但对我们大多数人来说，这并不是现实，我们还有一段距离。然而，我们越来越多地接触到更多的信息，新的富含数据的系统正越来越多地成为采购人员手中的工具。采购品类管理的成功取决于这些方面的成功：获得品类的事实和数据，组织和最终客户如何使用它们，组织的供应商和潜在供应商以及市场方面。下一代数字平台可以在这些方面提供帮助，但不是先决条件。事实上，这里的成功在于准确的事实和数据，并确保它们的严谨性。一个有经验的采购品类管理从业者仍然可以通过创造性的研究方法和努力工作来获得良好的洞察力。事实上，在认真对待这个问题的采购职能部门中，在团队中发现一个或多个研究人员或数据分析人员为采购品类经理提供关键信息的情况并不少见。

为什么企业不能用准确的事实和数据来支持制定突破性的品类战略？现实中并不是因为企业缺乏合适的系统，而是因为，正如我们在第 5 章中看到的，我们更容易偷工减料或认为我们已经知道了我们需要知道的一切。此外，如果对采购品类管理中的数据收集的要求不高，就会变得相当肤浅。

到目前为止，本章中出现的一点，也是关键成功因素，就是流程的严谨性和重要性。这对我们如何使用准确的事实和数据同样重要，成功需要我们建立和推动严格的研究和分析文化，以支持伟大的采购战略的发展，也可能帮助我们找到突破口。未来的系统将有助于提高效率，但今天没有这些系统并不是一个障碍，良好的研究可以产生必要的事实和数据来推动建立突破性的采购战略。

关键成功因素 7

使过程的严谨性成为前提条件

发展能力，以便了解“使用工具”背后必须发生的事情的深度，以及如何在研究或收集事实和数据、业务参与以及在应用整个方法的过程中实现足够的严格性。在整个采购品类管理项目中检查所需的严谨性，例如，使用由经验丰富的从业者领导的阶段性审查。

↘ 公司如何建立治理方法

采购品类管理作为一种组织范围内的哲学，从一开始就有机地“成长”起来，是一座需要攀登的大山。通过更系统的方法来创造合适的条件，更有可能取得成功。在已经实施采购品类管理的组织中，治理方法被完全建立并成为组织工作方式的一部分的比例实际上相当低，约为 30%（积极采购，2018）。治理到位的组织与总体投资回报之间存在着明显的相关性——治理良好的公司往往会获得更高的财务回报。这进一步强化了这个观点，即采购品类管理大致有两个阵营：实现高质量管理并实现重大利益的阵营，以及不注重管理，提供小的增量收益的阵营。对于 30%的 CPO 来说，他们认为良好的管理是到位的，这涉及的内容因组织而异，可能表明采购品类管理的有效治理是建立在现有的组织整体管理安排之上的。图 10.5 显示了 CPO 在他们的治理方法中声称的不同要素和采用程度，这些要素和程度基于我在上一章中概述的治理框架。乍一看，这似乎并没有告诉我们什么。几乎所有人都说他们有一个负责项目的高级指导小组，组织报告并证明项目为企业带来的好处。大多数人提到了一个专门的采购品类管理结构，四分之三的人提到了进度报告、进度的阶段性审查、专门的项目管理和全面的行政支持。这里值得注意的是，没有什么两极分化，也没有什么单一的要素脱颖而出，这表明良好的治理不是一件事，而是构成 5P 治理框架（第 9 章）的所有因素，而成功就是要努力确保为完整的治理制度做出有效安排。

关键成功因素 8

强有力的治理

建立强有力的治理机制，对采购品类管理进行持续管理，并在各方面做出必要的安排，以确保在实现采购的总体目标和提供最佳效益方面的有效性。要做到这一点，需要完整地应用 5P 治理框架。

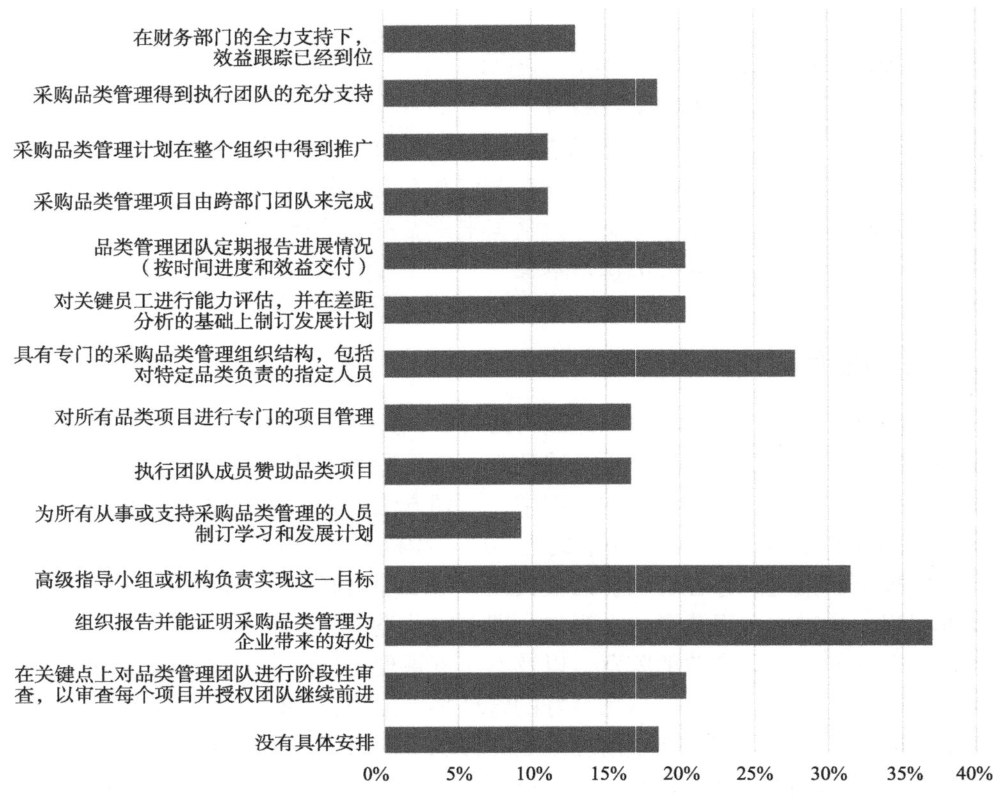

图 10.5　对采购品类管理进行有效治理的组织如何描述现有的安排

未来是什么

虽然我们不知道未来会发生什么，但有些事情是现在可以确定的。组织仍然需要供应商，而且需要人们利用不同的技能组合帮助他们完成正确的事情。我们可以为我们现在所看到的事情思考一个发展的方向，对有些事情甚至可以有一个确定的方向。这是为定位未来的一个步骤。

我们可以预测的未来挑战

政治的不确定性、动荡、气候变化、未来财富或有意愿的劳动力所在地区的变化以及前所未有的人口迁移将继续下去。在 20 世纪初的全球经济危机期间，供应安全问题成为人们关注的焦点，这将继续是一个关键问题，并将在未来几年影响人们的思维，特别是随着世界人口的持续增长和人们寿命的延长。随着人们寿命的延长与世界人口的不断增长，未来食物的保障将需要新的措施。在接下来的

20 年里，随着消费量的增加和动物饲料使用量的增加，世界粮食需求可能会增加 50%。这将改变我们对食物生产的态度。随着全球气候的变化，我们需要寻找新的土地去种植农作物。对所有人来说，这都意味着食物成本的增加，消费者花在其他方面的支出可能会减少。这也能推动食物生产厂家的新态度和新方法。

尽管人口不断增长，但发展中国家拥有大量的劳动力资源，满足了对劳动力的需求，也学会了如何与世界其他地方做生意。当今移民越来越多，但移民并不仅仅是由就业推动的；财富的增加、气候的变化和社会的变革正在吸引比以前更多的人考虑迁移或者退休后移居其他国家生活。为了获得工作岗位而迁移的现象还会继续。如果没有这些移民，很多工作岗位将招不到人。从全球范围来看，对人才的需求将更加强烈，组织将不得不努力吸引并留住重要的员工。由于生活方式的改变，在公司办公室工作的人将越来越少，这将改变工作的方式，增加人们对 IT 的依赖性。

不断加快的技术步伐将不断改变这个世界。汽车将可以自动驾驶，科技将驱动还不完美的技术达到至少我们所期望的水平。也许只要等到电池容量和充电时间取得突破，我们当前对低排放甚至接近零排放的新一代的汽车的需求将成为现实。也许下一个全球汽车品牌将是中国或印度的。

技术的进步以越来越快的速度发展，将不断改变游戏规则。医学也将迎来一场革命，届时智能纳米粒子将可以进入我们的身体，就像微型潜艇一样在人体中穿梭，寻找特定的细胞或受损的组织，一旦发现，它们就会去改变状态或释放化学物质——精确到需要的地方，提供高度精确的治疗。

水资源将不再被视为取之不竭的，而浪费将成为一个大问题。如今气候变化已经引起全球关注，是一个需要严肃对待的问题，它正推动着新的社会准则和立法，进而影响组织和整个经济的运行方式。

我们未来的现代生活将需要跨越技术边界的创新，这将连接今天不同的行业和实践。分钟、电子、数字、无线、互联革命和物联网意味着这些东西“成为互联网的最大用户”（Valéry，2013）。这也意味着药物包装将变得智能，并向我们的可穿戴设备发出信息，提醒我们服用药片，更不用说其他所有的可能性了。

所有这些都是在沉重的政治和新的紧张局势的背景下进行的，这些紧张局势关系到我们所有人。不久前，俄罗斯还被认为是下一个新兴市场，现在它正在施展拳脚，在全球舞台上宣示自己的地位。其他发展中经济体的无情扩张仍在继续，每个国家都声称有权在没有环境监管义务的情况下实现增长。

今天，这些变化已被充分理解，那些有远见的人也考虑到了这些变化——它们存在于组织的意识中，并成为确定良好的品类采购战略（采购计划）的因素。然而，如果采购要在这个新的未来获得成功，我们必须开始更深入地研究。

未来采购的标签

这一切对采购意味着什么？简单地说，未来的采购与现在不同，它需要一套完全不同的技能、一种新的敏捷性，以及对采购是什么和如何运作的思维方式的改变。在这里，数据是我们一切工作的核心和动力。未来的采购有可能创造前所未有的竞争优势，甚至比我在本书中所概述的还要多，但这只适用于那些今天能够弄清楚方向并踏上新的旅程，成为未来领导者的组织。我们今天可能认识到的采购职能部门的角色和设置将转变为一个新的未来职能部门，该职能部门将在三个方面为组织提供支持：

- 更加关注战略采购领域和供应商。
- 推动常规开支的全面自动化。
- 成为新一代数字系统的设计者，彻底改变采购状况。

一个新的战略采购（现在增加了供应链）

采购职能的存在和结构将发生变化。未来的采购职能将与供应链职能相结合，以形成一个单一的战略职能，即识别和确保从原始工厂或种植园到最终客户的最佳价值流动。还记得第 2 章中的采购、满意和战略模型吗？这定义了未来，因为传统的将采购简单化为“购买物品”的职能以及与“物流和库存”相关的供应链职能的观点已经过时，并且建立在一个需要人为控制才能使这些事情发生，并且事情按反应的顺序发生的时代。

分散的采购结构将没有用武之地（除了那些乐于保留本地战术性采购的组织），相反，集中的采购工作将是组织中唯一可行的高影响力采购结构。

随着时间的推移，我们将看到更多的组织超越了对绩效的衡量，并围绕纯粹的财务措施来构建自身。采购绩效将开始被驱动，并更多地围绕着如何增加价值、带来创新和竞争优势而结构化。

找到满足客户的方法，也许是满足他们现在还没有意识到的需求，这将是当今采购和管理供应商一样需要关注的问题。采购部将在连接终端客户的需求和愿望与供应端的可能性方面发挥关键作用，这样做将为企业带来巨大的价值。

采购职能的结构和对组织成功的贡献将远远超出我们今天的认识，但这还不是全部。我们将需要一种新的灵活性来应对未来的变化，但好消息是，未来的技术进步将能够提供更多的可见性，远远超出我们今天所拥有或能够想象的。随之而来的是对新的技能组合和新的思维方式的需求，特别是对数字和数据的需求。

↘ 未来常规开支的自动化

采购的最大变化之一可能是日常支出的自动化，其中大部分采购将在更广泛的企业的全力支持和参与下自行处理。正如我们在第 1 章中所看到的，我们将看到以亚马逊模式为基础的虚拟市场的持续崛起。虽然约有三分之一的全球采购职能部门目前正在实施协作网络或企业对企业的市场解决方案（德勤，2018 年），但我们尚未开始拥有真正的潜力。随着新的商业和特定行业的虚拟市场的建立，传统的采购方法将变得多余。在本书中，我们已经探讨了确保我们的品类面对最广泛的市场的重要性，我们收集了关于市场和供应商的深入数据，并可以通过使用建议邀请书（也许是电子拍卖、供应商备选和有效谈判）进行竞争性练习来实施采购战略。现在，这些都是战略采购方法中的重要步骤。在未来，虚拟市场将消除对这些活动的需求，但仅限于某些领域的支出，而且前提是我们对虚拟市场的有效性有信心。最后一点是非常重要的。今天世界各地的医疗机构在日常消耗品上花费了数十亿美元，如伤口护理用品、注射器、手套、压力袜等，同时还有复杂的新核磁共振装置、最新一代手术机器人和其他专业领域的支出。如今，这些医疗机构将各自独立地在某种形式的采购方法上投入巨大的精力来采购这些物品。更先进的组织可能正在使用采购品类管理，并已成功地为每种类型的消耗品制定和实施采购战略，其中包括上述活动。这类消耗品的虚拟市场为采购部门提供了一条捷径，可以从尽可能广泛的市场中获得最佳交易，只要我们对虚拟市场的完整性有信心。此外，随着未来的虚拟市场被整合到有关需求、库存的组织信息系统中，并与使用区块链或分布式账本技术支付供应商的下一代自动支付系统相连接，如果我们对渠道供应商有信心，那么常规支出可以变得自动化，合规性也变得不那么令人担忧。仅这一转变就将推动所有行业采购的巨大效率。

随着日常开支的自动化，对供应商和合同管理的需求将大大减少，并更多地成为虚拟市场提供商的关注点，或者通过新的数据变得容易。对于我们管理的供应商来说，传统合同的相关性和价值将随着供应源在全球范围内的分散而发生变化。事实上，基于特定地域的惩罚和补救措施的传统合同方式可能缺乏力度，也没有什么价值，相反，供应商的实时可见性以及他们为我们提供的服务将是我们管理风险的方式。

在我们都放弃并认为不再需要我们之前，重要的是，要思考这对未来的采购人员和采购品类管理意味着什么。虚拟市场将改变常规支出，即在基准日分析中处于通用象限的项目，这些项目有一个共同的、被行业广泛接受的规格，可能在组合分析矩阵中处于杠杆象限，没有区别。在这个过程中，对人工干预的需求将消失。但需要对组织的其他支出进行有效的采购干预，这是最重要的，甚至是战略性的。例如，医疗机构不会自动购买复杂的核磁共振装置，或任何未来的技术。

这种复杂的采购将需要专业的采购干预，使用采购品类管理和供应商关系管理方法来确保良好的结果。因此，采购的角色将变得更具战略意义，较少参与日常采购，而更多地参与管理这些采购系统。通过管理与虚拟市场提供商的关系并持续验证其完整性和有效性，采购将带来新的价值，从而确保尽可能多的支出是常规的和无差别的。

↘ 数字和数据革命

对采购来说，最伟大的革命可能是数字化的出现。请考虑我们在本书中探讨的一个方面，即收集数据，以支持制定有影响力的采购战略。正如我们所看到的，这涉及收集供应商、市场和外部环境信息，以确定风险和机会。

今天，做好这项工作是一门艺术，需要有经验的从业者，或者专家，并且是研究—分析—战略—实施的资源密集型连续过程的一部分。它往往是一个独立的活动，一旦完成，就不可能再被重新审视，直到取代目前的采购战略。在未来，这个方面，以及更多的方面，将被未来的数据作用所改变——不是数据本身，因为今天已经有很多这样的数据，而是不同的和庞大的数据集和信息源如何被实时地结合起来，以告知和塑造采购决策。我很快就会对此进行探讨，但实现这一目标的关键是采购团队与新的全球商业意识的“连接”方式的转变。这种转变并不新鲜，而且已经在个人层面上发生了——互联网、智能手机和社交媒体的兴起意味着我们可以与全球意识相连接，甚至在全球意识中做出贡献并拥有发言权。那是 2009 年 1 月，切斯利 · 萨伦伯格机长成功地将 1549 号航班紧急降落在哈德逊河，挽救了 155 名乘客和机组人员的生命。来自萨拉索塔的贾尼斯 · 克鲁姆斯在飞机坠落到冰冷的河水中几分钟后，在抵达现场的渡轮上发了一条推特，使这一事件传遍全球。克鲁姆斯在推特上说："哈德逊河里有一架飞机。我在去接人的渡轮上。疯了。”整整 34 分钟后，第一个媒体组织——MSNBC 才报道了这一消息（Kullin，2009）。今天，大多数影响我们的重大事件首先在社交媒体上曝光，而且，我们似乎已经相当擅长辨别事实、虚构和假新闻。作为个人，如果我们选择参与，我们就会与一种新型的全球意识相联系，随着我们的前进，这种联系会越来越多。然而，在商业世界中，这种意识到目前为止还很慢，但这将改变。采购团队不仅要把精力投入与新的全球商业意识的联系中，如果世界上某地的农作物歉收或某个关键组织陷入困境，他们会立即知道，而且要积极地、不断地寻找方法来利用所获得的洞察力。

在第 1 章中，我提出，今天的采购技术最好被视为“技术的岛屿”——针对采购的个别方面的具体解决方案。未来是关于技术如何结合的，更重要的是，如何获取、处理、组合和分析数据，从而带来独特的新见解，并推动整个供应端的定制采购干预措施。

数据在推动采购和更广泛的组织方面的潜力是巨大的。例如，如果我们能够将有关客户市场行为的多种数据来源与一些预测分析结合起来，并与任何特定时间的外部环境（世界事件、当地事件、政治、经济、技术、天气等）的其他数据结合起来，我们就可以建立模型并预测客户需求。再加上从有关商品定价、市场条件和当前供应商情况的数据集中获得的对供应端的见解，意味着我们可以了解整个供应链及其在任何特定时间的供应能力和速度，以及动态模拟我们需要支付的价格。这种数据和信息的结合使我们能够创建一个灵活和高度响应的供应链和一个动态的系统，能够准确地在当时的市场上以最佳价格采购所需的产品。将虚拟市场添加到组合中，上述常规开支的自动采购就成为现实。

数据也将成为非程序性和战略性采购的关键。采购品类管理和供应商关系管理将继续支撑未来的采购职能，但它们将以一种新的方式存在和运作。许多从业者今天“做”的事情将被纳入一个系统中，该系统与大量的数据和信息源相连接，有助于为从业者提供信息并指导他们制定最合适的采购或供应商管理策略。想象一下，我们能够实时了解某个供应商的一切，他们在世界市场上的表现和地位，或者能够访问一个特定品类或支出领域的全方位视图，以及我们对它的评价。在这里，我们将添加预测分析和人工智能来梳理某些数据源，并为非例行支出领域和实时供应商管理创建一个实时动态品类战略。数据和数字也将改变治理的方式，推动新的支出的合规性，创造新的手段来进行跨职能的合作，让所有人参与到新的采购决策中，并确保实时分享状态、效益和成功的业务。

数据及其使用方式将使未来的采购更加有效。这将在什么时候发生？它已经发生了，我们可以发现一些优秀的组织已经拥有数据分析的潜力。劳斯莱斯公司能够实时了解并能够在瞬间看到他们所提供的每台飞机发动机的当前状态和位置，以及每台发动机所包含的每一个零件的来源。零售商已经通过人工智能使整个供应链的决策自动化，因此消费者在任何时候想要的任何东西都可以在货架上找到。

未来的数字和数据革命将为我们提供服务，其中一些已经存在。然而，未来最强大的数字解决方案可能不会出现，也不会来自一个供应商，而是各个组织如何看待数据带来的战略优势，并寻找方法将正确的东西连接在一起，从而提供新的见解，并用这些见解来推动组织的购买方式。这意味着我们不能站在原地等待事情发生，而需要制定一个战略，让我们在未来的数字世界中昂首前行。因此，拥有一个数字化采购战略是我认为采购品类管理的下一个关键成功因素，以确保其在未来的持续相关性和影响力。这意味着要花时间来设想我们的未来状态，如果我们可以做任何事情，我们将需要我们的数字系统在未来做什么。然后将其与我们现在的情况相匹配，并以此为基础来评估未来出现的新系统和技术，以确定它们是否适合支持我们的前进方向，从而确定它们是否相关和适当。它还为我们提供了一个框架，以开始确保未来所需的新人和技能。

关键成功因素 9

制定数字战略

建立一个长期的数字战略。设想我们的未来状态，确定未来的数字采购系统能够为我们做什么。制订尽可能多的计划，以努力实现这一目标。根据潜在的新系统对实现该战略的帮助程度来验证它们。制定未来的人员和能力发展战略，以帮助实现新的战略。

采购品类管理在未来的作用

在全球采购活动中发言后，我被问到一个问题：“你认为采购品类管理正在走向尽头吗？你认为什么会取代它？”

这让我大吃一惊，因为至少在我看来，这样的问题就像在问：“重力是否有点过时？我们是否应该寻找新的东西——也许未来是漂浮的？”

采购品类管理是一种建立在坚实的经济、人文、变革和业务改进原则基础上的方法。这些都不会改变，但将要改变的是采购品类管理所处的环境、所采取的方式以及我们需要使用的一些特定工具。在未来，我们甚至可能不称其为采购品类管理，它甚至可能不是人们今天所实践的方法论，因为其原则可能被嵌入数字解决方案中的一系列算法中。然而，这些基本原则不会改变，未来的采购专家将需要很好地掌握它们的运作和应用。

采购品类管理将被嵌入未来的数字平台中，但要注意，不要过早地朝着这个承诺跃进。今天，平台供应商热衷于介绍采购品类管理和供应商关系管理模块并推广这一职能。这里可能有一些价值，但也有一些警告。今天的大多数解决方案只是提供了现有采购品类管理流程的数字化而已。如果品类管理团队只是在网上打钩来满足系统的要求，那么乍一看是现代化的解决方案，有一个关于品类管理团队进展的管理信息仪表盘，实际上是毫无价值的。正如我们所看到的，采购品类管理之所以成功，是因为人们跨组织合作，运用他们的深思熟虑来做一些不同的事情，而产出是这种思考的记录。如果一个数字化的解决方案将这一过程过度自动化，并取消了重要的业务范围内的参与和互动，那么从业者将采取阻力最小的途径，思维就会被弱化。我见过这样的系统，它可以简单地输入一些数据和通过一些在线表格来完成整个流程，并在管理信息仪表盘上获得一个光鲜的进度报告。如果企业根据这些信息来判断进度，那么这种兴奋将是短暂的，因为流程的严谨性将被削弱，企业的参与度将受到影响，突破将变得越来越少。采用任何采购品类管理的数字解决方案的关键是要真正清楚所需的功能，如何保证流程的严谨性，以及如何与更广泛的数据源和系统连接。综上所述，未来采购品类管理的辉煌并不在于流程，也不在于实现它的系统，而是在于以一种全新的方式实现它的人。

↘ 采购从业者的未来技能组合

所有的数学家和优秀的数据专家来采购部工作吧，我们需要你！未来世界领先的采购团队将通过其应用数据的能力为企业带来最大的价值，因此将有新一代的高素质人才熟练掌握这一技能。虽然数字和数据革命可能会消除对一些传统采购角色的需求，例如那些基于传统招标类型活动的采购角色，但它将开辟巨大的可能性。

经济学、战略采购和供应链的传统知识将继续成为主要的组成部分。未来的从业者将需要在采购品类管理和供应商关系管理方面的高级能力，但不可能像我们今天这样使用工具和手工创建采购策略，然后实施，而是要试行新一代系统来实现这一点。“试行”提供了一个很好的比喻来帮助我们理解这里的转变。曾经，只有商业客机的飞行员会驾驶飞机，而这一切都取决于这个人能够正确驾驶。今天，根据飞机的情况，飞行员将完成飞机的关键任务，如起飞和降落，而飞机的计算机系统则负责其他工作。在空中，计算机会接管飞机，甚至会在飞机降落时驾驶飞机，飞行员在最后进场或需要时接管。在不久的将来，计算机将完全驾驶飞机，飞行员的角色将转变为确保系统正在做所有正确的事情，以及做出决定或对问题做出反应。这并不意味着未来的飞行员将不那么重要、不那么需要或者可以不那么熟练。恰恰相反，我们将需要新一代的飞行员，他们不仅可以在需要时驾驶飞机，而且是系统专家。同样，未来的采购人员更有可能是极具天赋的数学家、数字专家、人工智能的先驱、密码学和数据安全专家，或者是了解并能与整个组织联系的战略思想家。非采购人员很可能在未来成为一些最好的采购人员。采购专业人员的教育途径也需要改变，只要传统的发展途径滞后，就需要有远见的组织为新世界制订自己的采购能力发展计划。

这让我想到了采购品类管理的最后一个关键成功因素，也是我特意留到最后的一个因素，但可以说是对未来最关键的因素，那就是寻找和留住新一代人才。到目前为止，在本书中，以及在本书的前几版中，我都没有强烈提出这一点，而是谈到了能力发展和治理框架内的熟练程度的重要性。然而，反思我们的职业在新一代数字和数据驱动下的未来发展轨迹，我相信人才是未来采购和采购品类管理的唯一最重要的成功因素。人才不仅仅是发展能力，还需要组织考虑团队中的成员，他们来自哪里，他们如何思考，他们可能带来什么可能性，当然还有他们可以管理的人才和技能。

关键成功因素 10

寻找并留住优秀人才

将获取和保留优秀人才作为优先事项，因为他们能够带来合适的才能和技能，以实现我们未来的数字化采购职能。

未来 20 年，组织面临的挑战将越来越大，因此在战略层面上，使用好的战略以及引入采购品类管理和未来的数字化形式至关重要。在不断变化的世界中，组织有能力在新一代高素质人才的支持下协同工作，找到解决复杂问题的方法，这将释放出人类聪明才智的真正力量。有了这个能力，组织将战无不胜。

小　结

10 个关键成功因素：

1. 采购必须承担战略贡献者的角色——明确采购的贡献，以支持关键战略性组织目标的实现。要给予适当的挑战和教育。执行管理层要达成广泛的一致意见，为通过采购品类管理和适当的相关战略方法使采购承担战略贡献者提供支持和相应资源。
2. 管理变革，建立共识——建立变革管理原则，作为实施采购品类管理的关键基础。确保一个明显的、组织范围内的行政授权，以及对品类的共同认识和理解。宣传品类是什么，它是如何实施的，以及对直接参与的人和更广泛的组织的要求是什么。帮助人们理解它的重要性，并努力在组织中创造一种需要采购品类管理的感觉，以确保组织范围内的支持和参与。
3. 确保现在和未来的合适能力——培养或招聘有能力的从业者，来应用采购品类管理方法，并具备支持性的软技能，有效地运行采购品类管理项目。通过持续的能力评估方案，推动制订混合学习和发展计划，为从业者提供能力和支持。
4. 发展并不断提高从业者的能力——围绕建立严格的流程和优秀的从业者，以及向具有良好经验的人学习，制定并实施持续辅导、知识转让和在职学习的安排。

5. 将业务参与作为首要任务——努力确保采购品类管理团队在整个项目中对利益相关方的参与和内部沟通采取有计划的方法。争取关键利益相关方对采购品类管理项目的积极参与，并确保组织高层对跨部门团队合作的支持和承诺。创造一种文化，将走出去和参与作为采购工作的重点。

6. 哲学不仅仅是一个过程——将采购品类管理定位为一种组织范围内的哲学，而不仅仅是一个采购过程。利用组织的参与来赢得和定位采购品类管理，使其成为整个组织中所有对组织的采购内容、采购地点、采购对象和采购方式有兴趣的人的心声。

7. 使过程的严谨性成为前提条件——发展能力，以便了解“使用工具”背后必须发生的事情的深度，以及如何在研究或收集事实和数据、业务参与以及在应用整个方法的过程中实现足够的严格性。在整个采购品类管理项目中检查所需的严谨性，例如，使用由经验丰富的从业者领导的阶段性审查。

8. 强有力的治理——建立强有力的治理机制，对采购品类管理进行持续管理，并在各方面做出必要的安排，以确保在实现采购的总体目标和提供最佳效益方面的有效性。要做到这一点，需要完整地应用 5P 治理框架。

9. 制定数字战略——建立一个长期的数字战略。设想我们的未来状态，确定未来的数字采购系统能够为我们做什么。制订尽可能多的计划，以努力实现这一目标。根据潜在的新系统对实现该战略的帮助程度来验证它们。制定未来的人员和能力发展战略，以帮助实现新的战略。

10. 寻找并留住优秀人才——将获取和保留优秀人才作为优先事项，因为他们能够带来合适的才能和技能，以实现我们未来的数字化采购职能。

附录 A
工具和模板

本附录为采购品类管理从业者提供了实施品类管理时使用的一套必不可少的工具和模板。如果购买了本书，你就可以在实施采购品类管理时复制附录中的工具以供自己使用。不可以复制和分发给他人，或用于商业目的；也不可以对其进行修改，使用时必须说明版权所有人。

第一阶段模板

机会分析

品类

日期

适用于品类或者子品类，确定支出，评估组织难度和市场困难度（高/中/低），评估价格灵活度和品类成熟度（高/中/低），确定金额节约百分比（根据图 3.5），计算预期节约金额，确定其他价值，确定优先事项。

品类	支出	组织困难度	市场困难度	价格灵活度	品类成熟度	节约（%）	预期节约	价值机会	优先事项
						总的潜在节约金额			

图 A1　机会分析

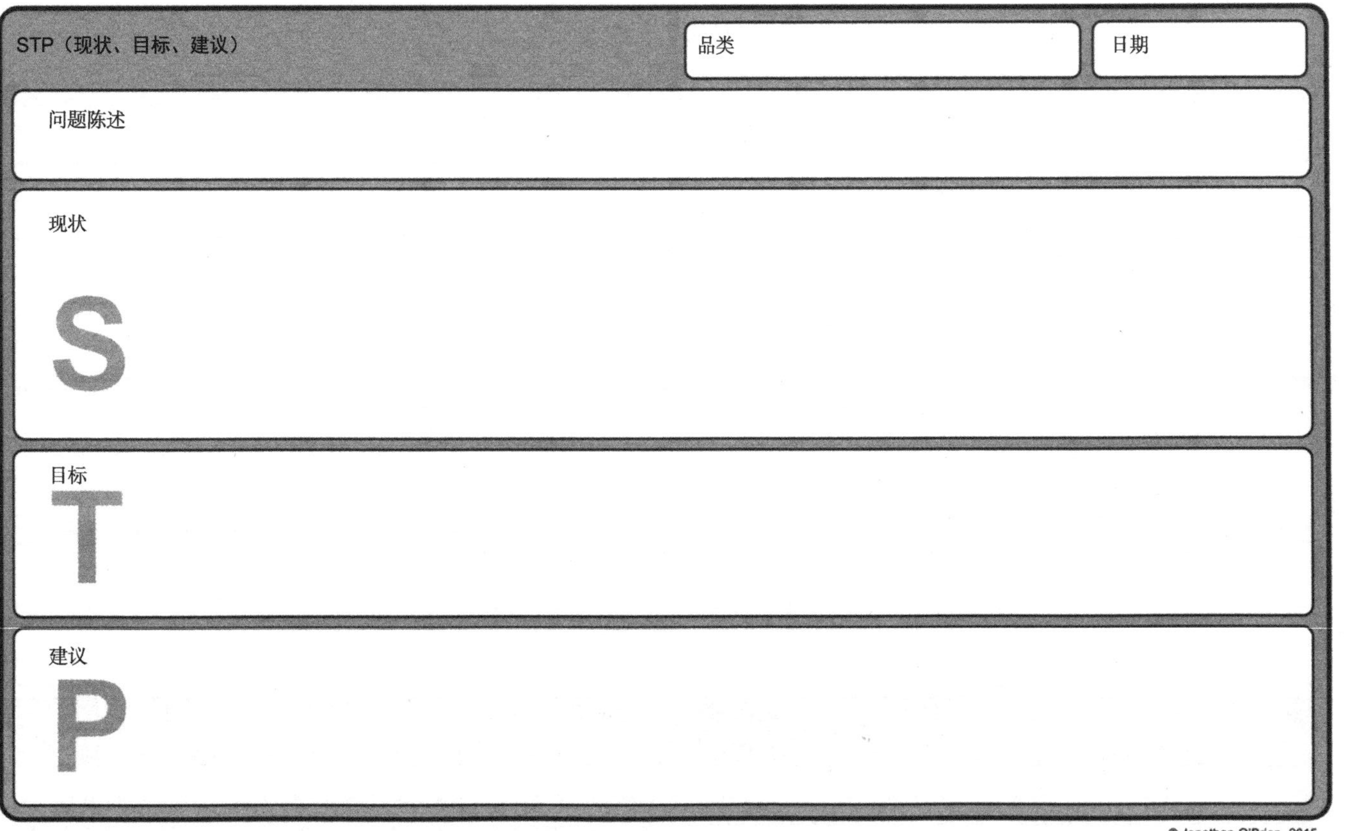

图 A2　STP 工具

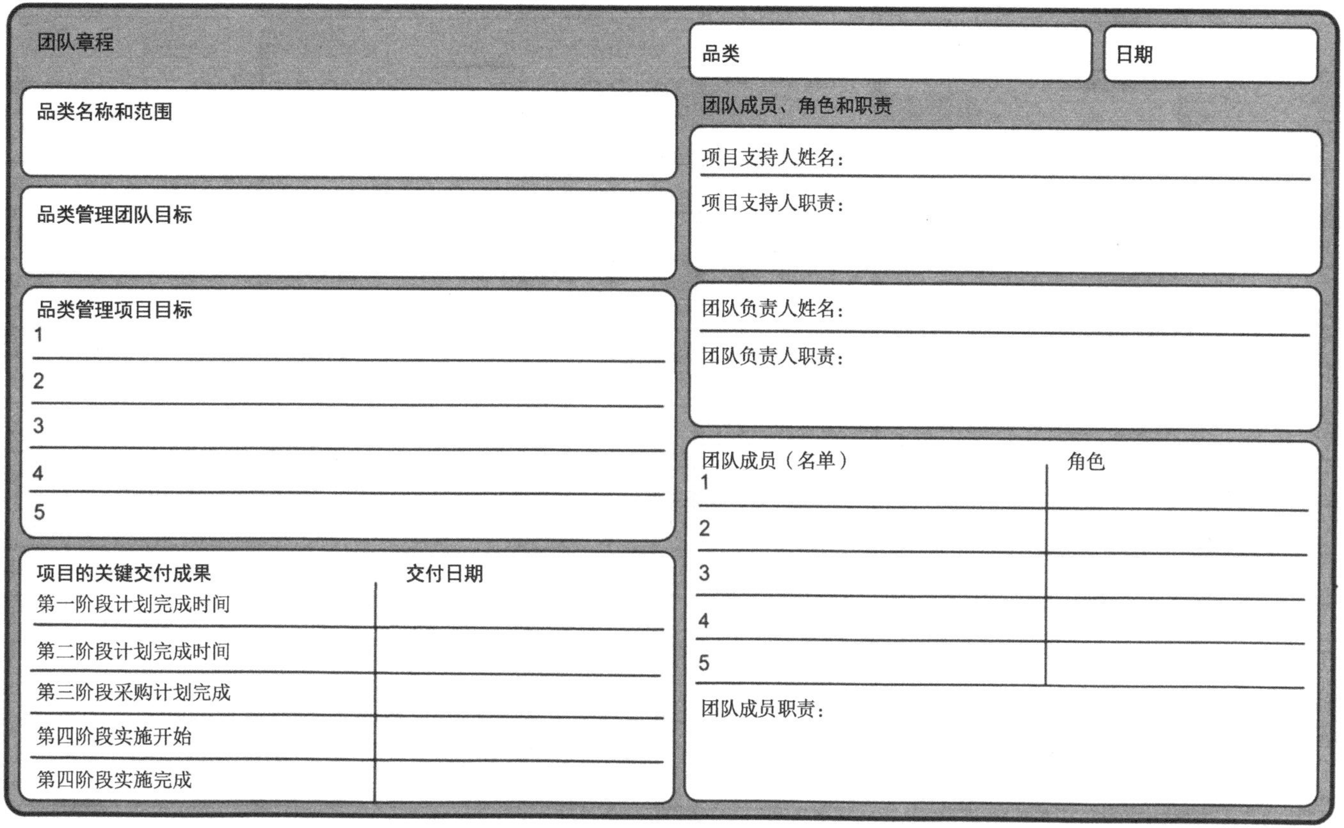

团队章程

品类	日期

品类名称和范围

品类管理团队目标

品类管理项目目标

品类管理项目目标
1
2
3
4
5

项目的关键交付成果	交付日期
第一阶段计划完成时间	
第二阶段计划完成时间	
第三阶段采购计划完成	
第四阶段实施开始	
第四阶段实施完成	

团队成员、角色和职责

项目支持人姓名：

项目支持人职责：

团队负责人姓名：

团队负责人职责：

团队成员（名单）	角色
1	
2	
3	
4	
5	

团队成员职责：

图 A3　团队章程

利益相关方定位图

品类 | 日期

姓名	角色	RACI				支持水平				点评	行动
		R	A	C	I	AIH	LIH	HIH	MIH		
1											
2											
3											
4											
5											
6											
7											
8											
9											
10											
11											
12											
13											
14											
15											

图 A4　利益相关方定位图

沟通计划

品类	日期

沟通对象（个人或群体）	沟通内容	沟通渠道	沟通频率或时间	沟通负责人
1				
2				
3				
4				
5				
6				
7				
8				
9				
10				
11				
12				
13				
14				
15				

图 A5　沟通计划

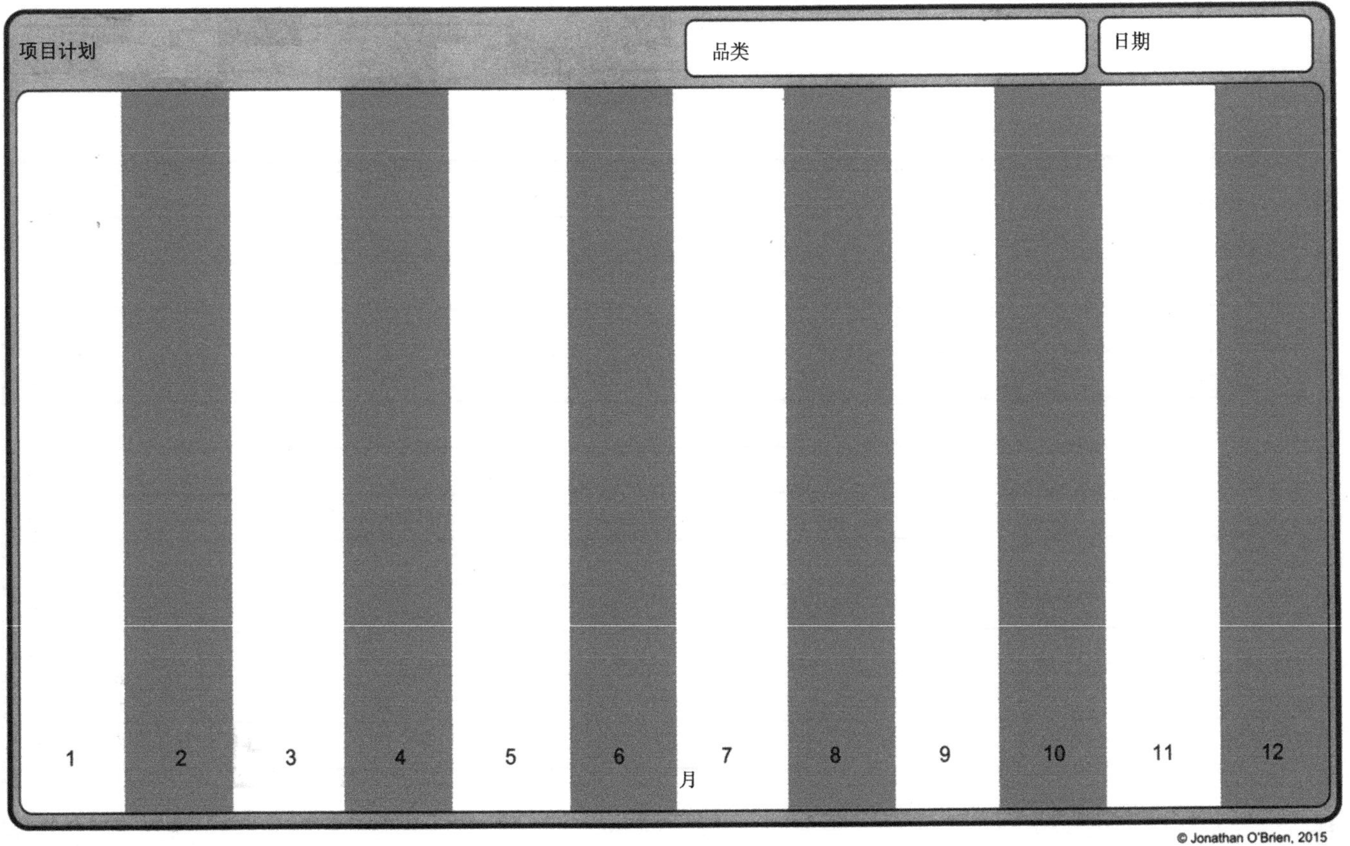

图 A6　项目计划

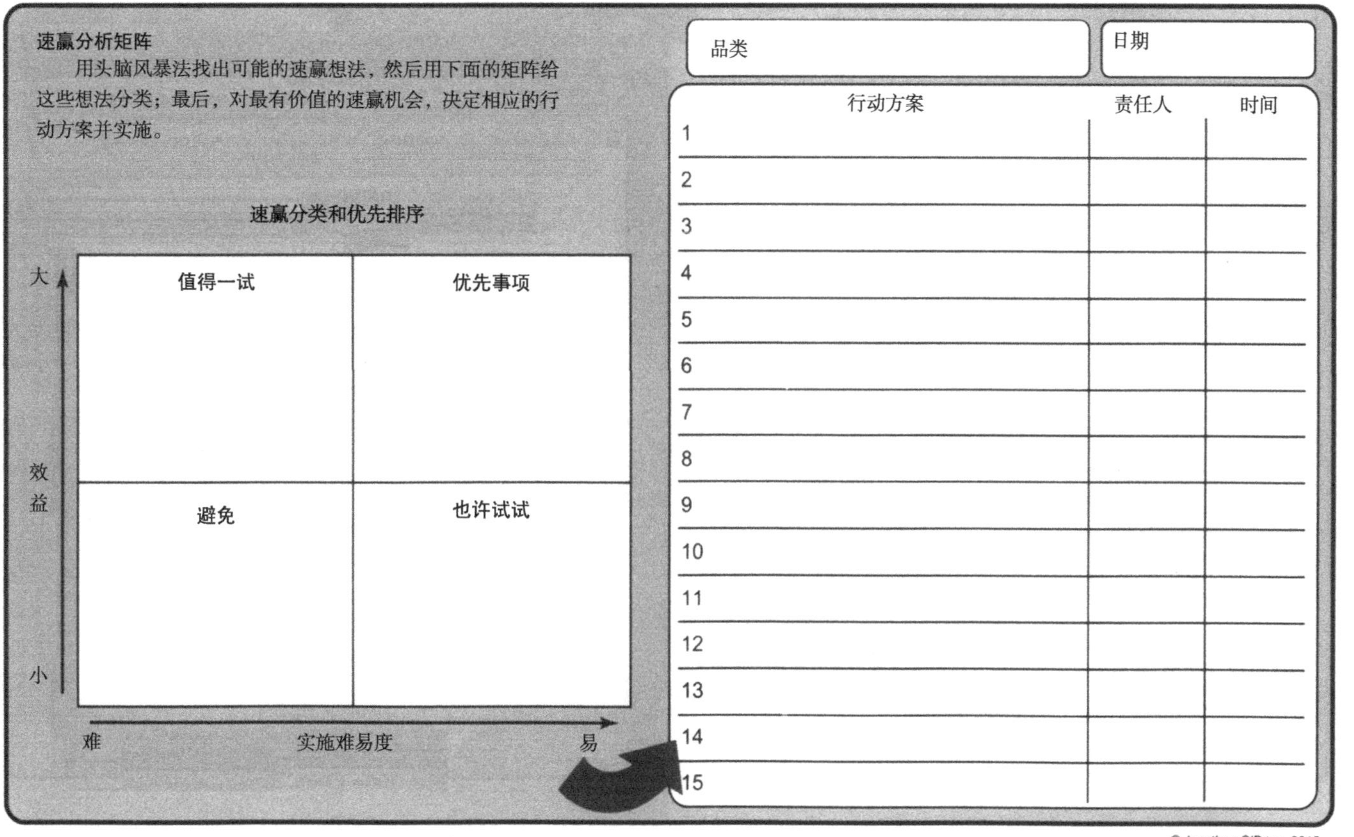
速赢分析矩阵
用头脑风暴法找出可能的速赢想法，然后用下面的矩阵给这些想法分类；最后，对最有价值的速赢机会，决定相应的行动方案并实施。
速赢分类和优先排序
值得一试
优先事项
避免
也许试试
大
效益
小
难
实施难易度
易
品类
日期
行动方案
责任人
时间
1
2
3
4
5
6
7
8
9
10
11
12
13
14
15
© Jonathan O'Brien, 2015

图 A7　速赢分析矩阵

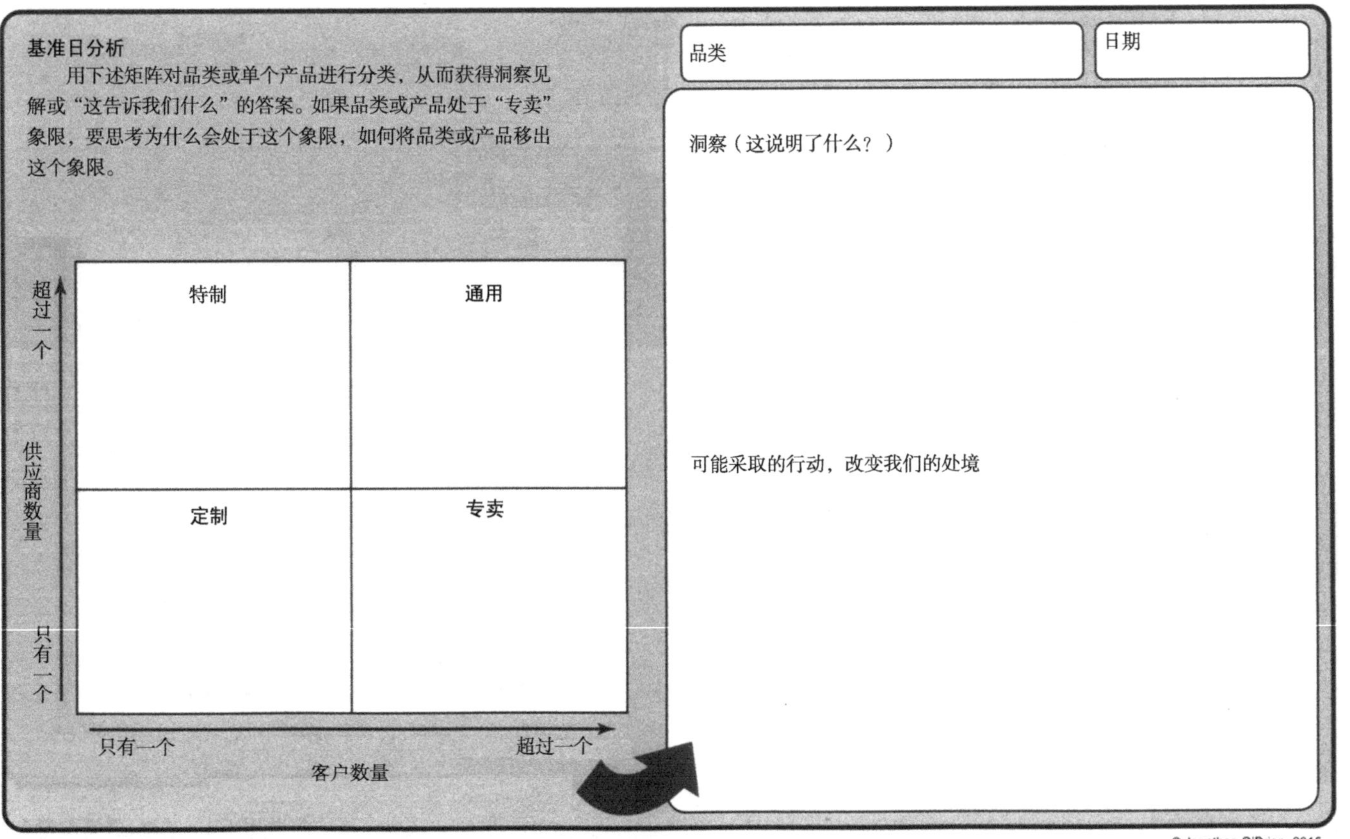
基准日分析
用下述矩阵对品类或单个产品进行分类，从而获得洞察见解或“这告诉我们什么”的答案。如果品类或产品处于“专卖”象限，要思考为什么会处于这个象限，如何将品类或产品移出这个象限。
超过一个
供应商数量
只有一个
特制
通用
定制
专卖
只有一个
客户数量
超过一个
品类
日期
洞察（这说明了什么？）
可能采取的行动，改变我们的处境
© Jonathan O'Brien, 2015

图 A8　基准日分析

价值杠杆

找到可以释放项目品类的潜在价值的杠杆

品类：　　　　日期：

品类	改变规格	改变设计	支出总额
供应和价值链	提高流程效率和能力	分析并减少成本	改进物流
供应市场	增强竞争	寻找新市场	重组供应端
供应商关系	改善关系	绩效发展	寻求创新
供应商奖励	提供承诺	改善支付条款	支持进入市场
需求管理	少买或不买	政策与合规	提高资产利用率

图 A9　价值杠杆

业务需求　　品类　　日期

		需求	当前：需求?	当前：想要?	未来：需求?	未来：想要?
R 法规需求	1					
	2					
	3					
A 保障供应需求	1					
	2					
	3					
Q 质量需求	1					
	2					
	3					
S 服务需求	1					
	2					
	3					
C 成本/商务需求	1					
	2					
	3					
I 创新需求	1					
	2					
	3					

图 A10　业务需求

第二阶段模板

数据收集计划

数据种类：品类/内部 ☐　供应商 ☐　市场 ☐

品类

日期

要收集的数据	数据收集方式：RFI	RFP	案例研究	与利益相关方面谈	其他	责任人	截止日期
1							
2	☐	☐	☐	☐			
3	☐	☐	☐	☐			
4	☐	☐	☐	☐			
5	☐	☐	☐	☐			
6	☐	☐	☐	☐			
7	☐	☐	☐	☐			
8	☐	☐	☐	☐			
9	☐	☐	☐	☐			
10	☐	☐	☐	☐			
11	☐	☐	☐	☐			
12	☐	☐	☐	☐			
13	☐	☐	☐	☐			
14	☐	☐	☐	☐			
15	☐	☐	☐	☐			

图 A11　数据收集计划

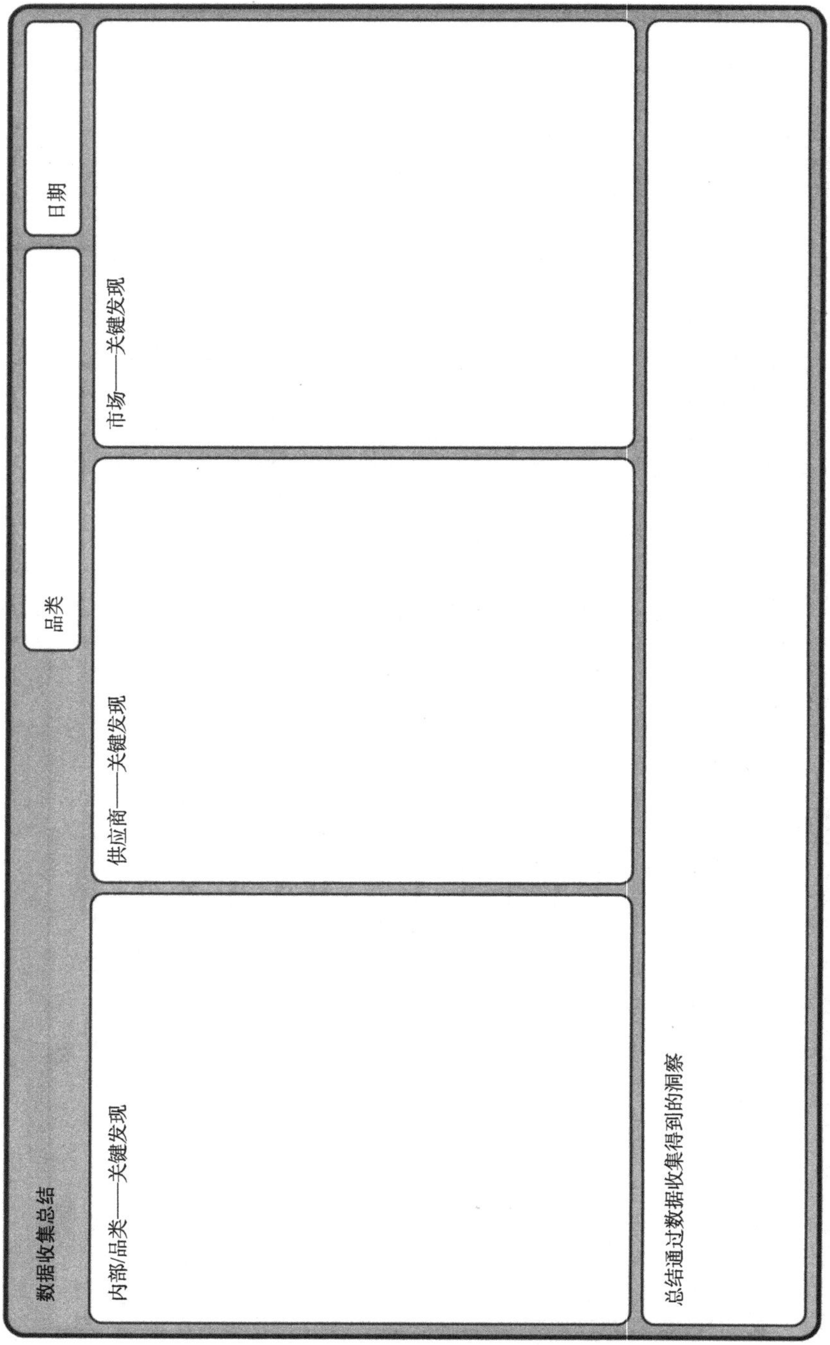

数据收集总结

品类

日期

内部/品类——关键发现

供应商——关键发现

市场——关键发现

总结通过数据收集得到的洞察

图 A12　数据收集总结

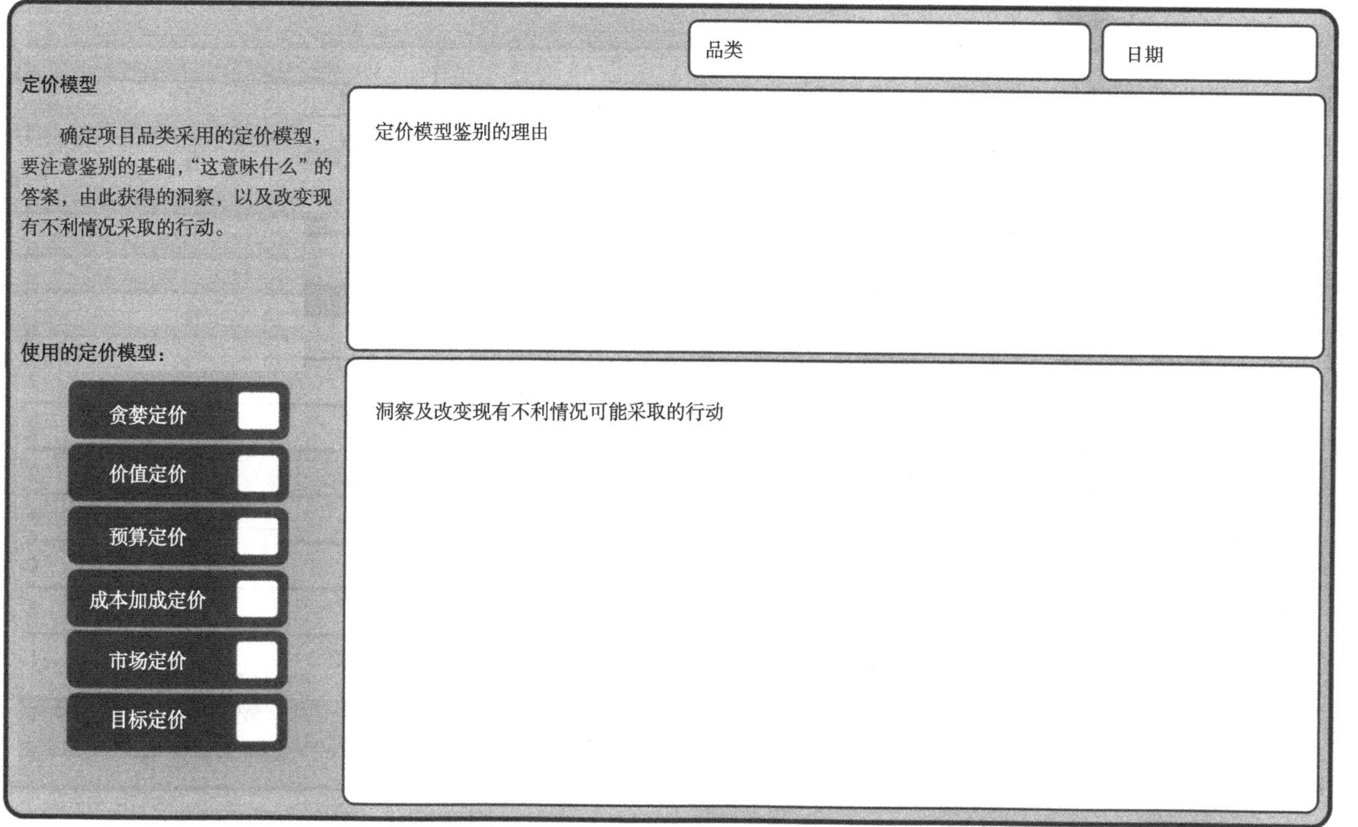
品类
日期
定价模型
确定项目品类采用的定价模型，要注意鉴别的基础，“这意味什么”的答案，由此获得的洞察，以及改变现有不利情况采取的行动。
定价模型鉴别的理由
使用的定价模型：
贪婪定价
价值定价
预算定价
成本加成定价
市场定价
目标定价
洞察及改变现有不利情况可能采取的行动

图 A13　定价模型

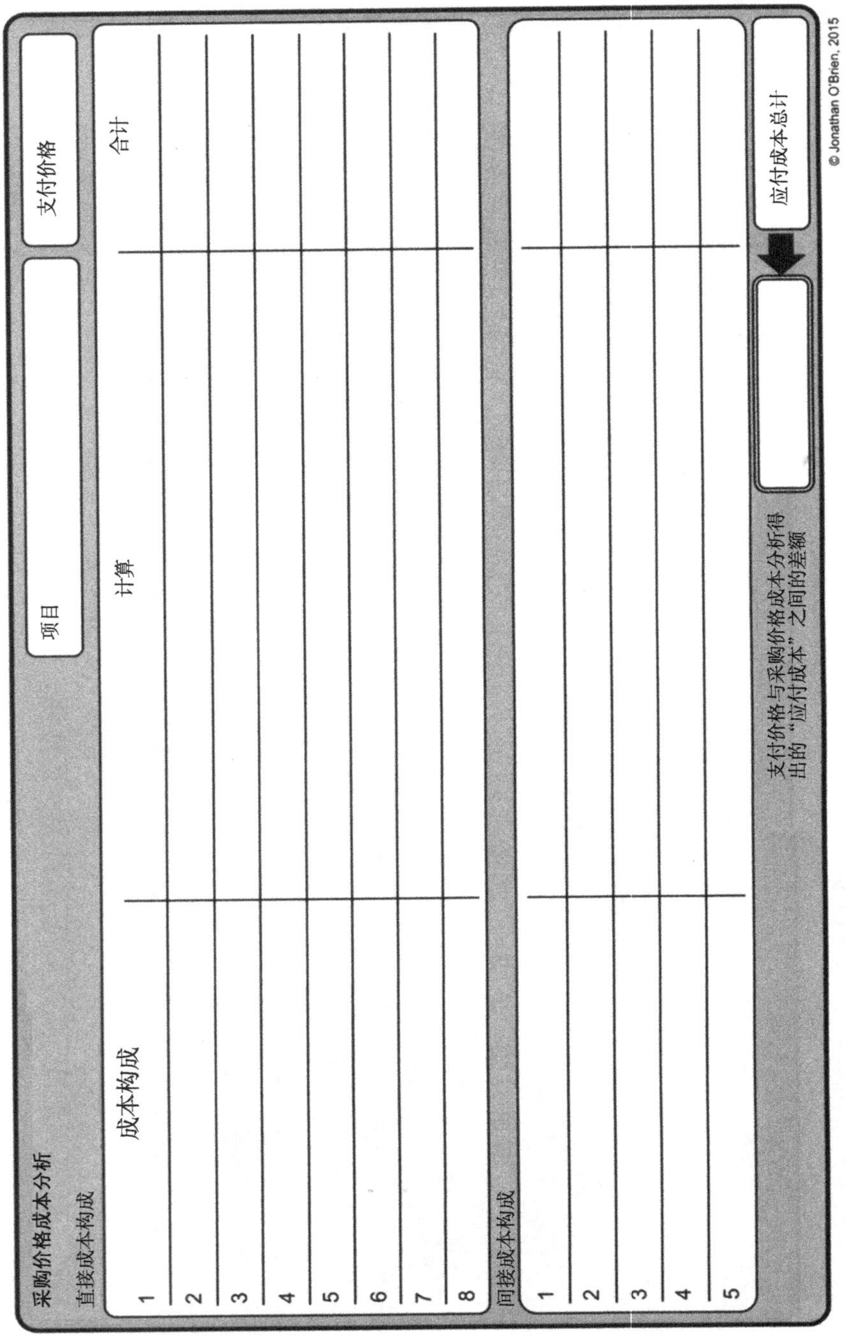
采购价格成本分析
项目
支付价格
直接成本构成
成本构成
计算
合计
1
2
3
4
5
6
7
8
间接成本构成
1
2
3
4
5
支付价格与采购价格成本分析得出的“应付成本”之间的差额
应付成本总计
© Jonathan O'Brien, 2015

图 A14 采购价格成本分析

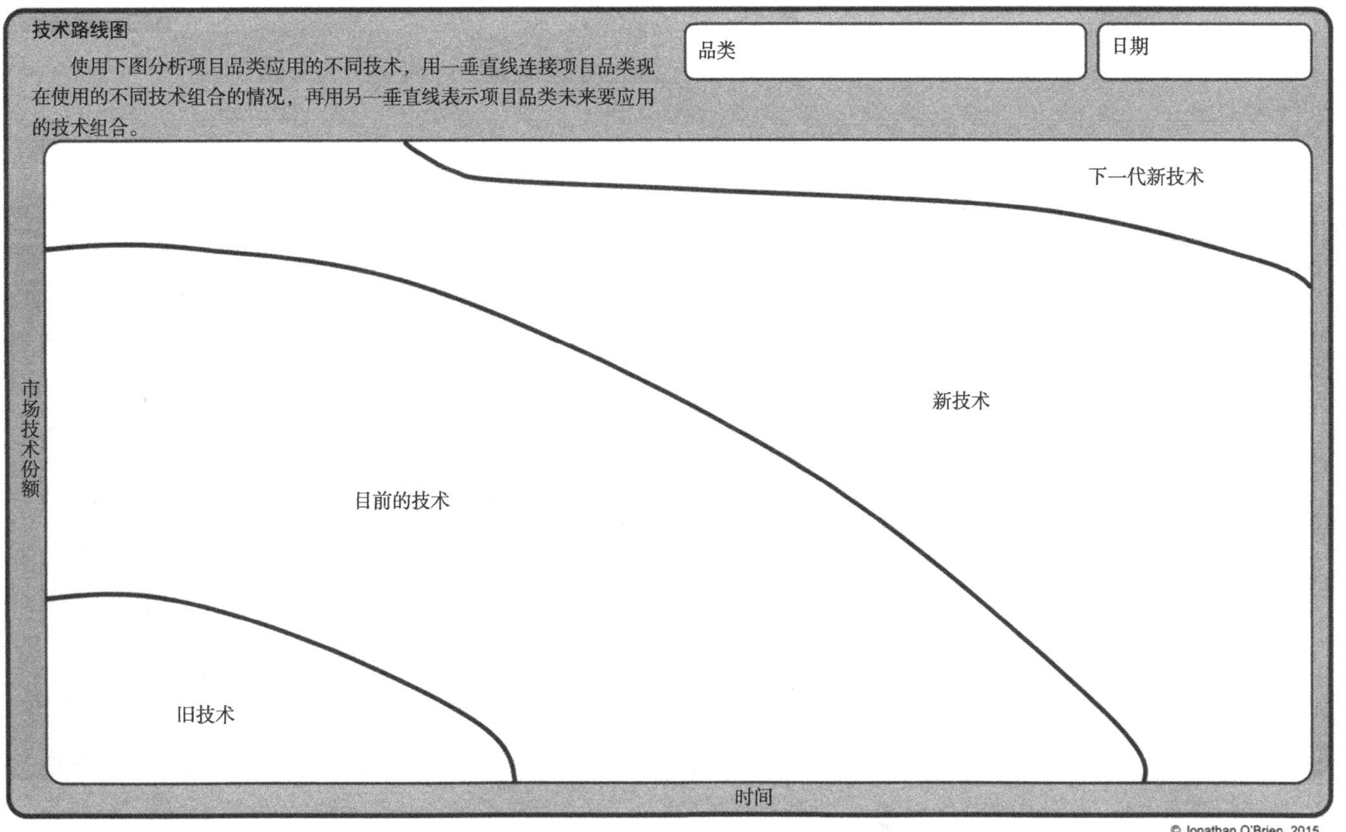
技术路线图
使用下图分析项目品类应用的不同技术，用一垂直线连接项目品类现在使用的不同技术组合的情况，再用另一垂直线表示项目品类未来要应用的技术组合。
品类
日期
下一代新技术
新技术
目前的技术
旧技术
市场技术份额
时间
© Jonathan O'Brien, 2015

图 A15 技术路线图

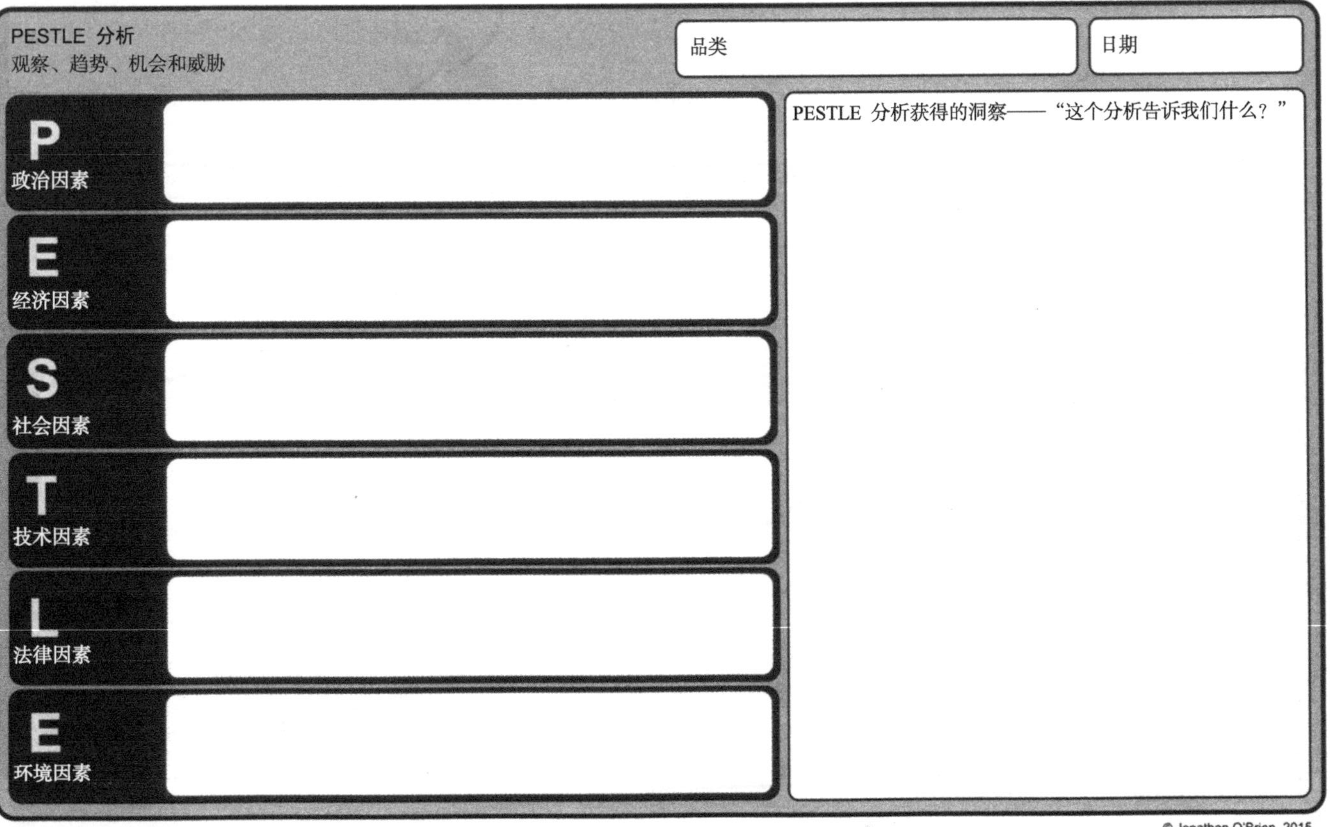

A16 PESTLE 分析

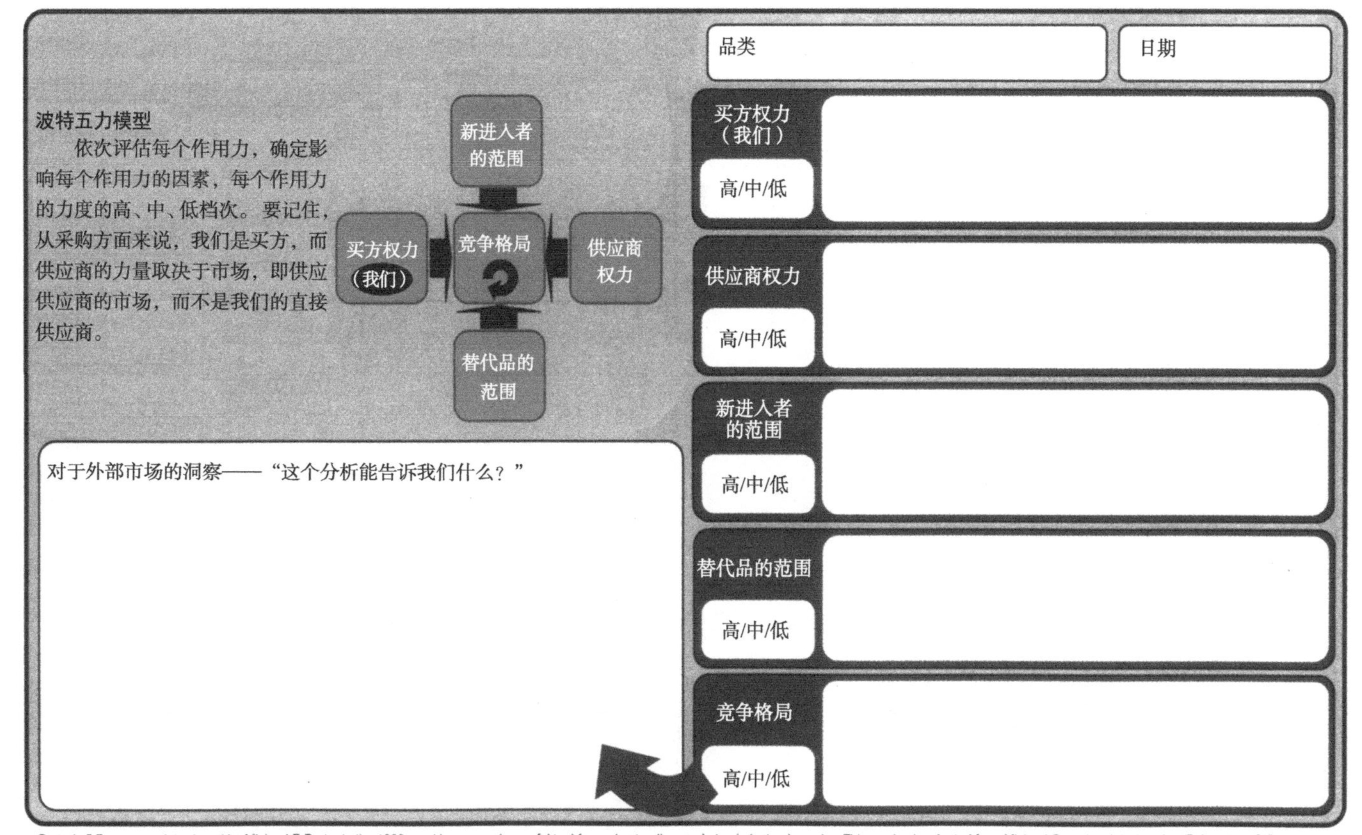
品类
日期
波特五力模型
依次评估每个作用力，确定影响每个作用力的因素，每个作用力的力度的高、中、低档次。要记住，从采购方面来说，我们是买方，而供应商的力量取决于市场，即供应供应商的市场，而不是我们的直接供应商。
新进入者的范围
买方权力（我们）
竞争格局
供应商权力
替代品的范围
对于外部市场的洞察——“这个分析能告诉我们什么？”
买方权力（我们）
高/中/低
供应商权力
高/中/低
新进入者的范围
高/中/低
替代品的范围
高/中/低
竞争格局
高/中/低
Porter's 5 Forces was introduced by Michael E Porter in the 1980s and has proved a useful tool for understanding market or industry dynamics. This version is adapted from Michael Porter's original work. © Jonathan O'Brien, 2015

图 A17　波特五力模型

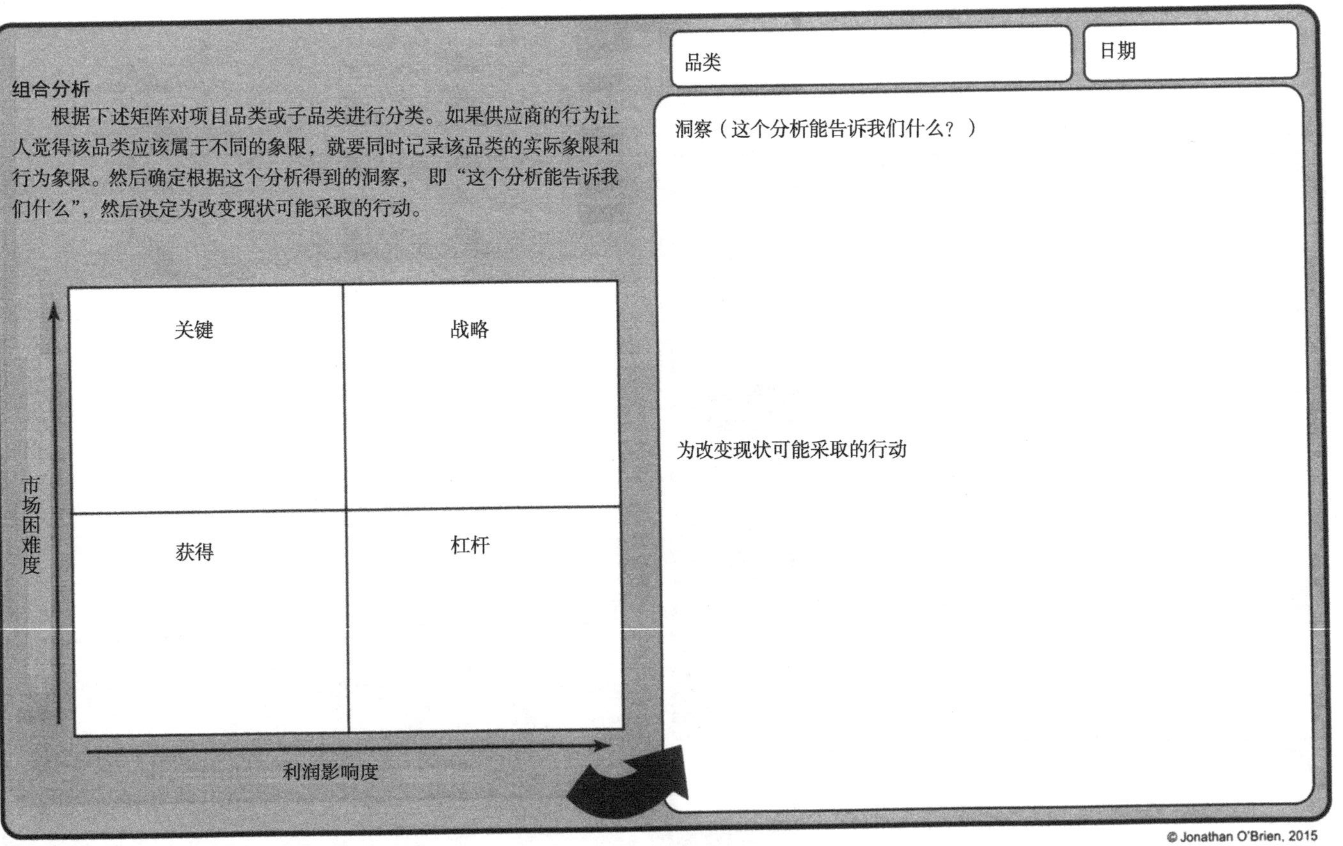

组合分析
根据下述矩阵对项目品类或子品类进行分类。如果供应商的行为让人觉得该品类应该属于不同的象限，就要同时记录该品类的实际象限和行为象限。然后确定根据这个分析得到的洞察，即“这个分析能告诉我们什么”，然后决定为改变现状可能采取的行动。
品类
日期
洞察（这个分析能告诉我们什么？）
为改变现状可能采取的行动
关键
战略
获得
杠杆
市场困难度
利润影响度
© Jonathan O'Brien, 2015

图 A18　组合分析矩阵

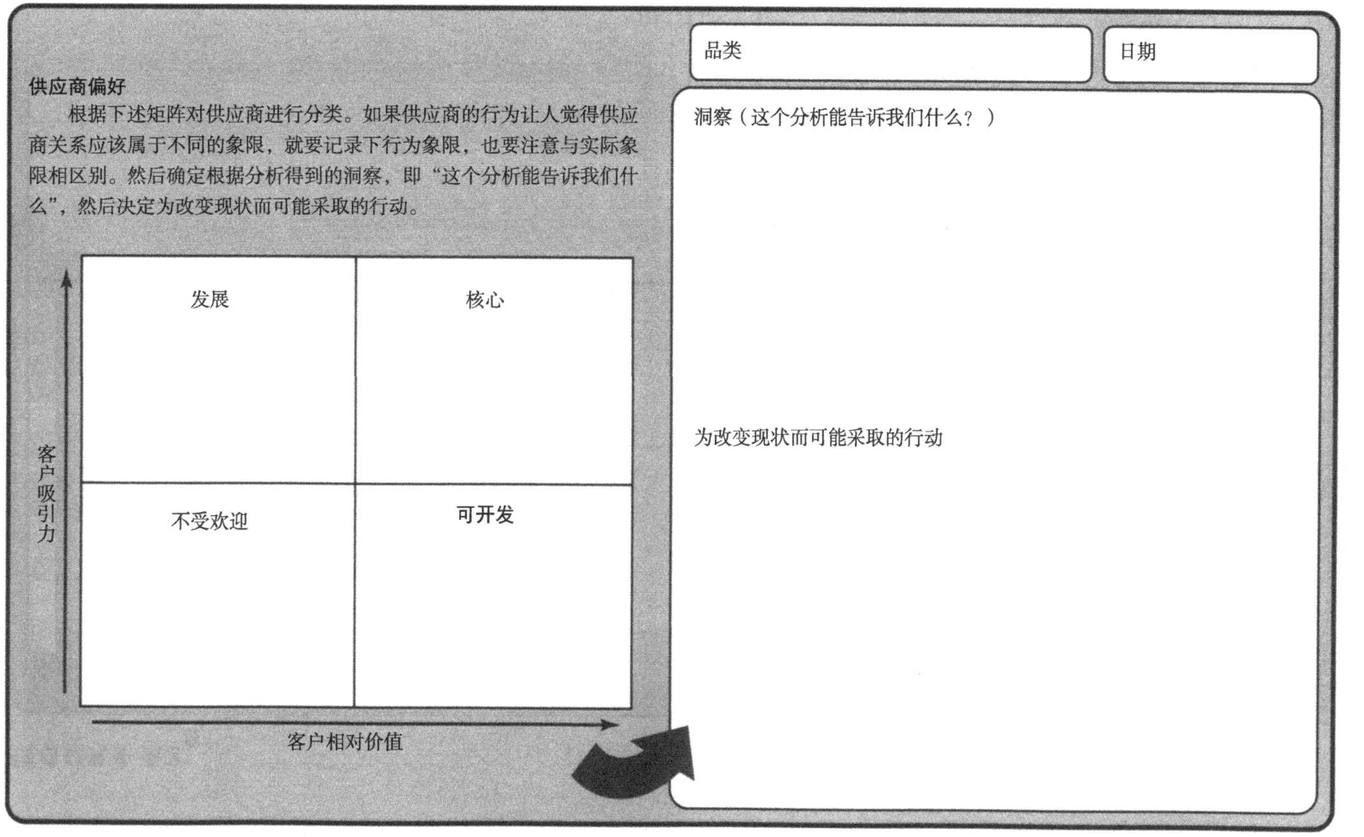
供应商偏好
根据下述矩阵对供应商进行分类。如果供应商的行为让人觉得供应商关系应该属于不同的象限，就要记录下行为象限，也要注意与实际象限相区别。然后确定根据分析得到的洞察，即“这个分析能告诉我们什么”，然后决定为改变现状而可能采取的行动。
客户吸引力
发展
核心
不受欢迎
可开发
客户相对价值
品类
日期
洞察（这个分析能告诉我们什么？）
为改变现状而可能采取的行动
© Jonathan O'Brien, 2015

图 A19　供应商偏好

第三阶段模板

SWOT 分析

品类	日期

优势	劣势
机会	**威胁**

图 A20　SWOT 分析

备选方案评估
业务需求评估

品类	日期

评估标准	权重	最大分值	方案 1	方案 2	方案 3	方案 4	方案 5
1							
2							
3							
4							
5							
6							
7							
业务需求总计							

实施评估

1							
2							
3							
4							
5							
实施总计							

图 A21 备选方案评估矩阵

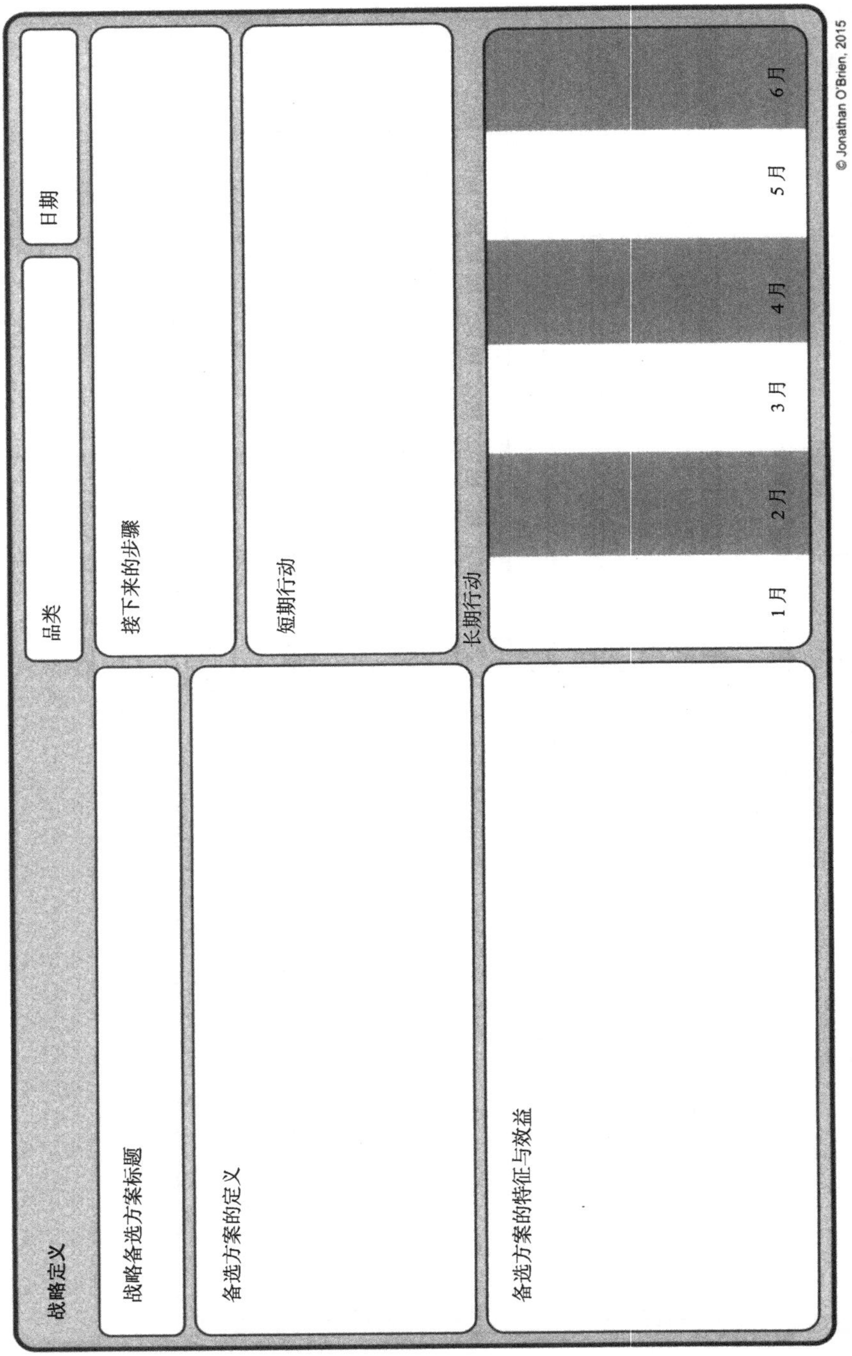

战略定义

品类

日期

战略备选方案标题

接下来的步骤

备选方案的定义

短期行动

长期行动

1 月 2 月 3 月 4 月 5 月 6 月

备选方案的特征与效益

图 A22 战略定义

风险和应急计划

品类　　　　日期

1	风　险	可能性（高/中/低）	严重程度（高/中/低）	应对措施	责任人	截至日
2						
3						
4						
5						
6						
7						
8						
9						
10						
11						
12						
13						
14						
15						

图 A23　风险和应急计划

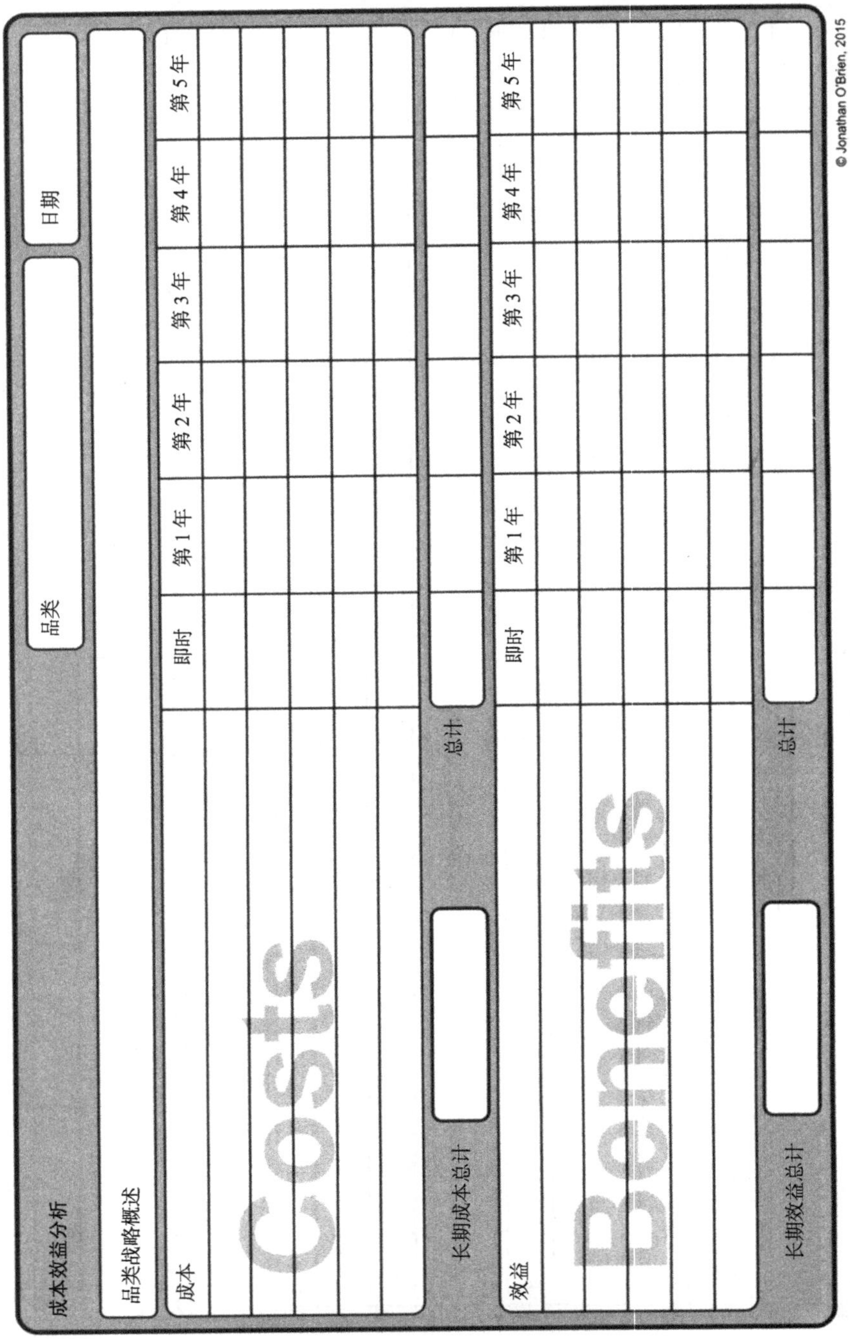

成本效益分析

品类	日期

品类战略概述

成本	即时	第 1 年	第 2 年	第 3 年	第 4 年	第 5 年
Costs						
总计						

长期成本总计

效益	即时	第 1 年	第 2 年	第 3 年	第 4 年	第 5 年
Benefits						
总计						

长期效益总计

图 A24　成本效益分析

第四阶段模板

供应商选择矩阵

品类	日期

供应商 1	供应商 2	供应商 3	供应商 4	供应商 5
评估概要				

确定选择标准，如满足业务需求的程度、价格、所有权总成本、产能、吻合度、表现质量等。每个标准需要确定一个权重比例和最大分值，然后遵循选择流程给每个供应商评分。这个模板可以为个人所用，但最好通过集体讨论、争议和意见整合而使用。可以将评估概要记录在上面。

	选择标准	权重	最大分值	1	2	3	4	5
1								
2								
3								
4								
5								
6								
7								
	总计							

图 A25 供应商选择矩阵

词汇表

属性分析：一种深入的数据收集方法，用于检查产品（或服务）的单个属性或特征，并确定允许将属性和整个产品（或服务）与另一个进行直接比较的方法。属性分析的目的是通过直接比较来识别改进的机会。

商品：可以买卖的原材料或初级农产品，如铜、咖啡、谷物、能源等。

企业社会责任（CSR）：这是关于组织了解他们对人、社会、环境和整个世界的影响，并采取措施减少或消除有害影响。

关键路径分析：一种基于数学的算法，用于安排一组项目活动，作为项目管理的一部分。20 世纪 50 年代由杜邦公司和雷明顿-兰德公司合资开发，用于管理工厂的维护项目。

EBITDA：利息、税项、折旧和摊销前利润—— 一种财务指标，用于衡量一个企业在没有去除摊销费用、税费和资本结构费用影响前的盈利水平。

F2F：面对面。

第一世界：那些经济高度发达、人权高度发展的国家，通常是民主的资本主义国家。

甘特图：一种说明项目进度的条形图。甘特图显示项目全球化中每个事件的开始和结束日期。

全球化：通过减少关税、出口费用和进口配额等国际贸易壁垒，世界经济日益统一。

精益：通常称为精益制造或精益生产，它代表了通过消除废物和实施流程来生产产品的最佳方式，而不是批量和排队。精益制造是一种通用的流程管理理念，主要源自丰田生产系统（TPS）。

精益西格玛：一种结合精益和六西格玛的业务改进方法。

元规划：一种协作团队流程工具，允许团队就特定主题做出贡献或解决问题，无须向团队声明。元规划通常涉及团队在便利贴上写下想法，并将它们放在挂图或海报上。

研发：组织内的一个团队，负责研究消费者或客户的需求和新产品开发.

红/黄/绿（RAG）分析：基于交通信号灯，这是一个添加彩色视觉状态检查的系统到进度报告，表明状态是否良好或进度是否在计划中（绿色），或者有一些值得关注的原因，但总体状态仍在正常进行中（黄色），或者活动落后于计划（红色）。

信息邀请书（RFI）：一种用于供应商和内部的信息收集方法。

建议邀请书（RFP）：从供应商那里收集建议的征求方法。

报价邀请书（RFQ）：从供应商那里收集确定报价的征求方法。

邀请书：RFI、RFP 和 RFQ 的概括称呼。一种解决问题的方法，旨在确定问题或问题的根本原因。根本原因是问题的最初原因，可能会从明显的问题中删除一次或多次。

搜索引擎优化：优化网站的过程，以便搜索引擎能够找到它们并在列表中尽可能地靠前排列。

六西格玛：一种业务管理方法，最初由摩托罗拉公司开发，用于许多行业。六西格玛旨在识别和消除制造过程和业务流程中缺陷和错误的原因。它使用一套质量管理方法，包括统计方法，并在组织内为熟悉这套方法的人员建立了资格体系（如黑带）。

库存单位（SKU）：企业可以购买的每个不同产品或服务的唯一标识符。

供应商关系管理（SRM）：对每个供应商或供应商类型，确定适宜的管理和关系模式，以及对关键少数供应商，制订供应商关系和供应商改进计划，以建立整体价值。

价值链：组织内增值的所有步骤，从产品或服务的投入，到最终产品的产出。

价值体系：用来描述跨多个公司的多个价值链的概念，以说明原材料流向最终产品的过程。

反侵权盗版声明

举报电话：（010）88254396；（010）88258888

传　　真：（010）88254397

E-mail：　dbqq@phei.com.cn

通信地址：北京市万寿路 173 信箱

电子工业出版社总编办公室

邮　　编：100036